XUEKE SHIYU DE
SIXIANG ZHENGZHI LILUN YANJIU

学科视域的
思想政治理论研究

刘冠军 ◎ 著

首都经济贸易大学出版社
Capital University of Economics and Business Press
·北 京·

图书在版编目（CIP）数据

学科视域的思想政治理论研究 / 刘冠军著. -- 北京 : 首都经济贸易大学出版社, 2025. 2. -- ISBN 978-7-5638-3847-9

Ⅰ. G641

中国国家版本馆 CIP 数据核字第 2025GW1521 号

学科视域的思想政治理论研究

刘冠军　著

责任编辑	晓　地
封面设计	砚祥志远 · 激光照排 TEL: 010-65976003
出版发行	首都经济贸易大学出版社
地　　址	北京市朝阳区红庙（邮编 100026）
电　　话	（010）65976483　65065761　65071505（传真）
网　　址	https://sjmcb.cueb.edu.cn
经　　销	全国新华书店
照　　排	北京砚祥志远激光照排技术有限公司
印　　刷	北京九州迅驰传媒文化有限公司
成品尺寸	170 毫米×240 毫米　1/16
字　　数	370 千字
印　　张	20
版　　次	2025 年 2 月第 1 版
印　　次	2025 年 2 月第 1 次印刷
书　　号	ISBN 978-7-5638-3847-9
定　　价	84.00 元

目　录

附论 从课程思政与思政课程相统一维度论经典名著《资本论》科学普及当代大学生

引　言

2024年5月，习近平总书记在对学校思政课建设作出重要指示时指出，党的十八大以来，党中央始终坚持把学校思政课建设放在教育工作的重要位置，党对思政课建设的领导全面加强，思政课发展环境和整体生态发生全局性、根本性转变；与此同时，“新时代新征程上，思政课建设面临新形势新任务”，必须把思政课建设作为党领导教育工作的重中之重，以新时代党的创新理论为引领，立足新时代伟大实践，不断推动思政课改革创新，持续“守正创新推动思政课建设内涵式发展”①。党的二十大报告指出，“在新中国成立特别是改革开放以来长期探索和实践基础上，经过十八大以来在理论和实践上的创新突破，我们党成功推进和拓展了中国式现代化”，因此“从现在起，中国共产党的中心任务就是团结带领全国各族人民全面建成社会主义现代化强国、实现第二个百年奋斗目标，以中国式现代化全面推进中华民族伟大复兴”②。由于中国式现代化是一种“代表人类文明进步的发展方向”的“全新的人类文明形态”③，推进中国式现代化发展是一项前无古人的伟大实践，因此它给思想政治理论的创新发展和学术繁荣提供了强大动力和广阔空间。进而言之，在新时代新征程上，面临这一新形势新任务，思政课建设如何在不断改革创新过程中，能够守正创新推动其内涵式发展已成为时代发展的重大课题。

顾名思义，思政课建设内涵式发展就是在思政课建设过程中加强作为思政课对象和内容的实质内涵研究；归根结底，就是突出思政课“内容为王”的内涵式发展的根本路径。对于“内涵式发展”，习近平总书记于2016年5月在哲学社会科学工作座谈会上就明确地指出，我们“必须高度重视哲学社会科学”，要按照立足中国、借鉴国外，挖掘历史、把握当代，关怀人类、

---

① 《习近平对学校思政课建设作出重要指示强调 不断开创新时代思政教育新局面 努力培养更多让党放心爱国奉献担当民族复兴重任的时代新人》，《人民日报》2024年5月12日。

② 习近平：《高举中国特色社会主义伟大旗帜 为全面建设社会主义现代化国家而团结奋斗——在中国共产党第二十次全国代表大会上的报告》，《人民日报》2022年10月26日。

③ 《习近平在学习贯彻党的二十大精神研讨班开班式上发表重要讲话强调 正确理解和大力推进中国式现代化》，《人民日报》2023年2月8日。

面向未来的思路，“加快构建中国特色哲学社会科学”①；2022 年 4 月在考察中国人民大学时，习近平总书记强调，“加快构建中国特色哲学社会科学，归根结底是建构中国自主的知识体系”②，特别是中国自主的哲学社会科学知识体系。中国自主的哲学社会科学知识体系以及学术体系和话语体系的建构，一定要建立在学科体系的基础上，因为“学科体系建设上不去，教材体系就上不去”③，学术体系和话语体系也就上不去。习近平总书记还进一步指出，“发挥我国哲学社会科学作用，要注意加强话语体系建设……要善于提炼标识性概念，打造易于为国际社会所理解和接受的新概念、新范畴、新表述，引导国际学术界展开研究和讨论。这项工作要从学科建设做起，每个学科都要构建成体系的学科理论和概念”④。由此可见，中国自主的哲学社会科学知识体系的系统建构必须从“学科建设做起”，而作为中国哲学社会科学重要组成部分的思想政治理论，也应当从“学科建设做起”，这个学科就是马克思主义理论学科。

如果说这里所讲的“内涵式发展”是针对哲学社会科学而言的，那么习近平总书记于 2019 年 3 月 18 日在学校思想政治理论课教师座谈会上的重要讲话中，则针对思政课建设的内涵式发展做了颇为翔实的科学论述。他明确指出，“办好思政课，就是要开展马克思主义理论教育”，思想政治理论课就是要用马克思主义科学理论培养人，遵循不同学段学生的认知规律，“把马克思主义基本原理讲清楚、讲透彻”⑤。而开展马克思主义理论教育并在教育过程中把马克思主义基本原理讲清楚、讲透彻，就必须使之建立在马克思主义理论学科基础上，因此，我们一定“要加强马克思主义学科建设”，“要充分发挥马克思主义理论研究和建设工程、中国特色社会主义理论体系研究中心、马克思主义学院、报刊网络理论宣传等思想理论工作平台的作用”⑥，如果“学科体系建设上不去，教材体系就上不去”⑦，与之相关联的学术体系和话语体系也就上不去，那么就难以达到教育的效果。同时，习近平总书记还指出，“讲好思政课不容易，因为这个课要求高”，“除了具有马克思主义理论功底之外，还要广泛涉猎其他哲学社会科学以及自然科学的知识”⑧。因此，

---

① 习近平：《在哲学社会科学工作座谈会上的讲话》，《光明日报》2016 年 5 月 19 日。

② 《习近平在中国人民大学考察时强调 坚持党的领导传承红色基因扎根中国大地 走出一条建设中国特色世界一流大学新路》，《人民日报》2022 年 4 月 26 日。

③ 习近平：《在哲学社会科学工作座谈会上的讲话》，《光明日报》2016 年 5 月 19 日。

④ 习近平：《在哲学社会科学工作座谈会上的讲话》，《光明日报》2016 年 5 月 19 日。

⑤ 习近平：《思政课是落实立德树人根本任务的关键课程》，《求是》2020 年第 17 期。

⑥ 习近平：《在哲学社会科学工作座谈会上的讲话》，《光明日报》2016 年 5 月 19 日。

⑦ 习近平：《在哲学社会科学工作座谈会上的讲话》，《光明日报》2016 年 5 月 19 日。

⑧ 习近平：《思政课是落实立德树人根本任务的关键课程》，《求是》2020 年第 17 期。

要办好讲好思政课，就必须下大气力、下大功夫，加强马克思主义理论学科视域中的思想政治理论研究，从马克思主义理论“学科建设做起”加快构建“中国自主的思想政治理论之知识体系”。

中国自主的思想政治理论知识体系的系统建构，是新时代新征程加强思想政治理论课建设的迫切要求。思想政治理论课是高校落实立德树人根本任务的关键课程，加强关键课程对象内容即“思想政治理论”的学习研究，既是高校马克思主义理论学科建设和思想政治教育学科发展的基础，更是高校思想政治理论课教学和马克思主义理论教育的核心，因为讲好思想政治理论课“不仅有‘术’，也有‘学’，更有‘道’”，并且该课程的“政治性、思想性、学术性、专业性是紧密联系在一起的，其学术深度广度和学术含金量不亚于任何一门哲学社会科学”①。尤其重要的是，作为高校立德树人关键课程的思想政治理论课，其“学”的核心是马克思主义理论和中国化时代化马克思主义的“学”，其“道”的精髓更是马克思主义理论和中国化时代化马克思主义的“道”。正如习近平总书记2019年3月18日在学校思想政治理论课教师座谈会上讲话中所指出的，办好思想政治理论课“就是要开展马克思主义理论教育，用新时代中国特色社会主义思想铸魂育人，引导学生增强中国特色社会主义道路自信、理论自信、制度自信、文化自信，厚植爱国主义情怀，把爱国情、强国志、报国行自觉融入坚持和发展中国特色社会主义、建设社会主义现代化强国、实现中华民族伟大复兴的奋斗之中”②。因此，对思想政治理论的马克思主义和中国化时代化马克思主义的“学”和“道”进行深刻理解和把握，必须将其置于马克思主义理论学科视域中加强深入研究才能做到。进而言之，只有在系统化、体系化的马克思主义理论学科视域中对作为高校思政课程内容的思想政治理论进行深入研究，才能深刻理解和系统把握其马克思主义理论和中国化时代化马克思主义的“学”和“道”。在此意义上，在马克思主义理论学科视域中深入系统地研究思想政治理论，对于深刻系统地把握其中的马克思主义理论和中国化时代化马克思主义的“学”和“道”具有重大理论意义。

同时，在马克思主义理论学科视域中深入系统地研究思想政治理论，实质上就是将马克思主义理论学科研究与思想政治理论课程研究有机地统一起来，是新时代全面贯彻党的教育方针的现实需要和逻辑必然。正如习近平总书记所指出的，办好思想政治理论课“最根本的是要全面贯彻党的教育方针，解决好培养什么人、怎样培养人、为谁培养人这个根本问题”，而“新时代贯

① 习近平：《思政课是落实立德树人根本任务的关键课程》，《求是》2020年第17期。
② 习近平：《思政课是落实立德树人根本任务的关键课程》，《求是》2020年第17期。

彻党的教育方针，要坚持马克思主义指导地位，贯彻新时代中国特色社会主义思想，坚持社会主义办学方向，落实立德树人的根本任务，坚持教育为人民服务、为中国共产党治国理政服务、为巩固和发展中国特色社会主义制度服务、为改革开放和社会主义现代化建设服务，扎根中国大地办教育，同生产劳动和社会实践相结合，加快推进教育现代化、建设教育强国、办好人民满意的教育，努力培养担当民族复兴大任的时代新人，培养德智体美劳全面发展的社会主义建设者和接班人”①。因此，在马克思主义理论学科视域中，以习近平总书记关于新时代思政课改革创新、思想政治理论和意识形态建设等重要论述为根本遵循，深入系统地研究思想政治理论，构建“始终坚持马克思主义指导地位……守正创新推动思政课建设内涵式发展”，以及始终坚持“与党的创新理论武装同步推进”② 的中国自主思想政治理论的知识体系，对于新时代全面贯彻党的教育方针，办好思政课具有重大现实意义。

笔者在将高校思政课的对象内容即思想政治理论，置于马克思主义理论学科视域中进行长期的专题性研究基础上，为守正创新地推动思政课建设的内涵式发展，以及建构与党的创新理论武装即中国化时代化的马克思主义理论武装，同步推进的“中国自主思想政治理论知识体系”而进行研究。本书是对所取得的成果进行体系化和学理化建构的系统化整体呈现。在笔者看来，在全面建设社会主义现代化强国和以中国式现代化全面推进中华民族伟大复兴的新征程上，只有在将思想政治理论纳入学科的视域，即马克思主义理论学科视域进行深入研究，才能做到在坚持和守正的前提下发展和创新马克思主义，才能做到在发展和创新的过程中坚持和守正马克思主义；也只有在此前提下，才能构建起与党的创新理论武装，即中国化时代化的马克思主义理论武装同步推进，并充分体现新时代全面贯彻党的教育方针的“中国自主思想政治理论之知识体系”。正因如此，笔者将本著作的主题确定为“学科视域的思想政治理论研究”。

同时，从马克思主义理论学科视域看，思想政治理论研究包含马克思主义的坚持和守正、发展和创新，以及思想政治理论研究“与党的创新理论武装同步推进”三个基本维度。具体到实际的研究中，第一个维度是马克思主义经典著作的深入研读和整体把握，其目的在于深刻理解和整体认识马克思主义，推进马克思主义经典文本的研究，是发展和创新前提下，坚持和守正的思想政治理论基本原理的根据和基础理论的根源。第二个维度是马克思主

① 习近平：《思政课是落实立德树人根本任务的关键课程》，《求是》2020 年第 17 期。

② 《习近平对学校思政课建设作出重要指示强调 不断开创新时代思政教育新局面 努力培养更多让党放心爱国奉献担当民族复兴重任的时代新人》，《人民日报》2024 年 5 月 12 日。

义的中国化时代化研究，其中包括两个方面，一方面是时代化研究，目的在于将马克思主义与当今世界的科技、经济和社会的实际相结合，用全球化的视野推进时代化的马克思主义发展；另一方面是中国化研究，目的在于将马克思主义与当今中国的科技、经济和社会的发展状况相结合，立足于中国实际推进中国化的马克思主义发展。两个方面的辩证统一，共同构成了马克思主义的中国化时代化研究维度，是坚持和守正的前提下，发展和创新思想政治理论的重点内容和核心所在，也是思想政治理论研究“与党的创新理论武装同步推进”的具体体现和应有之义。

从马克思主义理论学科视域对思想政治理论进行研究的上述两个维度是相互联系和相互渗透的辩证统一关系。由于第一个维度的研究是第二个维度研究的基础和前提，在第二个维度的研究中自然包含着它们的基础，即经典著作文本维度的研究，因此笔者将本书的副标题直接定名为“基于马克思主义中国化时代化的视角”。伴随研究的深入，笔者发现可以不加此副标题，照样能够突出这一研究视角，何况在主标题中已内在地蕴含着这个视角。在此需要说明的是，本书主题之所以突出这个研究视角，原因还在于，从马克思主义理论学科视域对思想政治理论进行研究所包含的第三个基本维度，即在前两个维度的基础上，进一步提出思想政治理论研究“与党的创新理论武装同步推进”① 的基本维度，与这个视角密切相关。具体而言，马克思主义理论学科视域的思想政治理论研究，内在地具有与党的创新理论武装即马克思主义中国化时代化理论武装同步推进的共同特征，同时也更有基于作为高校思想政治理论课对象内容，在与党的创新理论武装同步推进时所呈现的突出的自身特色。正是基于马克思主义中国化时代化的视角，本书才将高校思政课程定位于马克思主义理论学科，以及将其功能定位于马克思主义思想政治理论教育。并在此“双重定位”的前提下，对思想政治理论的研究，在突出马克思主义基础理论及其中国化时代化发展研究、中国化时代化马克思主义理论与实践研究的同时，进一步突出马克思主义理论学科视域中的大思想政治理论教学观（简称为马克思主义“大思政教学观”）的研究。

基于上述三个基本维度研究的逻辑关系，本书将“大教学观下的思想政治理论”② 和“学科视域中的思想政治理论课教学”③ 两个分主题的研究思路

---

① 《习近平对学校思政课建设作出重要指示强调 不断开创新时代思政教育新局面 努力培养更多让党放心爱国奉献担当民族复兴重任的时代新人》，《人民日报》2024 年 5 月 12 日。

② 参见刘冠军：《大教学观下的思想政治理论研究——基于马克思主义时代化和中国化视角》，首都经济贸易大学出版社 2015 年版。

③ 参见刘冠军：《学科视域中的思想政治理论课教学研究——教学内容创新设计与实践教学模式建构》，首都经济贸易大学出版社 2015 年版。

进一步加以整合，并在前期相关专题性研究成果基础上，做进一步体系化和系统化的整体性建构，旨在守正创新地构建推动思政课建设的内涵式发展，以及使之与党的创新理论武装即中国化时代化的马克思主义理论武装同步推进的“中国自主思想政治理论之知识体系”。在此意义上，本书着力从四个层面进行框架结构设计和主要内容安排：一是高校思政课程的学科定位以及与之相适应的功能定位之“双重定位”下的思想政治理论研究；二是马克思主义基础理论及其中国化时代化发展研究；三是中国化时代化马克思主义理论与实践研究；四是马克思主义理论学科视域中的“大思政教学观”研究。除此之外，作为附论，笔者从课程思政与思政课程相统一的维度，对马克思经典名著《资本论》科学普及当代大学生进行逻辑结合历史、理论结合现实的考察分析和意义阐发。这一研究，对于新时代新征程上，加强高校思想政治理论的马克思主义理论学科研究，对于推进以马克思主义理论学科为平台基础的思想政治理论课建设内涵式发展，以及在此基础上加强“与党的创新理论武装同步推进”的“中国自主思想政治理论之知识体系”的系统化构建等具有重大意义。

总　论

基于思政课程之学科定位及功能定位的思想政治理论整体性研究

马克思主义是我们立党立国、兴党兴国的根本指导思想，高校马克思主义学院是学习研究宣传马克思主义的主阵地。正如习近平总书记强调指出的，“高校马克思主义学院就是要坚持‘马院姓马，在马言马’的鲜明导向和办学原则，为巩固马克思主义在意识形态领域的指导地位，推动马克思主义进校园、进课堂、进学生头脑，发挥应有作用”①，而要坚持鲜明导向和办学原则，进而实现功能目标，就必须肩负起马克思主义理论学科建设的重任。同时，思想政治理论课的建设及其教育教学和科学研究是马克思主义学院的中心任务，而作为其中心任务的建设及其教育教学和科学研究的思想政治理论课是高校“落实立德树人根本任务的关键课程”②。那么，思想政治理论课建设与马克思主义理论学科建设是什么关系呢？处理这一问题，对马克思主义学院而言是至关重要的，直接关系着思想政治理论课教育教学与马克思主义理论研究的关系，进而言之，直接关系着作为课程教育教学的思想政治理论与作为学科建设的马克思主义理论的关系。在笔者看来，新时代的思想政治理论课必须定位于系统化、体系化的马克思主义理论学科，因为只有如此，才能真正“抓好马克思主义理论教育，深化学生对马克思主义历史必然性和科学真理性、理论意义和现实意义的认识，教育他们学会运用马克思主义立场、观点、方法观察世界、分析世界，真正搞懂面临的时代课题，深刻把握世界发展走向，认清中国和世界发展大势，让学生深刻感悟马克思主义真理力量，为学生成长成才打下科学思想基础”，进而才能真正彰显“我国大学最鲜亮的”马克思主义的“底色”③。这是高校马克思主义学院坚持“马院姓马，在马言马”鲜明导向和办学原则，在高校思政课“落实立德树人根本任务的关键课程”④的具体体现。因此，我国高校以思想政治理论为建设对象和教研内容的关键课程，在现实性上直接地呈现为思想政治理论课程，而作为关键课程的思政课的建设对象和研究内容在实质上就是思想政治理论。在此意义上，对我国高校作为课程建设对象和教研内容的思想政治理论进行学科定位，在现实性上也就是对高校思想政治理论课程进行学科定位⑤。

对关键课程为什么要进行学科定位，在学科上定位于什么，定位的根据

① 《习近平在北京大学考察时强调 抓住培养社会主义建设者和接班人根本任务 努力建设中国特色世界一流大学》，《人民日报》2018年5月3日。

② 习近平：《思政课是落实立德树人根本任务的关键课程》，《求是》2020年第17期。

③ 《习近平在北京大学考察时强调 抓住培养社会主义建设者和接班人根本任务 努力建设中国特色世界一流大学》，《人民日报》2018年5月3日。

④ 习近平：《思政课是落实立德树人根本任务的关键课程》，《求是》2020年第17期。

⑤ 刘冠军：《学科视域中的思想政治理论课教学研究——教学内容创新设计与实践教学模式建构》，首都经济贸易大学出版社2015年版，第18-21页。

是什么，如何进行学科定位，以及如何理解学科定位基础上的思想政治理论等，既是重要的现实问题，也是重要的理论问题。在理论结合现实、逻辑结合历史的科学思维方法论维度上，对思想政治理论课进行马克思主义理论的学科定位，对其自身建设而言是至关重要的。这是其课程建设、教学研究、改革创新的逻辑起点和首要前提，因为探讨思想政治理论课的课程建设、教学研究和改革创新，不管是其各门理论课的课程建设、课堂教学研究和改革创新，还是其实践课的课程建设、实践模式建构和改革创新等，都应当首先明确其在整个学科体系中的位置或地位。只有如此，才能将思想政治理论课纳入学科视域中，才能在突出思想政治理论课意识形态属性的基础上赋予其科学属性。从历史发展的维度看，我们党历来高度重视马克思主义理论指导下的思想政治理论课建设，在革命、建设、改革各历史时期都是如此，进入新时代以来更是如此，更加明确地将思想政治理论定位于马克思主义理论学科。在此，笔者运用逻辑与历史相统一、理论与现实相结合的方法，对高校思想政治理论课程的马克思主义理论学科定位，与马克思主义理论学科定位下的思想政治理论进行总体性的考察研究。

一、思想政治理论课程的学科定位及其意义和要求

在《学科视域中的思想政治理论课教学研究——教学内容创新设计与实践教学模式建构》一书中，笔者对思想政治理论课学科定位的意义和要求①进行了专题研究，其核心内容包括学科视域中的思想政治理论与思想政治教育和马克思主义理论的关系问题。可以说，对高校思想政治理论的学科定位，事实上就是对思想政治理论课的学科定位。从科学认识论维度看，科学的学科定位，对一个学科和专业的发展及其课程内容的设置是至关重要的。这是因为，在科学高度发展的今天，任何一门专业课程的设置都要依托其所属的学科，只有在其所属的学科领域进行教育教学研究及其内容的科学研究，才能彰显该课程的专业特色和学科属性，才能突出该课程的规范性、科学性，才能实现该课程设置的合目的性与合规律性的统一，因此思想政治理论课的设置及其教育教学研究和其内容的科学研究，必须在其科学的学科领域中进行，必须明确其学科定位及其与此相适应的功能定位。同时，学科的发展有其自身的范式和规律，不管是数学、自然科学及其技术体系，还是哲学、人文科学、社会科学及其技术体系，乃至这些学科门类之下的一级学科、二级学科和三级学科等，作为一个成熟的学科，都应该有其明确的学科定位和功

① 刘冠军：《学科视域中的思想政治理论课教学研究——教学内容创新设计与实践教学模式建构》，首都经济贸易大学出版社 2015 年版，第 18-21 页。

能边界。自然科学各门学科如此，人文社会科学的各门学科如此，思想政治理论课作为高校“落实立德树人根本任务的关键课程”[①] 也不应当例外，甚至更应当如此。因此，探讨思想政治理论课教学的改革创新，不管是其各门课程的课堂教学，还是其实践教学，都应当对思想政治理论课进行科学的学科定位。只有对其进行科学的学科定位，才能将思想政治理论课纳入学科视域中加以考察，才能在学科视域中对思想政治理论课的功能边界加以厘定，才能在其学科视域中对思想政治理论课的价值目标和学科本质加以探讨，才能有针对性地对思想政治理论课的教育教学及其内容加以研究。否则，就会背离思想政治理论课的学科本质，偏离思想政治理论课的教学目标，导致思想政治理论课的功能泛化，也就难以达到开设思想政治理论课的目的。

一般而言，学科是学术分类、科学分支和专业划分的总称，其含义有三个：一是作为学术分类，指的是特定的科学研究领域，如自然科学领域、社会科学领域和人文科学领域等。二是在学术分类的基础上形成的科学分支，如自然科学中的化学、生物学、物理学、天文学、地质学，社会科学中的法学、社会学、经济学、管理学等；在此意义上，学科是与知识体系相联系的一个学术概念，是指分化的科学领域，是自然科学、社会科学概念的下位概念。三是指在前两种含义的基础上作为专业划分的功能单位，如高校的教学、科研等功能单位，指的是高校人才培养、教师教学、科研业务隶属范围的相对界定。而“定位”，顾名思义即为“确定名分地位”[②]，指的是“把事物放在适当的地位并做出某种评价”[③]。因此，“学科定位”指寻找和确定某一个学科的“坐标”，把某一个学科放到一定的学科体系中考察它在这个学科体系中所占的地位和所处的位置，确定其特定的研究对象、研究范围、研究内容、研究方法等，厘定其学科属性和学科边界并揭示其学科建设和学科发展的意义和方向。从某种程度上说，学科定位问题是学科建设首要的、基本的理论问题。同样的，思想政治理论课的学科定位是思想政治教育学科建设和思想政治理论课课程体系建设的首要的、基本的理论问题。准确把握思想政治教育学科定位，既是推进思想政治教育学科建设与发展的逻辑起点[④]，也是将思想政治理论课置于思想政治教育学科视域进行教育教学研究和在内容上进行科学研究的前提。

应当看到，学科定位不仅是思想政治理论课教育教学研究，及其内容即

① 习近平：《思政课是落实立德树人根本任务的关键课程》，《求是》2020年第17期。

② 《辞海》第6版，上海辞书出版社2010年版，第393页。

③ 《现代汉语词典》第7版，商务印书馆2016年版，第309页。

④ 吴潜涛、张新桥：《思想政治教育学科内涵与定位研究综述》，《思想教育研究》2014年第5期。

思想政治理论科学研究的前提，而且是首要的前提，因为只有对思想政治理论课进行科学的定位，才能做到在学科的视域中有针对性地对其内容即思想政治理论进行创新研究。那么，该怎样对思想政治理论课进行科学定位呢？这是一个复杂的问题。因为与思想政治理论课学科定位问题相关联的是思想政治教育的学科定位问题，而思想政治理论课，通常意义上被认为是思想政治教育的主阵地和主渠道，在一般的认知中是思想政治教育的重要组成部分。因此，思想政治理论课的学科定位必须建立在对思想政治教育学科的整体认识基础上。同时，与思想政治理论课和思想政治教育的学科定位相关联的，是马克思主义理论的学科定位问题。在国务院学位委员会和教育部颁发的《关于调整增设马克思主义理论一级学科及所属二级学科的通知（学位〔2005〕64号）》（以下简称《通知》）中，在我国的学科体系目录中，专门在法学门类下设立了马克思主义理论一级学科及其所属二级学科，同时将“思想政治教育”作为马克思主义理论一级学科下的一个二级学科，并明确地指出：“思想政治教育是运用马克思主义理论与方法，专门研究人们思想品德形成、发展和思想政治教育规律，培养人们正确世界观、人生观、价值观的学科。”① 这一规定，是巩固和加强马克思主义在意识形态领域指导地位的重要决策，为人们认识、把握和进一步研究思想政治教育学科定位提供了基本依据，因而具有重要的战略意义。

在现实性维度上，思想政治教育学科是在马克思主义指导下，综合运用多门学科的理论成果，在总结思想政治教育实践经验的基础上，建立起来的综合性、政治性、科学性、实践性很强的一门应用学科。国务院学位委员会、教育部在《通知》中指出，思想政治教育学科的研究范围包括：“思想政治教育的性质、规律、功能、内容、方法研究，中国共产党思想政治工作史与基本经验研究，马克思主义理论教育研究，中国化马克思主义教育研究，思想政治教育创新与发展研究，新时期世界观、人生观、价值观教育规律与特点研究，经济全球化条件下爱国主义教育与民族精神培养研究，思想政治教育案例研究，高校学生思想政治教育与管理工作研究，大学生职业道德教育研究，未成年人思想道德建设研究，干部与群众思想政治工作研究。”②

在《通知》中，思想政治教育学科与马克思主义理论一级学科下的所居二级学科是不同的，主要体现在：第一，思想政治教育学科虽然包括马克思

---

① 国务院学位委员会、教育部：《关于调整增设马克思主义理论一级学科及所属二级学科的通知（学位〔2005〕64号）》，http://www.moe.gov.cn/srcsite/A22/moe_833/200512/t20051223_82753.html。

② 国务院学位委员会、教育部：《关于调整增设马克思主义理论一级学科及所属二级学科的通知（学位〔2005〕64号）》，http://www.moe.gov.cn/srcsite/A22/moe_833/200512/t20051223_82753.html。

主义理论教育在内，但该学科与二级学科“马克思主义基本原理”有着明显的区别，后者侧重于对马克思主义原理内容本身的研究，而思想政治教育学科侧重于对马克思主义理论的传播和教育的研究，侧重于如何使人们接受马克思主义理论的研究。第二，思想政治教育学科与马克思主义发展史学科也有明显的区别，前者尽管包括对马克思主义理论教育历史的研究，甚至包括对马克思主义经典作家关于思想政治教育论述的研究，但与把马克思主义作为一个整体来研究其发展历史和发展规律的马克思主义发展史学科明显不同，前者也只是后者在传播和教育方面的一个组成部分而已。第三，思想政治教育学科与“马克思主义中国化研究”学科也不相同，虽然也研究毛泽东、邓小平、江泽民等关于思想政治教育学科的论述和思想，但与研究马克思主义中国化历程和规律的学科也有比较清楚的学科界限。第四，思想政治教育学科与国外马克思主义研究学科也有明显不同①。前者主要以马克思主义特别是当代中国的马克思主义为理论指导，而后者主要为思想政治教育提供理论借鉴。

因此，要正确判定思想政治教育的学科定位，一方面要把它放在马克思主义理论一级学科的全局中；另一方面要正确认识和处理马克思主义与思想政治教育的关系，为高校服务与为社会服务的关系，马克思主义理论一级、二级学科建设与高校思想政治理论课建设的关系②。在此意义上，对思想政治理论课进行学科定位，其基本要求有三点：一是必须建立在对思想政治教育学科的整体认识基础上；二是必须建立在对马克思主义理论学科的整体认识的前提下；三是要科学处理它与马克思主义理论一级学科之下的其他学科之间的关系。

二、思想政治理论课学科定位关键在于思想政治教育学科定位

一般而言，在大众的思维认知中，思想政治理论课是高校思想政治教育的重要组成部分，是高校思想政治教育的主渠道和主阵地，在此意义上，思想政治理论课是思想政治教育学科的内容，应当隶属于思想政治教育学科。然而，从目前高校思想政治理论建设的现状看，思想政治教育在学科上隶属于马克思主义理论，是马克思主义理论一级学科下的一个二级学科；在课程上，“思想道德与法律基础”课则隶属于思想政治理论课。那么，思想政治理论课和思想政治教育，二者在学科上是一种怎样的关系？在大众的思维认知中，为什么会将思想政治理论课看作隶属于思想政治教育学科呢？而思想政治教育的学科属性又是什么呢？或者说，思想政治教育学科又隶属于什么学

① 刘建军：《思想政治教育学科建设》，《思想理论教育》2007 年第 Z1 期。

② 吴潜涛、张新桥：《思想政治教育学科内涵与定位研究综述》，《思想教育研究》2014 年第 5 期。

科？思想政治教育学科如何定位？理论界对这些问题在很长一段时间里都未达成共识，至今都是仁者见仁，智者见智。由于难以确定思想政治教育的学科属性，作为高校关键课程的思想政治理论课在大众的思维中至今存在学科定位上的模糊性和学科边界的不明性。因此，思想政治理论课的学科定位，关键在于思想政治教育的学科定位①。

从历史维度看，思想政治教育在中国作为学科建设已有40多年的时间，在此期间思想政治教育学科建设取得了长足的进步，学科的自律性和自觉性在不断增强。但是，当我们从学科角度审视其发展现状时会发现，思想政治教育作为学科存在着较为严重的边界不明或边界模糊的问题，突出地表现在"思想政治教育存在严重的泛化现象。这是我们必须要正视的思想政治教育学科之痛"②。而思想政治教育的学科边界不明或学科边界模糊，主要是指思想政治教育作为一个学科在一定程度上没有明确的、科学的学科定位，体现在它的研究对象模糊，研究范围边界不清，研究范式多元，研究方法多样，功能定位不准，价值目标单一，理论话语体系缺少独立性，而且与实践实施体系混同，等等；在现实中，主要体现在思想政治教育的泛化，即思想政治教育学科超出了独立学科应有的学科边界与学科限度。具体看，主要表现在三个方面。

第一，在研究对象和研究内容上，思想政治教育出现了无所不包的局面。世界观与人生观教育，价值观与道德观教育，政治观与民主教育，法律观与法制教育，创业观与就业教育，爱情观与恋爱教育，心理观与心理健康教育，生态观与可持续发展教育，创造观③或创新观与科学文化素质教育④，等等，都囊括其中，致使思想政治教育成了什么都能装的"口袋学科"与"万能学科"或"浮游学科"⑤。尽管思想政治教育具有交叉学科或综合学科的性质，但是，交叉学科有交叉学科的研究对象和研究内容，如电化学是物理学和化学的交叉学科，研究对象规定在电子导体、离子导体、两类导体的界面及其所发生的一切变化，不是把物理学和化学的研究对象都作为电化学的研究对象；研究内容主要是电解质的研究即电解质学和电极的研究即电极学，不是把物理学和化学的研究内容都作为电化学的研究内容。

第二，在研究范式和研究方法上，思想政治教育出现了各种研究范式和

① 刘冠军：《学科视域中的思想政治理论课教学研究——教学内容创新设计与实践教学模式建构》，首都经济贸易大学出版社2015年版，第21-26页。

② 吴朝国、孙群：《论思想政治教育的泛化》，《思想教育研究》2013年第9期。

③ 陈秉公：《思想政治教育学》，吉林大学出版社1999年版，第238页。

④ 陈少岚：《提高科学文化素质是思想政治教育的重要内容》，《社会科学家》1988年第1期。

⑤ 吴朝国、孙群：《论思想政治教育的泛化》，《思想教育研究》2013年第9期。

研究方法并存的局面：古代的研究范式和研究方法、近代的研究范式和研究方法、现代的研究范式和研究方法、后现代主义的研究范式和研究方法等并存，哲学的研究范式和研究方法、政治学的研究范式和研究方法、教育学的研究范式和研究方法、人学的研究范式和研究方法、心理学的研究范式和研究方法、美学的研究范式和研究方法等并存，实证研究方法和规范研究方法并存，定性研究方法与定量研究方法并存，等等。给人造成的印象是，似乎所有的研究范式和研究方法都被运用到思想政治教育学科中，思想政治教育学科成了什么研究范式和研究方法都能研究的学科。大家知道，学科研究范式和研究方法的借鉴、移植是学界普遍共识，也是学科发展的重要条件，但研究范式和方法的借鉴、移植，是不能奉行“拿来主义”的。

第三，在理论研究和实践工作的关系上，思想政治教育理论研究话语体系与实践工作话语体系出现了较为严重的同质化趋向。有学者指出，“反观思想政治教育学科的发展历程与现状，思想政治教育的学科理论研究与实践没有被拉开适当的距离，学术筛选与加工能力的欠缺，致使思想政治教育的学术研究被政治实践‘绑架’，学科理论研究对实践亦步亦趋，没有抽象出具有普遍解释效力的范畴，而是与实践共用了同一套语言体系”①。在这样的情况下，人们往往以思想政治教育的实践工作话语体系代替学科理论研究的话语体系，从而在思想政治教育的理论教学、学术研究和工作实践中，出现了革命领袖与政治家的语言成为学科主要的理论范畴与观点的现象，带有浓厚的工具主义与实用主义色彩，进而助长了思想政治教育的“拿来主义”，认为只要“管用”，什么样的理论观点和方式方法都可以纳入思想政治教育中来。因此，在思想政治教育的理论教学、学术研究和管理工作中充斥着各种各样的理论观点。

思想政治教育在学科对象和研究内容、研究范式和研究方法，以及理论研究和实践工作等方面，严重超出了作为独立学科应有的学科边界与学科限度，致使思想政治教育的学科属性问题，“在思想政治教育学科设立后的20年里曾是学界讨论和争议颇多的话题。在这个问题上，学界意见分歧较大。很多学者认为，思想政治教育是党对人民群众进行意识形态教育的学科，具有鲜明的党性和政治性，理应归属于政治学；也有不少学者认为，思想政治教育的实质还是‘教育’，只不过教育的主要内容是思想政治方面的理论和知识，需要遵循教育学的基本规律，坚持教育学的基本原则，运用教育学的基本方法，因此它属于教育学的一门应用学科。前种观点突出了政治性，但在一定程度上忽略了这门科学承担的其他功能；后种观点强调理论学科的学术

---

① 吴朝国、孙群：《论思想政治教育的泛化》，《思想教育研究》2013 年第 9 期。

性，而在一定程度上忽视了思想政治教育的政治性、阶级性的特质。科学认识和准确把握思想政治教育的学科归属，既要看到它作为一门理论学科要遵循学科原则的普遍性，又要关注其宗旨和内容的特殊性，抓住事物最根本、最本质的方面”①。自2005年起，在马克思主义理论一级学科的设立，思想政治教育成为其所属二级学科以来，学界围绕思想政治教育学科定位在已有研究成果的基础上进一步深入探讨，取得了不少研究成果，深化了对这个问题的认识，学科定位日益明晰。

同时，为了矫正思想政治教育的严重泛化现象，国务院学位委员会和教育部于2005年联合发文宣布，在《授予博士、硕士学位和培养研究生的学科、专业目录》中增设马克思主义理论一级学科及所属二级学科②。从此，思想政治教育成为马克思主义理论一级学科下的二级学科。同年，中宣部和教育部联合发文强调，高等学校思想政治理论课承担着对大学生进行系统的马克思主义理论教育的任务，是对大学生进行思想政治教育的主渠道。充分发挥思想政治理论课的作用，用马克思列宁主义、毛泽东思想和中国特色社会主义理论体系武装当代大学生，是党的教育方针的具体体现，是社会主义大学的本质特征，是党和国家事业长远发展的根本保证③。对此，有学者指出，设立马克思主义理论一级学科和所属二级学科，是巩固和加强马克思主义在意识形态领域指导地位的重要决策，具有重要的战略意义。思想政治教育学科是一门在马克思主义指导下，综合运用多门学科的理论成果，在总结思想政治教育实践经验的基础上建立起来的综合性、政治性、科学性、实践性很强的应用学科。要正确判定思想政治教育这一学科的定位，就必须把它放在马克思主义理论一级学科的全局中，正确认识和处理马克思主义理论与思想政治教育的关系，为高校服务与为社会服务的关系，马克思主义理论一级、二级学科建设与高校思想政治理论课建设的关系④。对思想政治教育学科的总体认识和把握，成为研究思想政治教育学科定位的重要视角⑤。

为确保思想政治理论课隶属于马克思主义理论一级学科下的二级学科的

---

① 吴潜涛、张新桥：《思想政治教育学科内涵与定位研究综述》，《思想教育研究》2014年第5期。

② 国务院学位委员会、教育部：《关于调整增设马克思主义理论一级学科及所属二级学科的通知（学位〔2005〕64号）》，http://www.moe.edu.cn/publicfiles/business/htmlfiles/moe/moe_834/201002/82753.html。

③ 中宣部、教育部：《关于进一步加强和改进高等学校思想政治理论课的意见（教社政〔2005〕5号）》，http://www.moe.gov.cn/publicfiles/business/htmlfiles/moe/moe_772/201001/xxgk_80415.html。

④ 张耀灿：《试论思想政治教育学科的定位与建设》，《思想理论教育导刊》2006年第7期。

⑤ 吴潜涛、张新桥：《思想政治教育学科内涵与定位研究综述》，《思想教育研究》2014年第5期。

学科定位，2008年9月，中宣部和教育部联合发文，要求“各高等学校应当建立独立的、直属学校领导的思想政治理论课教学科研二级机构”①，主要形式就是“马克思主义学院”。马克思主义学院的设立，在机构设置上保障了马克思主义学科的建设和发展，其意义重大：一是有利于高举马克思主义的旗帜，是社会主义办学方向的集中体现；二是有利于凝聚一支从事马克思主义教育教学和研究的专职教师队伍；三是有利于建设一个马克思主义理论学科；四是有利于开好一类课程，即以马克思主义理论教育为主要内容的思想政治理论课。2012年6月，国务院学位委员会发文，明确指出思想政治理论课教师是高校马克思主义理论学科队伍的主体，要按照“一岗双能”“一身二任”的要求，努力提高教师自身的理论素养、业务能力和道德修养，不断强化学科意识，积极参与学科建设②。这也就是说，马克思主义学院的教师承担着两大任务、肩负着两大使命：一是承担着马克思主义理论学科建设的任务，肩负着马克思主义理论科学研究的使命；二是承担着思想政治理论课的教学任务，肩负着思想政治理论课教学研究的使命。截至2015年，全国各高校普遍设置了直属学校领导的思想政治理论课教学科研二级机构，其中使用“马克思主义学院”名称的有150多家③。

三、从思想政治教育学科发展看思想政治理论课的学科定位

从思想政治教育学科发展的历史嬗变进程，能够感受思想政治理论课的马克思主义理论学科定位的发展趋向④。在理论界，关于思想政治教育学科发展的进程，不同的学者从不同的角度进行了概括总结和阶段划分。有的学者将思想政治教育学科发展的历史沿革划分为三个阶段：1978—1984年为第一阶段，是学科创立和发展的铺垫阶段；1984—2004年为第二阶段，是学科创立和初步发展的维护阶段；2005年以来为第三阶段，是学科系统和深化发展的强化阶段⑤。还有的学者指出，自改革开放以来，我国社会经历了快速的跨越式发展，思想政治教育及其学科也同样经历了跨越式发展。思想政治教育学科自20世纪80年代中期建立以来，经过10年完成了由本科到硕士、由硕

---

① 中宣部、教育部：《关于进一步加强高等学校思想政治理论课教师队伍建设的意见（教社科〔2008〕5号）》，http://www.moe.gov.cn/publicfiles/business/htmlfiles/moe/moe_772/201001/xxgk_80380.html。

② 国务院学位委员会：《关于进一步加强高校马克思主义理论学科建设的意见（学位〔2012〕17号）》，http://www.110.com/fagui/law_393499.html。

③ 陈占安：《高扬马克思主义伟大旗帜不动摇——庆祝北京大学马克思主义学院成立20周年》，《思想理论教育导刊》2012年第7期。

④ 刘冠军：《学科视域中的思想政治理论课教学研究——教学内容创新设计与实践教学模式建构》，首都经济贸易大学出版社2015年版，第26-32页。

⑤ 王桂菊：《改革开放以来思想政治教育学科发展研究》，南开大学博士学位论文2013年12月。

士到博士的发展历程，经过5年实现了由博士点到国家重点学科的发展。此学科的专业点、专业覆盖面、在校学生、具有高级职称的专业人才，以及研究成果、社会作用等，在全国高校人文社会科学中已有相当规模和影响，并具有明显的发展优势。有学者认为思想政治教育学科发展大体经历了三个阶段，即学科主体确立阶段、分支学科发展阶段和综合深化发展阶段①。还有的学者将思想政治教育学科的发展过程概括为五个阶段，即1984—1988年为第一阶段，是学科理论体系初步确立和专业建设的初始期；1989—1993年为第二阶段，是巩固提高已有成果，全面开展专业建设，形成学科群的阶段；1994—1996年为第三阶段，是蕴涵新发展机会的阶段；1997—2003年为第四阶段，是高速发展与不平衡状态相伴随的阶段；2003年以来为第五阶段，是一个正在进行着的、面临新任务、新机遇和新挑战并存的理性发展阶段②。

（一）思想政治教育学科实践探索为思想政治理论课学科定位奠基

笔者认为，在我国高等教育发展史上，思想政治教育作为学科进行设置、建设与发展，是与中国改革开放的历史进程基本同步的。在学科内容上，思想政治教育与马克思主义理论呈现“一币两面”的关系，二者相互联系、相互渗透、相互交织。从学科演进的角度看，思想政治教育与马克思主义理论教育经历了一个相互关联的历史嬗变过程，笔者在为《马克思主义理论教学与研究文库》撰写的总序，即《时代课题与使命担当——〈马克思主义理论教学与研究文库〉总序》中，将其历史嬗变过程概括为三个阶段：思想政治教育与马克思主义理论教育并行发展阶段；思想政治教育与马克思主义理论教育合并发展阶段；思想政治教育与马克思主义理论教育统一为马克思主义理论一体化发展阶段③。而伴随研究的深入，笔者在综合理论界不同观点的基础上，将三个阶段的发展历史嬗变过程进一步划分为四个阶段，即思想政治教育独立发展阶段，思想政治教育与马克思主义理论教育并行发展阶段，思想政治教育与马克思主义理论合并发展阶段，思想政治教育与马克思主义理论统一发展为马克思主义理论的统一发展阶段。追溯历史嬗变进程及每个阶段的特征将使思想政治教育的学科定位更加明晰，进而明晰思想政治理论课的学科定位。

① 郑永廷：《思想政治教育学科发展的历史与现状——兼论思想政治教育学科基础理论的发展》，《思想教育研究》2002年第6期。

② 邱柏生：《关于思想政治教育学科发展的阶段特征》，《福建师范大学学报（哲学社会科学版）》2006年第3期。

③ 刘冠军：《学科视域中的思想政治理论课教学研究——教学内容创新设计与实践教学模式建构》，首都经济贸易大学出版社2015年版，总序。

1. 思想政治教育学科独立设置的发展阶段

1984—1988 年是思想政治教育学科的初创阶段，也是这一学科的独立发展阶段。对此阶段，有学者做了系统考察：1984 年 4 月，教育部颁布了《关于在十二所院校设置思想政治教育专业的意见》（以下简称《意见》），决定采取正规化的方法培养大专生、本科生和第二学士生等规格的思想政治工作专门人才，首批批准南开大学等 12 所院校增设思想政治教育专业，设本科学制进行试点。《意见》指出，当年这个专业招生主要为高等院校培养思想政治工作人员，同时摸索兴办这类专业的经验。同年 6 月，教育部又颁布了《关于在六所高等院校开办思想政治教育专业第二学士学位班的意见》，批准清华大学等 6 所高校开设思想政治教育专业第二学士学位班，培养高校思想政治工作的骨干。招生对象为已获得理工农医学士学位、在高校从事思想政治工作一年以上的优秀在职人员。1986 年 5 月，国家教委作出了《关于加强高等学校思想政治工作的决定》，指出要认真办好思想政治教育专业，包括第二学士学位和研究生班，为正规化培养从事思想政治工作的专门人才走出一条新路。

1987 年 9 月，国家教委又印发了《关于思想政治教育专业培养硕士研究生实施意见》的通知，决定从 1988 年开始培养思想政治教育专业硕士研究生①。有学者指出，事实上，思想政治教育专业开展研究生教育是从 1986 年开始的，当时有 4 所院校在相近专业中招收了思想政治教育方向的硕士研究生。从 1988 年 9 月起，全国有复旦大学、南开大学、武汉大学等 10 所院校以思想政治教育专业的独立名义首批招收硕士研究生，从而标志着思想政治教育学科和专业建设取得架构性的进展。在学科内容或专业设置上，主要开设“辩证唯物主义和历史唯物主义”“政治经济学”“科学社会主义”“中国共产党党史”“国际共产主义运动史”等课程。从开设课程的内容看，思想政治教育实质上是马克思主义理论的教育。这一时期的专业建设重点在于教材编写和师资队伍建设，其主要特征是抓重点，带一般，即通过抓几门主干课程如“思想政治教育学原理”“思想政治教育方法论”等的建设，带动其他分支课程的建设。经过几年的努力，专业建设在师资队伍组织、教材编写、课程设置等方面取得了长足的进步。值得一提的是，1988 年首批思想政治教育专业本科生毕业，其中大部分从事高校、机关、企事业单位的思想政治工作，实现了专业培养的预期目标。这一状况成为思想政治教育专业建设获得社会确认的重要标志，使得专业建设获得了足够的自信和实践的印证②。

---

① 国家教委：《关于思想政治教育专业培养硕士研究生实施意见》，1987 年 9 月。

② 邱柏生：《关于思想政治教育学科发展的阶段特征》，《福建师范大学学报（哲学社会科学版）》2006 年第 3 期。

2. 思想政治教育与马克思主义理论教育两学科并行设置的共同发展阶段

1988—1996 年是思想政治教育与马克思主义理论教育两个学科并行设置、共同发展的第二阶段。在这一阶段，高校不仅设置了思想政治教育学科，而且设置了马克思主义理论教育学科，并且开始出现将二者整合的趋向。从思想政治教育学科的方面看，思想政治教育从 1988 年开始招收硕士生，1990 年正式设置硕士研究生授权点。1994 年 6 月，林泰、陆庆壬、郑永廷、邱伟光、张耀灿、刘廷亚向国务院学位委员会、国家教育委员会提交了“六教授关于设立博士学位点的建议书”，强调设立思想政治教育专业博士点的必要性和迫切性，论证了设立思想政治教育专业博士点的可行性和现实性。1995 年，国务院学位办组织专家组到清华大学、北京科技大学、首都师范大学等学校进行调研，对思想政治教育专业的教学、科研和硕士研究生的培养情况做综合评估。专家组得出的结论是：思想政治教育专业经过 10 年建设，已经有了很好的基础，取得了长足的发展，但存在的问题是理论性不强，本科、第二学士学位和硕士生专业层次不够清晰，因此建议思想政治教育与马克思主义理论教育合并，发挥综合优势，共同建设博士点。1995 年，相关高校开始着手思想政治教育专业博士点的申报工作；同年 4 月，教育部原思想政治工作司在中南大学组织召开了“全国思想政治教育专业教材编写暨学科建设会议”，思想政治教育的规范化、学科化、科学化和现代化发展问题受到重视。

从马克思主义理论教育学科的方面看，马克思主义理论教育学科从 1988 年开始设置相对独立的硕士点，并开始招生，其研究方向为马克思主义基本原理、中国革命史、中国社会主义建设、世界经济政治与国际关系，属于法学门类政治学一级学科。

1988 年，国家教委批准中国人民大学招收马克思主义理论教育专业博士生，其主要依托于科学社会主义学科点。1991 年，中国人民大学许征帆教授领衔招收马克思主义理论教育（马克思主义原理）的博士生。1990 年，国务院学位委员会第九次会议通过的《授予博士、硕士学位和培养研究生的学科、专业目录》，在法学门类政治学一级学科下设马克思主义理论教育和思想政治教育两个硕士学位授予点。

1994 年，中共中央发布了《中共中央关于进一步加强和改进学校德育工作的若干意见》，明确指出要把思想政治教育作为人文社会科学的重点学科加强建设。从 1995 年开始，思想政治教育学科和马克思主义理论教育学科出现了整合发展的趋势。1995 年，国务院学位委员会、国家教委经过充分论证，把马克思主义理论教育与思想政治教育两个学科进行整合，统称为马克思主义理论教育与思想政治教育专业，隶属于法学门类政治学一级学科内的一个二级学科，发挥综合优势和联姻发展，共同建设博士点，开启了思想政治教育学科与马克思主义理论教育整合发展的新阶段；同年10月，国家教委制定了《关于高校马克思主义理论课和思想品德课教学改革的若干意见》，指出要把马克思主义理论教育和思想政治教育作为人文社会科学的重点学科加以建设①。

3. 思想政治教育与马克思主义理论教育两学科合并的深化发展阶段

1996—2005年是思想政治教育与马克思主义理论教育两个学科合并后深化发展的第三个阶段。两个学科合并后的学科，被称为“马克思主义理论与思想政治教育”。本科层次的政治教育学科与思想政治教育学科合并，名称统一为“思想政治教育”（本科共250多个），设置师范与非师范两个专业方向，既可授法学学位，也可授教育学学位。研究生学位授权点有硕士点和博士点。首批马克思主义理论与思想政治教育博士点，全国只有3家，即武汉大学（与华中师范大学合作）、中国人民大学、清华大学（与首都师范大学、北京科技大学合作）。资料显示：1996年4月，国务院学位委员会批准武汉大学与华中师范大学联合申报马克思主义理论与思想政治教育博士学位授予学科和专业点；同年，又批准中国人民大学科学社会主义原理博士点的马克思主义原理研究方向免于申报，直接转为马克思主义理论与思想政治教育博士点；同时，批准清华大学与首都师范大学、北京科技大学联合申报马克思主义理论与思想政治教育博士学位授权学科点。这样，以上三个成为全国第一批马克思主义理论教育与思想政治教育博士学位授权点。这标志着中央对马克思主义理论教育与思想政治教育学科建设的高度重视，学科层次的完备使得马克思主义理论教育与思想政治教育学科开始迈上一个新的发展平台。

1997年，这三个博士点首次招收博士研究生，后来发展到28个博士点。尤其值得一提的是，1997年6月，国务院学位委员会、国家教委正式颁布《授予博士、硕士学位和培养研究生的学科、专业目录》，从文件和制度方面再一次确认了将马克思主义理论教育与思想政治教育进行整合的决定，学科名称确定为“马克思主义理论与思想政治教育”，将1995年学科合并时的“马克思主义理论教育与思想政治教育”名称中的前一个“教育”去掉，定为“马克思主义理论与思想政治教育”，其学科隶属于法学门类政治学一级学科，并授予受教育者“法学硕士”和“法学博士”学位。这样的学科设置，其意义是重大的。其意义在于，在复杂的国内外环境下，强调思想政治教育要以马克思主义理论为指导思想和核心内容，同时要积极探索思想政治

① 王桂菊：《改革开放以来思想政治教育学科发展研究》，南开大学博士学位论文2013年12月。

教育的特点和规律，促进马克思主义理论的科学传播①。时至2004年1月，中共中央颁发了《关于进一步繁荣发展哲学社会科学的意见》，提出实施马克思主义理论研究和建设工程。随着这一工程的启动，150余种哲学社会科学专业骨干基础教材和思想政治理论课教材的编写被提上日程②，一个以马克思主义和当代中国马克思主义为指导的，具有中国特色、中国风格、中国气派的哲学社会科学学科体系和教材体系正在形成。应当看到，这一时期也存在一些问题，其中主要问题是专业名称上的不一致：本科专业名称是思想政治教育，而研究生专业名称是马克思主义理论与思想政治教育。名称的不一致，导致对其内涵与外延的认识不一致。思想政治教育的内涵和外延是什么？马克思主义理论的内涵和外延是什么？马克思主义理论和思想政治教育学科是思想政治教育加马克思主义理论教育吗？若是，那么其中的“加”是什么意思？是机械相加？还是有机相加？是思想政治教育“加”马克思主义理论教育？还是马克思主义理论教育“加”思想政治教育？若不是，那又是什么？这一系列的问题，需要对思想政治教育学科与马克思主义理论教育学科合并之后的马克思主义理论与思想政治教育学科进行系统的体系建构。

4. 思想政治教育与马克思主义理论教育两学科统一的体系化发展阶段

自2005年开始直至现在是思想政治教育与马克思主义理论教育两个学科统一于一个系统的学科体系的发展新阶段。两个学科统一后的学科被称为马克思主义理论，思想政治教育成为马克思主义理论一级学科下的二级学科。2005年12月23日，国务院学位委员会和教育部联合下发《关于调整增设马克思主义理论一级学科及所属二级学科的通知（学位〔2005〕64号）》（以下简称为《通知》）。《通知》的主要内容是决定在《授予博士、硕士学位和培养研究生的学科、专业目录》中增设马克思主义理论一级学科及所属二级学科③。这样，马克思主义理论学科便与法学、政治学、社会学、民族学并列成为法学门类下的一级学科，下设5个二级学科，即马克思主义基本原理、马克思主义发展史、马克思主义中国化研究、国外马克思主义研究和思想政治教育。

2008年4月新设中国近现代史基本问题研究，为马克思主义理论一级学科下的二级学科，由此，马克思主义理论一级学科下便有了6个二级学科。

① 王桂菊：《改革开放以来思想政治教育学科发展研究》，南开大学博士学位论文2013年12月。

② 叶红云：《马克思主义理论的学科自信与马克思主义话语权》，《思想教育研究》2013年第3期。

③ 国务院学位委员会、教育部：《关于调整增设马克思主义理论一级学科及所属二级学科的通知》，http://www.moe.edu.cn/publicfiles/business/htmlfiles/moe/moe_834/201002/82753.html。

伴随《通知》的执行和马克思主义理论研究与建设工程的实施，马克思主义理论学科得到了迅速发展。列入马克思主义理论研究与建设工程的150余种哲学社会科学专业骨干基础教材和思想政治理论课教材陆续出版。博士、硕士学位点的建设取得了丰硕成就。截至2012年，全国已设立马克思主义理论一级学科博士点37个、硕士点133个，6门二级学科设立博士点和硕士点近600个①。自此，马克思主义理论的博士、硕士学位授权点位居同类学科授权点之首。与此同时，马克思主义理论学科设置了一级学科和二级学科的国家级重点学科，还设置了34个博士后科研流动站，30所高校的思想政治教育专业为国家级特色专业，等等。对此，有学者指出："马克思主义理论学科建设工程，以其成功的制度设计与安排、令人信服的研究成果，彰显了马克思主义强大的号召力、吸引力和凝聚力，是新的历史条件下党推进思想理论建设和哲学社会科学繁荣发展的重要成果。马克思主义理论学科的建设与发展，高举马克思主义旗帜，弘扬马克思主义的基本精神与方法，旗帜鲜明地昭示了中国共产党始终坚持马克思主义指导地位不动摇，用发展着的马克思主义指导新的实践的决心和信心。正是在这个意义上，马克思主义理论学科建设是关系中国特色社会主义事业发展全局的战略工程、生命工程、基础工程。"②

（二）思想政治教育学科实践探索对思想政治理论课学科定位的启示

通过对思想政治教育学科发展的历史考察可见，思想政治教育从作为学科独立设置到马克思主义理论一级学科下的思想政治教育的确定，经历了一个漫长的过程。追溯这一学科历史嬗变过程，对厘清思想政治教育学科的边界、对思想政治教育进行具体的学科定位，进而对于弄清思想政治理论课的学科定位，科学处理思想政治理论课教学研究与马克思主义理论科学研究的关系，大力加强马克思主义理论的科学研究和教学研究具有重大的启迪意义。

1. 实践探索中认识思政课与马克思主义课程教育

思想政治教育的学科实践探索，使人们认识到思想政治理论课教学与马克思主义理论教育在实质上是统一的。在中国高等教育的发展进程中，思想政治教育的学科发展史与马克思主义理论的学科发展史，是相互交织在一起向前推进的，因此思想政治教育的学科发展史也就是马克思主义理论教育

---

① 李向军、王斯敏：《凝聚在马克思主义旗帜下——一级学科设立助推马克思主义理论"三进"纪实》，《光明日报》2012年10月9日。

② 叶红云：《马克思主义理论的学科自信与马克思主义话语权》，《思想教育研究》2013年第3期。

的学科发展史，二者经历了思想政治教育学科初创时期的独立设置和发展阶段，思想政治教育与马克思主义理论教育两学科并行设置和发展的阶段，思想政治教育与马克思主义理论教育合并为“马克思主义理论与思想政治教育”的整合或合并发展阶段，思想政治教育与马克思主义理论教育两个学科统一为马克思主义理论学科体系的发展阶段，此时的思想政治教育成为马克思主义理论这一一级学科下的二级学科。思想政治教育与马克思主义理论教育在学科层面上经过“独立—并行—合并—统一”的长期理论探讨和实践探索过程，对思想政治教育学科的学科定位和学科边界厘定，特别是思想政治理论课教学与马克思主义理论关系的认识意义重大。它使我们清晰地看到，当前中国高校的思想政治教育在实质上就是马克思主义理论框架下的思想政治教育，思想政治理论课教学在实质上是马克思主义理论的教学。为此，思想政治教育作为马克思主义理论一级学科的二级学科，必须处理好与马克思主义理论的关系。正如《通知》所指出的，高等院校必须建立马克思主义教育与教学体系，在本科教育中，设立马克思主义基础专业，培养政治素质好、思想品德优良，具有较好马克思主义基础知识的大学生；在研究生教育中，培养德智体全面发展、政治素质高、理论方向正确，具有比较高的马克思主义素养和理论功底，并能用马克思主义立场、观点和方法，分析研究当代现实问题的硕士研究生和博士研究生。因此，充分认识思想政治教育的学科定位对于确立思想政治理论课的学科定位意义重大。

正如吴潜涛和张新桥指出的：“马克思主义揭示了人类社会历史发展的规律，是我们认识世界、改造世界的强大理论武器。坚持以马克思列宁主义、毛泽东思想和中国特色社会主义理论体系为指导，是我国哲学社会科学沿着正确方向发展的根本保证。对于哲学社会科学大家庭中重要而特殊的一员——思想政治教育学科而言，马克思主义理论既是学科发展的指导思想，又是学科确立的理论基础，同时也是学科研究的核心内容。只有坚持以马克思主义理论，特别是党在领导人民进行建设和改革过程中，形成的中国特色社会主义理论体系为指导，才能保证思想政治教育学科理论研究和实践建设的方向。对思想政治教育学科内涵及定位的研究，也只有坚持马克思主义指导思想，汲取马克思主义的理论给养，紧密围绕实践主题，不断突出时代特色，才能科学全面地认识学科的本质，准确清晰地把握学科的方位。”[①] 也只有把思想政治教育学科定位于马克思主义理论一级学科之下，定位于马克思主义理论教育，才能科学准确地对思想政治理论课进行学科定位。

---

① 吴潜涛、张新桥：《思想政治教育学科内涵与定位研究综述》，《思想教育研究》2014 年第 5 期。

2. 认识学科定位和学科边界

思想政治教育长期的学科实践探索，使人们清晰地认识到思想政治教育的学科定位和学科边界。从思想政治教育与马克思主义理论教育在学科层面上经历的“独立—并行—合并—统一”的长期实践探索过程看，当前，中国高校思想政治教育的学科定位就是马克思主义理论一级学科下的二级学科，是马克思主义理论学科的一个重要组成部分。思想政治教育的学科边界，广义讲就是马克思主义理论一级学科框架下的思想政治教育，狭义讲就是马克思主义理论一级学科下的二级学科范围的思想政治教育。值得注意的是，思想政治教育作为马克思主义理论一级学科下的二级学科，必须处理好与马克思主义理论其他二级学科马克思主义基本原理、马克思主义中国化研究、马克思主义发展史、国外马克思主义研究、中国近现代史基本问题研究等的关系。这对于当前中国高校的思想政治教育意义重大。对此，吴潜涛和张新桥专题考察了理论界“关于思想政治教育学科与马克思主义理论一级学科及所属其他二级学科关系定位”的问题，他们指出，考察和审视学科系统内部结构及诸要素之间的关系，成为学界研究思想政治教育学科定位的又一重要视角①，并且列举了理论界的以下观点：

——有学者指出，马克思主义理论与思想政治教育之间具有不可分割的内在关联。马克思主义理论是思想政治教育学科的指导思想、理论基础和根本教育内容，思想政治教育学科建设不能没有马克思主义的理论指导。同样，马克思主义理论的传播、发展及其价值实现也不能没有思想政治教育，思想政治教育是马克思主义理论价值实现的必经途径，是马克思主义理论的题中应有之义②。

——有学者强调，马克思主义理论一级学科与思想政治教育二级学科是整体与部分的关系，思想政治教育学科的发展必须依托马克思主义理论一级学科，以其为平台；马克思主义理论一级学科的整体发展，也必须在思想政治教育及马克思主义理论其他二级学科发展的基础上，进行成果综合和学科整合。没有思想政治教育及其他二级学科的发展，没有对思想政治教育及其他二级学科研究成果的概括和综合，没有包括思想政治教育在内的马克思主义理论各二级学科之间的交叉与融合，马克思主义理论学科不可能获得整体发展。从这个意义上说，要更加注重马克思主义理论一级学科内思想政治教

① 吴潜涛、张新桥：《思想政治教育学科内涵与定位研究综述》，《思想教育研究》2014年第5期。

② 白显良：《论思想政治教育学科的科学定位——兼论思想政治教育的学科建设》，《思想理论教育》2007年第3期。

育学科的自主发展。思想政治教育学科只有获得了独立自主的发展，才能为马克思主义理论其他二级学科的发展，乃至马克思主义理论一级学科的整体发展做出特有的贡献①。

——有学者认为，思想政治教育虽然也包括马克思主义理论教育，但该学科与马克思主义基本原理二级学科之间有着明显的区别：后者侧重于对马克思主义原理内容本身的研究；而思想政治教育学科则侧重于对马克思主义理论的传播和教育的研究，侧重于如何使人们接受马克思主义理论。思想政治教育学科与马克思主义发展史学科也有明显的区别，前者虽然也包括对马克思主义理论教育历史的研究，包括对马克思主义经典作家关于思想政治教育论述的研究，但与把马克思主义作为一个整体，研究其发展历史和发展规律的马克思主义发展史学科明显不同。思想政治教育与马克思主义中国化研究学科也不相同，前者虽然也会研究毛泽东、邓小平、江泽民等关于思想政治教育学科的论述和思想，但与研究马克思主义中国化历程和规律的学科也有比较清楚的学科界限。思想政治教育与国外马克思主义研究学科也明显有所不同②。

——有学者认为，在马克思主义理论的几个二级学科中，马克思主义基本原理、国外马克思主义研究、马克思主义发展史研究、马克思主义中国化研究，都分别从不同侧面对马克思主义理论进行了具体的研究。这种具体的研究是不可少的，是进行整体研究的前提与基础，它们从不同的方面为思想政治教育提供了明确的方向指导和丰富的理论资源。反过来，思想政治教育又为这些学科理论的进一步发展提供了广阔的实践平台，是马克思主义从理论形态走向实践形态，并得到不断发展的必由之路③。

——有学者认为，马克思主义理论学科下属的二级学科，有些偏重于理论，有些偏重于教育。但是，这并不表明几个二级学科之间存在明确的不同类型人才培养的分工，因为如果是这样，马克思主义理论学科的建设便失去了作为独立的一级学科设立的本义。这几个二级学科要通过各有侧重的研究，共同服务于一种人才的培养，即兼通理论与教育的人才④。

吴潜涛和张新桥在此列举的理论界“关于思想政治教育学科与马克思主义理论一级学科及所属其他二级学科关系定位”的诸种观点⑤，对于我们认识

① 骆郁廷：《思想政治教育学科发展的新趋势》，《思想理论教育导刊》2009年第3期。

② 刘建军：《思想政治教育学科建设》，《思想理论教育》2007年第7期。

③ 李辽宁：《思想政治教育学科定位的社会学视角》，《学校党建与思想教育》2006年第8期。

④ 沈壮海：《思想政治教育学科的依托发展》，《中国高等教育》2006年第18期。

⑤ 吴潜涛、张新桥：《思想政治教育学科内涵与定位研究综述》，《思想教育研究》2014年第5期。

思想政治教育的学科定位以及与马克思主义理论其他二级学科的关系，对于我们在此基础上处理思想政治理论课四门必修课的教学内容具有重要的借鉴意义。

对于思想政治理论课的四门必修课来说，与“马克思主义基本原理概论”课相对应的，是马克思主义理论的二级学科马克思主义基本原理，其教学与研究要以这个二级学科的建设为基础，对马克思主义从整体上进行深入系统的研究，对如何帮助青年学生掌握马克思主义世界观和方法论，正确认识人类社会发展的基本规律等进行研究。

与“毛泽东思想和中国特色社会主义理论体系概论”课相对应的，是二级学科马克思主义中国化研究。其教学和研究要以这个学科的建设为基础，以马克思主义中国化为主线，以中国化的马克思主义为主题，以建设中国特色社会主义的理论和实践为重点，对中国共产党把马克思主义基本原理与中国实际相结合的历史进程，马克思主义中国化的理论成果进行深入研究，对如何帮助学生系统掌握毛泽东思想和中国特色社会主义理论体系的主要内容和精神实质，坚定在党的领导下走中国特色社会主义道路的理想信念进行研究。

与“思想道德修养与法律基础”课相对应的，是二级学科思想政治教育。其教学和研究要以这个二级学科的建设为基础，要运用马克思主义理论与方法对人们思想品德形成、发展和思想政治教育规律进行研究；对如何培养学生树立正确的世界观、人生观、价值观进行研究；对如何加强社会主义道德教育和法制教育，帮助学生增强社会主义法制观念，提高思想道德素质，解决成长成才过程中遇到的实际问题进行研究。

与“中国近现代史纲要”课相对应的，是二级学科中国近现代史基本问题研究。其教学和研究要以这个二级学科的建设为基础，要对中国近代以来抵御外来侵略，争取民族独立，推翻反动统治，实现人民解放的历史进行研究，对如何帮助学生了解国史国情，深刻领会历史和人民是怎样选择了马克思主义，选择了中国共产党，选择了社会主义道路进行研究。

3. 遵循学科发展规律、符合学科内涵和本质

思想政治教育长期的学科实践探索，使人们认识到高校思想政治教育必须遵循马克思主义理论学科发展的规律，思想政治理论课及其教育教学内容即思想政治理论研究也必须符合马克思主义理论的学科内涵和学科本质。

高校任何专业的设置都有其学科依托，各专业的课程体系建设必须遵循其学科发展的规律，各专业课程内容的设计必须符合其学科内涵和学科本质。高校思想政治教育，特别是大学生思想政治教育，作为一门科学，其课程体

系建设也必须遵循（马克思主义理论）学科发展的规律，而不能随意设置；其课程内容的设计不能违背其学科的本质，而想当然地进行。当前，大学生“思想政治理论课程”主要设置了4门必修课，即“马克思主义基本原理概论”“毛泽东思想和中国特色社会主义理论体系概论”“思想道德修养与法律基础”“中国近现代史纲要”；另外，开设“形势与政策”。在“4+1”模式中，马克思主义理论一级学科下的两个二级学科，即马克思主义发展史、国外马克思主义研究没有列入其中。也就是说，马克思主义理论学科以及所属6个二级学科与当前大学生“思想政治理论课程”之间的关系，是既对应又不对应的关系。在这种情况下，如何理解马克思主义理论学科以及所属6个二级学科与当前大学生“思想政治理论课程”之间既对应又不对应的关系？笔者认为，当前高校思想政治理论课程设置的4门必修课，基本与马克思主义理论学科所属的4个二级学科是对应的，基本符合学科发展的规律。同时，由于当前马克思主义理论学科设置时间较短，还处在不断探索和建设之中，加上思想政治理论课在当下课时量较少，因此，高校思想政治理论课程的设置与马克思主义理论学科所属6个二级学科不对应的现象，符合当前马克思主义理论学科建设和高校思想政治理论课教学的现实，有其现实的必要性。同时应当看到，随着马克思主义理论学科建设的不断推进，马克思主义理论学科将会逐步成熟和完善，在合适之时思想政治理论的课程设置将与马克思主义理论学科所属的二级学科逐步对应，形成马克思主义理论一级学科体系下的思想政治教育新体系，笔者将其称为马克思主义理论一级学科中的思想政治教育的“梅花”模式。

同时应当注意的是，在当下的马克思主义理论科学研究与课程教学研究过程中，不应因为马克思主义理论的6个二级学科与当前大学生“思想政治理论课程”之间的不对应现象，而置马克思主义理论的有关二级学科于不顾；由于马克思主义理论一级学科下的6个二级学科是相互联系、相互渗透和相互支撑的，所以在马克思主义理论科学研究与教学研究过程中，应当将马克思主义理论的6个二级学科与当前大学生“思想政治理论课程”对应起来，进行马克思主义理论科学研究和教学研究。只有这样，才能建构起二者对应的马克思主义理论科学研究和教学研究的新体系，才能建构起马克思主义理论一级学科体系下的思想政治教育新体系，才能真正理解高校思想政治理论课的马克思主义理论学科定位。

四、思想政治理论课的马克思主义理论学科定位

从科学思维方法论维度看，任何科学理论的教育教学都有清晰而明确的

学科边界，超出了学科边界或学科边界不清晰的课程教育教学，在严格意义上不属于科学的教育教学，因此学科边界的划定即“学科定位”，对科学的课程教育教学而言是颇为重要的，而对思想政治理论课的教育教学而言，也是如此。进而言之，“学科定位”是指寻找和确定某个学科的“坐标”，把某个学科放到一定的学科体系中，考察它在这个学科体系中所占的地位和所处的位置，确定其特定的研究对象、研究范围、研究内容、研究方法等，厘定其学科属性和学科边界，并揭示其学科建设和学科发展的意义和方向。从某种程度上说，学科定位问题是学科建设首要的、基本的理论问题。同样的，思想政治理论课的学科定位是思想政治教育学科建设，和思想政治理论课课程体系建设首要的、基本的理论问题。准确把握思想政治教育学科定位，既是推进思想政治教育学科建设与发展的逻辑起点，也是将思想政治理论课置于思想政治教育学科视域，进行科学研究和教育教学研究的前提。

通过上述对思想政治教育学科发展进程的考察研究，特别是思想政治教育学科实践探索对思想政治理论课学科定位的启示分析发现，学科定位不仅是思想政治理论课教育教学研究，及其思想政治理论科学研究的前提，而且是首要的前提，因为只有对思想政治理论课进行科学的定位，才能做到在学科的视域中有针对性地对其教学研究及对其内容，即思想政治理论进行科学研究。怎样对思想政治理论课进行科学定位？是一个复杂的问题。因为与思想政治理论课学科定位问题相关联的是思想政治教育的学科定位问题，思想政治理论课的学科定位必须建立在对思想政治教育学科的整体认识基础上。同时，与思想政治理论课和思想政治教育的学科定位相关联的，是马克思主义理论的学科定位问题。因此，思想政治理论课的学科定位，一则必须建立在对思想政治教育学科的整体认识基础上；二则必须建立在对马克思主义理论学科的整体认识的前提下；三则要科学处理它与马克思主义理论一级学科下的其他学科之间的关系。

思想政治理论课学科定位的关键在于思想政治教育的学科定位。因为思想政治理论课是高校思想政治教育的重要组成部分，是高校思想政治教育的主渠道和主阵地，在此意义上思想政治理论课是思想政治教育学科的内容，应当隶属于思想政治教育学科。然而，针对思想政治教育的学科属性或思想政治教育学科隶属什么学科等问题，理论界进行了长期理论结合实践的探索。通过考察这一探索进程发现，思想政治理论课作为高校思想政治教育的重要组成部分，是马克思主义理论学科的重要构成。也就是说，在学科视域中，思想政治教育学科实质上是马克思主义理论学科，高校思想政治理论课教学实质上是马克思主义理论教育。

从思想政治教育学科发展的历史嬗变进程看，思想政治教育从作为学科独立设置，到马克思主义理论一级学科下的思想政治教育的确定，经历了一个漫长的过程。换言之，思想政治教育与马克思主义理论教育在学科层面上，经历了“独立—并行—合并—统一”的长期实践探索过程。这一长期实践探索过程，使人们认识到思想政治理论课教学与马克思主义理论教育在实质上是统一的，使人们越来越清晰地认识到思想政治教育的学科定位和学科边界，即当前中国高校思想政治教育的学科定位就是马克思主义理论一级学科下的二级学科，是马克思主义理论学科的一个重要组成部分；思想政治教育的学科边界，广义上讲就是马克思主义理论这一一级学科框架下的思想政治教育，狭义上讲就是马克思主义理论这一一级学科下的二级学科范围的思想政治教育。因此，在思想政治教育学科的发展维度上，思想政治理论课的马克思主义理论学科定位具有了历史必然性。

从进入新时代以来的高校马克思主义学院建设现状看，“马院姓马，在马言马”不仅已成为学院的根本属性和显著特征，而且已成为学院建设的鲜明导向和办学原则，正如习近平总书记强调指出的，“高校马克思主义学院就是要坚持‘马院姓马，在马言马’的鲜明导向和办学原则，为巩固马克思主义在意识形态领域的指导地位，推动马克思主义进校园、进课堂、进学生头脑，发挥应有作用”①。因此，高校马克思主义学院所肩负的马克思主义理论学科建设和思想政治理论课程建设的两大神圣庄严职责，达到了前所未有的高度统一，在思想政治教育成为马克思主义理论一级学科的二级学科的同时，马克思主义理论学科下的其他二级学科——马克思主义基本原理、马克思主义中国化研究、马克思主义发展史、国外马克思主义研究、中国近现代史基本问题研究等，越来越成为高校思想政治理论课的课程内容，而思想政治理论课越来越全面地成为马克思主义理论学科的内容，在高校立德树人关键课程上的具体展现，进而使马克思主义理论学科和思想政治理论课程呈现“一体两面”的紧密关系，生动而全面地诠释了“马院姓马，在马言马”的鲜明导向和办学原则。因此，在高校马克思主义学院建设的实践维度上，思想政治理论课的马克思主义理论学科定位具有了现实必然性。

我国高校马克思主义学院建设在实践维度上，展示的思想政治理论课的马克思主义理论学科定位的现实必然性，充分地彰显了马克思主义理论学科与高校思想政治理论课内在固有的辩证统一关系，不仅充分地体现了中国特色社会主义进入新时代以来，高校马克思主义学院建设特别是思想政治理论

① 《习近平在北京大学考察时强调 抓住培养社会主义建设者和接班人根本任务 努力建设中国特色世界一流大学》，《人民日报》2018 年 5 月 3 日。

课建设，在“与党的创新理论武装同步推进”① 过程中，必须着力构建以习近平新时代中国特色社会主义思想——当代中国马克思主义和21世纪马克思主义为核心内容的“课程教材体系”的内在要求；以及与之相适应的在理论结合现实维度上，对其进行学理性系统研究和阐释的客观要求；而且充分反映了新时代新征程上，思想政治理论课建设必须“始终坚持马克思主义指导地位……把道理讲深讲透讲活，守正创新推动思政课建设内涵式发展，不断提高思政课的针对性和吸引力”② 的内在要求；以及与之相适应的在逻辑结合历史维度上，进行哲理性深度研究和阐释的现实要求。

五、马克思主义理论学科定位下思想政治理论课的功能定位

通过上述考察分析可见，无论从高校思想政治教育学科发展的历史维度和发展趋向维度看，还是从进入新时代以来马克思主义学院建设、思想政治理论课建设和马克思主义理论学科建设“三位一体”的现实维度看，高校思想政治理论课必须定位于马克思主义理论学科建设，即依托马克思主义理论学科建设。在此学科定位下的思想政治理论研究，也必须定位于马克思主义理论学科，或者说必须依托马克思主义理论学科进行。在此意义上，马克思主义理论学科定位下的思想政治理论及其课程建设研究，在实质上就是马克思主义理论和中国化时代化马克思主义理论以及教育教学的研究。这是由马克思主义理论学科定位下的思想政治理论课的教育教学功能定位和功能目标③所决定的。

关于思想政治理论课教育教学的功能定位和功能目标，尽管理论界存在各种不同的理论观点。例如，思想政治理论学界在研究思想政治教育的功能问题，以及思想政治理论课的功能问题时，诸多专家学者从不同层面、不同维度提出了思想政治教育和思想政治理论课，不仅承载导向功能、保证功能、育人功能、开发功能，而且还具有社会稳定功能、就业指导功能、非意识形态功能、激励功能、管理功能、反腐败功能等；也不仅在个体意义上具有引导政治方向，激发精神动力，塑造个体人格，调控品德行为等价值，而且在整体意义上具有经济价值、政治价值、文化价值、社会价值、生态价值等④，

---

① 《习近平对学校思政课建设作出重要指示强调 不断开创新时代思政教育新局面 努力培养更多让党放心爱国奉献担当民族复兴重任的时代新人》，《人民日报》2024年5月12日。

② 《习近平对学校思政课建设作出重要指示强调 不断开创新时代思政教育新局面 努力培养更多让党放心爱国奉献担当民族复兴重任的时代新人》，《人民日报》2024年5月12日。

③ 刘冠军：《学科视域中的思想政治理论课教学研究——教学内容创新设计与实践教学模式建构》，首都经济贸易大学出版社2015年版，第41-64页。

④ 吴朝国、孙群：《论思想政治教育的泛化》，《思想教育研究》2013年第9期。

但在思想政治理论课的马克思主义理论学科定位前提下，思想政治理论课的功能定位和功能目标还必须依据其学科定位，依据其在整个学科体系中的位置或地位。在此意义上，思想政治理论课作为一个完整的系统，依据其学科定位——马克思主义理论这一一级学科下的思想政治教育，将其功能定位于马克思主义思想、马克思主义政治、马克思主义理论和马克思主义方法立场的教育。这也就是说，思想政治理论课的学科定位是其功能定位的另一个重要的理论依据，偏离了这一理论依据，同样会导致思想政治教育的功能泛化现象。

因此，我们不仅要“坚持以马克思主义理论为指导，深化思想政治教育学科内涵及定位研究”，而且要将思想政治理论课定位于马克思主义理论学科的同时，深化思想政治理论课的功能定位，将其定位于马克思主义理论和中国化马克思主义理论的教育，因为“马克思主义揭示了人类社会历史发展的规律，是我们认识世界、改造世界的强大理论武器。坚持以马克思列宁主义、毛泽东思想和中国特色社会主义理论体系为指导，是我国哲学社会科学沿着正确方向发展的根本保证。对于哲学社会科学大家庭中重要而特殊的一员——思想政治教育学科而言，马克思主义理论既是学科发展的指导思想，又是学科确立的理论基础，同时也是学科研究的核心内容。只有坚持以马克思主义理论，特别是党在领导人民进行建设和改革过程中，形成的中国特色社会主义理论体系为指导，才能保证思想政治教育学科理论研究和实践建设的方向。对思想政治教育学科内涵及定位的研究，也只有坚持马克思主义指导思想，汲取马克思主义的理论给养，紧密围绕实践主题，不断突出时代特色，才能科学全面地认识学科的本质，准确清晰地把握学科的方位”①。

同时应当注意的是，在此强调对思想政治理论课的功能定位和功能目标必须立足于它的学科定位，这不是否定和排斥借鉴哲学社会科学其他学科的研究成果和研究方法，也不是否定和排除借鉴数学自然科学的研究成果和研究方法。对此，吴潜涛和张新桥指出，在坚守思想政治教育学科边界的同时，要综合借鉴哲学社会科学其他学科的研究成果。作为相对独立学科形态的思想政治教育只有30年的时间，但作为理论形态的思想政治教育在获得独立学科地位之前，以融合于其他众多哲学社会学科的方式而存在。思想政治教育作为一门综合性很强的学科，有其自身的学科特点。它以马克思主义基本原理为理论基础，同时又以政治学、教育学、伦理学、心理学、社会学、管理学、法学、人才学、系统科学、行为科学等学科为主要知识借鉴。准确把握

① 吴潜涛、张新桥：《思想政治教育学科内涵与定位研究综述》，《思想教育研究》2014年第5期。

思想政治教育学科内涵和学科定位，深入推进思想政治教育理论研究，必须在马克思主义理论的指导下，辩证地借鉴与吸收其他学科中合理、有益的理论成果。在对待和处理思想政治教育与哲学社会科学其他学科的关系上，既不能封闭自守、自我孤立，又不能含混边界、自我迷失；既不能盲目照搬、移花接木，更不能喧宾夺主、失去品性，必须立足于思想政治教育学科自身的阵地和自身的发展，充分借鉴其他学科的研究视角、研究方法和研究成果，为我所化、为我所用、为我服务①。概言之，对思想政治理论课的功能定位，一方面要将思想政治理论课作为一个有机的整体系统；另一方面要立足于它的学科定位。思想政治理论课系统论和思想政治理论课学科定位论，是思想政治理论课功能定位的两个基本的理论依据。

六、学科和功能“双重定位”前提下的思想政治理论研究

由思想政治理论课定位于马克思主义理论学科，思想政治理论课教育教学定位于马克思主义理论教育所决定，思想政治理论课作为一个整体系统，其功能应定位于马克思主义理论学科基础上，依托马克思主义理论学科推动其改革创新，“不断增强思政课的思想性、理论性和亲和力、针对性”。进而言之，在坚持“八个相统一”，即坚持政治性和学理性相统一，坚持价值性和知识性相统一，坚持建设性和批判性相统一，坚持理论性和实践性相统一，坚持统一性和多样性相统一，坚持主导性和主体性相统一，坚持灌输性和启发性相统一，坚持显性教育和隐性教育相统一②的根本遵循前提下，推进思想政治理论课的改革创新，必须大力加强马克思主义，特别是中国化时代化马克思主义的思想政治理论研究，进而突出其马克思主义，特别是中国化时代化马克思主义的思想教育、政治教育、理论教育和方法论教育等功能。这是新时代新征程上，在学科定位和功能定位“双重定位”前提下，思想政治理论课改革创新的根本要求，也是作为课程对象内容的思想政治理论研究的实质所在。

（一）加强马克思主义思想研究和突出其思想教育功能

坚持“八个相统一”，加强马克思主义思想研究，突出马克思主义的思想教育功能。在此所讲的思想教育，主要是指马克思主义和中国化时代化马克思主义，特别是习近平新时代中国特色社会主义思想教育，而不是其他思想的

① 吴潜涛、张新桥：《思想政治教育学科内涵与定位研究综述》，《思想教育研究》2014年第5期。

② 《习近平主持召开学校思想政治理论课教师座谈会强调用新时代中国特色社会主义思想铸魂育人 贯彻党的教育方针落实立德树人根本任务》，《人民日报》2019年3月19日。

教育。“要教育引导学生多读读马克思主义经典著作、当代中国马克思主义理论著作、中华优秀传统文化典籍等。要开出书单、指出重点，让学生正确理解经典著作，掌握马克思主义精髓，感知中华文化魅力，避免教条主义、本本主义，避免一知半解误读马克思主义。”① 同时，必须做到坚决反对各种“非马克思主义”和“反马克思主义”的思想出现在思想政治理论课中，要旗帜鲜明地反对各种“非马克思主义”和“反马克思主义”的思想。

（二）加强马克思主义政治思想研究和突出其政治教育功能

坚持“八个相统一”，加强马克思主义政治思想研究，突出马克思主义的政治教育功能。在此所讲的政治教育，在实质上就是马克思主义理论的主流意识形态教育和党性教育。习近平总书记指出：“政治引导是思政课的基本功能”，我们“强调思政课的政治引导功能，并不是要把课讲成简单的政治宣传，而要以透彻的学理分析回应学生，以彻底的思想理论说服学生，用真理的强大力量引导学生。马克思说：‘理论只要彻底，就能说服人。’马克思主义理论就是彻底的理论。思政课教师所讲的理论、观点、结论要经得起学生各种‘为什么’的追问，这样效果才能好。需要注意的是，不能用学理性弱化政治性，在大中小学的不同学段，无论是通过讲故事、讲历史还是讲理论的方式讲思政课，都要体现思政课的政治引导功能”②。鲜明的意识形态性、阶级性和党性是马克思主义的本质属性，思想政治理论课必须发挥其坚定的政治教育、党性教育和意识形态教育功能，明确地坚持马克思主义的立场、观点和方法。同时，必须做到坚决反对思想政治理论教育的“无党性”“去政治”“中立化”“娱乐化”“庸俗化”等各种“去意识形态化”倾向。思想政治理论课在马克思主义理论学科上是意识形态性与科学性的有机统一，“既是一种实然状态，也是一种应然诉求”，无论是教学还是研究“都应该自觉将意识形态性与科学性有机结合起来，两者不可偏废。片面强调服务意识形态的需要而否定科学性，刻意裁剪理论牵强附会，缺乏对内在规律的学理探究，失去对学科规范的真切遵循，不利于学科的良性发展；相反，片面强调科学性而淡化甚至否定意识形态性，盲目进行脱离实践需要的所谓纯粹的学术研究，则有悖于学科设立的本意和初衷，偏离了学科发展的轨道和方向”③。

（三）加强马克思主义理论研究和突出其理论教育功能

坚持“八个相统一”，加强马克思主义理论研究，突出马克思主义的理论

---

① 习近平：《思政课是落实立德树人根本任务的关键课程》，《求是》2020 年第 17 期。

② 习近平：《思政课是落实立德树人根本任务的关键课程》，《求是》2020 年第 17 期。

③ 吴潜涛、张新桥：《思想政治教育学科内涵与定位研究综述》，《思想教育研究》2014 年第 5 期。

教育功能。高校思想政治理论课所具有的理论教育功能，实质上就是对大学生进行系统的马克思主义和中国化时代化马克思主义理论的教育。从马克思主义理论一级学科的设置和大学生思想政治理论教育课的设置看，思想政治理论课开设的课程主要是马克思主义理论的内容。

在思想政治理论课教学过程中要系统把握马克思主义理论：一要把握其科学性和价值性，马克思主义是居于真理和道义两大制高点上的科学理论。大学生对马克思主义的认同度，从根本上取决于其科学性和价值性。习近平总书记指出："思政课重在塑造学生的价值观，这一点必须牢牢抓住。强调思政课的价值性，不是要忽视知识性，而是要通过满足学生对知识的渴求加强价值观教育。只有空洞的价值观说教，没有科学的知识作支撑，价值观教育的效果也会大打折扣。当然，在思政课教学中也不能只强调知识性，不能为了应付考试让学生死记硬背知识点，而不注重对学生价值观的引导……知识是载体，价值是目的，要寓价值观引导于知识传授之中。"① 二要把握其整体性，即在逻辑维度上，马克思主义理论作为科学理论体系是一个有机的整体；在历史维度上，马克思主义和中国化时代化马克思主义是一脉相承的、与时俱进的整体性理论，不能人为地将其任意割裂。事实上，高校开设的"马克思主义基本原理""毛泽东思想和中国特色社会主义理论体系概论""中国近现代史纲要""思想道德与法律基础"等，不同的思想政治理论课承担着不同的教学任务，但共同的目的都是在不同层面和维度上对马克思主义理论的传授②。

（四）加强马克思主义世界观和方法论研究并突出其方法论功能

坚持"八个相统一"，加强马克思主义世界观和方法论研究，突出马克思主义的方法论功能。习近平总书记指出："思政课的任务是传导主流意识形态，建设性是其根本。同时，彻底的批判精神是马克思主义本质特征，马克思主义就是在同各种错误思潮的不断斗争中开辟前进道路的。思政课要在传播马克思主义立场、观点、方法的基础上用好批判的武器，直面各种错误观点和思潮，旗帜鲜明进行剖析和批判。任何社会任何时期都会有各种问题存在，要教育引导学生正确看待、辩证认识、理性分析现实问题，辨明大是大非、真假黑白，在对社会假恶丑现象的批判中弘扬真善美。要坚持问题导向，学生关注的、有疑惑的问题其实也就几大类，要把这些问题掰开了、揉碎了，

① 习近平：《思政课是落实立德树人根本任务的关键课程》，《求是》2020 年第 17 期。

② 参见刘冠军：《加强教材重点难点研究 增强教学针对性和实效性——写在〈思想政治理论课重点难点〉出版之前》，《思想政治理论课重点难点》，首都经济贸易大学出版社 2014 年版。

深入研究解答，把事实和道理一条条讲清楚。”① 在这一论断中，深刻地蕴含着思想政治理论课所具有的马克思主义方法论功能，思想政治理论课要突出马克思主义的方法论功能。高校思想政治理论教育在坚持马克思主义的思想性、政治性和理论性原则的同时，还要坚持方法论原则，因为马克思主义既是世界观，又是方法论。从一定意义讲，坚持马克思主义理论教育的方法论原则，是研究马克思主义理论与社会现实之间关系，坚持与发展马克思主义理论的关键，是高校将思想政治教育与专业教育、心智教育相结合的关键，是科学处理社会主义市场经济条件下，利益引导与理想信念引导关系的关键。因此，思想政治理论课应当突出马克思主义的方法论功能，应当彰显马克思主义的批判性和革命性本质，应当突出“马克思的整个世界观不是教义，而是方法。它提供的不是现成的教条，而是进一步研究的出发点和供这种研究使用的方法”② 的认识论及方法论教育。

通过上述考察分析发现，思想政治理论课在学科上定位于马克思主义理论学科。由学科定位所决定的思想政治理论课，在功能上定位于马克思主义的思想教育、政治教育、理论教育和方法论教育等，其课程内容在实质上也就是马克思主义理论和中国化时代化马克思主义理论以及与之相一致的教育教学。进而言之，马克思主义理论学科定位下的思想政治理论研究，要服务于与之课程功能定位相适应的功能目标③的实现；而要实现思想政治理论课程功能目标，即马克思主义的思想教育、政治教育、理论教育和方法论教育的功能目标，就必须做到“始终坚持马克思主义指导地位……守正创新推动思政课建设内涵式发展”，必须做到始终“坚持思政课建设与党的创新理论武装同步推进”④，在加强马克思主义和中国化时代化马克思主义的思想、政治和理论研究的基础上，构建以马克思主义中国化时代化最新成果，即习近平新时代中国特色社会主义思想为核心内容的课程教材体系。这在实质上就是以“八个相统一”为根本遵循，在马克思主义理论学科定位下着力加强思想政治理论研究，进而构建新时代“中国自主的思想政治理论的知识体系”。因此，在学科定位和功能定位的“双重定位”前提下的思想政治理论研究，必须把马克思主义经典理论和中国化时代化马克思主义理论，以及教育教学作为一个有机整体加以深入开展。

---

① 习近平：《思政课是落实立德树人根本任务的关键课程》，《求是》2020 年第 17 期。

② 马克思、恩格斯：《马克思恩格斯选集》第 4 卷，人民出版社 1995 年版，第 742-743 页。

③ 刘冠军：《学科视域中的思想政治理论课教学研究——教学内容创新设计与实践教学模式建构》，首都经济贸易大学出版社 2015 年版，第 41-64 页。

④ 《习近平对学校思政课建设作出重要指示强调 不断开创新时代思政教育新局面 努力培养更多让党放心爱国奉献担当民族复兴重任的时代新人》，《人民日报》2024 年 5 月 12 日。

因此，本书基于高校思想政治理论课与马克思主义理论学科内在固有的辩证统一性，以及思想政治理论课建设与马克思主义理论学科建设深度融合发展的现实，聚焦“守正创新推动思政课建设内涵式发展”和“思政课建设与党的创新理论武装同步推进”的时代重大课题，从马克思主义理论学科视域尝试系统建构作为高校思想政治理论课程对象内容的“思想政治理论”总体研究框架。其主体内容除了总论“基于思政课程的学科定位及功能定位的思想政治理论整体性研究”，主要分为上中下三篇展开研究：上篇是对思想政治理论原理依据的马克思主义基础理论及其中国化时代化的发展研究；中篇是思想政治理论的核心内容的中国化时代化马克思主义理论与实践研究；下篇是对思想政治理论重要组成的马克思主义“大思政教学观”及其实施体系的研究。最后，作为附论，本书从课程思政与思政课程相统一的维度，对马克思经典名著《资本论》科学普及当代大学生进行系统论证和意义阐发。

上　篇

思想政治理论之原理依据的马克思主义基础理论及其中国化时代化研究

党的二十大报告指出："教育是国之大计、党之大计。培养什么人、怎样培养人、为谁培养人是教育的根本问题。"① 由"我国有独特的历史、独特的文化、独特的国情"所决定，"我国必须走自己的高等教育发展道路，扎实办好中国特色社会主义高校"②，中国特色社会主义的高等教育，肩负着培养德智体美劳全面发展的社会主义建设者和接班人的重大任务，因此必须"坚持党的领导，坚持马克思主义指导地位，坚持为党和人民事业服务，落实立德树人根本任务"，正如习近平总书记强调指出的，"建设中国特色、世界一流大学不能跟在别人后面依样画葫芦，简单以国外大学作为标准和模式，而是要扎根中国大地，走出一条建设中国特色、世界一流大学的新路"③。要扎根中国大地走出一条建设中国特色、世界一流大学的新路，就必须把马克思主义学院建设好，就必须坚持"马院姓马，在马言马"。这既是我国高校走出的新路的内在固有之义和特色所在，也是我国高校马克思主义学院和从事思想政治理论课教师进行教学和研究必须坚持的"鲜明导向和办学原则"④，只有坚持"鲜明导向和办学原则"进行思想政治理论教学和研究，才能"为巩固马克思主义在意识形态领域的指导地位，推动马克思主义进校园、进课堂、进学生头脑，发挥应有作用"⑤。因此，在新时代新征程上，加强马克思主义理论学科视域中的思想政治理论研究，首要的是对马克思主义基础理论，及其中国化时代化创新发展进行深入系统的体系化、学理化阐发。

2023 年 6 月 30 日，习近平总书记在主持中央政治局就开辟马克思主义中国化时代化新境界，进行第六次集体学习时强调指出："推进理论的体系化、学理化，是理论创新的内在要求和重要途径。马克思主义之所以影响深远，在于其以深刻的学理揭示人类社会发展的真理性，以完备的体系论证其理论的科学性。新时代中国特色社会主义思想的发展，是一个不断丰富拓展并不断体系化、学理化的过程。马克思主义理论研究和建设工程要不断深化理论研究阐释，重点研究阐释我们党提出的新理念新论断中原理性理论成果，把握相互的内在联系，教育引导全党全国更好学习把握新时代中国特色社会主

① 习近平：《高举中国特色社会主义伟大旗帜 为全面建设社会主义现代化国家而团结奋斗——在中国共产党第二十次全国代表大会上的报告》，《人民日报》2022 年 10 月 26 日。

② 本报评论员：《扎根中国大地办大学》，《人民日报》2022 年 4 月 27 日。

③ 《习近平在中国人民大学考察时强调 坚持党的领导传承红色基因扎根中国大地 走出一条建设中国特色世界一流大学新路》，《人民日报》2022 年 4 月 26 日。

④ 《习近平在北京大学考察时强调 抓住培养社会主义建设者和接班人根本任务 努力建设中国特色世界一流大学》，《人民日报》2018 年 5 月 3 日。

⑤ 《习近平在北京大学考察时强调 抓住培养社会主义建设者和接班人根本任务 努力建设中国特色世界一流大学》，《人民日报》2018 年 5 月 3 日。

义思想的理论体系。”[①] 基于此，本篇在研读经典著作文本基础上，着重从中国化时代化视角对马克思主义基础理论，特别是原理性理论及其创新发展进行研究，其主要内容包括：论“马克思主义行”的内在根据，马克思主义人的本质系统观研究，唯物辩证法中的质和本质的层次性研究，实践和劳动范畴的马克思主义认识论研究，马克思对象性存在视域的“科学、技术、工业”分析范式研究，恩格斯的“两种生产”理论及其方法论意义。

① 《习近平在中共中央政治局第六次集体学习时强调 不断深化对党的理论创新的规律性认识 在新时代新征程上取得更为丰硕的理论创新成果》，《人民日报》2023 年 7 月 2 日。

第一章　论“马克思主义行”的内在根据

2021年7月1日，习近平总书记在庆祝中国共产党成立100周年大会上的重要讲话中指出：“中国共产党为什么能，中国特色社会主义为什么好，归根到底是因为马克思主义行!”① 的科学论断，在理论回归现实的实践维度上揭示了马克思主义对于中国共产党能、中国特色社会主义好的根本原因。习近平总书记在此所讲的马克思主义，既可以从狭义维度理解，也可以广义维度把握，而在实质上指的是狭义和广义两个维度相统一的马克思主义理论的有机整体系统。唯物辩证法认为，内因是根据，外因是条件，外因通过内因起作用，因此对“马克思主义行”的归因研究，理论界从“行”的现实维度和过程维度加以论证的确很重要，但在笔者看来，现实维度和过程维度上的“行”，在根本上还是因为马克思主义本身“行”，因而在前两个维度论证基础上，进一步从马克思主义理论本身的维度找到其内在根据更加重要。也就是说，“马克思主义行”的内在根据即内因，在于其理论本身。作为本篇的首章，在把思想政治理论定位于马克思主义理论学科进行研究，首要的是在整体上论述“马克思主义行”的内在根据②。

第一节　马克思主义理论的整体性把握

在整体上论述“马克思主义行”的内在根据，必须对马克思主义理论进行整体的理解和把握。从理论整体看，马克思主义有广义和狭义之分。从狭义说，马克思主义是指马克思和恩格斯共同创立的基本理论、基本观点和学说的体系。在列宁看来，“马克思主义是马克思的观点和学说的体系”③。由于这句话出自列宁所写的《卡尔·马克思》的条目，所以列宁在这里只是强调了马克思主义的创始人是马克思，但不能就此说列宁否认了恩格斯也是

① 本章的内容是笔者在前期相关研究成果基础上进一步修订而成的，主要参见刘冠军：《论“马克思主义行”的内在根据》，《思想政治工作研究》2021年第9期。

② 习近平：《在庆祝中国共产党成立100周年大会上的讲话》，《人民日报》2021年7月2日。

③ 列宁：《列宁全集》第26卷，人民出版社1988年版，第52页。

马克思主义的创始人，在其他的几篇文章，例如《弗里德里希·恩格斯》等中，列宁都强调了马克思和恩格斯是马克思主义的共同创始人①。事实上，“马克思主义”的概念在马克思在世的时候就已经使用。至于为什么以马克思的名字命名这个理论，恩格斯在1886年曾经作了说明。他指出：“我不能否认，我和马克思共同工作40年，在这以前和这个期间，我在一定程度上独立地参加了这一理论的创立，特别是对这一理论的阐发。但是，绝大部分基本指导思想（特别是在经济和历史领域内），尤其是对这些指导思想最后的明确表述，都是属于马克思的。我所提供的，马克思没有我也能够做到，至多有几个专门的领域除外。至于马克思所做到的，我却做不到。马克思比我们大家都站得高些，看得远些，观察得多些和快些。马克思是天才，我们至多是能手。没有马克思，我们的理论远不会是现在这个样子。所以，这个理论用他的名字命名是理所当然的。”②

从广义上说，马克思主义不仅指马克思和恩格斯创立的基本理论、基本观点和学说的体系，也包括继承者对它的创新发展，即在实践中不断发展着的马克思主义。也就是说，在广义上，马克思主义至少是马克思列宁主义、毛泽东思想和中国特色社会主义理论体系，及作为其重要组成部分和当代中国马克思主义的习近平新时代中国特色社会主义思想的总称。广义上的马克思主义既包括由马克思和恩格斯创立的马克思主义的基本理论、基本观点、基本方法，也包括经列宁对其继承和发展加以推进到新的阶段，即列宁主义，还包括以毛泽东、邓小平、江泽民、胡锦涛和习近平等为主要代表的中国共产党人，将其与中国具体实际相结合、与中国优秀传统文化相结合，进一步丰富和发展了的马克思主义，即中国化时代化的马克思主义。而作为中国共产党和社会主义事业指导思想的马克思主义，是从广义上理解的马克思主义。习近平总书记在庆祝中国共产党成立100周年大会上讲的“归根到底是因为马克思主义行”③ 的科学论断，指的就是广义上的马克思主义和整体性上的马克思主义。

第二节 “扎根中华民族文化土壤”的科学理论

2023年，习近平总书记在文化传承发展座谈会上指出：“把马克思主义基本原理同中国具体实际、同中华优秀传统文化相结合”，是在5 000多年中华

① 张帆：《列宁的马克思主义观的三个层次》，《求实》2012年第1期。

② 马克思、恩格斯：《马克思恩格斯文集》第4卷，人民出版社2009年版，第296-297页。

③ 习近平：《在庆祝中国共产党成立100周年大会上的讲话》，《人民日报》2021年7月2日。

文明深厚基础上开辟和发展中国特色社会主义的必由之路，是我们在探索中国特色社会主义道路中得出的规律性的认识，也是我们取得成功的最大法宝。而马克思主义基本原理之所以能够同中国具体实际、中华优秀传统文化相结合，是因为“彼此契合”，即“马克思主义和中华优秀传统文化来源不同，但彼此存在高度的契合性。相互契合才能有机结合”①。马克思主义作为以马克思名字命名的科学理论，尽管产生在19世纪的西方，但也扎根在中华民族文化土壤的科学理论，“马克思给我们留下的最有价值、最具影响力的精神财富，就是以他名字命名的科学理论——马克思主义。这一理论犹如壮丽的日出，照亮了人类探索历史规律和寻求自身解放的道路”②，同时也照亮了中华古老东方大国实现民族伟大复兴的道路。这一科学理论源于那个时代又超越了那个时代，源自西方又跨越了西方，既是西方那个时代精神的精华，又是整个人类精神的精华，因而也是中华民族精神的精华。正如习近平总书记指出的那样，“马克思主义和中华优秀传统文化来源不同，但彼此存在高度的契合性”③。就科学性、真理性、影响力、传播面而言，在人类思想史上没有一种理论能达到马克思主义的高度。这一理论所揭示的科学社会主义思想和共产主义的理想，也是中华民族在几千年历史发展进程中许多伟大思想家的共同憧憬。在此意义上，在中国优秀传统文化和中华灿烂文明中，早就有了“马克思主义的种子”和“科学社会主义的基因”，中国化马克思主义实际上是在马克思主义科学理论的滋养下，由中国古老大地上的“马克思主义的种子”和“科学社会主义的基因”成长壮大起来的。

马克思主义在影响和改变中国的进程中，激活了古老中华文明的精神基因，融合了中国优秀传统文化的思想精华，也契合了近代以来中国人民探索中华民族伟大复兴的历史选择，进而深深地扎根于中华大地的文化土壤，强劲地融入中华民族的文明进程，不断地成长壮大并改变中国和影响世界。在此意义上，历史和人民选择马克思主义和中国共产党不是偶然或巧合，而是有其现实的历史必然性。正是马克思主义在中华大地上传播，同中国工人运动紧密结合，中国共产党才得以创立并找到了实现中华民族伟大复兴的正确方向；正是中国共产党创立和发展壮大，不断推进马克思主义基本原理同中国具体实际相结合，同中华优秀传统文化相结合，马克思主义才得以深深扎根于中华大地的文化土壤中，依次形成毛泽东思想、邓小平理论、“三个代

① 《习近平在文化传承发展座谈会上强调 担负起新的文化使命 努力建设中华民族现代文明》，《人民日报》2023年6月3日。

② 习近平：《在纪念马克思诞辰200周年大会上的讲话》，《人民日报》2018年5月5日。

③ 《习近平在文化传承发展座谈会上强调 担负起新的文化使命 努力建设中华民族现代文明》，《人民日报》2023年6月3日。

表”重要思想、科学发展观和习近平新时代中国特色社会主义思想等重大中国化马克思主义成果，使马克思主义在中华大地上焕发出强大的生机活力。

第三节 “占据着真理和道义的制高点”的科学理论

同时占据着真理和道义的两个“制高点”，是马克思主义自创立以来依然矗立在人类思想史最高峰的根本。习近平总书记指出：“即使在当今西方社会，马克思主义仍然具有重要影响力。在本世纪来临的时候，马克思被西方思想界评为‘千年第一思想家’……要探索人类社会发展前景，必须向马克思求教，人类社会至今仍然生活在马克思所阐明的发展规律之中。实践也证明，无论时代如何变迁、科学如何进步，马克思主义依然显示出科学思想的伟力，依然占据着真理和道义的制高点。”[①] 就占据着真理的制高点而言，马克思主义“抓住事物的根本”和本质，不仅揭示了客观世界的物质统一性及其发展规律，而且揭示了人类社会发展的一般规律和资本主义社会运行的特殊规律，为人类指明了从必然王国向自由王国飞跃的途径，为人民指明了实现自由和解放的道路。就占据着道义的制高点而言，马克思主义在人类思想史上第一次站在人民的立场探求人类自由解放的道路，第一次创立了人民实现自身解放的科学理论，为最终建立一个没有压迫、没有剥削、人人平等、人人自由的理想社会指明了方向。

在人类思想史上，马克思主义第一次将真理和价值两个“制高点”有机统一起来，使其具有了理论上的彻底性。马克思指出，理论的实现程度“总是取决于理论满足……需要的程度”[②]，理论满足需要的程度如何进一步取决于理论的彻底性，而“理论的彻底性的明证，亦即它的实践能力的明证”，其中的逻辑传导机制在于：“理论只要彻底就能说服人”，而“理论只要说服人就能掌握群众”，并且“理论一经掌握群众，也会变成物质力量”，变成人们认识世界和改造世界的方法。在马克思看来，对理论而言的“所谓彻底，就是抓住事物的根本”[③]，而如何判定或检验理论是否抓住了“事物的根本”，不能单纯从理论自身来判定和检验，也不能单纯从其反映的事物本身来判定和检验，只能在链接理论和事物的实践中判定和检验。在《关于费尔巴哈的提纲》中，马克思就明确地指出：“哲学家们只是用不同的方式解释世界，问

① 习近平：《在哲学社会科学工作座谈会上的讲话》，《光明日报》2016年5月19日。
② 马克思、恩格斯：《马克思恩格斯文集》第1卷，人民出版社2009年版，第12页。
③ 马克思、恩格斯：《马克思恩格斯文集》第1卷，人民出版社2009年版，第11页。

题在于改变世界”①，不管是科学研究还是哲学研究，“人的思维是否具有客观的（gegenständliche）真理性，这不是一个理论的问题，而是一个实践的问题”②；由于“全部社会生活在本质上是实践的”③，因此人们“应该在实践中证明自己思维的真理性，即自己思维的现实性和力量，自己思维的此岸性”，并且强调“关于思维——离开实践的思维——的现实性或非现实性的争论，是一个纯粹经院哲学的问题”④。

正因如此，马克思始终站在时代的最前沿，毕生在道义上为人类求解放、在真理上不断追求，且始终如一地向着人类思想的高峰攀登。从马克思整个研究过程看，他“生前并未打算建立自己的哲学体系”和包罗万象的理论体系，也“没有刻意构建过一种形式上的马克思主义哲学体系”⑤和理论体系，而是更加注重研究认识世界和改造世界的方法。正是在此意义上，恩格斯强调指出：“马克思的整个世界观不是教义，而是方法。它提供的不是现成的教条，而是进一步研究的出发点和供这种研究使用的方法。”⑥习近平总书记更明确地指出：“马克思主义不是书斋里的学问，而是为了改变人民历史命运而创立的，是在人民求解放的实践中形成的，也是在人民求解放的实践中丰富和发展的，为人民认识世界、改造世界提供了强大精神力量”⑦。同时还应当看到，也正是在对认识世界和改造世界的方法论研究中，马克思同恩格斯一道，尽管没有刻意构建过任何形式上的哲学体系和理论体系，但在事实上，他们不仅创立了“有体系的哲学”，创立了包括“由辩证唯物主义、自然辩证法和历史唯物主义三个子系统构成”⑧的，马克思主义哲学的知识论体系或科学认识论体系，而且在此基础上创立了包括政治经济学和科学社会主义在内的“完备而严密”的科学理论体系。也正是在此意义上，马克思主义作为具有彻底性的科学理论体系，为人们进一步揭示事物的本质、内在联系及发展规律提供了“伟大的认识工具”，是人们观察世界、分析问题的有力思想武器，“具有鲜明的实践品格，不仅致力于科学‘解释世界’，而且致力于积极‘改变世界’”⑨。

---

① 马克思、恩格斯：《马克思恩格斯文集》第1卷，人民出版社2009年版，第502页。

② 马克思、恩格斯：《马克思恩格斯文集》第1卷，人民出版社2009年版，第500页。

③ 马克思、恩格斯：《马克思恩格斯文集》第1卷，人民出版社2009年版，第501页。

④ 马克思、恩格斯：《马克思恩格斯文集》第1卷，人民出版社2009年版，第500页。

⑤ 孙伯鍨、张一兵：《马克思主义哲学的体系与方法（笔谈）》，《江海学刊》2001年第2期。

⑥ 马克思、恩格斯：《马克思恩格斯文集》第10卷，人民出版社2009年版，第691页。

⑦ 习近平：《在纪念马克思诞辰200周年大会上的讲话》，《人民日报》2018年5月5日。

⑧ 刘冠军：《马克思主义哲学体系研究》，《学术论坛》2003年第1期。

⑨ 习近平：《在哲学社会科学工作座谈会上的讲话》，《光明日报》2016年5月19日。

第四节 “博大、完备和严密、精深”的科学理论

习近平总书记在哲学社会科学工作座谈会上的讲话中指出：“马克思主义经典作家眼界广阔、知识丰富，马克思主义理论体系和知识体系博大精深，涉及自然界、人类社会、人类思维各领域，涉及历史、经济、政治、文化、社会、生态、科技、军事、党建等方面，不下大气力、不下苦功夫是难以掌握真谛、融会贯通的。”① 这一论断揭示了马克思主义理论的博大、完备和严谨、精深。在理论的博大、完备上，马克思主义不仅包括将唯物论和辩证法相结合而创立的关于物质世界的辩证唯物主义本体论，而且包括引入实践范畴而创立的关于人的精神世界的辩证唯物主义认识论；不仅包括在总结自然科学成就基础上创立的自然辩证法，而且包括在批判分析以往人类社会研究成果基础上创立的历史唯物主义；不仅包括在批判分析以往政治经济学成果基础上创立的政治经济学，而且包括在上述理论研究基础上，为指明人类社会未来发展方向而创立的科学社会主义；等等。

在理论的严密、精深上，马克思用“艺术的整体”来比喻。他在致恩格斯的信中指出：“不论我的著作有什么缺点，它们却有一个长处，即它们是一个艺术的整体。”② 对马克思主义科学理论体系的严密和精深，列宁用“由一整块钢铸成的”作为比喻。在列宁看来，马克思主义是由哲学唯物主义、政治经济学说、社会主义学说构成的一个有机统一的整体，尤其是马克思主义的哲学唯物主义更是如此。列宁明确地指出：“在这个由一整块钢铸成的马克思主义哲学中，决不可去掉任何一个基本前提、任何一个重要部分，不然就会离开客观真理”③。不仅如此，列宁还用“极其彻底而严整”“完备而严整”“完整”“最彻底、最完整、最周密”等词语，表征马克思主义作为科学理论体系的严谨性④。他指出，从马克思主义的各组成部分看，共同构成了一个完整的、彻底的马克思主义，“马克思的观点极其彻底而严整。这是马克思的对手也承认的”⑤；“马克思主义学说具有无限力量，就是因为它正确。它完备而严密，它给人们提供了决不同任何迷信、任何反动势力、任何为资产阶级

---

① 习近平：《在哲学社会科学工作座谈会上的讲话》，《光明日报》2016 年 5 月 19 日。

② 马克思、恩格斯：《马克思恩格斯文集》第 10 卷，人民出版社 2009 年版，第 231 页。

③ 列宁：《列宁选集》第 2 卷，人民出版社 1995 年版，第 221 页。

④ 刘冠军：《大教学观下的思想政治理论研究——基于马克思主义时代化和中国化视角》，首都经济贸易大学出版社 2015 年版，第 30 页。

⑤ 列宁：《列宁全集》第 26 卷，人民出版社 1988 年版，第 52 页。

压迫所作的辩护相妥协的完整的世界观”①；“马克思的全部理论，就是运用最彻底、最完整、最周密、内容最丰富的发展论去考察现代资本主义。自然，他也就要运用这个理论去考察资本主义的即将到来的崩溃和未来共产主义的未来的发展”②。

由此可见，马克思在为人类求解放和为追求真理而勇攀思想高峰的过程中，创立了“博大、完备和严谨、精深”的科学理论体系。这是马克思主义能够永葆其美妙之青春，不断探索时代发展新课题和回应人类社会新挑战的奥秘所在，因为理论的博大和内在完备性，使之能够科学地解释世界；而理论的精深和体系的严谨性，使之能够预见未来，进而指导人们的实践。因此，马克思创立的科学理论源于那个时代又超越那个时代，源自西方又跨越西方，为中国革命、建设、改革提供了强大思想武器，指引中国成功走上了全面建设社会主义现代化强国的康庄大道。

① 列宁：《列宁全集》第23卷，人民出版社1990年版，第41页。
② 列宁：《列宁全集》第31卷，人民出版社1990年版，第52页。

第二章　马克思主义人的本质系统观研究

在纪念马克思诞辰200周年大会上的讲话中，习近平总书记指出："马克思的一生，是胸怀崇高理想、为人类解放不懈奋斗的一生""马克思毕生的使命就是为人民解放而奋斗。"① 马克思的一生和毕生使命是这样，恩格斯也是如此。可以说，对人的解放，特别是对无产阶级的解放的不懈探索，是马克思和恩格斯终生不渝的奋斗目标。综观马克思和恩格斯伟大的人生，"人的解放"是他们从未动摇过的人生信念，也是他们创立的"全部哲学、政治经济学等思想所围绕的中心点"②，而探索人的解放的哲学认识论前提是对人的本质的理解，因此马克思和恩格斯对人的解放的探索，与对人的本质的探索是交织在一起向前推进的。在这一双重的理论探索过程中形成的关于人的本质系统观理论，是马克思主义颇为重要的基础理论。在挖掘经典的基础上，结合理论界研究现状和笔者前期取得的专题性研究成果探讨人的本质，建构马克思主义人的本质系统观理论，是马克思主义理论学科视域中对思想政治理论进行研究的重要课题③。

第一节　理性是人的本质研究不可忽视的重要方面

伴随着马克思主义哲学和"人学"研究的深入，尤其是随着对主体、主体性和实践等问题的不断探讨，学术界对人的本质问题的研究也取得了重大进展。由于人们对人的本质的马克思主义经典表述的不同理解，以及研究的角度和背景知识的不同，学者们提出了不同的理论观点。但是，这些理论观点几乎未曾涉及人的理性问题，似乎理性与人的本质无关。事实上，在马克思

① 习近平：《在纪念马克思诞辰200周年大会上的讲话》，《人民日报》2018年5月5日。

② 刘冠军：《马克思"科技—经济"思想及其发展研究》上卷，人民出版社2021年版，第89页。

③ 本章的内容是笔者与费洪喜教授合作完成相关研究成果基础上进一步修订而成的。主要参见：费洪喜、刘冠军：《理性：人的本质研究所不可忽视的一个重要方面》，《齐鲁学刊》1998年第1期；刘冠军：《从人和自然的关系视角看人的本质》，《齐鲁学刊》1995年第6期；刘冠军：《两维视角的统一——关于马克思主义人的本质的思考》，《自然辩证法研究》2000年第4期；刘冠军：《两维视角统一的意义——关于马克思主义人的本质的再思考》，《现代哲学》2000年第2期。

主义经典著作中有许多关于理性是人的本质和人的本质力量的论述，据此可以说理性是人的本质所不可缺少的一个重要方面①，研究人的本质不应忽视对人的理性的探讨。通过对近几年学术界关于人的本质研究成果的考证分析，毋庸讳言的是，其在一定程度上忽视了对人的理性的研究。因此，有必要在考察历代贤哲，特别是马克思主义经典作家对理性探讨的基础上，从理性自身、理性对人的功能、理性与实践的关系，理性在人与动物的区别，以及在人与自然关系中发挥的作用等不同角度，论述理性也是人的本质的重要方面，揭示当代全球生态危机的实质是没有最大限度地发挥人的本质力量——理性力量的结果，并用人类"两次提升"原理说明。通过考察分析所得出的基本结论是，在马克思主义理论学科视域中研讨人的本质，不能忽视对人的理性的研究。

一、学术界关于人的本质的研究综述与评析

通过对近几年学术界关于人的本质的研究成果的考证分析，可将其归纳为四类观点。

第一类"单要素"说。它将人的本质归结为单一要素。"单要素"说主要有三种不同的观点：第一，劳动或实践论。它认为人的本质就是劳动或实践。由于背景知识和研究角度的不同，有的人认为，人的本质就是人的劳动；有的人认为，人的本质就是实践；还有的人认为，人的本质就是人的本性，而人的本性就是人的由社会关系决定的，为满足人的需要而进行的创造性实践活动；甚至有的人提出了人的本质就是"交往实践"或"交际实践"。第二，社会关系总和论。它认为，人的本质是一切社会关系的总和。由于不同学者的背景知识和研究角度的不同，有的人认为，这里的人的本质是大写的"人"的本质，从这个意义讲，人的本质是社会关系的总和；还有的人认为，人的本质是自由自觉劳动基础上的现实社会关系的总和等。第三，需要论。它认为，人的本质就是人的需要。因为马克思主义经典作家讲过，人的"需要即他们的本性"②。

第二类"两要素"说。它将人的本质归结为两个对立的方面或要素，两个方面或要素的矛盾统一体就是人的本质。最具有代表性的观点是将实践（性）和社会性（社会关系的总和）的内在统一看作人的本质，但由于对实践和社会性地位的认识差异，形成了不同的看法：第一，"内容形式"论。它

---

① 费洪喜、刘冠军：《理性：人的本质研究所不可忽视的一个重要方面》，《齐鲁学刊》1998年第1期。

② 马克思、恩格斯：《马克思恩格斯全集》第3卷，人民出版社1960年版，第514页。

认为，实践性是人的本质内容，社会性是人的本质形式。第二，“主客体分离”论。它认为，实践性是人的主体本质，而社会性是其主体本质的客体化。第三，“层次性”论。它认为，实践性是人的一般的最深层次的本质，而社会性则是人的特殊的外在的本质。第四，“本质现象”论。它认为，实践性是人的本质的本质，而社会性不直接是人的本质本身，只是人的本质的表现形式等。除此之外，“两要素”说还有其他的观点，如有的学者认为，人或人的本质是生命本质和非（超）生命本质的统一体，只有这两重本质的有机结合才能构成完整的人或人的本质；还有的学者认为，人的本质包括人的类本质和人的社会关系本质两层含义，两层本质的统一体形成了人的本质；等等。

第三类“多要素”说。它将人的本质归结为多个要素的有机统一体，包括“三要素”说和“四要素”说等。持“三要素”说的学者认为，人的本质是“自由自觉的活动”“一切社会关系的总和”“人的全面发展”三者的有机统一体。持“四要素”说的学者认为，人的本质包含四项内容：需要是人的内在本质，生产劳动是人的类本质，社会关系的总和是人的社会本质，人的个性是人的个体本质。这四个方面的有机统一体构成了人的本质。

第四类“生成”说。以上三类关于人的本质的学说，是在一定意义上将人的本质看成既成的东西，还有另一类学说（不妨称为第四类）将人的本质看成逐渐形成的东西，即人的本质有一个不断生成、丰富和发展的过程，我们称这类学说为“生成”说。持该学说的学者由于背景知识和研究角度的不同，提出了不同的看法：第一，“实践创生”论。它认为，人的本质是在实践的基础上通过实践而创生的，并且借助实践使人的本质达到对象化，在对象化的过程中又可进一步生成和丰富，使人的本质得到进一步确定。第二，“劳动生成”论。它认为，有主体自我意识的人的劳动是一种自由自觉的活动，不断地生成、丰富和发展着人的本质。第三，“交往生成”论。它认为，“社会关系和社会生活的本质是实践的”，实践本身“是以个人之间的交往为前提的”，人的本质正是通过社会关系制约的交往活动不断凝聚、积淀的结果，即在社会实践的基础上通过社会交往孕育、生成和丰富了人的本质。第四，“多因素生成”论。它认为，人的本质不是单一因素起作用的结果，而是多种因素综合发挥作用形成的。例如，理论界有种观点认为，人的本质的生成、丰富和发展是人的需要、创造性劳动、社会关系等综合发挥作用的结晶。其中，人的需要是激发机制，创造性劳动是现实的操作机制，社会关系是调控机制。正是三者的有机结合，才使人的本质得以孕育、生成、丰富和发展。

综上所述，学术界提出了人的本质的四类学说，并各有其合理性。从认识论和方法论角度看，人的本质是一个不断形成、发展和展开的过程，人们对它的认识也必然有一个不断丰富和完善的过程，每个时代的人都是在一定层面、从不同的视角对它进行研究和探讨的，人们不能穷尽对它的认识。从这个意义讲，“单要素”说和“两要素”说都在一定的层面上揭示了人的本质，而笔者更赞同“多要素”说和“生成”说，力求将二者有机结合起来，并在此提出人的本质的另一要素——人的理性。通过考证分析上述四类学说，毋庸讳言的是，对人的理性的研究是我国学术界研究人的本质的一大“冷门”。

二、理性范畴的学术史考察

在哲学史上，理性通常是用以表示认识的阶段和能力的范畴。理性范畴的历史源远流长，历代贤哲都非常重视对理性的研究和探讨。

在古希腊时期，赫拉克利特在探讨认识论问题时，认为感觉在认识中虽然起着重要作用，但是由于自然的真理“躲藏”在事物之中，因而真理要靠“思想”才能获得。在此，赫拉克利特的“思想”实质就相当于理性。明确提出“理性”范畴的哲学家是阿那克萨戈拉，他认为，“物的‘种子’是存在物的始基”，“由于感官的无力”，它只能认识具体的事物而不能感知“种子”或“始基”，进而“我们才看不到真理”。要认识真理、“种子”就要依靠理性，只有理性才能认识“始基”。理性使我们凭借“可见的东西”“看到了看不见的东西”，即种子或始基①。在此时期，斯多葛派提出了理性是人的本性和“神”的属性等观点。

在近代，唯理论哲学将理性看作知识的源泉，认为只有理性才是最可靠的。18 世纪的法国哲学将理性从认识论领域引申到社会领域，认为凡是合乎自然、人的本性的就是理性，把理性作为衡量一切的唯一尺度和标准，因而具有强烈的反封建的进步意义。德国古典哲学的创始人康德，将人的认识能力划分为感性、知性和理性三个环节，而理性是从感觉开始、经过知性之后所达到的认识的最高阶段。它要求认识现象世界背后的“本体界”，即自在之物本身，获得关于整个世界的绝对的无限的认识（即理念），并建立知识的最高、最完整的体系。但是由于理性自身没有先天的形式，只能借用知性范畴，因此用认识有限的、相对的经验对象的知性范畴，把握无限的、绝对的超验对象（即自在之物），理性势必陷入不可解决的自相矛盾之中，导致“二律背反”。

德国古典唯心主义哲学的集大成者黑格尔评价指出：“就康德理性矛盾说在破除知性形而上学的僵硬独断，指引到思维的辩证运动的方向而论，必须

---

① 参见北京大学哲学系外国哲学史教研室：《西方哲学原著选读》上卷，商务印书馆 1982 年版，第 40 页。

看成是哲学知识上的一个很重要的推进。但同时也必须注意，就是康德在这里仅停滞在物自体不可知性的消极结果里，而没有更进一步达到对于理性矛盾有真正积极的意义的知识。”① 这样，黑格尔从他的客观唯心主义的辩证思想出发，认为理性是最完全的认识能力，是思维和认识的高级阶段，并将理性划分为消极（或否定）的理性和积极（或肯定）的理性，认为积极的理性使矛盾双方互相依赖并达到对立面的统一，揭示了事物的本质。这是真正辩证的理性。

在马克思主义哲学中，理性通常指在社会实践基础上，从感性（认识）上升到理性（认识）阶段，是认识的高级阶段，是人们对事物的本质、全体和内在联系的认识，包括概念、判断和推理等思维形式或思维活动。在感性（认识）的基础上，经过理性思考的作用，将丰富的感性材料加以去粗取精、去伪存真、由此及彼、由表及里的改造制作，使认识产生了一次质的飞跃。理性（认识）的基础是感性（认识），坚持了这一点就坚持了唯物主义；同时，理性（认识）是感性（认识）发展的必然趋势和结果。它较感性（认识）更深刻、更全面、更正确地反映了客观事物。坚持了这一点就坚持了辩证法。认识的真正任务就在于经过感性（认识）达到理性（认识），把握客观规律，然后运用此规律能动地改造世界，并在改造世界的过程中通过实践检验理性（认识）的正确性。因此，辩证唯物主义的认识论在实践基础上把理性和感性辩证统一起来，这样既克服了康德的“二律背反”，又脱去了黑格尔客观唯心主义的“外壳”。

三、理性何以成为人的本质的重要方面

历代贤哲之所以对理性高度重视，并做了深入的探讨，原因之一就在于理性是人的本质所不可缺少的重要方面，是人的一种本质属性。不仅如此，理性也是马克思主义关于人的本质理论的应有之义。因此，探讨人的本质不应忽视对人的理性的研究。

从理性自身看，理性是人类经过漫长的历程发展起来的（人所特有的）高级属性——人的本质属性。在人类的理性之中积淀和凝聚着人类创造的文化成果。人类千百年来积累起来的各种各样的，使社会有序化的规范，使人们的思维普遍有效的认知方式构成了人类理性的框架。这是一种逻辑地认知世界、直觉地把握事物和深入地进行独立探究，并进行设疑、判断和选择的能力。它追求的是普遍有效性和事物的完整性、合理性。这是人所独有的本质属性。

① 黑格尔：《小逻辑》，贺麟译，商务印书馆1980年版，第133页。

从理性对人自身的功能看，理性不仅是人们运用智力理解和应付现实的能力，而且是人自己把握自己、自己挖掘自己潜能的能力，以及人自身诸种复杂而对立的素质中的一股整合力量。凭借理性，人们能够体认自己作为人的本质性，了解自己的各种欲望、冲动的性质，领悟自己与周围世界的各种关系，意识到自己的活动对于自身、他人、社群的影响，并发现通向理解和超越之路，使人与人之间得以相互理解并加深彼此的联系，而不至于陷于孤立状态或冲突（尤其战争）状态，使人能够以超越自我的立场和超越眼前利益的态度评判和行动，而不至于只囿于自身或者只追求自身的满足。从这个意义讲，理性是“人”所特有的本质属性。

从理性和实践的相互关系看，二者是辩证统一、紧密相连的。理性的基础是实践，而人的实践是理性的实践或在理性指导下的实践。如果说“实践是人的本质”的观点成立的话，那么这种实践就是理性指导下的实践，离开了理性指导的实践与动物的活动是无差异的。从这个意义讲，人的理性或“人是有意识的”是人的本质属性之一。马克思指出：“人是有意识的类存在物”，“有意识的生命活动直接把人跟动物的生命活动区别开来。”① 马克思把有意识的类存在物或有意识的生命活动看作人及其活动的根本特征，看作人与动物的根本区别之一。尽管学术界认为这种观点是马克思在其早期著作中提出的，但是笔者认为，马克思在此揭示了人的本质的一个重要方面——理性。恩格斯在《自然辩证法》《反杜林论》等经典著作中，多次强调理性指导下的实践或实践必须在理性指导下进行的重要性。他指出：“我们对自然界的整个统治，是在于我们比其他一切动物强，能够认识和正确地运用自然规律”②，“人离开动物愈远，他们对自然界的作用就愈带有经过思考的、有计划的、向着一定的和事先知道的目标前进的特征”③，并且能够“在自然界上打下它们的意志的印记。这一点只有人才能做到”④。可见，理性或运用理性正确地认识和应用自然规律，在行动中运用理性制订计划、确定目标，并在自然界打下人类意志的印记。这是人的实践和动物活动的根本区别，也是人的本质（即根本属性）的一个重要方面。

从人和动物直接区别的角度看，理性更应当是人的本质的一个重要方面。关于人和动物的区别，马克思主义经典作家有过许多论述。他们认为，动物只能本能地被动地适应自然界，“单纯地以自己的存在使自然界改变”，而人

① 马克思：《1844年经济学哲学手稿》，人民出版社1985年版，第53页。
② 马克思、恩格斯：《马克思恩格斯选集》第3卷，人民出版社1972年版，第518页。
③ 马克思、恩格斯：《马克思恩格斯选集》第3卷，人民出版社1972年版，第516页。
④ 马克思、恩格斯：《马克思恩格斯选集》第3卷，人民出版社1972年版，第517页。

则“能够认识和正确地运用自然规律”，“通过他所做出的改变使自然界为自己的目的服务”①，并且使自然界朝着有利于人类进化的方向演进。人之所以与动物相比较有此本质的区别，正是因为人和自然界的关系是在一定社会中通过理性的指导所发生和建立的，由此使人和自然的关系高于动物与自然的关系。马克思说：“最蹩脚的建筑师从一开始比灵巧的蜜蜂高明的地方，是他在用蜂蜡建筑蜂房以前就已经在自己的头脑中把它建好了。”② 可见，人的理性是人高于动物的一个方面，也理应是人的本质的重要方面。

进一步讲，尽管人和动物都具有自然属性，但是人的自然属性与动物的自然属性相比较也是不同的，最根本的原因还是在于人是有理性的。人的吃穿住行和生育繁殖等生理活动，与动物的同类活动相比较有着天壤之别，在人的这些自然属性中处处渗透着、体现着人的理性。马克思主义经典作家讲：“饥饿总是饥饿，但是用刀叉吃熟肉来解除的饥饿不同于用指甲和牙齿啃生肉来解除的饥饿。”③ 同样，人讲究花色款式的穿着、有计划的优生优育的人种繁衍等行为都与动物的类似行为有着质的区别。虽然都是自然属性，但人的自然属性具有鲜明的理性特征，因此，研究人的本质不能忽视对人的理性的研究。

马克思说，人和自然界相互作用的结果——人工自然或人化自然“是一本打开了的关于人的本质力量的书”④，其实质是“人的对象化的本质力量”或“人的本质力量的公开展示”⑤。只要认真地研读这本大“书”将不难发现，理性的力量是人的本质力量的一个重要方面。正如有的学者所说：“自然既可以作为人的实践对象而‘人化’，也可以作为人的认识对象而‘人化’……进入人的理论活动领域，即认识领域成为科学和审美对象的自然，也是人化自然。”⑥

有的学者进一步说：“不仅那些经过实践改造过的自然体现了人的本质，就是那些没有经过人的实践改造过的自然如日月星辰，也和人发生一种属人的关系，成为人化自然。”⑦ 可见，体现在人化自然或人工自然中的人的本质既表现为人的实践性，也表现为人的理性。换言之，人化自然或人工自然正是人的理性力量在一定社会中，借助于实践高度凝结的“物化的智力”，充分

① 马克思、恩格斯：《马克思恩格斯选集》第 3 卷，人民出版社 1972 年版，第 517-518 页。
② 马克思、恩格斯：《马克思恩格斯全集》第 23 卷，人民出版社 1972 年版，第 202 页。
③ 马克思、恩格斯：《马克思恩格斯全集》第 46 卷上册，人民出版社 1979 年版，第 29 页。
④ 马克思、恩格斯：《马克思恩格斯全集》第 42 卷，人民出版社 1979 年版，第 127 页。
⑤ 马克思、恩格斯：《马克思恩格斯全集》第 23 卷，人民出版社 1972 年版，第 128 页。
⑥ 周穗明：《智力圈时代人与自然关系的特征》，《江汉学刊》1987 年第 3 期。
⑦ 赵常林：《简论马克思“人化自然”思想》，《北京大学学报》1986 年第 1 期。

地体现了人的理性力量。

20世纪以来，随着高度工业化而出现了烟雾、酸雨、肆虐的尘暴、污染的空气、严重的水荒、枯竭的资源、短缺的能源、不断扩大的沙漠和恶性膨胀的城市，全球性的生态环境危机日益加剧，对人类生存的威胁越来越严重，自然界在不断地向它的“征服者”敲响警钟。笔者认为，这实质上是从反面说明了理性的力量是人的本质力量，在人和自然关系中的一个不可缺少的方面，并且它在人和自然的关系中起着越来越重要的作用。马克思和恩格斯在论述人类“两次提升”的原理时指出了这一点。恩格斯讲：“在这里，预定的目的和达到的结果之间还总是存在着非常大的出入，不能预见的作用占了优势，不能控制的力量比有计划发动的力量强得多。”① 这些不能控制的力量、不能预见的作用，正是导致人类生存面临威胁的原因，而造成这个原因的原因又是人类没有最大限度地充分运用理性，把握更深层次的自然规律和克服“我们对自然界的惯常行程的干涉所引起的比较近或比较远的影响”②，这是其一。其二，人们在当今社会中，只有正确地运用理性的力量，才能通过实践创造出有利于人类自身的“人工自然物”或“人化自然”。反之，不正当地利用理性的力量，甚至把理性的力量当作“谋取私利”的“资本”，其结果必然是给人类的存在造成威胁。要克服这种不利因素，“只有一种能够有计划地生产和分配的自觉的社会生产组织”③，即在共产主义社会中才有可能。在这种社会中，理性的力量使“人和自然之间，人和人之间的矛盾真正解决”④，也只有在这种社会中，才能真正达到“人同自然界完成了的本质的统一”⑤。

综上所述，理性是人的本质不可缺少的一个方面，是马克思主义关于人的本质理论的题中之义，因此，探讨人的本质不应忽视对理性的研究。当然，我们强调理性是人的本质的重要方面，绝不意味着排斥、否定人的本质的其他方面。理性与人的本质的其他方面，如社会性、实践性等，并不矛盾，而是统一的、一致的，是人的本质统一体中的不同方面。

第二节　从人和自然的关系视角对人的本质的考察

马克思主义经典作家曾经从人和社会的关系角度，对人的本质进行科学而严密的规定，指出人的本质在于它的社会性。然而，在全球性生态环境危

① 马克思、恩格斯：《马克思恩格斯选集》第3卷，人民出版社1972年版，第518页。
② 马克思、恩格斯：《马克思恩格斯选集》第3卷，人民出版社1972年版，第518页。
③ 马克思、恩格斯：《马克思恩格斯全集》第23卷，人民出版社1972年版，第458页。
④ 马克思：《1844年经济学哲学手稿》，人民出版社1985年版，第77页。
⑤ 马克思、恩格斯：《马克思恩格斯全集》第23卷，人民出版社1972年版，第97页。

机等问题日益突出，人和自然的关系问题越来越成为哲学社会科学不可回避的重大课题的今天，对人的本质应当从人和自然的关系视角深入地分析研究，进而深刻地理解和把握人的本质①。

一、从人和自然的关系视角分析人的本质是马克思主义的应有之义

从人和自然的关系角度研究人的本质，与从人和社会的关系角度规定人的本质不但不矛盾，而且是完全一致的，并且是在更深层次上对人的本质的探讨。这是因为，人和自然的关系与人和社会的关系是相互联系、密不可分的统一整体。马克思主义经典作家把人和自然的关系看作人与社会的关系得以存在的现实基础，并把人和自然的关系问题作为分析研究其他一切问题的出发点和基础。马克思和恩格斯在《德意志意识形态》一书中指出："任何人类历史的第一个前提无疑是有生命的个人的存在。因此第一个需要确定的具体事实就是这些个人的肉体组织，以及受肉体组织制约的他们与自然界的关系。"② 人和自然界是紧密相连的，没有自然界就没有人类的产生和延续，也就不会有人和社会的关系。马克思和恩格斯还指出，"只要有人存在，自然史和人类史就彼此相互制约"，而这种相互制约的契机就是生产实践。生产实践是人类社会形成和发展的起点和基础，也是沟通人和自然以及人和社会之间关系的纽带。人们在认识、改造自然的过程中，结成了人与人的关系——生产关系，并由此形成了社会的经济、政治和意识结构，衍生出政治的、思想的、道德的、家庭的、民族的、阶级的复杂社会关系。因此，人与社会的关系是在人与自然关系的基础上，借助于生产实践形成和发展起来的。人的本质正是在人和自然的关系基础上，通过实践表现出来的人与社会关系的诸方面的总和。

从人和自然的关系角度分析人的本质，不仅不会混淆人和动物的本质区别，而且能够更准确地把人和动物区别开来。这是因为，人和自然的关系归根到底是从更深层次上反映了人与社会的关系。从与自然界的关系看，动物和人尽管都是自然界长期发展的产物，都与自然界密不可分，但是二者有着本质的区别。动物只能本能地、被动地适应自然界，"单纯地以自己的存在来使自然界改变"③。而人则"能够认识和正确地运用自然规律"，"通过他所作出的改变来使自然界为自己的目的服务"④，并且使自然界朝着有利于人类进

① 刘冠军：《从人和自然的关系视角看人的本质》，《齐鲁学刊》1995 年第 6 期。

② 马克思、恩格斯：《马克思恩格斯选集》第 1 卷，人民出版社 1972 年版，第 24 页。

③ 马克思、恩格斯：《马克思恩格斯选集》第 3 卷，人民出版社 1972 年版，第 517 页。

④ 马克思、恩格斯：《马克思恩格斯选集》第 3 卷，人民出版社 1972 年版，第 517-518 页。

化的方向演进。人之所以与动物相比较有此本质的区别，正是因为人和自然界发生的关系，是靠一定的人与社会的关系实现的，是在理性指导下的实践基础上达成的。这就使人和自然界的关系高于动物与自然界的关系。此外，马克思主义认为，人是自然性和社会性的统一体。但是人的自然性不同于动物的属性，人的吃穿住行和生育繁殖等生理活动，与动物的同类活动相比，有着天壤之别。在人的自然性中渗透着社会性，体现着人们的理性。因此，研究人的本质，不能仅从人与社会关系的视角切入，而且还要从人和自然关系的角度加以考察——只有这样，才能更全面、更深入、更准确地揭示人和动物的本质差异，把握人的本质的实质内涵。

在当今全球性生态环境危机日益加剧的社会现实面前，更有必要从人和自然的关系角度，重新深入地分析、研究人的本质，把握人的社会性的实质内涵。恩格斯在《自然辩证法》一书中指出，人类正在“一天天地学会更加正确地理解自然规律，学会认识我们对自然界的惯常行程的干涉所引起的比较近或比较远的影响”。那种把人的本质看作“精神和物质、人类和自然、灵魂和肉体对立起来的荒谬的反自然的观点，也就愈不可能存在了”①。20 世纪以来，随着高度工业化而出现的全球性生态环境危机对人类的生存威胁越来越严重，自然界在不断地向它的“征服者”敲响警钟。在这样严峻的现实面，如一个国家、一个民族、一个企业和个人在生态环境问题上，在人和自然的关系问题上还麻木不仁，有恃无恐地破坏生态环境而不顾及子孙后代的利益，那就有悖于人的本质。人的本质越来越在人和自然的关系中反映出来。

综上所述，从人和自然的关系角度，深入分析探讨人的本质，既是马克思主义的应有之义，也是解决当代生态环境危机的必然要求。

二、从人和自然的关系角度看人的本质是实践性和理性的对立统一

马克思在《关于费尔巴哈的提纲》中指出：“人的本质并不是单个人所固有的抽象物。在其现实性上，它是一切社会关系的总和。”② 这就是说，人的本质在于它的社会性并通过人与社会的全面关系表现出来。这是马克思在当时的背景下，针对费尔巴哈从生物学角度理解人的本质而言的，是从人和社会的关系角度对人的本质的科学规定。笔者认为，对人的本质的规定，对人的社会性实质内涵的把握，还应当对人这个“对象的本质自身中的矛盾”③，即人的社会性自身中的矛盾，从人和自然的关系角度做进一步的分析研究，

① 马克思、恩格斯：《马克思恩格斯选集》第 3 卷，人民出版社 1972 年版，第 518 页。
② 马克思、恩格斯：《马克思恩格斯选集》第 1 卷，人民出版社 1972 年版，第 18 页。
③ 列宁：《列宁全集》第 38 卷，人民出版社 1986 年版，第 278 页。

揭示出人的本质，即社会性的实质内涵是人的实践性和理性的矛盾统一体①。

从学术界对人和自然相互作用的结果——人工自然或人化自然的研究成果看，人工自然实质上是“人的对象化的本质力量”或“人的本质力量的公开展示”的客观标志②，体现在人工自然或人化自然中的人的本质力量。正如有的学者所说：“自然既可以作为人的实践对象而‘人化’，也可以作为人的认识对象而‘人化’。被介于劳动过程进行了物质改造的自然界……是人化自然；同样，进入了人的理论活动领域，即认识领域，成为科学和审美对象的自然，也是人化自然。”③ 进一步说：“不仅那些经过人的实践改造过的自然体现了人的本质，就是那些没有经过人的实践活动改造过的自然如日月星辰，也和人发生一种属人的关系，成为人化自然。”④ 体现在人工自然或人化自然这种人和自然相互作用的结果中的人的本质，表现为两个不可分割的方面，即人的实践性和理性。理性借助于实践或实践在理性的指导下，高度凝结为自然界原来没有的“人造物”或“物化的智力”——人工自然。因此，只要我们深入地研究人工自然这本“打开了的关于人的本质力量的书”⑤，就不难发现，人的本质在现实性上是它的社会性，而体现在人工自然中的人的本质力量则是它的具体化，即人的理性力量和实践力量。这是人的本质在人和自然的关系中的体现，也是人的本质在人工自然中的体现和具体化。

从人和自然相互作用的过程看，人的本质也体现为两个密不可分的方面——实践性和理性。一方面，实践是人与自然关系的一种最基本的形式，正是社会实践，尤其是生产实践实现了人对自然界的改造和自然界的人化。正如马克思所说：“通过实践改造对象世界，即改造无机自然界”，并且通过实践，“再生产整个自然界”⑥，从而使自然界成为我们的自然界，由此实现了自然界的人化。不仅如此，实践（劳动）在由猿到人的转变过程中起着决定性的作用，使“整个自然界——首先作为人的直接的生活资料，其次作为人的生命活动的材料、对象和工具——变成人的无机的身体”，并且进一步成为“人的精神的无机自然界”⑦，由此实现了人的自然化。因此，实践（尤其是工业）实现了人和自然界之间的人的自然化和自然界的人化双向运动的

① 刘冠军：《从人和自然的关系视角看人的本质》，《齐鲁学刊》1995 年第 6 期。
② 刘冠军：《认识论透视下的人工自然》，《科学技术与辩证法》1994 年第 2 期。
③ 周穗明：《智力圈时代人与自然关系的特征》，《江汉学刊》1987 年第 3 期。
④ 赵常林：《简论马克思“人化自然”思想》，《北京大学学报》1986 年第 1 期。
⑤ 马克思、恩格斯：《马克思恩格斯全集》第 38 卷，人民出版社 1972 年版，第 127 页。
⑥ 马克思、恩格斯：《马克思恩格斯全集》第 2 卷，人民出版社 1957 年版，第 96-97 页。
⑦ 马克思、恩格斯：《马克思恩格斯全集》第 2 卷，人民出版社 1957 年版，第 95 页。

“现实的历史关系”[①]。随着生产实践的发展，科技实践更加有效地深化了人类对自然界的认识。这不仅因为生产实践、科技实践等的需要直接刺激人们求知的欲望，成为沟通人和自然的桥梁，使自然界成为人的认识的自然界；而且它们为人们的认识活动“不但提供了大量可供观察的材料，而且自身也提供了和已往完全不同的实验手段，并使新的工具的制造成为可能”[②]。因此，实践（尤其是科技实践）是自然界与人之间、自然科学与人之间实现认识和被认识，人的自然化和自然界的人化的双向运动的“现实的历史关系”。一言以蔽之，正是实践，使蕴含在人和自然关系中人的本质在其现实性上得到了表现。

另一方面，体现在人和自然关系上的人的本质，还在于人的理性或人是有意识的。马克思指出：“人是有意识的类存在物”“有意识的生命活动直接把人跟动物的生命的活动区别开来。”[③] 马克思把有意识的类存在物或有意识的生命活动，看作人及其活动的根本特征，看作人与动物的根本区别之一。尽管学术界认为这种观点是在马克思早期著作中提出的，但如前所述，马克思在此揭示了体现在人和自然关系中的人的本质的另一个方面——理性。

从人与自然相互作用的过程看，人的理性和实践性不仅是人的本质的两个方面，而且两个方面在社会中得到了统一。在社会中，人们运用理性认识自然规律，并且运用它指导人们的实践，从而使人们的实践更加有效，使人和自然的关系日趋协调，即实践成为理性指导下的实践，从而使实践与动物的本能活动有了本质的差别。同时，也正是在社会中，实践才创造了人们认识自然的物质基础，为人们运用理性认识、把握自然规律提供了前提条件，使人类对自然的认识成为可能。建立在实践基础上的理性活动成为探索自然奥秘，揭示自然的本质和规律的活动，使理性有了自己现实的客观内容，从而与经院神学的“纯理性”有了实质性的区别。由此可见，体现为实践性和理性的人的本质的两个方面，在社会中实现了双向互动的“对立”统一。

全球性生态环境危机的出现，的确严重地威胁着人类的生存，但是笔者认为，这实质上从反面说明了体现在人和自然关系中的人的本质力量，就是理性力量和实践力量，人的本质就是实践性和理性的矛盾统一体，并且理性在这个统一体中的地位和作用很重要。人们在现今社会中处理理性和实践性的矛盾时，只有正确地运用理性的力量，才能在实践中创造出有利于人类自身的“人工自然物”，反之，不正当地利用理性的力量，当把理性力量看作是“谋取私利”的“资本”时，在这种理性力量指导下的实践活动，其结果只

① 马克思、恩格斯：《马克思恩格斯全集》第 2 卷，人民出版社 1957 年版，第 128 页。
② 马克思、恩格斯：《马克思恩格斯选集》第 3 卷，人民出版社 1972 年版，第 524 页。
③ 马克思：《1844 年经济学哲学手稿》，人民出版社 1985 年版，第 53 页。

能是给人类的存在造成威胁。要克服这种不利因素，“只有一种能够有计划地生产和分配的自觉的社会生产组织”① ——共产主义社会中，才有可能。在这种社会中，体现在人和自然关系上的人的本质的两个方面——理性和实践性，才能在现实性上达到“人和自然之间，人和人之间的矛盾的真正解决”②；也只有在这种社会中，才能达到“人同自然界完成了的本质的统一，是自然界的真正复活，是人的实现了的自然主义和自然界的实现了的人道主义”③。

三、从人和自然的关系角度研究人的本质的意义

总之，从人和自然的关系角度分析研究人的本质，既是当代解决生态环境危机的必然要求，也是马克思主义的应有之义。从人和自然的关系视角看，人的本质包括相互矛盾的两个方面，即理性和实践性，人的社会性的实质内涵是实践性和理性的矛盾统一体。从人和自然的关系角度揭示人的本质是实践性和理性的对立统一体，具有重大理论和现实意义。这一研究，不仅在理论上深化发展了马克思主义关于人的本质的理论，使人的社会性有了实质性的内容，而且在实际行动中有助于防止人们要么一味强调实践而忽视理性和知识；要么一味强调理性和知识而忽视社会实践等片面行为，使人类在社会实践中正确处理理性和实践性的辩证关系，进而达到人和自然关系的逐步协调，并为解决当前全球性生态环境危机提供深层的理论根据。

第三节　关于人的本质研究的两维视角及辩证统一

我国哲学界传统理论认为，马克思主义经典作家对人的本质做过科学而严密的规定，认为人的本质是其社会性，是从人与社会的关系或人与人的关系视角对人的本质研究的结果④。近年来，伴随全球性生态环境危机的出现和日益加剧，我国哲学界从另一视角，即人和自然的关系视角挖掘马克思主义的经典论述，得出了有异于传统哲学理论的新观点，认为人的本质是其理性和实践性的统一。根据笔者的有关论述，关于人的本质研究的两维视角是统一的，因而从两维视角得出的关于人的本质的结论或观点也是不悖的、一致的，而且两方面的统一构成了马克思主义人的本质观的基本内容和整体框架。笔者认为，由两维视角相统一而形成的马克思主义人的本质观，具有重大的

① 马克思、恩格斯：《马克思恩格斯选集》第3卷，人民出版社1972年版，第458页。

② 马克思：《1844年经济哲学手稿》，人民出版社1985年版，第77页。

③ 马克思：《1844年经济哲学手稿》，人民出版社1985年版，第79页。

④ 刘冠军：《两维视角的统一——关于马克思主义人的本质的思考》，《自然辩证法研究》2000年第4期。

理论价值和现实意义[①]。基于上述认知，笔者在考证分析马克思主义有关经典论述的基础上，从人与自然和人与社会双重关系相统一的视角，对马克思主义人的本质观进行了系统研究，提出马克思主义人的本质系统观，着重考察马克思主义关于人的本质系统观研究的两维视角、两种观点及其统一的核心要义。

马克思主义关于人的本质系统观研究的两维视角，其一是指人和社会的关系视角，即从人与社会关系视角研究人的本质；其二是指人和自然的关系视角，即从人与自然关系视角研究人的本质。从两维视角对人的本质进行研究，得出了关于人的本质的两种不同的观点。一般而言，我国哲学理论界对人的本质的传统规定，是根据马克思在《关于费尔巴哈的提纲》一文中对人的本质的定义而得出的。马克思在该文中指出："人的本质并不是单个人所固有的抽象物。在其现实性上，它是一切社会关系的总和。"[②] 理论界传统的观点对该定义的诠释是，马克思在此指出了"人的本质是其社会性"，或"社会性是人的本质"；同时在该定义中马克思反对对人的本质作抽象理解，而应从"现实性"上理解。马克思在该文中对人的本质的规定是从人和社会的关系视角研究的结果。这是马克思在当时的背景中，针对费尔巴哈等旧唯物主义者单纯从生物学角度理解人的本质，而不得不转换新视角——从人与社会的关系或人与人的关系视角探讨、考察人及其本质，是马克思主义的一个基本点。

然而，20世纪以来，随着高度工业化而出现的烟雾、酸雨、肆虐的尘暴、污染的空气、严重的水荒、恶化的水源、枯竭的资源、短缺的能源以及恶性膨胀的城市和不断扩大的沙漠等，对人类的生存发展构成了严重威胁，而且这种威胁日益加剧，全球性生态环境危机日益突出。这时，人与自然的关系问题越来越成为人们关注的焦点，并要求人们从人和自然的关系视角考察、审视人的本质。新的视角，必然得出新的结论。从人与自然的关系视角研究人的本质得出的基本结论是，人的本质是实践性和理性的统一。这同样能够在马克思主义经典著作中找到根据，而且无论从人和自然相互作用的过程，还是从人和自然相互作用的结果——人工自然等方面都能得到证明[③]。

阅读马克思主义经典作家的有关论述便不难发现，从人和自然的关系视角研究人的本质与从人和社会的关系视角规定人的本质是不悖的、辩证统一的。这是因为，在马克思主义经典作家看来，人和自然的关系与人和社会的关系是相互联系、密不可分的统一整体。一方面，马克思主义经典作家为了

① 刘冠军：《两维视角统一的意义——关于马克思主义人的本质的再思考》，《现代哲学》2000年第2期。

② 马克思、恩格斯：《马克思恩格斯选集》第1卷，人民出版社1972年版，第18页。

③ 刘冠军：《认识论透视下的人工自然》，《科学技术与辩证法》1994年第2期。

揭示“人的社会属性、阶级社会中人的阶级属性”，必然从人与社会的关系视角或人与人的关系视角研究人，包括研究人的本质。马克思认为，人作为人，作为一个现实的人，是在后天与他人交往的过程中形成的，是由他在社会关系中的地位决定的；而且只有在社会中，只有在人和社会关系确定的前提下，人和自然的关系才能得以建立和展开。另一方面，马克思主义经典作家把人和自然的关系看作人与社会关系得以存在的现实基础，把人和自然的关系问题看作分析研究其他一切问题的出发点，因此从人和自然的关系视角研究人的本质比从人和社会的关系视角规定人的本质，更深刻、更透彻、更全面。如马克思、恩格斯在《德意志意识形态》一书中指出的：“任何人类历史的第一个前提无疑是有生命的个人的存在。因此第一个需要确定的具体的事实就是这些人的肉体组织，以及受肉体组织制约的他们与自然的关系。”①

两维视角的统一决定了两种观点的一致性，即从人和自然的关系视角与从人和社会的关系视角研究人的本质的统一性，决定了人的本质是其社会性的观点和人的本质是其理性与实践性相统一的观点的一致性。

一方面，人的本质的社会性是人的本质的理性和实践性的存在，及其二者相互联系、相互制约、协调共存的前提和保障。只有把人的社会性看作人存在的前提，看作人的本质的首要方面和核心，才能理解人的理性和实践性，因为人的实践是社会的实践，而人的理性是社会实践基础上的理性；同时也才能理解理性和实践性的辩证统一关系，因为“自然界的人的本质只有对社会的人说来才是存在的……社会是人同自然界的完成了的本质的统一，是自然界的真正复活，是人的实现了的自然主义和自然界的实现了的人道主义”②。

另一方面，人的本质的理性和实践性的存在及二者关系的建立，构成了人的本质的社会性的基础和导向。马克思讲：“一切人类生存的第一个前提也就是一切历史的第一个前提，这个前提就是人们为了能够‘创造历史’，必须能够生活。但是为了生活，首先就需要衣、食、住以及其他东西。”③ 由此可见，人们要解决衣、食、住问题，就必须与自然界打交道，通过实践创造出物质财富。而这个过程也为人们认识自然提供了物质基础，使人们能够认识自然，形成了只有人类才具有的理性（认识）。这在一定意义上形成了人的本质导向，成为人的本质的一个重要方面；与此同时，人类运用理性指导实践，从而使人类的实践更有成效，从一定意义讲，也构成了人的本质的社会性的基础，成为人的本质的一个不可缺少的方面。

① 马克思、恩格斯：《马克思恩格斯选集》第1卷，人民出版社1972年版，第24页。
② 马克思、恩格斯：《马克思恩格斯全集》第42卷，人民出版社1979年版，第122页。
③ 马克思、恩格斯：《马克思恩格斯全集》第3卷，人民出版社1960年版，第31页。

第四节 两维视角相统一的人的本质系统观的基本内涵

综上所述，从人和社会的关系视角看，人的本质是社会性；从人和自然的关系视角看，人的本质是人的理性和实践性的统一。而且从人和社会关系和从人和自然关系对人的本质审视的两维视角是统一的。这决定了关于人的本质的两种观点也是一致的，即人的本质是其社会性的观点与人的本质是其理性和实践性相统一的观点是一致的。将人和自然的关系和人与社会的关系两维视角统一起来对人的本质加以研究，进而使关于人的本质研究的两种观点统一起来，其理论价值是巨大的，具体体现为两维视角和两种观点的有机统一，能够达到对马克思主义人的本质理论的全面、系统的把握，能够架构起马克思主义人的本质理论的整体框架，进而形成两维视角相统一和两种观点相一致的马克思主义人的本质系统观①。

理论上讲，从人与社会的关系和人与自然的关系这两维视角研究人的本质，都能够从马克思主义经典著作中找到根据，都是马克思主义的应有之义。这从马克思、恩格斯的下一句话中便能得到启迪，他们指出：“只要有人存在，自然史和人类就彼此相互制约。”② 而且马克思主义哲学的一个突出特点就是辩证性，因此揭示出从两维视角研究人的本质的两种观点的辩证统一关系，亦是马克思主义的应有之义。马克思、恩格斯指出：“生活的生产……表现为双重关系：一面是自然关系，另一面是社会关系。”③ 这双重关系本身是同一内容的两个不同方面，因而从两个方面，即从人与自然的关系和从人与社会的关系两维视角研究人的本质亦应是统一的。两维视角相统一的人的本质的理论，既克服了脱离社会的自然主义的局限性，又克服了把个人只看作社会关系的消极产物、消融于社会结构之中的局限性。

进一步讲，从人与社会的关系视角看，人具有社会性，是社会关系的总和，受社会关系的制约，说明人有受动的一面；而从人与自然的关系视角看，人又可以在一定的环境中通过实践基础上的理性和理性指导下的实践创造新的社会关系，以适应新客观环境的需要，说明人又有能动的一面。人的这种本质观说明，人在自身的发展过程中是一身二任的：第一，人在自身发展过程中是能动性和受动性的统一，体现了马克思主义的原则，即要把“人既当

---

① 刘冠军：《两维视角统一的意义——关于马克思主义人的本质的再思考》，《现代哲学》2000年第2期。

② 马克思、恩格斯：《马克思恩格斯选集》第1卷，人民出版社1972年版，第21页。

③ 马克思、恩格斯：《马克思恩格斯全集》第3卷，人民出版社1960年版，第33页。

作剧作者又当作剧中人物"[①]；第二，人在自身发展过程中是自然关系和社会关系的统一，或是人与自然的关系和人与社会的关系的统一，即人的本质正是在人和自然关系的基础上，通过实践基础上的理性和理性指导下的实践，表现出来的人与社会关系的诸方面的总和。这样，从人和社会的关系与人和自然的关系两维视角，对人的本质研究所得到的两种观点——人的本质是其社会性与人的本质是其理性和实践性的统一体相互联系、相互作用，共同构成了我们对人的本质的系统性整体把握。见图 2-1。

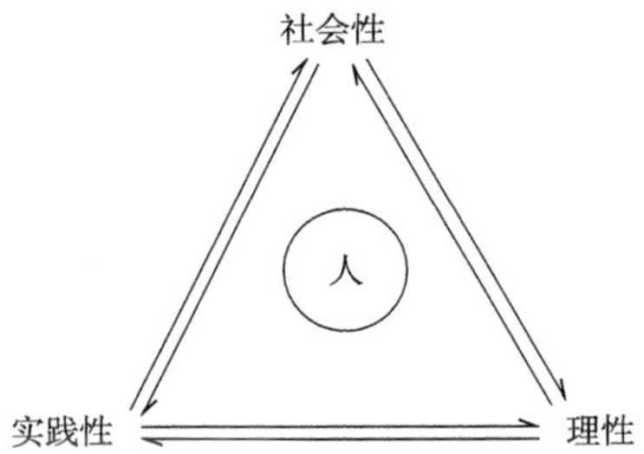

图 2-1　人的本质的构成

从图 2-1 可见，从人和自然的关系与人和社会的关系两维视角相统一的角度看，人的本质是由社会性、理性和实践性三者有机联系构成的统一整体。其中，实践性是在社会中理性指导下的人的实践的体现，是人的本质的基础；社会性是在实践性和理性矛盾基础上的人的社会关系的整体展现，是人的本质的核心；理性是在社会中实践基础上的人，运用智力理解和应付现实的能力和人自己把握、挖掘自己的能力，以及人自身诸种复杂而对立的素质中的一股整合力量，是人的本质的导向。三者的相互联系和相互交织、相互推动和相互牵引，共同构成了马克思主义人的本质系统观的基本内涵。

值得进一步指出的是：第一，人是不断进化发展的，而人的本质也是向前发展的，人的本质的发展就是人的实践性、社会性和理性三者的提高和完善；第二，在人的进化发展过程中，人的社会性、理性和实践性贯穿于整个过程之中；第三，在人的进化发展过程中，人的社会性、理性和实践性在不同时代有不同的内涵，三者的发展水平和丰富程度标志着人的进化发展的程度和水平。

---

① 马克思、恩格斯：《马克思恩格斯选集》第 1 卷，人民出版社 1972 年版，第 113 页。

第五节　两维视角相统一的人的本质系统观的现实意义

从人和社会的关系与人和自然的关系两维视角相统一的角度，对人的本质进行系统性整体把握所形成的马克思主义人的本质系统观，不仅具有重大的理论价值，而且具有重大的现实意义①。进而言之，在现实性维度上，马克思主义人的本质系统观正是基于两维视角相统一，对人的本质整体把握的理论结晶，内在地要求人们既要协调人与自然的关系，又要协调人与社会的关系。将两个方面的关系以及每一方面中的关系割裂开来的做法都有悖于人的本质，都有损于人类的可持续发展。20世纪以来的全球性生态环境危机的出现，正是人类在现实中割裂上述诸种关系的结果，也从反面说明了两维视角相统一的人的本质就是社会性、实践性和理性的有机统一体。对此，马克思和恩格斯在论述人的“两次提升”原理时已经洞察和预见到了这一点。

第一，恩格斯在谈到自然界对人的“报复”时，预见性指出：“在这里，预定的目的和达到的结果之间总是存在着非常大的出入，不能预见的作用占了优势，不能控制的力量比有计划发动的力量强得多。”② 事实上，这些不能控制的力量和不能预见的作用也是今天导致全球性生态环境危机的原因，而造成这一原因的原因正是人类没有最大限度地充分地运用经过漫长的历程发展起来的人所特有的本质属性和高级功能——理性把握自然规律的结果，换言之，是人的本质的一个方面——理性没能充分发挥和展现的结果。

第二，人的本质中的实践性，在现实中是理性指导下的实践的展现，而且只有正确地运用理性指导人类的实践，才能创造出有利于人类自身的“人工自然”；反之，不正当地利用理性进行实践活动，其结果也只能造成类似全球性生态环境危机的结果，给人类的可持续发展造成威胁，换言之，造成全球性生态环境危机的原因之二，便是人类没有正确地运用理性指导其实践，使人类的实践成为盲目的实践，甚至成为比盲目实践效果更糟的实践。这无疑也是与人的本质相悖的。

第三，全球性生态环境危机的出现，说明人类没能做到正确地处理人与自然的关系，未能正确处理理性和实践性的矛盾。之所以如此，一个重要的原因就是在现今社会中，尤其是在以追求利润为目的、以生产的无政府状态为特点的资本主义存在的情况下，人们时常把理性的力量和实践的力量当作

---

① 刘冠军：《两维视角统一的意义——关于马克思主义人的本质的再思考》，《现代哲学》2000年第2期。

② 马克思、恩格斯：《马克思恩格斯选集》第3卷，人民出版社1972年版，第457页。

“谋取私利”的“资本”，这时正确处理理性和实践性的关系便无从谈起，协调人与自然的关系亦无从谈起。正如恩格斯指出的：“当西班牙的种植场主在古巴烧山坡上的森林，认为木灰作为能获得最高利润的咖啡树的肥料足够用一个世代时，他们怎么会关心到，以后热带的大雨会冲掉毫无掩护的沃土而只留下赤裸裸的岩石呢?”① 同理可知，在现实中，当某些化工厂厂主置社会道德于不顾，为了追逐利润竖起高高的烟囱向天空排出浓浓的黑烟或黄烟或紫烟时，他们哪里顾得到是否污染空气呢?当某些造纸厂厂主置法律于不顾，偷偷地将含有大量毒素的污水排进江、河、湖、泊中去的时候，他们想到的只是利润，哪还顾得上周边环境的破坏?这样的例子有很多。事实上，他们的这些行为是有悖于人的社会性本质的。

针对上述问题，马克思主义经典作家早就洞察并预言指出：“只有一种能够有计划地生产和分配的自觉的社会生产组织，才能在社会关系方面把人从其余的动物中提升出来。”② 即只有在共产主义社会，人类才能完成第二次提升。也只有完成了第二次提升，人与社会的关系才能达到和谐一致；也只有在此时，人的社会性本质才能得到完全的、充分的体现；也只有人的社会性本质得到完全的、充分的体现之时，体现在人与自然关系上的人的本质的实践性和理性才能达到真正的统一、和谐。也只有在此时，才能在现实性上达到“人和自然之间、人和人之间的矛盾的真正解决”③。两维视角相统一的人的本质——社会性、理性和实践性才能得到全面、和谐的展现，人才能成为真正的人、自由的人、自主的人、自觉的人和能动性得到最大发挥的人，概言之，人才成为“人”。

① 恩格斯：《自然辩证法》，人民出版社 1971 年版，第 161 页。
② 马克思、恩格斯：《马克思恩格斯选集》第 3 卷，人民出版社 1972 年版，第 458 页。
③ 马克思：《1844 年经济学哲学手稿》，人民出版社 1985 年版，第 77 页。

第三章　唯物辩证法中的质和本质的层次性研究

2015 年 1 月 23 日，习近平总书记在十八届中央政治局第二十次集体学习时鲜明地指出："辩证唯物主义是中国共产党人的世界观和方法论……今天，我们党要团结带领人民实现'两个一百年'奋斗目标、实现中华民族伟大复兴的中国梦，必须不断接受马克思主义哲学智慧的滋养，更加自觉地坚持和运用辩证唯物主义世界观和方法论，更好在实际工作中把握现象和本质、形式和内容、原因和结果、偶然和必然、可能和现实、内因和外因、共性和个性的关系，增强辩证思维、战略思维能力，把各项工作做得更好。"① 这一论断，为我们把辩证唯物主义的唯物辩证法作为学科视域中思想政治理论进行深入研究提供了根本遵循。同时，习近平总书记在这一论断中专门提出了更好地把握现象和本质的关系，而唯物辩证法中的本质是与事物的"质"紧密相关的，因此本章根据已有研究成果对质和本质的层次性及其哲学方法论意义进行系统阐述②。

第一节　质的层次性及其基本层次

质的层次性及与之相关的质和本质的关系问题，长期以来被哲学界忽视，甚至有学者认为"事物的质虽然是多方面的、丰富的，但无层次高低之分"③。这种否认质具有层次性的观点，显然是对唯物辩证法关于事物质的误解和误读。为加深对质量互变规律以及唯物辩证法的本质观的理解，阐明质与本质的关系，我们不能不首先研究质的层次性问题④。

---

① 习近平：《辩证唯物主义是中国共产党人的世界观和方法论》，《求是》2019 年 1 期。

② 本章的内容是在笔者与杨世宏合作完成相关研究成果基础上进一步修订而成的，主要参见：刘冠军、杨世宏：《论质的基本层次》，《商丘师范学院学报》2001 年第 1 期；杨世宏、刘冠军：《从属种关系透视本质及其基本层次》，《社会科学研究》2002 年第 5 期；杨世宏、刘冠军：《本质层次性研究的哲学方法论意义》，《江阴师范学院学报（哲学社会科学版）》2002 年第 3 期。

③ 刘冠军、杨世宏：《论质的基本层次》，《商丘师范学院学报》2001 年第 1 期。

④ 张践明：《质和本质的区别》，《求索》1983 年第 3 期。

从系统论的维度看，层次性是指系统在组织结构和功能方面的有序的间断和连续，或是系统要素有机结合的等级次序。分析质的层次性的前提是系统的整体性质，即考察期间该事物仍为该事物，保持其质的稳定性。所谓质就是指使事物成为它自身的内在规定性。这种规定性使该事物与他事物相区别，同时又使该事物同于类事物。一事物与他事物既可从本质特征上区别开来，也可以从非本质特征上区分开来，因此，"事物成为它自身的内在规定性"不仅规定事物之间的区别，而且还规定事物的存在，在规定存在的同时规定着区别。在黑格尔看来，"质是与存在同一的直接的规定性"①。我国目前最新版马克思主义基本原理教科书认为："质是一事物区别于他事物的内在规定性。"② 事实上，这些观点是值得商榷的，因为它把质的规定性仅理解为特殊性、区别性，必然导致把事物无限多的质砍得只剩下特殊的质。我国颇有代表性的马克思主义哲学教科书把质的定义为："质就是一事物成为它自身并区别于他事物的内部所固有的规定性。"③ 这个定义仍有不妥之处，即它把"成为它自身的规定性"同"区别于他事物的规定性"并列起来，因为前者已经包含了后者，是后者的基础；而后者从属于前者，"成为它自身"当然就意味着"区别于他事物"，因此二者不是简单的并列关系。

在唯物辩证法看来，事物的质具有多样性、系统性和层次性。在事物内部，质是一个构成事物的各方面、各种特性有机组成的稳定的联系系统。在这个系统中，构成事物的质的各要素是按一定的序列，由简单到复杂、由外层到里层有规律地组成的一个层次结构的整体。黑格尔认为，质并非"铁板一块"，而是由一系列"环节"构成的整体，有自己的层次结构④。事物的质有两个基本层次，即组成事物（系统）要素的质（潜在的质）和系统整体的质。其中，系统整体的质又包括三个层次：特殊的质、共同的质和根本的质（本质）。

一、要素的质与系统质的关系

事物作为系统都是由若干要素或子系统按一定结构有机组合而成的，因此事物的质就是由组成要素及其结构直接规定的。

从组成要素方面看，事物组成要素的质和量直接规定事物的质。组成要素的性质不同，事物的质一定不同，如水和汞；组成要素的性质相同，只是

① 黑格尔：《小逻辑》，贺麟译，商务印书馆 1980 年版，第 202 页。

② 本书编写组：《马克思主义基本原理》，高等教育出版社 2023 年版，第 37–38 页。

③ 李秀林等：《辩证唯物主义和历史唯物主义原理》，中国人民大学出版社 1995 年版，第 169 页。

④ 黑格尔：《逻辑学》下卷，杨一之译，商务印书馆 1974 年版，第 12–13 页。

数量不同，也会造成事物质的差异，如氧气和臭氧。可见，组成要素是事物（系统）的基础，组成要素的性质和数量必然要反映到事物的质上，成为事物无限多质中的一个部分、一个层次。当然，事物往往是一个复杂的系统，其组成要素多种多样，事物的系统质与要素的质之间的关系相当复杂，有些要素的质不直接反映到系统整体的质中，而且反映的程度也不一样：有的明显，有的不明显甚至是潜在的；有的表现为特殊的质，有的反映到共同的质中。

从组成要素的结构方面看，事物的质直接取决于组成要素的结构。事物组成要素的质相同，数量也相同，但如果结构不同，事物的质就不相同，如甲醚和乙醇。组成要素的结构之所以规定事物的质，是因为只有依靠结构才能把组成要素有机结合成有序的稳定系统，形成事物。如果结构被破坏，组成要素离散，就不能形成事物（系统）。所以组成要素的结构也是事物的基础。

组成要素的质同事物系统整体的质不仅不矛盾，而且紧密联结。组成要素的质、数量和能量制约着组成要素将会形成什么样的结构，从而通过结构使组成要素的质、量不同程度地反映到事物的系统质中；同时，结构又制约着各子系统的组成要素在该结构中的地位、作用及相互配合的状况，正是结构造成了作为系统的事物具有了它的组成要素所没有的新质，即系统质。所以，事物的质是该事物的组成要素及其结构的体现，但由于事物之间的相互联系和相互作用，即使组成要素及其结构相同，由于外部条件不同，事物也会显现不同的质，但这毕竟是外因。从该事物系统看，直接规定事物质的是组成要素的质、量及结构。可以说，事物组成要素的质是事物系统质存在的依据或实体性基础，而事物的量和结构则是事物系统质的关系性基础。

二、系统质第一个层次是特殊的质

事物系统质的第一个层次就是特殊的质，指一事物区别于他事物的特殊规定性，或如黑格尔所说，一事物借以区别于他事物的那个界限，“特殊的东西即是相异的东西或规定性”①。

首先，特殊的质表现为作为个别的事物之间的差异性。个别就是具体、独立地存在着的区别，其本质是矛盾的特殊性和普遍性的统一，个别具有现象性、独立存在性、总体性和完整性特征，黑格尔说过：“个体或主体，是被

① 黑格尔：《小逻辑》，贺麟译，商务印书馆 1980 年版，第 334 页。

设定为全体的概念。"① 因此，特殊的质只是构成个别总体的一部分，而不是总体上的个别。必须指出，特殊的质与个性是两个不同层次的概念。事物之所以有个性，就是由特殊的质决定的，个性只是特殊的质的外在表现。作为矛盾总体的个别，既有根本属性，又有非根本属性，只有代表个别自身的本质特征的"个性"，方能表征"个别"具有的与存在密切联系的根本属性——独具性，即特殊的质；而代表非本质特性的"个性"却表征着"个别"具有的与其他个别相异的特性。由于构成事物要素的多样性及其相互关系的复杂性，同一层次的各要素之间、不同层次的各要素之间都有错综复杂的关系，由此决定了事物特殊的质不仅是多样的，而且有轻重主次之别。这是事物个性千差万别、丰富多彩的根源。

其次，特殊的质按其本性说又是普遍的、原则的东西，特殊的质是"个别"具有的某种限定的质。这里的限定与认识"个别"的角度与层次密切相关，并随着认识角度或层次的变化而变化。对异类事物来说，特殊的质既是表层的，也是深层的；既可以是非本质的，也可以是本质的。对同类事物来说，特殊的质只能是表层的、非本质的，因此，特殊的质是在对"个别"进行认识的过程中被抽象出来，并被思维所规定了的性质，作为个性的东西，是"个别"所具有的某种特殊规定性，是客观实在的；作为普遍的东西，是经过思维抽象出来的"个别"所具有的东西。个别与特殊的关系就是载体与被载体的关系，"个别"可以拥有许多特殊的质，二者的联系是在不同方面不同层次中实现的。

最后，就某一具体事物说，特殊的质规定着该事物的外部特征。在事物内部，主要由构成事物的次要矛盾或矛盾的次要方面的普遍联系所决定，而又从整体上反映着这些矛盾群的规定性。在事物的存在状态中，特殊的质是事物内部比较不稳定的部分，极易产生离心作用。在事物之间的相互作用中，它处于作用或联系的界面，易受到外部条件的影响，产生趋向于该事物反面的离心运动。事物总的量变过程中的部分质变的发生，往往先从事物表层打开缺口。

就人的认识过程看，认识事物首先要区别事物，即认识事物特殊的质。具体事物的特殊的质具有外在性、直接性，可以直接被人所感知。黑格尔说，质"是一种直接的质，因而亦即感性的质"②。恩格斯明确指出："我们的不同感官可以给我们提供在质上绝对不同的印象。"③ 事物特殊的质成为感知的

① 黑格尔：《小逻辑》，贺麟译，商务印书馆1980年版，第332页。

② 黑格尔：《小逻辑》，贺麟译，商务印书馆1980年版，第345页。

③ 马克思、恩格斯：《马克思恩格斯选集》第3卷，人民出版社1972年版，第553页。

直接客体，但认识事物决不能仅反映事物特殊的质，更重要的是在此基础上认识事物共同的质，直至本质。设想脱离共同质的特殊的质，或者脱离特殊质的共同的质，只能是纯粹的虚无。

三、系统质第二个层次是共同的质

共同的质是指事物内在的类的规定性，是事物构成要素的共同点或同一性的集合体。

事物要素质的共同点或同一性是构成事物共同的质的基本单位或原始细胞。事物的共同质展现着事物的共性，决定着事物矛盾的普遍性。事物组成要素及其结构的同一性是组成普遍性的基本点，是其赖以存在、发展的基础和前提。事物的同一性绝不是无矛盾的自身等同，而是包含着差异、对立的同一性。“同一性自身包含着差异性，这一事实在每个命题中都表现出来。”① 事物共同的质表现为共性或普遍性。普遍性与同一性没有原则上的区别，如果说同一性是个别具体事物内部单个组成要素的质的共同点，即各组成要素的质的共同点，那么普遍性就是各组成要素及其结构之间的联系性。同一性表现的是事物存在性、实体性意义上的联系，而普遍性反映的是过程性、发展性意义上的联系。黑格尔说：“普遍性与特殊……显现为个别之变的环节。”② 即普遍与特殊在具体事物中表现为同一与差别的发展变化。他还说：“在概念中，同一发展为普遍，区别发展为特殊，回到根据的对立发展为个别。”③ 很明显，黑格尔认为，普遍性与特殊性都是作为同一性与差别性的展开、发展而存在的。同一性反映的是实体，而普遍性则体现着发展和过程，同一是普遍的根据和起点；如果把同一性喻为种子，那么普遍性就是种子的发芽、生长、开花和结果的成长繁殖过程。

同一性与普遍性的内在联系决定了二者在一定条件下相互转化。一方面，当同一性或共同点在事物发展全过程中展开时，就变成了普遍性，共同点成为普遍的无所不在的东西；另一方面，当把普遍性分解、还原、归结或浓缩时，就变成了同一性或共同点——找到了普遍性的根基。可见，同一性是潜在的普遍性，而普遍性则是公开暴露出来的同一性。“矛盾的普遍性和矛盾的特殊性的关系，就是矛盾的共性和个性的关系”④，矛盾的普遍性就是矛盾的共性，是由事物共同的质决定的，或者说事物共同的质显示出事物的共性。

---

① 马克思、恩格斯：《马克思恩格斯选集》第3卷，人民出版社1972年版，第537页。

② 黑格尔：《逻辑学》下卷，杨一之译，商务印书馆1974年版，第288页。

③ 黑格尔：《逻辑学》下卷，杨一之译，商务印书馆1974年版，第284页。

④ 毛泽东：《毛泽东选集》第1卷，人民出版社1991年版，第319页。

事物构成要素的多样性及其关系的复杂性，决定了事物共同的质不仅是无限多样的，而且也有主次、轻重之别。

就事物共同质的地位看，是事物特殊的质与事物本质的中介环节或联系环节，构成了事物质的中间层次和结构，体现了事物构成要素间的主要矛盾和次要矛盾、矛盾的主要方面和次要方面的联系环节。在事物的存在状态中，共同的质是比较稳定的部分，在事物的相互联系、相互作用中，一般以事物质的外圈——特殊的质为媒介同外界发生联系和作用。事物特殊的质受到外界条件的作用愈大，运动愈剧烈，对事物共同的质的影响就愈大，对本质层面的作用也就愈大。如果事物特殊的质被改变了，这种质变的力量就直接冲击着共同的质，如果来自事物本质层面的阻抗力量不足以抵挡事物特殊的质的变化的渗透力，那么事物共同的质就可能发生变化，最终导致事物根本性质的变化。

四、系统质第三个层次是本质即根本的质

事物无限多的质在事物发展过程中的地位和作用是不同的，有根本的质与非根本的质的区别。本质即根本的质，是指使事物成为它自身的内在的根本的规定性，或者说本质就是占统治地位的质。最近有些哲学教科书认为："本质则是同类现象的共性"①，"本质总是类的本质，即一类事物的共性或普遍性"②，这些定义把本质与共同的质、共性等同起来，很值得商榷。共性作为类的实体并不等于类的本质。本质固然同共性相联系，但并非共性都是本质，"同类现象的共性"或"一类事物的共性"只是共同的质的显化和展开，而非本质自身。本质与共同的质的关系是：本质存在于共同的质中，是共同的质的基础和根据，本质以共同的质为中介而表现为现象；离开本质的共同的质，或者脱离共同质的本质都是不存在的；本质是事物存在和发展的决定性的东西，而共同的质只能隶属于本质，受本质支配。

黑格尔最早区分了质和本质，指出本质是比质高一级的范畴。他认为，质是指某物直接存在着的规定性，而"存在的真理是本质"③。这是因为在黑格尔看来，本质是隐藏在直接性背后的东西，认识应该通过直接性而深入它的背后发现本质。在它的体系里，质是与量、度联系在一起单个考察的，而本质则是与矛盾联系在一起的，本质论中的范畴是一对一对地考察的，因此本质较之于质是更深一层的范畴。黑格尔在解释质的概念时说："某物之所

① 陈先达：《马克思主义哲学原理》，中国人民大学出版社 1999 年版，第 97 页。
② 巩庆海等：《马克思主义哲学原理》，山东大学出版社 1997 年版，第 135 页。
③ 列宁：《哲学笔记》，人民出版社 1974 年版，第 133 页。

以是某物，乃由于其质，如失掉其质，便会停止为某物。”① 这里的“质”包括本质和非本质的质，如果认为本质在质之外，那么即使某物“失掉其质”，也不会“停止为某物”，因为它的本质仍可以保持着，就等于否定了质和事物存在的直接同一性。与之相关联，既然“只有质变、飞跃才是事物根本性质的变化，才能使新事物代替旧事物”②，那么这里的“质变”之“质”，明显是指事物的本质，或者是包括本质在内的所有质，否则就谈不上新事物代替旧事物，无法理解质变概念。在艾思奇看来，本质和质在某一方面具有同一的意义，但本质又是较为广泛而深刻的范畴③。

从质和本质同事物矛盾体系的关系看，事物的根本矛盾及其运动形式决定和表现事物的本质，而非根本矛盾及其运动形式决定和表现事物非本质的质。任何一个复杂事物内部都有许多矛盾。这些矛盾通过一定的关系形成一个具有新功能和特性的矛盾统一体或矛盾系统，在这个系统中，必有一种矛盾贯穿事物发展的全过程，并对其他矛盾起着根本的支配作用，成为整个系统的核心。这就是事物的根本矛盾。与这种矛盾系统相联系着的运动形式不是事物中存在的任何一种运动形式，而是指那种能将各种低级运动形式包含于其中的最高层次的运动形式，正是这种根本矛盾及其运动形式决定和表现着事物的本质。由于根本矛盾贯穿事物发展过程的始终，就决定了事物本质的稳定性，所以毛泽东说，对事物“看它的过去，就可以知道它的现在；看它的过去和现在，就可以知道它的将来”④。

同时还应看到，事物的矛盾系统是由各个矛盾子系统构成的，而子系统又是由更低层次的矛盾子系统构成的，由此可类推至无限。与这些矛盾子系统相联系的是事物中的一些较低级的运动形式。这些矛盾子系统和由其所决定的较低级的运动形式，虽然受到该事物的矛盾大系统及其最高层次的运动形式所制约和支配，但这并不排除它们仍在一定程度上有相对独立的功能，对事物某个侧面的特性起着规定的作用，从而使事物在这些侧面呈现出区别于他事物或同于类事物的特征或状态，这就是质。由于事物矛盾大系统的根本矛盾只有一个，因而由它所决定的事物的本质也只有一个，“本质的真正二元论是没有的”⑤。与之相反，事物矛盾子系统具有多样性、多层次性，由此决定了事物非根本的质（包括特殊的质和共同的质）是多样的。本质是一，

---

① 黑格尔：《小逻辑》，贺麟译，商务印书馆 1980 年版，第 202 页。

② 肖前：《马克思主义哲学原理》，中国人民大学出版社 1994 年版，第 227 页。

③ 艾思奇：《辩证唯物主义纲要》，人民出版社 1959 年版，第 258 页。

④ 毛泽东：《毛泽东选集》第 4 卷，人民出版社 1991 年版，第 1123-1124 页。

⑤ 马克思、恩格斯：《马克思恩格斯全集》第 1 卷，人民出版社 1956 年版，第 356 页。

质是多。

从本质在事物发展过程中的地位和作用看，本质是事物的基质层，作为整个事物内部结构的基础，处于事物全部规定性的核心地位，是质的主体部分。就事物的存在状态来说，本质是最坚固、最稳定的部分，只要事物作为一个过程还没有完结，就绝不会发生显著运动。在事物发展的过程中，之所以存在质变的关节点，就是由事物本质（基质层）的存在及其规定性决定的。虽然本质决定事物发展的全过程，但本质的东西一般不与其他事物发生直接联系，而往往借助于特殊的质和共同的质作为联系的中介，在联系的性质和方式上，对特殊的质和共同的质起着根本的决定作用。当事物质的表层（特殊的质）发生的部分质变突破中层，即共同质的防线、腹地而扩散到本质层面时，决定事物本质的根本矛盾的双方就会发生力量的消长，事物能否最后发生质变，就取决于矛盾双方斗争的情况。

从运动的观点看，本质"自己的运动"造成了本质的层次性。在事物根本矛盾发生根本性变化之前，本质是相对稳定的，但它仍处在物质的绝对运动之中，并且它自身也在变动，达到一定程度便否定自身，转化成另一事物的本质；另一方面，本质也只有在运动中才能表现自身的规定性。本质的形成过程即本质的表现过程，是通过各种不同环节的运动在同别的事物相互联系、相互作用中表现出来的。事物是作为过程而存在的，因而本质所具有的各种规定性的展开，也必然有一个过程，这便是本质的深化过程。当然，这种深化并非对原有本质的抛弃，而是本质"自己的运动"，是本质自身的完善和发展，是由相对到绝对的转化。在此过程中，事物的本质呈现多个等级和层次。由于本质深藏于现象背后，必须通过现象表现出来，所以随着事物及其本质的不断发展，新的现象就会不断出现。就人的认识过程看，首先认识到事物表层特殊的质，在此基础上认识共同的质，由此进一步认识事物的本质，正如列宁指出的，"人的思想由现象到本质，由所谓初级本质到二级本质，这样不断加深下去，以至于无穷"①，即随着事物本质在实践和运动中逐步展开，人们对事物本质的认识也在不断深化。

第二节　本质的层次性及其基本层次

认识事物就是要透过现象把握其本质，然而本质并非铁板一块，是有层次的。目前，我国哲学界只是在一般意义上承认本质的层次性，但本质究竟有哪些基本层次？各层次的内涵是什么？区分这些层次有什么意义？对这些

① 列宁：《哲学笔记》，人民出版社1974年版，第278页。

问题有必要作进一步探讨研究。基于此，笔者根据已有研究成果对本质的层次性及其基本层次进行了系统性阐述①②。

一、本质及其层次性

什么是本质？笔者认为，应当联系质的概念说明。本质是质的一部分。事物有无限多的质，根据它们在事物发展中的地位和作用，可区分为根本的质与非根本的质，本质就是根本的质，或者说占统治地位的质。本质是事物成为它自身根本的规定性，正是这种根本的规定性，决定着该事物或现象属于哪一类。因此从属种关系看，本质就是作为种的事物或现象的属。在属种关系层次确定的条件下，对作为种的个体，只有属才表明它与其他事物相区别的根本属性，表明它原本的性质。《现代汉语词典》对“性质”词条的释义是“一种事物区别于其他事物的根本属性”③。根本属性也就是从根本上讲属于什么类。就属种关系的某一既定层次说，某个事物属于什么，什么就是这个事物的本质。如蜘蛛、蛇、鳄鱼、恐龙与乌龟的外形相差很大，但它们都属于爬行动物，那么爬行类动物就是它们的本质。在《资本论》中，马克思指出，利润、利息和地租都是剩余价值的转化形式（现象），剩余价值就是它们的本质，或者它们都属于剩余价值。可见，“属于”关系就是现象与本质关系的实质。从概念所体现的事物与本质的逻辑关系看，揭示事物的本质，就是弄清楚它属于什么。亚里士多德就是从属种关系上理解本质的，他说：“在定义的若干构成要素中，种最被认为是揭示被定义者本质的。”④ 现代形式逻辑学已把亚氏所说的种与属的地位颠倒过来，属成为种的上位概念，属是种的本质。黑格尔在说明事物本质时使用了“类”概念，他说：“任何一个动物都必从属于其类，从属于其共性之下，而此类或共性即构成其特定的本质。”⑤这里的“类”就是属，属种关系就是类种关系。

从科学认识史看，人们对某个现象的本质是什么的争论，几乎都是以找到该现象的属或类为终结的，如对燃烧现象的本质的认识，最初人们用燃素说解释，后来才确立了燃烧属于氧化反应的正确观点。每个事物都作为类的个体或属的种而存在。由于属种的区分具有相对性，属种关系的层次性是多样的，因此，类或属的内容便随着分类标准的变化而变化。但是如果分类标

---

① 杨世宏、刘冠军：《本质层次性研究的哲学方法论意义》，《江阴师范学院学报（哲学社会科学版）》2002年第3期。

② 杨世宏、刘冠军：《从属种关系透视本质及其基本层次》，《社会科学研究》2002年第5期。

③ 《现代汉语词典》，商务印书馆1993年版，第1293页。

④ 亚里士多德：《亚里士多德全集》第1卷，苗力田等译，中国人民大学出版社1990年版，第471页。

⑤ 黑格尔：《小逻辑》，贺麟译，商务印书馆1980年，第80页。

准既定，则类或属的内容就是稳定的，在这个前提下，我们考察了事物本质的层次性。胡塞尔在《纯粹现象学通论》中曾提出本质层次性问题，他说："每一本质，不论是实质性的还是空的（因此是纯逻辑的）本质，都存在于本质的层级系列中，存在于一个一般性和特殊性的层级系列中，这个系列必然有两个永不彼此相合的界限。我们向下可达到最低的种差，或者也可说，本质的单个体；而向上穿过种本质和属本质又可达到最高的属。"① 胡塞尔把本质分为三个层次，一是"种差"或"本质的单个体"，二是"种本质和属本质"，三是"最高的属"。这一区分极有意义，但他并没有科学地说明这三个层次的内涵。

在笔者看来，从属种关系的相对性出发，可以将本质分为三个基本层次，即形式本质、一般本质和特殊本质②。这是因为，每个事物都是具体的、个别的，但事物总是相互联系而存在的，每个事物都作为类的个体或属的种而存在。当然，区分事物类或属的标准不是一个而是多个，类或属的内容便随着分类标准的变化而变化。由于属种关系具有相对性，并且从形式逻辑的观点看，母项与子项的划分既有一次划分也有连续划分。这表明了事物本质的多层次性、复杂性、丰富性。但是，如果分类标准既定，则类的内容就是稳定的。这就是我们考察本质层次性的前提。正是在这个前提下，可将事物的本质划分为形式本质、一般本质和特殊本质。

二、本质的基本层次之一是形式本质

关于形式本质，是指种的最高的属或类。人们通过抽象思维把握形式本质，抽象程度的最高界限就是作为考察对象的物种的规定性，一旦超出此界限则等于变换了分类标准。对这个物种来说，形式本质是一种纯本质形式，正如胡塞尔所说，它是"一种完全'空'的本质，这种本质由于其空形式的方式而适合于一切可能的本质；它由于其形式的一般性而具有一切的、直至最高的实质一般性，并借助属于此形式一般性的形式真理，为它们规定法则"③。例如，人的形式本质是由劳动而产生的社会性动物，是适合于一切人的。对人的本质系统的最初认识正是从这里开始的。亚里士多德说"能够获得知识的那种有死的动物就是人的本质特性"，他还说人是"政治性动物"④。在西方哲学史上有很多哲学家把理性、自由、追求幸福看作人的本质，实际

① 胡塞尔：《纯粹现象学通论》，李幼蒸译，商务印书馆 1996 年版，第 66 页。

② 杨世宏、刘冠军：《从属种关系透视本质及其基本层次》，《社会科学研究》2002 年第 5 期。

③ 胡塞尔：《纯粹现象学通论》，李幼蒸译，商务印书馆 1996 年版，第 62 页。

④ 亚里士多德：《亚里士多德全集》第 1 卷，苗力田等译，中国人民大学出版社 1990 年版，第 356 页。

上都是讲人的质，它取决于人的形式本质，是人的社会性的外在表现，因为人的理性、自由和追求幸福等质的规定性，只有从人的社会性出发才能得到合理解释。社会性（由社会劳动或实践形成）是人区别于一般动物，人之为人的最后界限，是人这个物种的最高属。费尔巴哈把“类”看作人的绝对本质，这本是无可厚非的，但他所说的“类”抽掉了人的社会内容，把人还原为生物学上的类，这是他的缺陷。

马克思说过：“人证明自己是有意识的类存在物，就是说是这样一种存在物，它把类看作自己的本质。”① 与费尔巴哈不同的是，马克思强调人的物质生产的类生活，对“类存在物”的研究不能离开人的社会性。这是“类”的实质内容，因为正是在改造自然的过程中，人与人之间结成一定的社会关系。这种社会关系反过来又制约和规定人的本质，使人成为“社会存在物”。另一方面，对同一个物种，如果用不同的分类标准去衡量，可以发现它的最高属也是相对的，表明形式本质的多样性、复杂性，例如，可以说人属于生物，属于动物，属于哺乳动物。没有既定的分类标准，则类的内容就不确定。明确这一点可以较好地解释哲学史上的一些争论。对人的本质问题可以说是众说纷纭：理性、趋利避害、自私、食色等。造成这些混乱的原因，就是他们坚持的分类标准不同，争论的双方不是站在同一层次上，没有抓住人的最高属和最低属。

本质总是事物的本质，形式本质是不能脱离事物而单独存在的。胡塞尔关于形式本质的思想是相当深刻和颇有见地的。他认为，形式逻辑、纯数学都出于这个“形式区域”，“严格说来它不是一个区域，而是一般区域的空形式；它不是使一切具有其实质的本质特殊化区域与自己并列，而是（尽管只是形式地）使其在自己之下”②。但他又说：“逻辑的形式本质（如范畴）不是以与下述情况同样的方式‘存于’实质的单一体中的，如在普遍项红‘存于’红的各种色调之中，或‘颜色’是存于红或蓝之中这个意义上”“严格说来它们根本不‘在’实质的单一体之‘内’。”③ 他极力强调纯粹本质的独立性、“本身性”，强调本质不能被经验到，也不能通过抽象从经验中归纳比较而抽取，必须通过意识的还原才能“看到”，这样他就把形式本质看作一种先验性的东西，类似于柏拉图讲的“美本身”“数本身”“马本身”。这就割裂了一般与个别的关系，承认了一般可以脱离个别而存在。

---

① 马克思、恩格斯：《马克思恩格斯选集》第 1 卷，人民出版社 1995 年版，第 46 页。

② 胡塞尔：《纯粹现象学通论》，李幼蒸译，商务印书馆 1996 年版，第 62 页。

③ 胡塞尔：《纯粹现象学通论》，李幼蒸译，商务印书馆 1996 年版，第 67-68 页。

三、本质的基本层次之二是一般本质

毛泽东明确地把事物的本质区分为两大类，即“特殊的本质”和“共同的本质”①。毛泽东讲的“共同的本质”亦即“一般本质”，是指深藏于同类事物背后而又为该类事物的每一现实个体所不完全地表现和不断地趋近的那种性质。这种性质实质上就是事物所具有的类本质。对每类事物而言，其本质暨一般本质规定着该类事物的共性，呈现为该类事物共同的本质，统摄着该类事物的运动变化趋势，使其万变不离其宗。对于一般本质，应从三个方面把握。

第一，它是事物内部矛盾的否定方面所决定的事物在未来状态下的本质。例如，真理作为对客观事物的正确反映，是它的一般本质，表明真理应当是对世界的包罗无遗，完全正确的认识（绝对真理）；而每个具体的真理都有相对性，有待于扩展，有待于深化。绝对真理只有通过相对真理才能表现出来，相对真理必定具有绝对性，包含绝对真理的成分，并不断地趋近它。

第二，既然事物的特殊矛盾规定了事物的特殊本质②，那么事物的一般本质就是由同类事物所共同具有的矛盾决定的，是事物的类本质。正是这些共同的矛盾使客观事物具有类的特征，隶属于一个类别。正是在此意义上，马克思指出：“本质只能被理解为‘类’，理解为一种内在的、无声的、把许多个人自然地联系起来的普遍性”③，并且在批判费尔巴哈“撇开历史的进程，把宗教感情固定为独立的东西，并假定有一种抽象的——孤立的——人的个体”，而单纯从生物学角度考察人的本质时指出：“人的本质不是单个人所固有的抽象物，在其现实性上，它是一切社会关系的总和”，而“费尔巴哈没有对这种现实的本质进行批判”，因为“费尔巴哈没有看到‘宗教感情’本身是社会的产物”，因此他不得不“把宗教的本质归结于人的本质”，但在事实上“他所分析的抽象的个人，是属于一定的社会形式的”④。

第三，事物的一般本质往往带有理想性、价值性。这是由事物的客观特性与人的需要之间的矛盾决定的。同人的活动直接有关的事物，特别是被主体所改造的事物就更是如此，因为人们总是按照自己的需要和事物发展的现实可能性改造这些事物（如现代克隆技术的应用），使它既按照自身发展的规律，又朝着人们追求的理想状态发展，达到合目的性与合规律性的统一。因

① 毛泽东：《毛泽东选集》第1卷，人民出版社1991年版，第310页。
② 毛泽东：《毛泽东选集》第1卷，人民出版社1991年版，第309页。
③ 马克思、恩格斯：《马克思恩格斯文集》第1卷，人民出版社2009年版，第501页。
④ 马克思、恩格斯：《马克思恩格斯文集》第1卷，人民出版社2009年版，第501页。

此，这些事物的一般本质又是具有价值性的。马克思不仅揭示人的“类”本质（形式本质）就是人的社会性，而且还在此基础上进一步指出了“人的类特性恰恰就是自由的有意识的活动”[①]。可以说，这是马克思在唯物史观的视域中，把人作为“类”即“社会的人类”[②] 对人的一般本质的揭示。

四、本质的基本层次之三是特殊本质

特殊本质相对于形式本质和一般本质而言是事物特有的本质，是深藏于事物的形式本质和一般本质背后，由事物的特殊矛盾所决定的实质本质。胡塞尔曾使用“实质本质”的概念，并认为实质本质是相对于形式本质而言的，也是对应于各门理论自然科学的。各门自然科学由于其实质本质的不同而被划分为不同的“区域”，每个区域都包含着该区域的区域本质（实质本质），以及以它为基础的经验对象。究竟什么是实质本质？胡塞尔并未作出明确解释，笔者认为，它就是特殊本质，是指作为种的事物或现象的最低属，是最接近种的属或类的规定性。这当然是事物特有的属性，不过它不是一般的特有属性，而是决定该事物之所以为该事物的那些性质、动作、关系等，即本质属性或如毛泽东所说的“特殊的本质”。例如，帝国主义的一个属是资本主义，但这不是最低属，决定帝国主义成为帝国主义的那种规定性，才是最能说明帝国主义属于资本主义的依据。这就是生产和资本的集中造成的垄断——帝国主义最深厚的经济基础，垄断是帝国主义的特殊本质。再如，灯是电灯的属，“照明装置”是电灯的一般本质，“将电能转化为光能的装置”则是电灯的特殊本质，是作为种的电灯的最低属。

毛泽东指出：“每一物质的运动形式所具有的特殊的本质，为它自己的特殊矛盾所决定。”[③] 特殊本质是由事物内部的特殊矛盾构成的。如果说事物的一般本质是由事物内部矛盾的否定方面所决定的事物在未来状态下的本质，那么特殊本质就是由事物内部矛盾的肯定方面所决定的事物在现存状态下的本质。事物内部总是有肯定和否定两个方面，前者维护事物的现存状态，后者则趋向于否定事物现存状态。这种矛盾决定了事物在任何时候都是处在现存状态而又离开现存状态趋向未来的理想状态。事物的现存状态是多种属性的统一，但事物矛盾中的肯定方面规定和制约着这些属性，构成了事物特殊本质的基础。事物矛盾中的否定方面则规定和制约着事物理想状态的多种属性，构成一般本质的基础。马克思在研究人的本质时，先是考察了人的形式

① 马克思、恩格斯：《马克思恩格斯选集》第 1 卷，人民出版社 1995 年版，第 46 页。
② 马克思、恩格斯：《马克思恩格斯文集》第 1 卷，人民出版社 2009 年版，第 502 页。
③ 毛泽东：《毛泽东选集》第 1 卷，人民出版社 1991 年版，第 309 页。

本质和一般本质，最后立足现实，揭示了人的特殊本质，他指出："人的本质不是单个人所固有的抽象物，在其现实性上，它是一切社会关系的总和。"①仅从人的形式本质、一般本质还不能认识人与人之间的本质区别，只有依据社会关系才能判明一个人是地主、资本家或者工人。

纵观哲学史，推崇经验主义方法（归纳法）的哲学家都把事物的本质归结为特殊本质，如古希腊泰勒斯、阿那克西曼德、阿那克西美尼、赫拉克利特等，把水、气、无限者、火等视为世界的本质。这种认识无疑是对事物的感性特征进行归纳概括的结果。近代经验论哲学家洛克等认为，人所认识的只是简单观念，即事物的各种感性特征，而复杂的观念则是对这些简单观念的综合，所以他认为，事物的本质只是从事物的感性特征中概括出来的共同性。现代许多实证主义者也把事物的本质理解为某种现成的性质，并把它绝对化。可见，用归纳方法从事物实际存在的多种属性中概括出同类事物的共同属性作为该类事物的本质，这样的本质就更多地具有实然的性质。

第三节　本质层次性研究的哲学方法论意义

把事物的本质理解为形式本质、一般本质和特殊本质的统一，对于主体的认识和实践都具有重要意义②。

一、本质层次的区分体现了马克思主义哲学的科学性和革命性

对事物本质层次的区分体现了马克思主义哲学的科学性与革命性的统一。马克思主义揭示了世界的普遍本质和规律，内在地包含着科学的本质系统论。马克思和恩格斯没有直接使用形式本质、一般本质和特殊本质三个概念，然而从他们对社会的本质、人的本质及其他事物本质的具体论述可以看出，他们是有这个思路的，并体现出与旧哲学不同的思维方式。在马克思主义哲学中，要求考察事物的质，在广义上给事物定性，划定事物本质系统的边界，克服相对主义，就是坚持了形式本质；强调能动性与革命性的统一，合目的性与合规律性的统一，体现了对事物一般本质的肯定；强调从实际出发，实事求是，尊重客观规律，具体问题具体分析，则表明了对事物特殊本质的充分重视，显示了马克思主义哲学的客观性、科学性。只有将这三个方面统一

① 马克思、恩格斯：《马克思恩格斯选集》第1卷，人民出版社1995年版，第60页。

② 杨世宏、刘冠军：《本质层次性研究的哲学方法论意义》，《江阴师范学院学报（哲学社会科学版）》2002年第3期。

起来，才能实现客观性与能动性、科学性与革命性的统一，体现出马克思主义哲学的本质特征。

二、本质层次划分为主体认识提供同一性前提

对事物本质系统的层次划分，为主体的认识活动提供了同一性前提。我们在认识事物的本质时要着眼于整个本质系统，明确是在哪个层次上谈论本质的。只有在同一层次上讨论某一事物的本质，才会有共识。这是学术论争应当坚持的同一性前提。只有把三个层次的本质结合起来，才能真正认清事物的本质，不能仅局限于一个层次。如果只把本质理解为形式本质，就等于仅把握了事物的最高属（类）。古代哲人由于历史的局限性，他们对人的本质的认识就局限于形式本质层面，如亚里士多德说“人是政治动物”，荀子认为“二足而无毛”“能群”就是人与动物的分界线，直到费尔巴哈，仍然“只能把人的本质理解为‘类’，理解为一种内在的、无声的把许多以纯粹自然地联系起来的普遍性”①，以致于把人的理性、意志和情感作为人的本质，但由于最高的属（类）的标准很多，所以关于人的本质的说法就多种多样。如果单纯着眼于形式本质，就极易陷入“美本身”和“马本身”的怪圈，走向唯心主义。仅把事物的本质理解为一般本质，虽然有助于人们把握事物发展的总趋势、主流和典型特征，对事物的价值内涵作出正确评价，但这种对事物本质的理解同事物的现状有距离，不能揭示出事物的特有矛盾和矛盾的特殊性，也会陷入主观主义、理想主义。把事物的本质仅仅理解为特殊本质，尽管有助于人们从事物的本来面目出发考察事物，揭示出事物的特殊矛盾，但这种认识很可能是一种静态的认识，属于事实性认识，带有纯客观的性质。这就容易使人对现存事物采取非批判的、形而上学的态度，不利于把握事物发展的总趋势。

由此可见，只有把事物的本质理解为形式本质、一般本质和特殊本质的有机统一，才能克服各自的局限性、片面性，把经验主义本质论与理性主义本质论统一起来，把归纳方法与演绎方法的探索统一起来。这样人们就能够更加深刻、科学地把握事物的本质，解决在这个问题上的诸多论争。以人的本质问题为例，哲学史上对此争论不休，一直悬而未决。实际上，按照马克思主义的观点，人的本质首先是人的社会性，“人是最名副其实的政治动物……不仅是一种合群的动物，而且是只有在社会中才能独立的动物”②。研究人的本质必须从人的社会属性入手。在确定了人的形式本质——“最名副其实的

① 马克思、恩格斯：《马克思恩格斯选集》第1卷，人民出版社1995年版，第59页。
② 马克思、恩格斯：《马克思恩格斯选集》第2卷，人民出版社1995年版，第2页。

社会动物”之后，马克思主义第一次提出并论述了人的一般本质和特殊本质。人的一般本质是从人与动物相区别的层次上说的，就是社会劳动或实践。马克思指出：“人证明自己是有意识的类存在物，就是说是这样一种存在物，它把类看作自己的本质”“而人的类特性恰恰就是自由的有意识的活动”①，即自由自觉的活动，是对人的一般本质的科学表述。人的特殊本质是在人与人相区别的意义上说的。马克思指出：“人的本质不是单个人所固有的抽象物，在其现实性上，它是一切社会关系的总和。”② 人总是现实的、具体的，是社会关系的承担者，只有根据社会关系才能判明一个人究竟是地主还是资本家或者工人。人的“自由的有意识的活动”必须在一定的社会关系中表现出来。人的三个层次的本质是统一的，相互制约的，从这种认识出发，马克思把资本主义社会压抑人的自由自觉活动的状态，即工人的那种受剥削、受奴役的生活称为非人的，不符合人的本质的“异化”状态，而这种“异化”状态也只能是特定的社会关系（资本主义制度）的产物，因此，马克思提出通过改造资本主义制度消灭这种异化状态的任务。我们不能离开特定的社会关系和社会条件追求抽象的绝对自由自觉的活动，也不能消极地充当现存社会关系的奴隶，而应当改造现存的社会关系，使人的自由自觉活动不断得到实现和发挥。

三、事物本质是形式本质、一般本质和特殊本质的统一

把事物的本质理解为形式本质、一般本质和特殊本质的统一，在实践上有助于指导人们更加有效地改造世界。人的实践离不开理论指导，这种理论一般说来被认为是对客观事物本质和规律的认识，到底是在哪个层次上反映事物本质的，这一点很重要，直接影响实践的结果。例如，对社会主义本质的认识不同，就会影响社会主义建设的实践。社会主义制度的本质也有三个基本层次③。作为“自由人联合体”是其形式本质④，标志着人们摆脱了社会关系的束缚，进入了必然王国的彼岸——自由王国状态。这是社会主义的最高属。在这一思想指导下，结合当代社会主义运动的实践，邓小平提出了社会主义本质的另外两个层次：一是解放生产力、发展生产力。这是从社会主义运动发展规律和客观要求说的，与公有制、按劳分配一起构成了社会主义的现实本质或特殊本质。公有制、按劳分配作为特殊本质的一个方面，是众

① 马克思、恩格斯：《马克思恩格斯选集》第1卷，人民出版社1995年版，第46页。
② 马克思、恩格斯：《马克思恩格斯选集》第1卷，人民出版社1995年版，第60页。
③ 杨世宏：《邓小平认识社会主义的方法论》，《齐齐哈尔大学学报》1999年第5期。
④ 马克思：《资本论》第1卷，人民出版社1975年版，第95页。

所周知的。邓小平强调解放生产力、发展生产力，并非把公有制、按劳分配排斥在社会主义特殊本质之外。二是消灭剥削，消除两极分化，最终达到共同富裕。这是从解放和发展生产力的结果方面谈的，是社会主义的一般本质。改革开放以前，我国对社会主义本质的理解是片面的，表现为三个方面：一是片面强调公有制与按劳分配，在实践上追求生产关系的“一大二公三纯”，搞平均主义大锅饭；二是只讲发展生产力，不讲解放生产力，导致体制僵化；三是忽视了“共同富裕”的核心目标和一般本质，甚至出现了“宁要穷的社会主义，不要富的资本主义”的说法，在实践上造成了严重后果。改革开放以后，随着对社会主义本质认识的深入，社会主义现代化建设出现蓬勃发展的新局面。

四、事物本质是合规律性和合目的性的统一

把握事物本质的三个基本层次，尤其是后两个层次，有助于人们在实践中做到合规律性与合目的性的统一。人的实践目标既要符合事物本身的发展规律和趋势，具有现实可能性，又要符合人的特定需要。事物的这种符合自身规律又符合人的需要的状态，就是它的理想状态，取决于事物的一般本质和形式本质。既然事物的一般本质和形式本质为人的实践活动提供了目标要素，那么，人要通过实践把它改造成理想状态，就必须首先认清事物的现实本质或特殊本质。这是人的实践活动的科学出发点。既然人的一般本质是自由自觉的活动，我们就应当以大多数人的自由自觉活动得到充分发挥，即以人的全面发展作为活动的长远目标；既然人的特殊本质是一切社会关系的总和，我们就必须把改变人的现实的社会关系作为实践活动的出发点，使社会关系尽可能地有利于人的自由自觉活动。社会主义的形式本质是“自由人联合体”，要达到这个境界首先必须消灭剥削，消除两极分化，最终达到共同富裕，所以，我们应以全国人民的共同富裕作为实践目标，实现这一目标的基础和前提是在坚持社会主义基本制度的条件下，解放和发展生产力。这是“自由人联合体”与共同富裕目标的现实根据。前两个层次是合目的性，后一个层次是合规律性。但在邓小平的社会主义本质论中，把合规律性放在前面，把合目的性放在后面，突出了客观规律的重要性，只有在尊重客观规律的基础上，才能实现人民群众的共同富裕与全面发展。而人的自由自觉活动越得到充分发挥，即人越全面发展，就越有利于共同富裕，有利于促进生产力发展。

总之，不了解事物的形式本质，就不能掌握事物本质系统的界限，进而陷入相对主义；不了解事物的一般本质，就会导致主体实践目标的缺失

或者不能形成正确的目标；不懂得事物的特殊本质，人的实践就缺乏正确的出发点和有效的手段。可见，只有把事物的本质理解为形式本质、一般本质和特殊本质的统一，才能为人们认识世界、改造世界提供正确、有效的指导。

第四章　实践和劳动范畴的马克思主义认识论研究

实践和劳动是马克思主义理论的两个重要范畴。自党的十八大以来，以习近平同志为核心的党中央高度重视马克思主义实践观和劳动观的传承和创新。2015 年 1 月 23 日，他在十八届中央政治局第二十次集体学习时多次强调实践的重要性，并明确指出，结合我国实际和时代条件，学习和运用辩证唯物主义世界观和方法论，要注重“学习掌握认识和实践辩证关系的原理，坚持实践第一的观点，不断推进实践基础上的理论创新。实践观点是马克思主义哲学的核心观点。实践决定认识，是认识的源泉和动力，也是认识的目的和归宿……我们推进各项工作，根本的还是要靠实践出真知”①。实践和劳动是两个关系尤其密切的范畴，习近平总书记在强调实践重要性的同时，把劳动和实践紧密结合起来，原创性地提出了颇具新时代特色的“中国梦·劳动美”的重要思想，正如他指出的那样，在新时代，为实现中华民族伟大复兴的“中国梦”，广大劳动群众不仅“要增强历史使命感和责任感，立足本职、胸怀全局，自觉把人生理想、家庭幸福融入国家富强、民族复兴的伟业之中，把个人梦与中国梦紧密联系在一起，把实现党和国家确立的发展目标变成自己的自觉行动”，而且要“在党中央坚强领导下……拼搏奋斗、争创一流、勇攀高峰，撸起袖子加油干、风雨无阻向前行，用智慧和汗水谱写了‘中国梦·劳动美’的新篇章”②。

因此，进入新时代以来，高校思想政治理论课建设越来越重视其社会实践课的开设。也就是说，新时代的高校思想政治理论课不仅重视课堂理论研究和理论教学，而且越来越重视实践研究和教学，越来越强调善用“大思政课”③。尤其重要的是，把“劳”即劳动列入“德智体美劳全面发展的社会主义建设者和接班人”④ 的培养目标。对此，习近平总书记指出：我们“要深

① 习近平：《辩证唯物主义是中国共产党人的世界观和方法论》，《求是》2019 年第 1 期。

② 《凝心聚力，奋进强国建设、民族复兴新征程》，《人民日报》2023 年 5 月 1 日。

③ 《微镜头·习近平总书记两会“下团组”：“‘大思政课’我们要善用之”》，《人民日报》2021 年 3 月 7 日。

④ 习近平：《思政课是落实立德树人根本任务的关键课程》，《求是》2020 年第 17 期。

入开展中国特色社会主义理想信念教育，培育和践行社会主义核心价值观……深化‘中国梦·劳动美’教育实践活动”，我们要“引导广大人民群众树立辛勤劳动、诚实劳动、创造性劳动的理念，让劳动光荣、创造伟大成为铿锵的时代强音，让劳动最光荣、劳动最崇高、劳动最伟大、劳动最美丽蔚然成风”①。在2019年3月18日学校思想政治理论课教师座谈会上，习近平总书记强调“办好思政课，最根本的是要全面贯彻党的教育方针”，而在“新时代贯彻党的教育方针，要坚持马克思主义指导地位，贯彻新时代中国特色社会主义思想……扎根中国大地办教育，同生产劳动和社会实践相结合，加快推进教育现代化、建设教育强国、办好人民满意的教育，努力培养担当民族复兴大任的时代新人，培养德智体美劳全面发展的社会主义建设者和接班人”②。因此，在已有成果基础上对实践和劳动两个重要范畴进行深入分析和系统阐述，是马克思主义理论学科视域中思想政治理论研究的应有之义和重要内容③。

第一节　实践范畴的历史考察

历代哲学，无论是唯物主义哲学还是唯心主义哲学，都涉及实践范畴，但在不同的哲学派别或同一派别的不同学者里，实践范畴的定义是迥然有别的。在马克思主义哲学产生以前的很长一个时期内，哲学家们始终没有对“实践”有一个科学的规定。只有马克思主义哲学才第一次对实践范畴作出了科学的规定，揭示了实践的本质所在。然而马克思和恩格斯对实践范畴的论述分散于众多的经典著作中，加之各人理解的不同，致使其后的马克思主义哲学对实践范畴的规定存在一定的偏差。这从我国哲学界中流行的众多实践范畴的定义中可以得到证明。因此，有必要从哲学史的角度，结合马克思和恩格斯的有关论述，进一步揭示实践的本质，科学地规定实践范畴④。

① 习近平：《在庆祝“五一”国际劳动节暨表彰全国劳动模范和先进工作者大会上的讲话》，《人民日报》2015年4月29日。

② 习近平：《思政课是落实立德树人根本任务的关键课程》，《求是》2020年第17期。

③ 本章的内容是在笔者及与朱其永合作完成相关研究成果基础上进一步修订而成的，主要参见：刘冠军：《实践范畴的历史考察》，《天府新论》1997年第2期；刘冠军：《论内在实践和外在实践——从实践视角看两种文明的协调发展》，《天津师大学报》1997年第3期；朱永其、刘冠军：《劳动之本质特征的认识论新探》，《聊城大学学报（社会科学版）》2006年第3期。

④ 刘冠军：《实践范畴的历史考察》，《天府新论》1997年第2期。

一、马克思主义哲学诞生之前的实践范畴考察

在马克思主义哲学诞生以前，历代哲学家对实践这一人类所特有的现象有着各自不同的理解。唯心主义者用精神本源解释一切现象，因而毫不例外地把人们的实践归纳为纯粹精神的适动。在此大前提下，各种唯心主义者对实践的规定各不相同，其表现出来的价值也各不一样，在此考察两种具有典型意义的观点。

第一种观点是把实践和人的意识活动混为一谈，从而把实践当作人的一种意识活动。中国明代的王守仁提出“知行合一”说，不但主张“知”（意识活动）和“行”（实践活动）不可分离，而且认为“知是行的主意，行是知的工夫。知是行之始，行是知之成”，甚至提出了“行”就等于“知”，“知”也等于“行”的观点，他说：“行之明觉精察处便是知，知之真切笃实处便是行”，“一念发动处，便即行了。”换言之，凡是意识之真切，情感之发动，意志之决断都是实践。显然，这是一种把“行”归入“知”，把实践消融在意识活动中的主观唯心主义的实践观，王守仁在具体论述“知”与“行”关系时虽不无可取之处，但这种“知行等同论”的逻辑，实际上取消了意识活动及认识和实践的关系。类似的观点在西方哲学史上也很普遍和流行，如不少的唯意志论者、反理性主义者都强调实践、行动的重要性，而他们所谓的实践、行动与他们所讲的意识、认识活动是直接统一的，都是主体的情感、意志的活动。也正因为如此，他们往往把与情感、意志相关的道德、艺术等当作实践的主要内容。

第二种观点是把实践看作“绝对理念”或“绝对观念”的精神活动，形成了客观唯心主义的实践观念。黑格尔的实践观就是这种观点的典型。黑格尔把实践看作达到真理的整个认识过程的一个环节，认为人要从主观的观念，经过实践（和技术），才能走向“绝对观念”即客观真理。人们在认识真理的过程中，一方面要用客观存在的观念克服理念的片面性和主观性；另一方面要用实践观念克服客观观念的片面性，依靠主观的内在本性对杂乱的客观事实加以整理和改造。前者属于理论理念，后者属于实践理念。“绝对观念”就是理论和实践的统一。只有通过实践，才能扬弃主观和客观的对立，才能克服认识的主观性，使之成为“完全的客观性”，达到客观真理。可见，黑格尔所说的实践是绝对观念的精神活动。当然，只要剥去黑格尔哲学的神秘外衣，就能发现其中的丰富内涵。列宁指出：“当马克思把实践的标准列入认识论时，他的观点是直接和黑格尔接近的。”① 可以说，马克思在揭示实践范畴

---

① 列宁：《列宁全集》第38卷，人民出版社1986年版，第228页。

的本质时，同黑格尔一样是以主观和客观的辩证关系为轴心的，而与黑格尔不同甚至相反的是马克思始终将其建立在唯物主义的坚实基础之上。

形而上学唯物主义者在反对唯心主义的斗争中，常用实践论证物质世界的客观实在性。但他们把实践仅局限于人们的饮食起居之类的日常生活，把实践归纳为生物学意义上的生物应付环境的本能活动。费尔巴哈把实践的总和当作认识的基础，这些无疑是值得肯定的。但费尔巴哈有时把实践说成是一种理论活动，有时把实践看成是吃穿住用、经商谋利的活动，因此，他并不了解实践活动的本质内涵。这也是西方哲学发展史上旧唯物主义者的共性。

以往的哲学都没有对实践作出科学的解释，有其深刻的原因。从认识论根源讲，马克思列宁主义以前的时代，生产规模比较狭小，科学技术不够发达，从而在一定程度上限制了人们的眼界，致使人们不可能全面地理解、把握社会实践及其意义。从阶级根源讲，马克思主义以前的哲学所体现和代表的是剥削阶级、统治阶级的世界观，而由于其阶级的偏见和阶级的局限性，致使他们在一定程度上脱离了生产劳动，甚至鄙视、贬低广大人民的实践活动，因此，他们不可能揭示出实践的本质，没有对实践范畴作出科学的解释。从实践发展的水平和实践活动所具有的矛盾本性看，一方面，实践是人类所特有的活动，而人是有意识、有意志、有理性的，实践活动中必然含有人的目的性、意志性、理性等主观因素，这对于人同对象之间的相互作用有着重大的影响；另一方面，实践又具有客观的物质性，它不能超越一定的物质手段和历史条件，否则它就不能成为满足人的需要的现实对象性活动。正是实践的矛盾二重性，致使马克思主义以前的许多思想家、哲学家感到迷惑不解。

二、马克思主义哲学实践范畴研究现状及评析

马克思和恩格斯圆满地完成了对实践范畴作出科学规定，并进一步建立完整而系统的科学实践观的历史使命。由于他们对实践本质的规定和论述散见于众多的经典著作之中，导致人们对其实践（劳动）理论，没有全面而系统地理解，更没有建构起完整形态的马克思主义哲学的实践理论。

通过搜集和整理，笔者发现散见在各种马克思主义哲学教材、论著、论文中的，有一定代表性的实践定义不下50种。其中较为典型的有：①实践是人们对客观世界的改造活动或改造物质世界的客观活动。②实践是人们有目的、有计划、自觉地改造世界的活动。③实践是人们自由自觉地、有意识地改造现实事物的合目的的活动。④实践是社会的人运用一定的工具改造客观事物的现实的、能动的、感性的物质活动。⑤实践是人们驾驭、掌握和改造自然及社会的特殊活动方式。⑥实践是主观见之于客观的社会活动。⑦实践

是主体和客体之间的一种实际的相互作用，是主体、客体之间的物质、能量和信息交换过程。⑧实践是人的本质力量现实对象化的过程。⑨实践是认识、意识、观念、思维活动之外的一切人的活动。可以说，它们都有各自的根据和理由，也都有各自的某些可取的合理之处，甚至有的定义已经非常接近马克思对“实践”的界说。但也不能否认其偏颇之处，为了分析方便，将对“实践”的定义归纳为四类，阐明其合理性与不足：

第一，从人的实践活动同一般动物的活动的区别，以及实践活动与意识活动、观念活动、理性活动的区别角度规定实践，如大多数定义都给出了实践活动具有物质性、客观性、现实性、能动性、目的性、历史性等特征。显然，这些特征是人的实践活动所具有的，对于我们把握实践的内涵、本质，无疑有其积极意义。但是，仅从实践活动的特征方面定义实践，是不能完整而贴切地揭示出实践的本质之所在的。这是因为，实践的特征和本质是有区别的，特征仅是本质的表现，但不是本质，反之亦然，如果二者“会直接地合二为一，一切科学就都成为多余的了”①。

第二，从“变革和改造”世界的角度揭示实践的本质，进而界定实践的范畴。它的合理性在于突出了实践活动的主导功能和形态。但其缺陷也很明显：一方面忽视了实践活动对人自身、人的内在世界的“改造和变革”功能，即对实践范畴的规定往往把改造主体自身的活动以及在改造客观世界的过程中，实践活动对主体——人自身的“改造”作用排除在实践之外；另一方面忽视了非直接改造客观世界的活动，即将根据一定的理论目的和背景知识，探索外部世界的科技实践活动排除在实践之外。因此，这类实践规定仅抓住了实践活动的基本类型和主导功能，而未揭示出实践活动的全部类型和所有功能。

第三，从实践者，即人，主体方面揭示实践活动的过程和功能，而忽视了从客观世界、客体方面规定实践的实质。这固然可以突出和强调实践者——主体的能动性及在整个实践活动中的主体性地位，但若忽视了实践客体——客观世界的规定性和在实践中的巨大作用，就不可能确切、完整地揭示人的实践活动的本质。事实上，在整个实践活动的过程中，实践客体并不仅是纯粹承受主体能动力量的被动的“客体”，在其现实性上，实践主体和实践客体通过一定的手段、途径和方式，始终是相互依存、相互规定、相互制约和相互转化的。因此，在实践活动过程中，主体和客体之间不可能只是改造和被改造、作用和被作用、实践和被实践的“单向式”的关系和过程，而是一种作用与反作用、改造与“反改造”、征服与“反征服”的相互创造、

① 马克思、恩格斯：《马克思恩格斯全集》第25卷，人民出版社1974年版，第923页。

共同进化的能动过程。换言之，实践主体和实践客体的关系始终是双向式的、相互的、共存共生的关系，因此，“单向式”地规定实践范畴是片面的。

第四，实践的定义已经比较接近于揭示实践的本质内涵，如把实践规定为“主体和客体之间的实际的相互作用”的过程，其基本思路是比较可取的，但问题在于这类定义没有进一步揭示出实践是一种什么性质、怎样的相互作用。这是因为，人类的所有活动都可以看作主体和客体的实际的相互作用，甚至一般动物和周围环境的关系也可以看作一种实在的相互作用的活动。显然，这类实践规定太宽泛了。

有鉴于此，笔者拟在分析和汲取上述定义合理性的基础上，比较全面、系统地概括马克思主义哲学的科学实践范畴。

三、马克思主义实践范畴的科学规定

马克思和恩格斯在批判唯心主义和旧唯物主义时指出：“从前的一切唯物主义（包括费尔巴哈的唯物主义）的主要缺点是：对对象、现实、感性，只是从客体或者直观的形式去理解，而不是把它们当作感性的人的活动，当作实践去理解，不是从主体方面去理解。因此，和唯物主义相反，唯心主义却把能动的方面抽象地发展了，当然，唯心主义是不知道现实的、感性的活动本身的。”① 在此，马克思和恩格斯既批判唯心主义只是从人的、主体的，而不是同时从客体的、物的方面理解现实的感性世界的错误，又批判了旧唯物主义只是从物的、客体的，而不是同时从人的、主体的方面理解感性世界的片面性。因此，旧唯物主义和唯心主义在理解感性世界、实践等问题上各执一端。马克思和恩格斯既主张从人的、主体的方面，又主张从物的、客体的方面把握感性世界，也主张从这两个方面理解创造感性世界的人的实践。换言之，从人和世界、主体和客体的相互关系、相互作用的“双向式”统一角度，剖析实践的本质并对实践范畴作出系统而全面的规定是马克思主义的应有之义。

不仅如此，这也是在实践问题上做到了既坚持唯物主义的基本原则，又体现了辩证法的思想，是唯物主义和辩证法的统一。这是因为，一方面，实践活动绝不是人的孤零零的封闭式的“自我活动”，而是以客观世界为基础的。这个现实存在的客观世界不但构成了实践活动的对象，为人们的实践活动提供了无限广阔的物质舞台，而且也为实践活动提供了活动主体。从一定意义讲，人本身就是一种特殊的存在物，并且实践活动也不仅是主体力量的发挥过程，同时也是客体力量的利用过程。因此决不能把实践看作可以脱离

① 马克思、恩格斯：《马克思恩格斯文集》第1卷，人民出版社2009年版，第499页。

物质世界纯粹的主体性的一种活动，是唯物主义的基本要求。另一方面，实践活动所要解决的是人和世界的关系问题，在实践过程中，虽然世界现实存在着，客观世界的规律总是这样或那样地规定着实践者的活动，但作为现实的世界并不是主动地呈现给主体的，“物自体”也不会自动地转化为实践的对象，实践活动的方向、方式、方法、程序等在其主导方面是由实践者决定的。在实践活动的产生、展开的整个过程中，人始终是发动者、控制者和操纵者。因此，在揭示实践的本质时，如果只见“物”而不见“人”，只看到客观世界和外部环境在决定着人，而看不到实际活动着的人也在规定着客观世界和外部环境，也无法达到实践活动的目的，是与辩证法思想相悖的。

从人和世界、主体和客体的相互关系角度，揭示实践的本质、规定实践范畴，是由实践本身的特质所决定的。实践是用来标志人们掌握对象世界的一个中介性的关系范畴，而事物的本质正是通过相互关系才得到确证和显示的。黑格尔说：“凡一切实在的事物都存在于关系中，而这种关系乃是每一实存的真实性质”，“关系就是自身联系与他物联系的统一。”[①] 恩格斯也说，我们的世界“是一幅由种种联系和相互作用无穷无尽地交织起来的画面”[②]，“要真正地认识事物，就必须把握、研究它的一切方面、一切联系的‘中介’。”[③] 因此，如果说实践主体和实践客体的本质，是在实践活动的相互关系中才获得各自的观定性的话，那么实践自身的本质属性，则只有通过实践主体和客体的相互关系才能得以确证和揭示。

马克思主义经典作家从人和世界、主体和客体的“双向式”相互作用的过程，对实践范畴做过许多论述。一方面，他们把实践看作人类有目的地、能动地改造和探索客观世界的社会性的客观物质活动。马克思说：“社会生活在本质上是实践的”，而“环境的改变和人的活动的一致，只能被看作是并合理地理解为革命的实践”[④]。列宁认为，主体和客体、精神和物质的“交错点=人的和人类历史的实践”[⑤]。毛泽东则把实践简要地表述为“主观见之于客观的东西”[⑥]。另一方面，马克思主义经典作家也强调实践是世界作用于人、客体对主体发生作用，从而使人、主体自身得到改造的客观物质活动。恩格斯说，人的实践“所引起的自然界的变化，而不单独是自然界本身；人的智力

① 黑格尔：《小逻辑》，贺麟译，商务印书馆 1980 年版，第 281 页。
② 马克思、恩格斯：《马克思恩格斯选集》第 3 卷，人民出版社 1972 年版，第 61 页。
③ 列宁：《列宁选集》第 4 卷，人民出版社 1960 年版，第 453 页。
④ 马克思、恩格斯：《马克思恩斯选集》第 1 卷，人民出版社 1972 年版，第 17-18 页。
⑤ 列宁：《列宁全集》第 38 卷，人民出版社 1986 年版，第 310 页。
⑥ 毛泽东：《毛泽东选集》第 2 卷，人民出版社 1991 年版，第 445 页。

是按照人如何学会改变自然界而发展的"①。在马克思看来，正是"物物交换"的实践，人的"各种各样的才能和活动方式可以相互补益"②，人作为一种实践创造着的人"自己的劳动的结果"③的、有意识的存在物，他不仅按自己的本质力构造对象世界，而且在构造对象世界的实践中现实地塑造自身，"当他通过这种运动（即实践——作者注）作用于他身外的自然改变自然时，也就同时改变了他自身的自然"④，像"人的感觉、感觉中的人类性——都只是由于相应的对象的存在……才产生出来的。五官感觉的形成是以往全部世界史的产物"⑤。这就是说，人在实践中，在改造外部世界的同时，也改造着自身；人在创造和更新外部世界的同时也创造和更新着内在的人的世界；人在不断地把自身的本质力量对象化为外部世界的同时，也在不断地充实和更新着人自身的本质力量。

总之，人类有目的地、能动地改造和探索现实世界，同时又创造和更新自身内在世界的客观物质活动，或人和自然、主体和客体之间能动而现实地，既改造客观世界又改造主观世界的双向对象化的客观物质活动，就是马克思主义哲学对实践范畴的科学规定。

第二节　论内在实践和外在实践

历代哲学，无论是唯物主义还是唯心主义，都有人运用实践范畴。但在不同的哲学派别或同一派别的不同人那里，对实践范畴的理解是迥然有别的。在马克思主义哲学产生以前的很长一段时间里，哲学家们始终没有对它作出正确的理解和划分，因而对实践范畴进行科学规定和划分的神圣哲学使命落到了马克思和恩格斯的肩上。同时应看到，马克思和恩格斯对实践的规定和划分的有关论述，是分散并贯穿于其众多的经典著作中的，致使马克思和恩格斯之后的传统哲学难以对它进行全面而系统的整理和分析，"我们也不能不看到这样的事实：人们并没有全面而系统地整理过马克思的实践（劳动）理论，也没有建构起马克思主义哲学的完整形态的实践理论"⑥。基于此，笔者拟在分析传统实践观误区的基础上，根据人和自然界、人和社会及人和自身的相互关系，将实践划分为内在实践和外在实践，并探讨两种实践的关系

① 马克思、恩格斯：《马克思恩格斯全集》第3卷，人民出版社1960年版，第551页。
② 马克思：《1844年经济学哲学手稿》，人民出版社1985年版，第101页。
③ 马克思：《1844年经济学哲学手稿》，人民出版社1985年版，第116页。
④ 马克思、恩格斯：《马克思恩格斯全集》第23卷，人民出版社1972年版，第202页。
⑤ 马克思：《1844年经济学哲学手稿》，人民出版社1985年版，第79页。
⑥ 王永昌：《实践活动论》，中国人民大学出版社1992年版，第86页。

及其对物质文明和精神文明建设的重大意义①。

一、内在实践和外在实践划分的缘起

传统实践观认为，要把握实践范畴，必须从主体和客体、主观和客观的对立统一中理解，实践既是主体和客体、主观和客观对立的基础，又是使对立双方联系起来的桥梁，是人类为了自己的生存和发展所进行的能动地改造世界的一切社会性的客观物质活动②。实际上，对实践范畴的这种规定，主要是着眼于人与（广义）自然界的对立统一关系；在直观上，只是强调了人和自然界的关系，而没有突出或有意无意地忽视人与人在自然界长期发展中客观实在的关系，由此导致了众多哲学问题的产生。

在本体论上，导致将“自在自为”的自然界作为哲学的唯一最高研究对象，并将人和自然界相分离，过分强调自然界的实在性、自然规律的客观性，表现出以“自在自为”之“物”为中心的本体论倾向，严重地忽略了“人”作为自然界最高产物的“客观实体”所必然具有的人自身固有的本体论意义。这一问题到目前为止，在学术界已经开始引起人们的注意。

在认识论上，导致了只对“自在自为”的自然界的反映，揭示出的都是这一对象所固有的客观的规律，过分要求人的认识必须与这些客观实在及其规律相符合、相一致。尽管也强调实践的能动作用，但是它总是处于第二位上，处于服从和被动的地位；并且在认识论上不注重研究“人工自然物”及“人对新的客观实在的创造”等，把人对自然界的创造问题排斥在哲学认识论之外。近几年，学术界对“人工自然”的研究活动正在从一个全新的角度解决这些问题。

从方法论和价值论角度看，传统实践哲学“只是从经验（知觉）与实在的关系或者理性与实在的关系去探讨实在、把握实在，实际上是以纯认识的方法去研究实在”③，换言之，传统实践哲学在方法论上仅是认识实在，而不是既认识实在又创造新的实在；并且在价值观上只着眼于物的使用价值，忽视人的内在价值，在一定意义上过分强调物质文明的作用，忽视精神文明的作用，看不到人自身在科学问题的发现、形成、提出、解答，以及对科学概念的概括、科学规律的表征、科学体系的建构等活动中的重大作用和巨大价值。

---

① 刘冠军：《论内在实践和外在实践——从实践视角看两种文明的协调发展》，《天津师大学报》1997年第3期。

② 李秀林等：《辩证唯物主义和历史唯物主义原理》，中国人民大学出版社1990年版，第231页。

③ 李伯聪：《我造物故我在》，《自然辩证法研究》1993年第12期。

针对传统实践哲学所出现的种种问题，新的实践哲学研究应当从以“自在自为”的自然界为中心的本体论，转向以“自然界—人”系统为中心的本体论，从只是反映自然界、符合自然规律的认识论，转向既认识自然界及其规律又体现造物、用物和享物的认识论，从仅是认识实在的方法论转向既认识又创新实在的方法论，以及从追求以“物性”为特征的外在价值论转向以“人性”为特征的内在价值论。新的实践哲学转向的实现，关键是重新认识“实践”的基础范畴，不仅从人和自然界的关系中把握实践的内涵，而且还应从人和人自身的对立统一中把握实践范畴，因此实践被划分为内在实践和外在实践。

二、内在实践和外在实践划分的经典考证、思想内涵及深刻意蕴

马克思在《1844 年经济学哲学手稿》中，在批判分析黑格尔的“现象学”时，就将“观察”这种实践活动方式划分为“对自然界和自我意识的观察”，并且认为“理性的自我意识通过自身来实现”，是达到“快乐和必然性”及“心的规律”的途径[①]。由此可见，马克思在此已将观察这种实践划分为：对自然界（外部世界）的观察和对人自身（内部世界）的“必然性”或“心的规律”的观察。马克思在早期著作中不止一次地将人的认识活动区分为“意识和自我意识”，并把“意识”看作人对自然界的认识，而“自我意识”是人对其自身的必然性和心的规律的认识，等等。正是基于此，马克思将实践以人自身为中介划分为内在实践和外在实践，换言之，内在实践和外在实践的划分是马克思主义的应有之义。

同时，马克思之所以多次强调：“不仅客体方面，而且主体方面，都是生产（实践——作者所加）所生产的”，“生产（实践）不仅为主体生产对象，而且也为对象生产主体”[②]。正是因为实践是外在实践和内在实践的统一，即正是外在实践的作用才使得人类在不断地创造着规模越来越大、物质文明程度越来越高的对象世界；同时，也正是因为内在实践的作用，才使得人类不断地创生着内涵越来越丰富、精神文明程度越来越高的人的自身世界。简而言之，外在实践创造了感性的外部世界，而内在实践创生了人自身的内在世界。

通过考证分析马克思主义经典作家的有关论述，我们不难揭示出内在实践和外在实践的含义。外在实践是主体和客体、人和外部自然界的“交错点”[③]，

① 马克思、恩格斯：《马克思恩格斯全集》第 42 卷，人民出版社 1979 年版，第 159-160 页。

② 马克思、恩格斯：《马克思恩格斯选集》第 2 卷，人民出版社 1972 年版，第 95 页。

③ 列宁：《列宁全集》第 38 卷，人民出版社 1986 年版，第 310 页。

是“主观见之于客观的东西”①，即外在实践是基于人和自然界的关系或人和外部世界的关系所建立的实践关系，表现为人们认识、改造外部世界的客观物质性的生产实践活动、科学技术实践活动和社会关系实践活动，体现了自然界的“人化”，创造了以“物质文明”为特征的人工自然界或人化自然界。与此同时，马克思指出，在“强烈追求自己的对象的本质力量”的同时，“人不仅仅是自然存在物，而且是人的自然存在物，……他必须既在自己的存在中也在自己的知识中确证并表现自身……正像一切自然物必须产生一样，人也有自己的产生活动即历史”②，马克思继续说：“对意识所以有肯定的意义，是由于意识把自身外化了，因为意识在这种外化中知道自己就是对象，或者说，由于自为的存在的不可分割的统一性而知道对象就是它自身……意识既扬弃这种外化和对象性，也同样地返回到自身。”③ 因此“把人对自身关系”“把劳动理解为人的自我产生的行动”④，这里的“劳动”即实践。所以说，内在实践是基于人与人自身的客观存在物之间的关系所建立的实践关系，表现为人们认识人自身的内心世界和改造人的内心世界的客观活动（包括科学活动和社会关系活动），体现为人的“心化”，创生了以“精神文明”为特征的灵魂或“心智”客体。

三、内在实践和外在实践的比较分析

从实践的目的、内容、形式、作用和效果看，外在实践和内在实践有着诸种不同。

从实践的目的看，实践是人对环境的认识和改造的过程，而环境既包括自然生态等“硬环境”，又包括社会心理等“软环境”。外在实践目的在于认识和改造硬环境，以获取满足人认识、改造硬环境的欲望的目的；而内在实践的目的则在于认识、改造软环境，以满足人们认识、改造软环境的欲望和要求。传统实践观对外在实践的目的强调有余，而对内在实践的目的重视不足。

从实践的内容看，实践既包括认识、改造外部世界的活动，也包括认识、改造内在世界的活动，二者是相互联系、相辅相成的。前者体现了外在实践的内容，后者则是内在实践内容的体现。因此，内在实践和外在实践在内容上是相辅相成的。在这方面，传统的实践哲学往往过分强调外在实践，着眼

① 毛泽东：《毛泽东选集》第2卷，人民出版社1991年版，第445页。
② 马克思、恩格斯：《马克思恩格斯全集》第42卷，人民出版社1979年版，第169页。
③ 马克思、恩格斯：《马克思恩格斯全集》第42卷，人民出版社1979年版，第170页。
④ 马克思、恩格斯：《马克思恩格斯全集》第42卷，人民出版社1979年版，第175页。

于硬环境，追求“物性”的变化，获取使用价值，而忽视内在实践，且将内在实践动辄冠以“唯心”之名，排斥在实践范畴之外，造成对软环境的忽视，以及对精神文明及其价值的忽视。

从实践的形式和作用看，外在实践表现为一种“显形”的社会性的客观物质活动，创造了“显化”的“人工自然物”；而内在实践则表现为一种“潜形”的心智创造的社会实践活动。这种潜形的内在实践活动是伴随有形的外在实践活动而不断进行着的，并且逐渐成为一种相对独立的实践形式，在人类心智的进化过程中表现出来并发挥作用。正是内在实践的潜在形式及其发挥作用的特点，致使传统哲学对它的忽视，而内在实践的提出，为人们“对心的本质、心理和行为、心理过程和大脑过程的关系等本体论问题的研究”① 奠定了“客观”基础。

从实践作用的发挥程度看，既然实践既包括认识、改造外部世界的活动，也包括认识、改造内在世界的活动，那么内在实践在认识和改造内心世界的过程中发挥的作用，与外在实践认识和改造外部世界的过程中发挥的作用，至少具有同等重要的地位，而且随着科学技术的发展和人的心智及人的内在价值在实践中的地位的提高，内在实践的作用越来越引起人们的重视，人们已经越来越注重研究心智的创生，和人的内在价值在社会的经济、文化、道德等方面所发挥着的越来越大的作用，以及与此相关联的内在实践的作用。

从实践的效果看，外在实践的结果表现为人和外部世界的相互作用的产物，即人工自然物或人化世界。而内在实践的结果则表现为人和人自身相互作用的产物，即人的心智创生和情感、意志、理性的上升，二者是相辅相成的。人的情感、意志、理性的上升及心智的创生，为人工自然物的创造提供了前提，奠定了基础；而人工自然物的创造在一定意义上，认证和促进了人的心智的创生和人的情感、意志、理性的上升。如果忽视内在实践，缺少人的心智的创生和情感、意志、理性的上升，而过分追求人工自然物的创造，必然导致“见物不见人”的“拜物教”倾向；反之，如果忽视外在实践，缺少人工自然物的创造，让人们只讲理智而杜绝情欲，无视人的基本需要而将人“神化”，也只能是“神话”。

总之，内在实践和外在实践在诸多方面表现出差异，但以“心智创生”为特征的内在实践和以“自然界人化”为特征的外在实践，是实践的两种不同的形式，二者是相辅相成的。

---

① 高新民：《他心知问题：一个不应被冷落的认识论领域》，《哲学研究》1996 年第 11 期。

四、内在实践和外在实践的系统整合

内在实践和外在实践共同创造了人类的文明。外在实践侧重于物质文明的创造，而内在实践侧重于精神文明的创生。不管是物质文明还是精神文明，都是以人类心智的创生为特征的内在实践，和以自然界的人化为特征的外在实践共同整合渗透的结果。

（一）真理、规律的发现和利用是内在实践和外在实践共同整合的结果

从本体论的角度讲，真理、规律是自在自为自然界本身所固有的属性；而从认识论的角度看，凡真理、规律都是人们对客观规律、客观真理的反映，它的发现、提出和利用，一方面体现了人和自然界相互作用的关系，即外在实践的关系。换言之，在外在实践的过程中，客观的外界自然物的客观属性进入人的思维器官，为真理、规律的发现、提出和利用提供了素材和加工的原料，体现了在人的自然化过程中实现的自然界的人化，使自然界成为人的“无机身体”和“精神的无机身体”。另一方面，真理、规律的发现、提出和利用，又体现了人和人自身的矛盾关系，即内在实践关系。在内在实践的过程中，人自身接受到的自然界的客观属性成为人的一部分，通过理性的自觉、意志的自律和感情的自主，并以概念、判断和理论体系的形式提出规律和运用规律。“思维实验”或“思想实验”便是内在实践最典型的形式①。因此，任何真理、规律的发现、提出和利用都是内在实践和外在实践共同整合的结果，不以内在实践为前提的外在实践必然陷入“自然主义”，而不以外在实践为基础的内在实践必然陷入“理想主义”。事实上，在科学发展的历史上，从伽利略的惯性原理到牛顿的运动定律，再到爱因斯坦的相对性理论的发现、提出和利用，无一不是内在实践和外在实践共同整合的结果，没有与外在实践相适应的内在实践或者没有与内在实践相适应的外在实践，这些规律的发现、提出和利用是不可能的，并且随着科学的发展，内在实践的作用显得越来越突出和越来越重要。

（二）价值实体的创造和形成是内在实践和外在实践共同整合的结晶

从哲学角度讲，价值是事物对人的需要而言的某种有用性，离开了人，价值是无意义的。价值体现了人与物的双向运动。而在传统的哲学中，往往强调“物对人”的关系，突出了“物的效用使它成为一个使用价值”② 的特征，而忽视“人对物”的关系。事实上，任何价值实体都是价值和使用价值的统一体，这在马克思的《资本论》中得到了具体的揭示。价值实质上是内

---

① 刘端直：《论思维实验》，《科学技术与辩证法》1995 年第 2 期。

② 马克思：《资本论》第 1 卷，人民出版社 1975 年版，第 43 页。

在价值，而使用价值则是外在价值。从实践的角度讲，人的内在实践创造了内在价值，外在实践发现和揭示了外在价值。任何价值实体都是内在实践和外在实践整合的产物，正如马克思所说的，人们通过外在实践征服、支配自然界，并“在对自身有用的形式上占有自然界”①，从而使自然物表现为以“使用性”为特征的外在价值；同时，“人的运动（即内在实践——作者注）作用于他身外的自然并改变自然时，也就同时改变着他自身的自然”②，形成了以道德、精神文明为本质特征的内在价值。而外在实践和内在实践的整合，使人们“在他创造的世界（既包括外部世界也包括人的内在世界——作者注）中直观自身”③，实现自身，进而实现了人的内在价值和外在价值的统一，创造了物质文明和精神文明相统一的客观世界。

进一步讲，在价值实体形成的过程中，一方面，人们通过外在实践与自然界打交道，发现、利用自然物的效用，形成了该自然物对人而言的使用价值，即发现了外在价值；另一方面，该自然物效用的发现、利用是与人们的心智发展水平和创生程度密切联系在一起的，心智发展水平和创生程度决定着该自然物效用的发现、利用水平和程度，换言之，它是由内在实践的水平决定的，并且伴随内在实践水平的提高，可以发现和利用该自然物更多、更有效的使用价值，同时使该自然物作为价值实体具有了人的内在价值。事实上，市场经济社会中商品的交换价值（表现为价格），从一般意义上讲，归根到底是由内在实践所创造并由内在价值所决定的，换言之，商品的交换价值是一般意义上的内在价值在市场经济社会中的具体体现。

（三）任何美的事物反映内在实践的意义和外在实践的作用

任何美的事物及其规律的发现、评价和利用是内在实践和外在实践整合的结果，并且在更大的程度上反映了内在实践的意义和作用。一方面，任何事物的美，首先取决于该事物自身的客观的美，而这种客观的美是人通过与该事物的交往，即在外在实践的过程中发现、评价和利用的，反映了在发现、评价和利用美的事物及其规律的过程中外在实践的作用。另一方面，对美的事物及其规律的认识和利用是与内在实践水平密切相连的，取决于内在实践的水平，只有在内在实践水平和外在实践水平相当，二者发生共振、整合时，客观的美的事物及其规律才能在主观上产生美的快感和愉悦，在人的心灵深处产生美的享受，从而人的心智在美的方面有新的创生。因此，马克思说：“动物只是按照它所属的那个种的尺度和需要来建造，而人却懂得按照任何一

① 马克思：《资本论》第1卷，人民出版社1975年版，第202页。
② 马克思：《资本论》第1卷，人民出版社1975年版，第202页。
③ 马克思、恩格斯：《马克思恩格斯全集》第42卷，人民出版社1979年版，第97页。

个种的尺度来进行生产，并且懂得怎样处处都把内在的尺度运用到对象上去，因此，他按照美的规律来建造。"① 否则，客观事物再美，若没有人的内在实践水平的提高以及与此内在实践相适应的“内在尺度”，也不能发现这种美及其规律。

综上所述，真、善、美的统一，物质文明和精神文明的协调发展，是内在实践和外在实践共同整合的结果。如果只强调外在实践而忽视内在实践，必然导致对物质文明的片面追求而忽视精神文明的建设；同样，如果只强调内在实践而忽视外在实践，则必然陷入片面追求“精神文明”而忽视物质文明的建设。因此，对内在实践和外在实践的划分以及对二者辩证关系的探讨，无论是在理论上还是在实际中，都具有重大的意义。

第三节　劳动范畴的内涵界定和本质特征

作为人类本质活动的劳动，是人类社会存在和发展的基础，也是人的全面而自由发展的基础。马克思在劳动发展史中找到了理解人类史和社会史的钥匙，在劳动的基础上发现了两个重要的理论成果——唯物史观和剩余价值理论，所以马克思把劳动比喻为整个社会都在围绕其旋转的“太阳”②。然而，长期以来，劳动的基础性地位没有得到真正地体现，而且在对劳动内涵的理解和认识上也存在着严重的分歧。所以，加强对劳动这个重要范畴的认识论研究，科学地揭示劳动的内涵，就成为摆在广大理论工作者面前的一项重要任务。因此，笔者曾与合作者一起从哲学认识论层面对劳动的内涵③，及其本质特征④进行过专题性研究。在此，笔者将其作为思想政治理论研究的内容作进一步的系统性阐述。

一、理论界关于劳动范畴内涵的各种界说及评析

通过较为全面而系统地搜集和整理，笔者发现，目前理论界对劳动的界定有几十种，具有代表性的定义就有二十多种。为了分析的方便，我们从中选取具有代表性的几种并根据其侧重归纳如下：①人与自然物质改造说：劳动是劳动力的使用或消费。劳动是人以自身的活动引起、调整和控制人和自

① 马克思、恩格斯：《马克思恩格斯全集》第42卷，人民出版社1979年版，第97页。

② 马克思、恩格斯：《马克思恩格斯全集》第18卷，人民出版社1964年版，第627页。

③ 朱其永、刘冠军：《劳动之内涵的认识论新探》，《山东农业大学学报（社会科学版）》2006年第2期。

④ 朱永其、刘冠军：《劳动之本质特征的认识论新探》，《聊城大学学报（社会科学版）》2006年第3期。

然之间的物质变换的过程，是人通过有目的的活动改变自然物[①]。②双重改造说：劳动是人类特有的基本的社会实践活动。劳动是人类凭借工具改造自然物，使之适合自己的需要，同时改造人自身的有目的的活动[②]。③双重关系说：劳动是人类有目的地改造自然并获取物质资料的活动。它是人类特有的最基本的社会实践活动，体现着人与自然之间和人与人之间两方面关系的统一[③]。④主体活动说：劳动是人们改变劳动对象使之适合自己需要的有目的的活动，即劳动力的支出或使用[④]。⑤普通生产要素说：劳动是指人类在生产财富中所提供的有价值的服务（不是积累和提供资本，也不是承担经营企业的风险）。劳动包括体力劳动者提供的服务，也包括其他类型的服务[⑤]。⑥整体说：劳动是人们使用工具改造自然物，使之适合自己需要的有目的的活动，即劳动力的使用或消费[⑥]。⑦综合说：劳动是劳动力的使用或消费，是人们使用劳动工具以改变自然物质使之适合自己需要的有目的的活动，是人以自身的活动引起、调整和控制人和自然之间的物质变换的过程[⑦]。

综合起来看，以上对劳动的界定有许多值得借鉴的合理之处，主要体现在五个方面：第一，在劳动的起点和依据方面，认识到了劳动的一个主要特征——合目的性。第二，在劳动的主客体方面，把人和自然分别置于劳动的主体和客体地位，从而把劳动看作处理人与自然之间关系的物质变换过程。这就认识到了最原初同时也是最基本的人类劳动——物质生产劳动。第三，有的学者还认识到了人本身在一定程度上的客体性，这就包含着把处理人与人关系的活动当作劳动的萌芽。第四，在劳动活动涉及的要素方面，认识到了劳动的进行需要多种实体性要素（劳动的硬件）参加。第五，从劳动的结果看，大都看到并突出强调了劳动使自然发生有利于人的变化方面，从而把劳动结果和主体需要、劳动目的等联系起来，强调了劳动的效用性。

但对劳动本身的矛盾性特征处理方面，以上对劳动的界定也存在一定的偏颇之处，主要表现在：第一，过分强调了劳动的合目的性而对劳动的合规律性强调不足，不能很好地把劳动的合目的性与合规律性有机统一起来，夸大了人的自觉能动性从而容易把劳动理解为纯目的性的意志活动。有的已经

---

① 许涤新：《政治经济学辞典》，人民出版社 1980 年版，第 104 页。

② 冯契：《哲学大辞典 · 马克思主义哲学卷》，上海辞书出版社 1990 年版，第 437 页。

③ 李淮春：《马克思主义哲学全书》，中国人民大学出版社 1996 年版，第 347 页。

④ 辞海编辑委员会：《辞海》，上海辞书出版社 1989 年版，第 4259 页。

⑤ 《简明不列颠百科全书》编辑部译编：《简明不列颠百科全书》第 5 卷，中国大百科全书出版社 1986 年版，第 131 页。

⑥ 高清海：《文史哲百科辞典》，吉林大学出版社 1988 年版，第 340 页。

⑦ 许征帆：《马克思主义辞典》，吉林大学出版社 1987 年版，第 547 页。

意识到两者是统一的，但由于没有找到统一的基础和二者之间的基点和平衡点，所以只能达到口头的外在的统一而非内在的现实的统一。第二，重劳动的人与自然的关系方面而轻人与社会的关系方面。大部分观点自觉或不自觉地缩小了劳动对象的范围，把劳动对象局限于自然物或自然界，结果造成了对劳动的过窄理解。由于把劳动对象狭窄地理解为自然界，所以造成重劳动的人与自然的关系方面，轻人与人的关系方面。第三，重劳动的要素而轻劳动的组合，重劳动的硬要素而轻劳动的软要素。理论界在界定劳动时多意识到劳动需要多种因素的共同参与，但对劳动的结构（技术性结构和社会性结构）缺乏研究，具体表现为缺乏对劳动要素的比例、组合、结构的分析，进而忽视了劳动分工、劳动协作、劳动管理以及劳动关系。同时，对劳动的要素而言，强调了看得见、摸得着的实体性要素，对一些软要素强调不足。第四，重自然的人化方面而轻人的自然化方面。由于对人的自然化和主体素质的提高方面强调不够，劳动似乎永远与直接效用性、功利性联系在一起，劳动所应有的人文维度丧失了。这样的劳动观难免造成人与自然的失调，引发资源危机和环境危机，造成人的物欲恶性膨胀从而得不到全面协调可持续的发展。

二、劳动范畴的定义及内涵分析

综合理论界对劳动范畴内涵界定的各种学说，汲取各种学说的合理之处，不妨从马克思主义认识论层面将“劳动”定义为：在一定社会环境中，在依据客观规律和主体需要而确立的合理目的制约下，作为劳动主体的人按照某种方式结合起来，利用人自身的劳动力和已掌握的劳动资料，对特定客体进行直接或间接的改造或服务，从而既创造出具有某种效用性的有形或无形产品又不断提升自己素质的活动过程。劳动范畴的内涵规定，从系统的要素构成维度进行分析，包括六个方面的内容。

（一）劳动的主体

作为劳动过程中具有自主性和能动性的因素，劳动的主体是指具有一定劳动能力并且按照一定方式组织起来的，在特定劳动目的的指导下活动起来的人。劳动主体参与劳动的方式是多种多样的，既可以是直接地参与劳动过程，也可以是间接地参与劳动过程。劳动主体有其特定的能力结构和社会结构。劳动主体的能力结构是由“人本身的自然力”、智力技能因素和精神动力因素等构成的；而劳动主体的社会结构是指，作为劳动主体的人不仅以个体的自然人形式存在，而且作为按照特定方式结合和组织起来的集体人、组织人、社会人而存在。在劳动主体的外延问题上，我们应避免和克服两种不正确的观点：一是把劳动主体仅局限于直接参与生产过程的体力劳动者；二是把劳动主体不恰当地扩大到机器、自动化设备等物上。

长期以来，人们往往把劳动者等同于直接参与生产过程的人。实际上，随着科学技术的发展及其在生产中的广泛应用，处在生产第一线的直接参与生产的体力劳动者，在全体劳动者中所占的比重呈下降趋势，而在生产过程中的所谓间接劳动者的比重越来越高。另外，随着人类社会由自然经济状态向商品经济状态，由简单的商品经济向发达的商品经济过渡，在社会生产总过程的四个环节中，分配和流通环节作为沟通生产和消费的中间环节发挥着越来越重要的作用，分配或流通无论哪一个环节出现问题，都将直接或间接地影响生产过程的实现。在这种情况下，再认为只有从事生产的人才是劳动者，而在分配、流通环节的人就不是劳动者，甚至认为在分配、流通环节的人是剥削者，很明显是牵强附会从而没有多少说服力的。所以我们不仅应把在场的“生产工人”包含在劳动主体的范围内，还应该把非在场的劳动者，特别是非在场的科技人员和处于分配和流通环节的劳动者包含在劳动主体的范围之内。

与把劳动主体狭隘地理解为直接劳动者的“窄派”相对立，有些学者主张把劳动主体扩展到机器、自动化设备等物，解释发达国家和地区出现的“无人工厂”现象。实际上，这种观点与100多年前马克思批评的麦克库洛赫的观点如出一辙，麦克库洛赫曾经给劳动下了一个定义：“有充分理由可以把劳动下定义为任何一种旨在引起某一合乎愿望的结果的作用或操作，而不管它是由人，由动物，由机器还是由自然力完成的。”① 如前面所述，随着社会的发展，劳动主体的范围确有扩展，但劳动主体的范围也不是随意扩大的。确定劳动主体的外延时必须坚持的一个基本原则就是：劳动主体是人，而不是物。只有坚持这一原则，才能防止把劳动主体贬低为和沉降于与劳动客体相对等的地位的不良观点，从而保证以人为本理念的真正贯彻。应该看到的是，随着科学、技术、经济与社会一体化趋势的凸显，劳动客体、劳动中介等在劳动过程中所占的比重越来越大，而劳动主体，特别是在第一线直接从事生产的劳动者的比重则呈下降趋势。但无论如何发展，劳动者的主体地位和发挥的主导作用是无法从根本上动摇的，劳动客体和劳动中介（即所谓的物化劳动）比重的上升恰恰是劳动者主体地位增强的体现。因为如果没有劳动者自身素质、劳动能力的提高和主体性的增强，特别是如果没有劳动者智力水平的极大提高，劳动客体比重的提高是无法想象的。

（二）劳动的客体

劳动的客体是由作为劳动所认识和改造对象的自然、人和社会，以及人

① 马克思、恩格斯：《马克思恩格斯全集》第26卷第3册，人民出版社1974年版，第195页。

与自然、人与人、人与社会的关系等所构成的复合系统。从理论上和可能性上讲，客观存在的一切事物都可能成为劳动的客体；但从现实性上看，劳动客体是进入主体对象性活动的领域，并同主体发生功能性关系，或为主体活动所指向的客观事物。一般说来，把自然界作为劳动客体是不会引起多大疑义的。在原初意义上，劳动是人与自然之间物质、能量交换的过程，自然界作为“财富之母”是人类永恒的劳动对象。处理人与自然间关系的物质生产劳动在任何时代都不能被排除在劳动的范畴之外。但无论是最初的原始劳动，还是发达的现代劳动，都是在一定的社会关系中进行的。马克思说：“人们在生产中不仅仅影响自然界”，也“不仅仅同自然界发生关系”，“而且也互相影响”。并且“他们只有以一定的方式共同活动和互相交换其活动，才能进行生产。为了进行生产，人们相互之间便发生一定的联系和关系；只有在这些社会联系和社会关系的范围内，才会有他们对自然界的影响，才会生产”①。这说明，自人类诞生以来，人类劳动除了指向自然界，也必然指向人和各种社会关系等。劳动客体既可能是自然界，又可能是人或社会系统；既可能是自然界、人或社会，又可能是人与自然之间、人与人之间、人与社会之间的关系；既可能是看得见、摸得着的物质对象，也可能是虽不能离开物质实体而单独存在，但又不同于物质实体的精神性对象和信息等。综合起来看，劳动客体有三种基本类型，即自然形式的客体、社会形式的客体和精神形式的客体。自人猿揖别之日起，人类自身和人与人、人与社会之间的社会关系就成为人类劳动的客体，只不过存在着自发的或自觉的形式的区别。随着人类整体素质的提升，人类自身和作为人与人之间关系的社会被自觉地纳入劳动客体的范围，而且成为越来越重要的客体。

（三）劳动的中介

劳动的中介主要是指将劳动主体和劳动客体联结起来的各种资料、工具、手段，以及运用这些工具的程序和方法。就存在形态看，劳动中介既包括有形的物质性资料，也包括以物质为载体的无形的资料。就实物构成看，劳动中介可以分为两类：一类是作为人的肢体延长、体能放大的工具系统；另一类是作为人的感官和大脑延伸、智力放大的工具系统。从发展趋势看，随着人类主体素质的提高和社会的发展，劳动主体、劳动客体、劳动中介三者的比例关系将发生重大变化，人类将会把越来越多的中介置于自己与劳动对象之间，各种智能工具和无形的劳动中介将发挥越来越重要的作用，劳动中介也会代替劳动主体的部分职能。这就在一定程度上造成了人对物的依赖，从而造成了物统治人的假象。但劳动中介作为过去劳动的产物只是作为劳动的

① 马克思、恩格斯：《马克思恩格斯文集》第1卷，人民出版社2009年版，第724页。

因素起作用，“活劳动必须抓住这些东西，使它由死复生，使它们从仅仅是可能的使用价值变为现实的和起作用的使用价值”①。这说明，无论劳动中介多么重要，在能动的劳动主体面前始终是被动的因素。

（四）劳动的环境

劳动的环境主要是指由劳动的主体、中介和客体组成的劳动系统运行的场所，既包括自然环境又包括社会环境，既包括社会大环境又包括各种具体的劳动组织等小环境。作为与人类社会所处的位置相联系的各种自然条件的总和，自然环境为劳动系统提供了物质资料、能量和活动场所，其好坏也直接影响到劳动生产率的高低和生产发展速度的快慢。由于自然环境既有可以被人化的一面，又有不能被改变的一面，所以在劳动运行环境与劳动系统关系问题上，既要注意分析劳动系统对劳动环境的改变作用，通过劳动使自然环境发生有利于人的改变，又要看到劳动环境对劳动系统的制约作用，使人类自身的需要更加合理化，使劳动活动在自然环境所能承受的范围内进行，协调并维持人与自然之间的和谐关系。

劳动不仅是在一定的自然环境中发生的，更是在一定的社会环境中进行的。无论是作为劳动主体的人，还是作为劳动客体的对象世界，甚至是作为将劳动主体和劳动客体联结起来的中介，都具有其特定的社会历史性。同时，无论是劳动目的的规定，还是劳动过程的进行，甚至是劳动结果的分配和处理，都受社会历史关系的制约。这正如恩格斯指出的，我们人类通过自己的劳动“创造着我们的历史，但是……我们是在十分确定的条件下创造的”②，这些条件包括经济的、政治的和精神的社会历史条件，它们构成了人类劳动的社会环境。不仅如此，“到目前为止的历史总是像一种自然过程一样地进行，而且实质上也是服从于同一运动规律的”③。如果能够形成一个劳动者的积极性、主动性得到最大调动，个人潜能最大发挥的良性社会运行机制，创造一个有利于个人全面发展的宏观和微观社会环境，那么劳动本身所蕴含的潜能将得到最大限度的发挥，其活力也将迸发出来。因此，在对待劳动系统和劳动的社会环境的关系时，我们既要看到劳动的社会环境对劳动的制约作用，也要注意到它对劳动的促进作用，积极建构一种人与社会和谐的劳动社会环境。

（五）劳动的内控因素

劳动的内控因素主要是指在劳动系统中将劳动的主体、中介和客体有机

---

① 马克思：《资本论》第1卷，人民出版社2004年版，第214页。

② 马克思、恩格斯：《马克思恩格斯选集》第4卷，人民出版社1995年版，第696-697页。

③ 马克思、恩格斯：《马克思恩格斯全集》第46卷上册，人民出版社1979年版，第29页。

地联系起来，进而使劳动系统有效运行的内在控制因素，主要包括劳动目的和劳动过程中所依据的客观规律。劳动不是凭空发生的，而是有其进行的必然性。

首先，用来解释劳动运行的重要因素是需要、动机和目的。“没有需要就没有生产”，就没有劳动，“劳动……是为了人类的需要而占有自然物”①，“因此第一个历史活动就是生产这些需要的资料……第二个事实是，已经得到满足的第一个需要本身、满足需要的活动和已经获得满足需要的工具又引起新的需要……”②，需要决定了人的劳动从一开始就具有合目的性特征。这种目的性具体表现在：劳动得到的结果，在其开始时就已经在劳动者的头脑中以观念的形式存在了，这个目的是预先知道并作为规律决定着他的活动的方式和方法的。这说明需要、动机和目的等构成了劳动的起点和劳动过程的内控因素，人类历史正是在“……→需要→动机→目的→劳动→……”的永无止境的链条中获得了发展③。需要说明的是，劳动的目的性是在自觉的意识指导下的目的性，劳动的目的性主要是由人的理性因素决定的，但不能把情感、意志、欲望、信仰、习惯等非理性因素排除在劳动之外，因为这些非理性因素往往通过影响劳动目的的稳定性起到调节劳动进展的作用。所以，在研究劳动的目的性特点时，应力求把理性与非理性因素结合起来考察。

另外，不能把劳动目的仅仅理解为物，劳动的目的性中不仅包含物的外在尺度，更包含着人的内在尺度；不仅是生产资料所有者的目的，更是劳动者的目的；不仅是劳动者群体的抽象的目的，更是劳动者个体的实在的目的。劳动系统有效运行的另一个内控因素是劳动过程所依据的客观规律。客观规律不仅为劳动目的的确定提供了一定的选择空间，使劳动目的摆脱了单纯的主观性，从而使劳动目的除了具有价值属性还具有某种程度的科学性；而且也决定了劳动要素的确定性和劳动要素组合的客观性。由于我们不可能一次穷尽对客观规律的认识，所以随着对客观规律认识的不断深入，劳动目的也可能跟着做出相应的调整。劳动目的和与劳动相关的客观规律是贯穿劳动过程始终的内控性因素，离开任何一方都不可能理解现实的劳动：离开人的目的性而谈人的劳动，人的劳动将变成与一般物质运动没有多大区别的过程；如果不顾客观规律盲目地强调劳动的目的性，结果要么实现不了预期的目的，要么即使实现了也要付出沉重而惨痛的代价。

---

① 马克思、恩格斯：《马克思恩格斯全集》第23卷，人民出版社1972年版，第208页。

② 马克思、恩格斯：《马克思恩格斯全集》第3卷，人民出版社1960年版，第31–32页。

③ 刘冠军、邢润川：《运用马克思劳动价值论解读科学价值》，《哲学研究》2005年第4期。

（六）劳动的结果

劳动的结果主要是指在一定的劳动环境中的劳动系统在有效运行过程中，借助物质、能量和信息的转换所创造的产品和所实现的效应。劳动主体在内控因素的指导和制约下，借助于各种中介系统对劳动客体进行了某种形式的改造或服务，最终达到了一定的劳动结果。作为劳动系统诸因素有机结合的结果，劳动结果不仅体现了劳动主体的能动性和劳动目的的合理性，而且在一定程度上体现了劳动客体和劳动环境的特征。从劳动结果的产品形态看，既包括具有某种效用的有形产品，如各种物质性的劳动产品，也包括具有某种效用的无形的产品，如科学劳动产品、精神劳动产品和服务劳动产品等①。从劳动结果所实现的效用看，劳动的有形和无形的产品，一方面能够满足人们的衣食住行和社会再生产等的物质生活及生产的需要；另一方面能够满足人主体自身的科学文化素质、道德法律意识等提升的文化精神的需要。在对劳动结果的认识上，传统的劳动观多认识到了劳动使自然发生有利于人的改变方面，即自然的人化方面，但对人的自然化方面强调得相对不足。这在一定程度上造成了人的尺度的遗失和对人的漠视。在提倡以人为本发展理念的今天，我们既要重视物的增长，更要强调人的素质的提高，防止见物不见人的现象发生。

三、劳动范畴的本质特征

综合理论界关于劳动的各种定义和界说，从哲学认识论层面看，劳动主要是指作为劳动主体的人在一定社会环境中，在依据客观规律和主体需要而确立的合理目的制约下，按照某种方式结合起来，利用人自身的劳动力和已掌握的劳动资料，对特定劳动客体进行直接或间接的改造或服务，从而既创造出具有某种效用性的有形或无形产品又不断提升自己素质的活动过程。劳动范畴的这一规定，内在地包含了劳动的主体、劳动的客体、劳动的中介、劳动的环境、劳动的内控因素和劳动的结果六个方面的内容。这六个方面的内容，一方面相互联系、相互交织，共同构成了劳动范畴的内涵；另一方面，在相互联系和相互交织中展现为不断发展的劳动过程，这一劳动过程在实质上是人、自然和社会之间在物质、能量、信息等方面的转化、变换并发挥效用的过程。

因此，在哲学认识论层面上，劳动范畴内在地蕴涵着多重内涵的矛盾属性及其辩证统一，进而使其呈现多维度的本质特征。劳动范畴的本质特征有四点：首先，劳动是主体性活动与物质性活动的辩证统一，因而具有合目的

① 刘冠军、邢润川：《运用马克思劳动价值论解读科学价值》，《哲学研究》2005 年第 4 期。

性和合规律性双重特征；其次，劳动是物质劳动与非物质劳动的辩证统一，因而具有自然性与社会性双重特征；再次，劳动是劳动系统和劳动过程的辩证统一，因而具有系统性和动态性的双重特征；最后，劳动是重复劳动和创新劳动的辩证统一，因而具有继承性与创造性的双重特征。

关于劳动范畴内固有的四对矛盾性特征，是从四个不同的维度对劳动考察的结果，之间是辩证统一的关系，既表现出各自的不同点，又存在着相互联系和内在的交织。可以说，劳动的合目的性与合规律性是劳动的起点、依据和内控因素，是劳动的软件，蕴藏着劳动的继承性与创造性；劳动的自然性与社会性主要是对劳动对象和劳动环境考察的结果；劳动的系统性与动态性主要是从联系与发展的角度，共时态地考察各种劳动要素的组织形式及其动态结合的过程的结果；劳动的继承性与创造性主要是从历史发展的维度，历时态地考察劳动系统的运行过程及其进化的结果。缺少任何一对矛盾特点，都不能完整而准确地理解劳动的本质特征①。

① 朱永其、刘冠军：《劳动之本质特征的认识论新探》，《聊城大学学报（社会科学版）》2006 年第 3 期。

第五章　马克思对象性存在视域的“科学、技术、工业”分析范式研究

《1844年哲学经济学手稿》（以下简称《手稿》）是马克思1844年4—8月撰写的一部未完成的手稿，是马克思主义形成过程中颇为重要的早期著作。撰写《手稿》的阶段，正如列宁所说，马克思刚刚成为科学社会主义的创始人，成为比以往一切形式的唯物主义无比丰富和彻底的现代唯物主义的创始人，此时的马克思“就作为坚定的唯物主义者和共产主义者，在实践中为无产阶级锻造认识世界和改造世界的理论武器”①。理论界一般认为，《手稿》作为马克思从唯物主义和共产主义的立场出发，对涉及哲学、政治经济学和共产主义理论的各种历史文献和思想观点，进行系统研究和批判的最初成果，论述了劳动对于人类文明和历史进步的伟大意义，指出资本主义私有制必然造成劳动的异化，给工人阶级和整个人类带来灾难性后果，因此工人阶级必须采取现实的共产主义行动，打碎私有制的桎梏，使本阶级和整个社会获得解放，这构成了《手稿》的基本思想。

同时，这一“手稿围绕这一基本思想，提出了一系列新的经济学观点、哲学观点和共产主义观点”②，并对这些观点“作了初步的综合性阐述”③。从科学思维方法论维度深入研读发现，马克思在《手稿》中围绕其“基本思想”，对涉及哲学、政治经济学和共产主义理论的各种历史文献和思想观点进行了系统的批判性考察，并在剖析资本主义经济制度和资产阶级经济学的过程中，提出了新的经济学观点、哲学观点和共产主义理论观点，尤其是对其进行的“初步的综合性阐述”，有一个基本的分析范式。这就是马克思在《手稿》中从人与自然和人与社会的对象性关系的双重关系相统一维度，翔实地考察和论证作为对象性存在的工业、技术和科学及其内在关联，所形成的对象性存在视域的“科学、技术、工业”分析范式。

对这一分析范式何以可能的问题，马克思在《手稿》中进行了深层次的

① 马克思、恩格斯：《马克思恩格斯文集》第1卷，人民出版社2009年版，“第一卷说明”第2页。
② 马克思、恩格斯：《马克思恩格斯文集》第1卷，人民出版社2009年版，第2页。
③ 马克思、恩格斯：《马克思恩格斯文集》第1卷，人民出版社2009年版，第778页。

理论探索。通过考证发现，马克思关于人的本质三维构成的系统理论使其在理论上成为可能，关于感性基础上的实践唯物主义使其在现实性上成为可能。不仅如此，马克思将人的本质力量借助于感性的对象性活动，即实践活动所形成的工业、技术和科学内在地统一起来，深邃地洞见到它们将共同构成“一门科学”的思想，进而使这一分析范式在逻辑与历史相统一的科学维度上，具有了时代发展的逻辑必然性。如果说马克思的这一科学洞见在他所处的时代还属于科学预见范畴，那么在当今“科学、技术、经济”一体化的社会中已然变成了现实，进而使这一分析范式建立在“一门科学”的基础之上。基于上述认知，本章在前期研究成果的基础上，对马克思在《手稿》中所形成的对象性存在视域的“科学、技术、工业”分析范式何以可能问题进行系统性考证分析[①]。

第一节　分析范式的研究缘起及重大意义

在《1844 年经济学哲学手稿》中，马克思从人与自然的和人与社会的对象性关系的双重关系相统一的维度，在创立了“人的对象性存在”的理论基础上，翔实地考察分析了作为对象性存在的工业、技术和科学，并系统地阐述了三者之间的内在关联，创立了对象性存在视域的“科学、技术、工业”分析范式。关于这一分析范式，笔者在《对象性存在视域的“科学、技术、工业”分析范式及其意义——马克思〈1844 年经济学哲学手稿〉研究》一文中将其规定为：“它是指在马克思对象性存在理论视域中所形成的，以人类解放和人的本质回归为中心线索的，研究作为人的对象性存在的资本主义社会经济现象所使用的，由相互联系的科学、技术和工业等主要范畴构成的最基本的概念图式和逻辑体系。”[②] 在笔者看来，分析范式对理解马克思《手稿》丰富而深邃的思想起着至关重要的作用。一方面，分析范式是马克思对他那个时代的人的对象性存在，即资本主义经济社会各种矛盾和异化进行分析批评的基础性概念图式，正是在这个概念图式的基础上，孕育形成了对象性存在视域的“科技—经济”思想；另一方面，在分析范式的基础上，马克思对资本主义社会全方位异化进行彻底批判的同时，洞察到了在资本主义生产方

① 本章的内容是笔者在前期相关研究成果基础上，聚焦马克思对象性存在视域的“科学、技术、工业”分析范式何以可能问题进一步研究的成果。刘冠军：《马克思“科技—经济”思想及其发展研究》上卷，人民出版社 2021 年版，第 121-211 页；刘冠军：《马克思“科技—社会”思想及其发展研究》，人民出版社 2021 年版，第 304-370 页；以及在《马克思主义学刊》上发表的相关论文。

② 刘冠军：《对象性存在视域的“科学、技术、工业”分析范式及其意义——马克思〈1844 年经济学哲学手稿〉研究》，《马克思主义学刊》2015 年第 4 辑。

式下物质生产力中包括科学和技术。这为他的唯物史观和剩余价值理论的创立提供了理论前提。因此，笔者对《手稿》进一步研读，撰写了《对象性存在视域“科学、技术、工业”分析范式的内在构成——马克思〈1844年经济学哲学手稿〉研究》一文，对构成分析范式的作为对象性存在的工业、科学、技术，以及三者的内在关联的路径作了考证和梳理①。

伴随对《手稿》研究的深入，笔者更加感到马克思这一经典著作的深邃思想内涵、深奥的逻辑洞见和前瞻性的独到见地，因为，笔者对马克思在《手稿》中内含的“科学、技术、工业”分析范式，不像初读时所理解到的——马克思只是就对象性存在视域的“科学、技术、工业”分析范式的内在构成，即对象性存在的工业、科学、技术及其三者的内在关联作了翔实的考察和论证，而是深深地感觉到马克思就分析范式的深层次问题，即“何以可能”的问题进行了深刻的思考和探索。通过反复研读《手稿》发现，马克思之所以将对象性存在视域的“科学、技术、工业”视为一个有机系统整体，并形成一个完整的经济分析范式，是因为有其深层次理论作为基础，进而使分析范式成为可能。一是马克思在《手稿》中对人的本质问题进行了思考和探索，形成了关于人的本质的系统理论。这一理论与他的对象性存在视域的“科学、技术、工业”分析范式密切地联系在一起，并且使分析范式在理论上成为可能。二是马克思在《手稿》中对唯心主义和旧唯物主义进行了批判性分析，形成了感性基础上的实践唯物主义理论。这一理论与他的对象性存在视域的“科学、技术、工业”分析范式密切地联系在一起，使分析范式在现实性上成为可能。三是马克思在《手稿》中前瞻性地提出的“一门科学”即“人的科学”② 的思想，使他的分析范式在理论与现实、逻辑与历史相统一的科学维度上，具有了历史发展的逻辑必然性。因此，笔者深深地感到，在“科学、技术、经济”一体化的社会主义市场经济条件下，很有必要在原有研究的基础上，就马克思在《手稿》中蕴含的分析范式何以可能的问题作进一步的考证和梳理，以彰显分析范式的重大理论价值和巨大现实意义。

第二节　理论上何以可能的经典文本考证

马克思在《手稿》中内含的“科学、技术、工业”分析范式之所以可

① 刘冠军：《对象性存在视域“科学、技术、工业”分析范式的内在构成——马克思〈1844年经济学哲学手稿〉研究》，《马克思主义学刊》2016年第4辑。

② 马克思、恩格斯：《马克思恩格斯全集》第3卷，人民出版社2002年版，第308页。

能，是与他在《手稿》以及之前的著作中，对人的本质问题的思考和探索形成的系统理论密切相关的。可以说，马克思的人的本质的系统理论是他的分析范式的理论基础和理论支撑，使马克思的分析范式在理论上成为可能。只要认真研读《手稿》便不难发现，马克思沿着从人与社会的关系和人与自然的关系的双重视角，到人的对象性的存在中探索人的本质，形成了他的人的三维本质理论，即人的本质表现为三个方面。

首先，实践性是人的本质系统的基础性的首要构成要素。人的实践性力量是人的基础性或根基性的首要本质的力量，是现实的人形成、存在和发展的基础。在马克思看来，人的对象性的存在“只有通过实践方式，只有借助于人的实践力量，才是可能的”①，实践是人和自然的关系的一种最基本的形式，正是社会实践，尤其是生产实践实现了人对自然界的改造和自然界的人化，使自然界成为对象性的存在。这不仅表现在“通过实践创造对象世界，改造无机界”，而且更为重要的是通过实践可以“再生产整个自然界”，并且“正是在改造对象世界中，人才真正地证明自己是类存在物……自然界才表现为他的作品和他的现实。因此，劳动的对象是人的类生活的对象化：人不仅像在意识中那样在精神上使自己二重化，而且能动地、现实地使自己二重化，从而在它所创造的世界中直观自身”②，正是通过借助于对实践所创造的世界的考察“直观自身”发现，实践创造的这种对象性的存在，反映着全部社会生活的人的实践的本质。

其次，意识性或理性是人的本质系统不可或缺的重要构成因素。人的理性力量是人的导向性的重要本质力量。在马克思看来，人的对象性的存在在表现出人的实践力量的同时，还表现出人的意识性的力量或理性的力量，确证了人是有意识的、理性的，是能够认识规律并按照认识到的规律行事的类存在物。在马克思看来，在通过实践创造对象世界、改造自然界的过程中，“人证明自己是有意识的类存在物，就是说是这样一种存在物，它把类看作自己的本质，或者说把自身看作类存在物”，“而自由的、有意识的活动恰恰是人的类特性”③，而人的这一本质属性，即有意识性或理性是人与动物区别开的重要标志，人作为类存在物与动物的区别在于，人“使自己的生命活动本身变成自己意志的和自己意识的对象。他具有有意识的生命活动。这不是人与之直接融为一体的那种规定性。有意识的生命活动把人同动物的生命活动直接区别开来。正是由于这一点，人才是类存在物。或者说，正因为人是类

① 马克思、恩格斯：《马克思恩格斯全集》第3卷，人民出版社2002年版，第306页。
② 马克思、恩格斯：《马克思恩格斯全集》第3卷，人民出版社2002年版，第273-274页。
③ 马克思、恩格斯：《马克思恩格斯全集》第3卷，人民出版社2002年版，第273页。

存在物，他才是有意识的存在物，就是说，他自己的生活对他是对象。仅仅由于这一点，他的活动才是自由的活动”①。不仅如此，人作为类存在物，他的生产与动物的生产所不同的，还在于人“懂得按照任何一个种的尺度来进行生产，并且懂得处处都把内在的尺度运用于对象；因此，人也按照美的规律来构造”②。在这里，马克思揭示出体现在人和自然关系中的人的本质的另一个方面，即有意识性或理性，揭示出发挥意识的作用，运用理性认识规律、应用规律，并有计划、有目的且能在自然界打下他们意志的印记，实现自身的对象性，确证自身的本质力量。这一点其他动物都是做不到的，只有人才能做到，因此它是人区别于其他动物的本质所在。

最后，社会性是人的本质系统最为突出的核心构成要素。人的社会性力量是人的关键性的核心本质力量。关于人的本质在于其社会性的观点，马克思在《黑格尔法哲学批判》和《论犹太人问题》中已经萌发，而在《手稿》中作了进一步阐述，最后在《关于费尔巴哈的提纲》中作了明确的规定。在笔者看来，马克思在《关于费尔巴哈的提纲》中对人的社会性本质的规定，正是他《手稿》中关于人的本质理论的一种应用，是用来批判费尔巴哈撇开人类历史的进程，单纯从宗教和生物角度理解和解释人的本质的。因为在《手稿》中，马克思已经形成了包含人的实践性、理性和社会性内容的系统的人的本质理论，在《关于费尔巴哈的提纲》中，只是为了批判费尔巴哈的人的本质理论的缺陷而突出了人的社会性本质，而未否定人的实践性本质和人的理性本质。关于人的社会性本质，马克思在《手稿》中指出，人是“社会存在物”，人的本质只有对社会的人来说才是存在的，人的需要、人的活动、人自身的生产，甚至人的享受等全部现实的生产和生活，“无论就其内容或就其存在方式来说，都是社会的”③，因此人的本质在于他的社会性。同时，马克思在此还特别强调：“首先应当避免重新把‘社会’当作抽象的东西同个体对立起来。个体是社会存在物。因此，他的生命表现，即使不采取共同的、同他人一起完成的生命表现这种直接形式，也是社会生活的表现和确证”，人的个体生活和类生活是统一的，“作为类意识，人确证自己的现实的社会生活”④。并且，马克思还强调，作为类存在物的人，不管在何种条件下从事活动，都应当明确“我也是社会的，因为我是作为人活动的。不仅我的活动所需的材料——甚至思想家用来进行活动的语言——是作为社会的产品给予我

① 马克思、恩格斯：《马克思恩格斯全集》第3卷，人民出版社2002年版，第273页。
② 马克思、恩格斯：《马克思恩格斯全集》第3卷，人民出版社2002年版，第274页。
③ 马克思、恩格斯：《马克思恩格斯全集》第3卷，人民出版社2002年版，第301页。
④ 马克思、恩格斯：《马克思恩格斯全集》第3卷，人民出版社2002年版，第302页。

的，而且我本身的存在是社会的活动；因此，我从自身所做出的东西，是我从自身为社会做出的，并且意识到我自己是社会存在物”①。从人和自然的关系与人和社会的关系相统一的维度看，“自然界的人的本质只有对社会的人来说才是存在的；因为只有在社会中，自然界对人来说才是人与人联系的纽带，才是他为别人的存在和别人为他的存在，只有在社会中，自然界才是人自己的人的存在的基础，才是人的现实的生活要素。只有在社会中，人的自然的存在对他来说才是自己的人的存在，并且自然界对他来说才成为人。因此，社会是人同自然界的完成了的本质的统一，是自然界的真正复活，是人的实现了的自然主义和自然界的实现了的人道主义”②。在这里，马克思对人的社会性本质——现实的人的社会性本质，而非抽象的人的社会性本质——作了充分的表述。

由此可见，马克思在《手稿》中，沿着从人与社会的关系和人与自然的关系双重视角，到从人的对象性的存在的路线探索人的本质，使人的本质终于显现出来，即马克思所揭示的人的本质的三个方面——实践性、理性和社会性。同时，在马克思看来，人的本质的三个方面不是孤立存在的，而是相互联系构成了人的本质的系统，因为，“对社会主义的人来说，整个所谓世界历史不外是人通过人的劳动而诞生的过程，是自然界对人来说的生成过程”③，这个过程又展现为两个彼此相互制约的过程，即自然发展史和社会发展史。正是自然发展史和社会发展史的辩证统一性，决定了人与社会的关系和人与自然的关系双重视角的辩证统一性；而这双重视角的统一进一步决定了人的本质的三个方面，即实践性、理性和社会性的辩证统一，三者彼此相互连接、相互制约和相互促进，进而构成了一个人的本质的整体系统。在这一系统中，实践性是在社会中理性指导下的人的实践的体现，是人的本质的基础；社会性是在实践性和理性的矛盾基础上的人的社会关系的整体展现，是人的本质的核心；理性是在社会中实践基础上的人，运用智力理解和应付现实的能力和人自己把握、挖掘自己的能力，以及人自身诸种复杂而对立的素质中的一股整合力量，是人的本质的导向。三者互为前提、相互联结，共同构成了马克思人的本质系统理论④。这样一来，双重视角相统一的人的本质的理论，既克服了脱离社会的自然主义的局限性，又克服了把个人只看作社会关系的消极产物，消融于社会结构之中的局限性。进一步讲，从人与社会的关系视

① 马克思、恩格斯：《马克思恩格斯全集》第3卷，人民出版社2002年版，第301-302页。

② 马克思、恩格斯：《马克思恩格斯全集》第3卷，人民出版社2002年版，第301页。

③ 马克思、恩格斯：《马克思恩格斯全集》第3卷，人民出版社2002年版，第310页。

④ 刘冠军：《两维视角的统——关于马克思主义人的本质观的思考》，《自然辩证法研究》2000年第4期。

角看，人具有社会性，是社会关系的总和，受社会关系的制约，说明人有受动的一面；而从人与自然的关系视角看，人又可以在一定的环境中，通过实践基础上的理性和理性指导下的实践创造新的社会关系，以适应新客观环境的需要，说明人又有能动的一面。人的这种本质观说明，人在自身的发展过程中是一身二任的：一方面，人在自身发展过程中是能动性和受动性的统一，体现了马克思主义的原则，即人既是剧作者又是剧中人；另一方面，人在自身发展过程中是自然关系和社会关系的统一，或是人与自然的关系和人与社会的关系的统一，即人的本质正是在人和自然关系的基础上，通过实践基础上的理性和理性指导下的实践，表现出来的人与社会关系的诸方面的总和。

构成人的本质系统的三个方面，即实践性、理性和社会性，与作为其对象性存在的科学、技术和工业，形成了对象性关系的两个端点。前者对人来讲是内在固有的三个方面，而后者对人来讲是外化或对象化的三种存在方式。前者的三个方面的内在统一，在理论上决定了后者的三种存在方式也是统一的。因此，马克思的人的三维本质相统一的理论，为其对象性存在视域的“科学、技术、工业”分析范式提供了理论上的可能。如果说，马克思所认为的作为对象性存在的自然科学，所展示的是人的实践基础上的人的意识性或理性的本质力量，工业作为对象性存在所展示的是人的理性或意识性指导下的实践性的本质力量，那么技术作为对象性存在所展示的就是上述人的两个方面的本质力量的统一，既展示了人的实践基础上的意识性或理性的本质力量，又展示了人的理性或意识性指导下的实践性的本质力量。因此，在人的对象性存在视域中，技术将科学和工业紧密地连接在一起，形成“科学、技术、工业”的整体系统，共同展示社会中的人，在人与自然对象性关系上所具有实践性的本质力量和意识性或理性的本质力量。也就是说，既然人的本质是一个由实践性、理性或意识性、社会性构成的有机系统，那么人的本质力量的对象化或外化所形成的“科学、技术、工业”系统，也应当是一个有机的整体，至少在理论上应当如此。

第三节　现实性上何以可能的经典文本考证

在现实性上，马克思在《手稿》中对唯心主义和旧唯物主义进行了批判性分析，形成了感性基础上的实践唯物主义理论，而这一理论也与他的对象性存在视域的“科学、技术、工业”分析范式密切地联系在一起，使分析范式在现实性上成为可能。马克思在《手稿》等早期著作中，为了克服费尔巴哈感性直观的唯物主义和黑格尔抽象思辨的唯心主义的缺陷，把实践（劳动、生产）范畴运用到他的理论中，初步形成了他的实践唯物主义理论。他指出：“主观主义和客观主义，唯灵主义和唯物主义，活动和受动，只是在社会状态中才失去它们彼此间的对立，从而失去它们作为这样的对立面的存在；我们看到，理论的对立本身的解决，只有通过实践方式，只有借助于人的实践力量，才是可能的；因此，这种对立的解决绝对不只是认识的任务，而是现实生活的任务，而哲学未能解决这个任务，正因为哲学把这仅仅看作理论的任务。”① 在马克思看来，只有通过实践才能解决旧唯物主义和唯心主义的对立。解决这种理论上的对立不能仅在理论认识上，关键是在现实生活的实践中。以往的理论之所以没有有效地解决这种对立恰恰是因为没有做到这一点。

马克思正是将实践范畴引入他的理论之中，才使人与自然界的对象性关系和对象性活动成为现实，进而有效地解决了以往理论之间的对立。马克思指出：“通过实践创造对象世界，改造无机界，人证明自己是有意识的类存在物，就是说是这样一种存在物，它把类看作自己的本质，或者说把自身看作类存在物”②，进而“在实践上，人的普遍性正是表现为这样的普遍性，它把整个自然界——首先作为人的直接的生活资料，其次作为人的生命活动的对象（材料）和工具——变成人的无机的身体”③。人在通过实践证明自己是类存在物，把自然界作为自己的无机身体的同时，也通过实践创造了对象世界，将自己的本质力量外化或对象化为对象性的存在。工业就是一个典型的对象性的存在形式，因为“工业的历史和工业的已经生成的对象性的存在，是一本打开了的关于人的本质力量的书”④。在马克思看来，不仅工业如此，技术、科学也是如此，因为技术、科学在与工业日益结合为一体的情况下，技术和科学的历史以及技术和科学的已经生成的对象性存在，同样是一本打开了的关于人的本质力量的书，同样是通过实践创造了对象世界并将人的本质力量对象化为现实的存在。因此，马克思指出，“关于人的科学本身是人自己的实践活动的产物”⑤，而关于人的技术本身同样是人自己的实践活动的产物。因此，实践唯物主义的初步形成，使科学、技术和工业都成为通过实践而实现了的人的对象性的存在，由此“科学、技术、实践”作为一个有机的整体系统有了坚实的基础。

同时应当看到，马克思在早期著作中呈现的实践唯物主义，还没有完全摆脱费尔巴哈唯物主义的影响，在其表述上更多地使用了“感性”概念，包

---

① 马克思、恩格斯：《马克思恩格斯全集》第3卷，人民出版社2002年版，第306页。
② 马克思、恩格斯：《马克思恩格斯全集》第3卷，人民出版社2002年版，第273页。
③ 马克思、恩格斯：《马克思恩格斯全集》第3卷，人民出版社2002年版，第272页。
④ 马克思、恩格斯：《马克思恩格斯全集》第3卷，人民出版社2002年版，第306页。
⑤ 马克思、恩格斯：《马克思恩格斯全集》第3卷，人民出版社2002年版，第359页。

括感性的活动、感性的现实的活动、感性的对象性的存在物、感性的存在物、感性的占有、感性的东西、感性的现实、感性的对象、感性的外部世界、感性的自然界、感性确定性、感性形式、感性意识、感性需要，等等。在这里，马克思借助费尔巴哈关于“感性”的这些概念，对当时代表抽象思辨最高成就的黑格尔哲学，关于自我意识与人和自然界的唯心主义进行批判，他反复地，甚至是不厌其烦地强调“人直接地是自然存在物”，人是“现实的、肉体的、站在坚实的呈圆形的地球上呼出和吸入一切自然力的人”，“人作为自然存在物，而且作为有生命的自然存在物”，人作为具有自然力、生命力和“能动的自然存在物”，“人作为自然的、肉体的、感性的、对象性的存在物”，“说人是肉体的、有自然力的、有生命的、现实的、感性的、对象性的存在物”，等等①，实质上是对费尔巴哈式的感性直观唯物主义的超越，强调的是在人与自然界之间的对象性关系中，人的感性活动或感性的对象性活动，而这些感性的对象性活动也就是人的实践活动。

借助于这些感性的对象性活动，即实践活动，人得以成为对象性的存在，并通过这种对象性的存在确证自己的本质力量，“说人是肉体的、有自然力的、有生命的、现实的、感性的、对象性的存在物，就等于说，人有现实的、感性的对象作为自己本质的即自己生命表现的对象；或者说，人只有凭借现实的、感性的对象才能表现自己的生命”②。与此同时，说人是对象性的存在物，就意味着他的存在是被设定了的对象性的存在，“正像人的对象不是直接呈现出来的自然对象一样，直接地存在着的、客观地存在着的人的感觉，也不是人的感性、人的对象性”③；而且还意味着他的存在不是一种“孤零零地独自存在着”的“非对象性的存在物”，而“非对象性的存在物，是一种非现实的、非感性的、只是思想上的即只是想象出来的存在物，是抽象的东西。说一个东西是感性的即现实的，这是说，它是感觉的对象，是感性的对象，从而在自己之外有感性的对象，有自己的感性的对象”④。因此，人是感性的现实的人，他“通过自己的外化把自己现实的、对象性的本质力量设定为异己的对象时，设定并不是主体；它是对象性的本质力量的主体性，因此这些本质力量的活动也必须是对象性的活动。对象性的存在物进行对象性活动，如果它的本质规定中不包含对象性的东西，它就不进行对象性活动。它所以只创造或设定对象，因为它是被对象设定的，因为它本来就是自然界。因此，

① 马克思、恩格斯：《马克思恩格斯全集》第 3 卷，人民出版社 2002 年版，第 324 页。
② 马克思、恩格斯：《马克思恩格斯全集》第 3 卷，人民出版社 2002 年版，第 324 页。
③ 马克思、恩格斯：《马克思恩格斯全集》第 3 卷，人民出版社 2002 年版，第 326 页。
④ 马克思、恩格斯：《马克思恩格斯全集》第 3 卷，人民出版社 2002 年版，第 325-326 页。

并不是它在设定这一行动中从自己的‘纯粹的活动’转而创造对象，而是它的对象性的产物仅仅证实了它的对象性活动，证实了它的活动是对象性的自然存在物的活动”①。从这些表述中可以看到，马克思所强调的对象性活动，即实践是必须放在“人与人之间的社会关系”中理解的，因而这种唯物主义“既不同于唯心主义，也不同于唯物主义，同时又是把这二者结合起来的真理”，只有如此，才能真正“理解世界历史的行动”②，才能真正理解作为对象性存在的工业、技术和科学以及它们之间的内在关联性。

第四节　逻辑与历史相统一维度上的必然性考证

通过上述的考证分析可见，马克思在《手稿》中将对象性存在视域的“科学、技术、工业”视为一个有机的系统整体，并形成一个完整的分析范式，是有其深层次理论作为基础和支撑的。一方面，马克思将对人的本质问题进行了思考和探索的理论（即关于人的本质的系统理论）与他的对象性存在视域的“科学、技术、工业”分析范式密切地联系在一起，进而使分析范式在理论上成为可能；另一方面，马克思将对唯心主义和旧唯物主义进行批判性分析过程中形成的感性基础上的实践唯物主义理论，与他的对象性存在视域的“科学、技术、工业”分析范式密切地联系在一起，使分析范式在现实性上成为可能。这两个方面结合在一起，足以回答马克思在《手稿》中内含的对象性存在视域“科学、技术、工业”分析范式“何以可能”的问题，足以彰显马克思经典著作的深邃思想内涵、严谨的逻辑思维和前瞻性的“独到见地”，以及马克思“比别的思想家更为敏锐和深刻的地方”③。

但对《手稿》进一步研读和考证将会发现，马克思在思考和探索对象性存在视域“科学、技术、工业”分析范式“何以可能”的深层次问题时远不止于此，因为马克思在《手稿》中不仅思考和探索分析范式在理论上和现实上的可能性问题，而且还对分析范式的可能性为何具有必然性问题进行了更深层次的思考和探索，还对分析范式得以成立的可能性为何在逻辑维度和历史维度，以及二者相统一维度上进行思考和探索。这是马克思“比别的思想家更为敏锐和深刻的地方”。在《手稿》中，马克思在人的本质系统理论和感性的实践唯物主义理论的基础上，在将人的本质力量借助于感性的对象性活动即实践活动所形成的工业、技术和科学内在地统一起来的同时，深邃地洞

① 马克思、恩格斯：《马克思恩格斯全集》第3卷，人民出版社2002年版，第324页。
② 马克思、恩格斯：《马克思恩格斯全集》第3卷，人民出版社2002年版，第324页。
③ 刘大椿、何立松、刘永谋：《现代科技导论》，中国人民大学出版社2009年版，第293页。

见到了它们将成为“一门科学”，即“人的科学”[①] 的三个不同方面，作为对象性存在的工业、技术和科学是“同一门科学”的三个有机构成部分，使马克思的“科学、技术、工业”分析范式建立在同“一门科学”，即“人的科学”的基础之上。

在马克思看来，科学的历史和科学已经生成的对象性的存在、技术的历史和技术已经生成的对象性的存在，以及机器大“工业的历史和工业的已经生成的对象性的存在”，都是一本本“打开了的关于人的本质力量的书”[②]，科学、技术和机器大工业在作为建立在感性实践基础上的对象性存在物的同时，又都成为“科学”的表现形式和人的本质——“实践性、意识性或理性、社会性”本质力量的对象化存在。在此意义上，“感性（见费尔巴哈）必须是一切科学的基础”，不仅是自然科学的基础，也是技术科学的基础，还是工业科学的基础，“科学只有从感性意识和感性需要两种形式的感性出发，因而，只有从自然界出发，才是现实的科学”，无论是理论形态和应用形态的自然科学、技术科学、工业科学，都是从感性意识和感性需要两种形式的感性出发的，因此也都是从自然界出发的现实的科学，由此“可见，全部历史是为了使‘人’成为感性意识的对象和使‘人作为人’的需要成为需要而做准备的发展史”[③]。正是因为“历史本身是自然史的即自然成为人这一过程的一个现实部分”，所以“自然科学往后将包含关于人的科学，正像关于人的科学包括自然科学一样：这将是一门科学”[④]。对于这样的“一门科学”，工业，特别是机器大工业作为“自然界的社会的现实，和人的自然科学或关于人的自然科学，是同一个说法”[⑤]。这也就是说，作为“自然界的社会的现实”的工业、技术和科学，伴随历史本身呈现为“自然史的即自然成为人这一过程的一个现实部分”的发展进程，必将内在地统一起来，它们将作为三个不同的方面或作为三种不同的科学形式共同构成同“一门科学”，即“人的科学”。在这里，马克思的同“一门科学”即“人的科学”思想，在实质上就是从对象性存在视域将“科学、技术、工业”视为一个有机的整体，进而在逻辑和历史相统一的科学维度上，展示了对象性存在视域的“科学、技术、工业”作为一个整体的分析范式所具有的内在逻辑必然性。

如果说马克思关于对象性存在视域的“科学、技术、工业”是同“一门

① 马克思、恩格斯：《马克思恩格斯全集》第3卷，人民出版社2002年版，第308页。
② 马克思、恩格斯：《马克思恩格斯全集》第3卷，人民出版社2002年版，第306页。
③ 马克思、恩格斯：《马克思恩格斯全集》第3卷，人民出版社2002年版，第308页。
④ 马克思、恩格斯：《马克思恩格斯全集》第3卷，人民出版社2002年版，第308页。
⑤ 马克思、恩格斯：《马克思恩格斯全集》第3卷，人民出版社2002年版，第308页。

科学”，即“人的科学”的洞见在他所处的时代才初见端倪——因为在马克思撰写《手稿》的19世纪40年代，科学革命、技术革命和工业革命尽管已经开始爆发，但那时的科学与劳动还处于相分离、相对立的状态——还属于前瞻性的“科学预见”范畴的话，那么伴随着第二次和第三次科学革命、技术革命和工业革命的不断推进，世界范围内的“科学、技术、经济”一体化的社会现实已然形成。在这样的社会现实中的现代科学技术体系结构，已然成为“基础科学—应用科学—工程科学”的有机整体，现代科学技术研究的体系结构已然成为“基础性研究—开发性研究—发展性研究”的动态系统，“一门科学”的大科学技术体系或大科学技术研究体系已然形成。因此，马克思的这一科学预见在当今时代已经变成了现实，换言之，当今时代的社会现实已经证实了马克思的科学预见。在此意义上可以说，马克思关于作为“自然界的社会的现实”的工业、技术和科学，将成为“一门科学”——“人的科学”的前瞻性洞见，使其对象性存在视域的“科学、技术、工业”分析范式，不仅在理论上和现实性上具有了可能性，而且使这种可能性在逻辑与历史相统一的科学维度上具有了时代发展的逻辑必然性。

第六章　恩格斯“两种生产”理论及其方法论意义

恩格斯的“两种生产”理论在马克思主义经典理论体系中颇为重要，不仅阐述了物质资料的生产和人类自身的生产的丰富内涵及二者的辩证关系，而且深刻地揭示了两种生产与唯物史观关于“生产力—生产关系（经济基础）—上层建筑”辩证关系的内在联系，进而给出了两种生产理论的唯物史观基本原理的表现形式。其中所内在地蕴含着的人类社会发展的两组规律，不仅丰富发展了唯物史观的基本原理，而且具有重要的哲学方法论意义。本章在已有成果的基础上着重就两种生产的内涵，及辩证统一、两种生产理论的原理表现形式之深刻意蕴和方法论意义进行研究和阐释①。

第一节　两种生产的内涵及其辩证关系

物质资料的生产是指人们运用劳动工具，作用于劳动对象，创造物质财富以满足人类社会发展的物质需要的生产活动和过程，简言之，是“生产物质生活本身”。它表现为人类创造物质财富的活动和过程，以满足人们“衣、食、住以及其他东西”的需要为目的，是人类“每日每时都要进行的一种历史活动”。马克思和恩格斯在《德意志意识形态》中，第一次把物质资料的生产确立为科学历史观的出发点和逻辑前提，并对其做了深入的分析。他们认为，从事物质资料的生产必须具备两个基本的条件：劳动者和生产资料，即人的要素和物的要素。人是起主导作用的要素，没有劳动者就没有物质资料的生产。物的要素包括劳动资料和劳动对象，是生产过程的物质基础，没有生产资料，物质资料的生产难以进行。二者的结合形成社会生产力，表示人们在生产过程中与自然界的关系。这是人们“第一个需要确定的具体事实”，是“任何人类历史的第一个前提”②。同时，人们在生产过程中还发生一定的

① 本章的内容是笔者在前期相关研究成果基础上进一步修订而成的。刘冠军：《论恩格斯“两种生产”的理论》，《大庆高等专科学校学报》1998年第2期。

② 马克思、恩格斯：《马克思恩格斯选集》第1卷，人民出版社1972年版，第24页。

关系，即生产关系，表示人与人的社会关系。马克思指出：“人们在生产中不仅仅同自然界发生关系。他们如果不以一定方式结合起来共同活动和相互交换其活动，便不能进行生产。为了进行生产，人们便发生一定的联系和关系；只有在这些社会联系和社会关系的范围内，才会有他们对自然界的关系，才会有生产。”① 因此，物质资料的生产和生产关系的形成是统一的，人们在生产物质资料的同时，形成了一定的生产关系。并且，在此分析的基础上，马克思和恩格斯发现了生产关系一定要适应生产力发展状况的规律，这是“必须的、不以人的意志为转移的”人类社会发展的基本规律。这样，“历史破天荒第一次被安置在它的真正基础上”②。

人类自身的生产是指人类在与人自身的自然本性和社会本性相关的条件下，延续人类生存和发展的生产过程，其基本的表现就是人口的繁衍与增殖。恩格斯明确指出：“人类自身的生产，即种的蕃衍。”③ 马克思和恩格斯还讲，人类自身的生产是“每日都在重新生产自己生命的人们开始生产另一些人，即增殖”④。人类自身的生产具有两重性，即自然属性和社会属性。马克思和恩格斯指出：“生命的生产——无论是自己生命的生产（通过劳动）或他人生命的生产（通过生育）——立即表现为双重关系：一方面是自然关系，另一方面是社会关系。”⑤ 人类自身的生产的自然属性是指人类在其自身生产过程中，其肉体组织和生活上的某些需要（包括性、生育、繁殖等）同其他动物有某种共同性。这是人类自身生产的自然基础。而人类自身的生产更重要的在于其社会性，人的性爱、生育、繁殖等是一种社会现象，本身体现一种社会关系，包括经济、政治、宗教、道德等层面的社会关系。除此之外，人类自身的生产的社会性还在于，人类自身的生产不仅是种的延续和继承，而且还包括对社会生产力、生产关系及各种社会关系、语言、文化、科学、技术等，人类社会所特有的社会遗产的继承。因此，人类自身的生产是自然属性和社会属性的统一，其中，社会属性是其本质属性。人类自身的生产是人类历史的首要前提，在任何一个历史阶段，社会、社会生产都必须以一定的人口量为基础。没有人类自身的生产便不能保证一定量的人口，物质资料的生产便不能进行，社会便无法存在和发展。这在人类社会产生初期表现得最为明显。因此，马克思和恩格斯说，物质生活的生产和再生产“第一次是随着

---

① 马克思、恩格斯：《马克思恩格斯选集》第1卷，人民出版社1972年版，第362页。
② 马克思、恩格斯：《马克思恩格斯选集》第3卷，人民出版社1972年版，第41页。
③ 马克思、恩格斯：《马克思恩格斯选集》第4卷，人民出版社1972年版，第2页。
④ 马克思、恩格斯：《马克思恩格斯选集》第4卷，人民出版社1972年版，第33页。
⑤ 马克思、恩格斯：《马克思恩格斯选集》第4卷，人民出版社1972年版，第34页。

人口的增长而开始的"[①]。一般说来，人类自身生产的量和质，对社会发展起着加速或减缓的作用。

从社会存在和社会意识的范畴考察，人类自身的生产和物质资料的生产都属于社会存在的范畴，是"直接生活的生产和再生产"——物质生产的两个不可缺少的因素，是"历史中的决定性因素"[②]。二者结合在一起共同构成了人类社会生存和发展的基础。这从马克思和恩格斯在《德意志意识形态》中分析的物质生产对精神生产的作用可以得到论证。马克思和恩格斯提出："思想、观念、意识的生产最初是直接与人们的物质活动，与人们的物质交往，与现实生活的语言交织在一起的。观念、思维、人们的精神交往在这里还是人们物质关系的产物。表现在某一民族的政治、法律、道德、宗教、形而上学等语言中的精神生产也是这样。人们是自己的观念、思想等等的生产者，但这里所说的人们是现实的，从事活动的人们，他们受着自己的生产力的一定发展以及与这种发展相适应的交往（直到它的最遥远的形式）的制约。意识在任何时候都只能是被意识到了的存在，而人们的存在就是他们的实际生活过程。"[③] 由此可见，马克思和恩格斯揭示了物质生产对精神生产的决定性作用，说明了精神生产是物质生产发展到一定历史阶段的产物；即使是精神生产作为一种独立的形式出现以后，也依然受物质生产的制约。正如马克思和恩格斯指出的那样，"从直接生活的物质生产出发来考察现实的生产过程，并把与该生产方式相联系的，它所产生的交往方式，即各个不同阶段上的市民社会，理解为整个历史的基础；然后必须在国家生活的范围内描述市民社会的活动，同时从市民社会出发来阐明各种不同的理论产物和意识形式，如宗教、哲学、道德等等，并在这个基础上追溯它们产生的过程"[④]。

尽管物质资料的生产和人类自身的生产互为条件、相互渗透、相互制约，并且二者紧密联系在一起，共同构成了人类社会生存和发展的基础，但同时应当看到，二者之间不是并列的关系，而是决定和被决定的关系。物质资料的生产及与之相联系的人们的生产方式决定着人类自身的生产，而人类自身的生产也对物质资料的生产起着巨大的反作用。

马克思指出："每一种特殊的、历史的生产方式都有其特殊的、历史地起作用的人口规律，抽象的人口规律只存在于历史上还没有受过人干涉的动植

① 马克思、恩格斯：《马克思恩格斯选集》第4卷，人民出版社1972年版，第25页。
② 马克思、恩格斯：《马克思恩格斯选集》第4卷，人民出版社1972年版，第2页。
③ 马克思、恩格斯：《马克思恩格斯选集》第1卷，人民出版社1972年版，第30页。
④ 马克思、恩格斯：《马克思恩格斯选集》第1卷，人民出版社1972年版，第43页。

物界。"[①] 在一定的历史阶段，为了使社会能够顺利发展，人类自身的生产必须与物质资料的生产相适应。如果人类自身生产过快，人口数量过多，与现实的物质生产力发展水平不相适应，社会无法为每个劳动者提供必要的物质和生活资料，势必影响物质资料的再生产并导致无力供养过多的人口，从而阻碍社会的发展。反之，人类自身的生产过缓，不能为社会生产提供足够的劳动力，也势必影响社会的进一步发展。只有人类自身的生产与物质资料的生产相适应，才能使社会顺利地发展。

第二节　两种生产的唯物史观原理呈现方式的深刻意蕴

在《家庭、私有制和国家的起源》第一版序言中，恩格斯根据历史唯物主义的基本原理，提出了人类社会发展的两组规律。换言之，恩格斯不仅表述了两种生产的理论，而且还提出了这一理论的另一种表现形式。从内涵实质看，恩格斯将两种生产理论纳入唯物史观视域进行研究，将唯物史观基本原理同人类的两种生产的实际相结合，创新性地将唯物史观基本原理关于人类社会发展的基本矛盾规律，在两种生产理论基础上具体呈现为两组基本矛盾规律。可以说，两组基本矛盾规律是两种生产理论的唯物史观基本原理的具体呈现方式。

恩格斯关于人类社会发展最基本的历史唯物主义原理，就是生产关系一定要适应生产力状况的规律和上层建筑一定要适应经济基础状况的规律，前者被称为生产力和生产关系的基本矛盾规律，后者被称为经济基础（生产关系总和）和上层建筑的基本矛盾规律。显然，恩格斯在《家庭、私有制和国家的起源》第一版序言中，在表述两种生产的理论时所说的唯物主义的观点，实质上就是生产力、生产关系（或经济基础）和上层建筑之间的矛盾规律。恩格斯在该书中明确表述了两种生产的理论之后，接着说："一定历史时代和一定地区内的人们生活于其下的社会制度，受着两种生产的制约，一方面受劳动的发展阶段的制约，另一方面受家庭的发展阶段的制约。劳动愈不发展，劳动产品的数量、从而社会的财富愈受限制，社会制度就愈在较大程度上受血族关系的支配。"[②] 显然，这是恩格斯将两种生产的理论，表述为在劳动不发达、其产品数量有限、社会财富受限制、血族关系起支配作用的社会里的另一种表现形式，是恩格斯分析家庭、私有制和国家的起源的中介原理。

具体讲，在原始社会中，"劳动的发展阶段"主要是指生产方式的发展阶

① 马克思、恩格斯：《马克思恩格斯全集》第 23 卷，人民出版社 1972 年版，第 692 页。

② 马克思、恩格斯：《马克思恩格斯选集》第 4 卷，人民出版社 1972 年版，第 2 页。

段，即以使用原始石器到旧石器，再到新石器，一直到铜器和铁器等不同的发展水平；“家庭的发展阶段”主要是指家庭血缘关系，即氏族内部各成员之间的关系，以及在劳动基础上结成的各种关系的总和，即生产关系；而“社会制度”则是上层建筑的代表。在此分析的基础上可以进行如下类比：第一，劳动发展阶段相当于物质资料生产的发展阶段，进一步相当于生产力发展的不同水平。第二，家庭发展阶段相当于人类自身生产的发展阶段，进一步相当于生产关系发展的不同阶段。第三，社会制度实质上代表的是上层建筑，在此亦相当于上层建筑。这样必然得到两组规律，如图 6-1 所示。

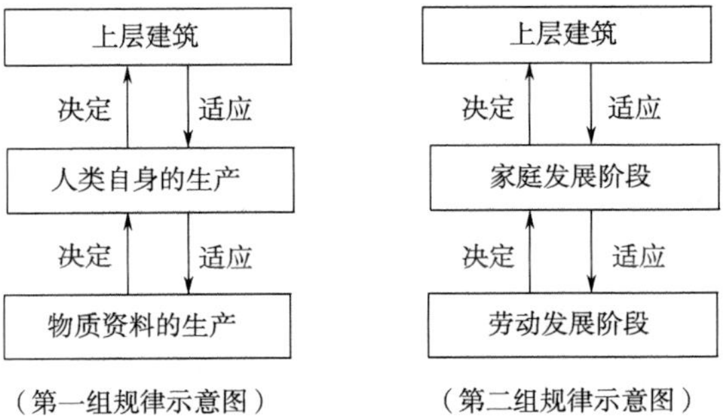

图 6-1　人类社会两种生产的两组历史唯物主义基本规律

第一组规律是由物质资料的生产和人类自身的生产之间的矛盾规律，及人类自身的生产和上层建筑之间的矛盾规律组成的。物质资料的生产决定着人类自身的生产，而人类自身的生产反过来影响物质资料的生产，并且要求与物质资料的生产相适应。这一矛盾规律被称为人类自身的生产一定要适应物质资料的生产状况的规律。同理可得，上层建筑一定要适应人类自身的生产状况的规律。

这两对矛盾规律是生产力、生产关系（或经济基础）和上层建筑三者之间的矛盾规律的另一种表现形式，是两种生产之间及其与上层建筑之间的关系规律的实质内涵。

第二组规律是由劳动发展阶段和家庭发展阶段的矛盾规律，及家庭发展阶段和上层建筑的矛盾规律构成的。劳动发展阶段决定着家庭发展阶段，而家庭发展阶段反过来又影响着劳动发展阶段，并且要求与劳动发展阶段相适应。这一矛盾规律被称为家庭发展阶段一定要适应劳动发展阶段状况的规律；同理可得，上层建筑一定要适应家庭发展阶段状况的规律。

这两对矛盾规律是两种生产及其与上层建筑三者之间的关系规律的另一种表现形式，进一步讲，也是生产力、生产关系和上层建筑三者之间的矛盾规律的第三种表现形式。

总之，这两组规律都是生产关系一定要适应生产力状况的规律和上层建筑一定要适应经济基础状况的规律的另一种表现形式，是恩格斯“根据唯物主义观点”分析家庭、私有制和国家起源问题的中介原理。

第三节　两种生产的唯物史观原理呈现形式的方法论意义

恩格斯在《家庭、私有制和国家的起源》第一版序言中表述的两种生产，及其与上层建筑的两组辩证关系原理是理解该书全部内容的关键，也是恩格斯在该书中不直接采用历史唯物主义关于人类社会发展的基本规律的一般形式，而是“根据唯物主义观点”完整而明确地表述了它的另外两种形式，即关于两种生产的理论的两组规律的一个重要原因。从方法论角度考察，这里涉及一个极其重要的方法论问题，即把一般原理和实际分析的问题结合起来需要中介，而这些中介就是在一定条件下的一般原理的另一些表达形式。在此，不妨将恩格斯关于把历史唯物主义的基本原理——社会发展的基本规律与要解决的实际问题——家庭、私有制和国家的起源问题结合起来的转化途径，如图 6-2 所示。

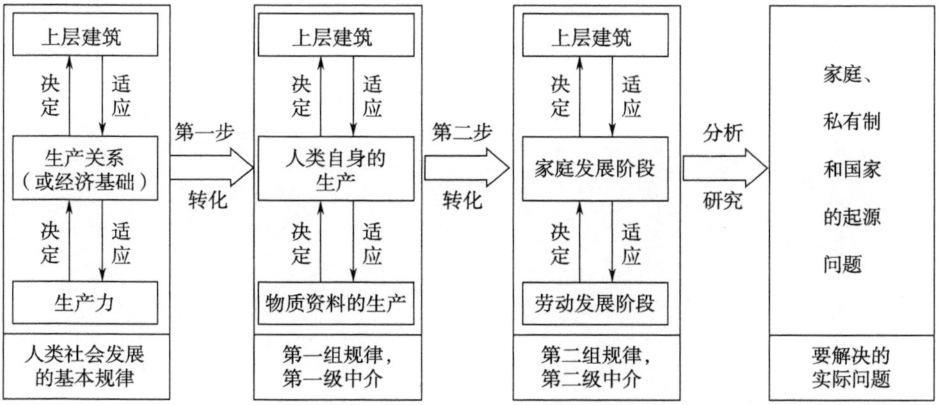

图 6-2　人类社会的三组规律及其与实际问题的关系

在此，恩格斯首先把历史唯物主义的基本原理，即生产关系一定要适应生产力状况的规律和上层建筑一定要适应经济基础状况的规律，用第一组规律即两种生产的理论表述出来，实现了第一步转化；通过第一步转化所得到的第一级中介——两种生产的理论，恩格斯按照其内在的逻辑很自然地得出了第二组矛盾规律，即两种生产理论的另一种表现形式，实现了第二步转化；

运用第二步转化所得到的第二级中介——第二组矛盾规律，恩格斯得心应手地研究了家庭、私有制和国家的起源要解决的实际问题。换言之，恩格斯正是通过第二组中介（或第二矛盾规律），才使第一组中介（两种生产的理论或第一组矛盾规律）得以运用，进一步使历史唯物主义的基本原理（人类社会发展的基本规律）得以运用，来分析、研究实际问题（家庭、私有制和国家的起源问题）。因此，可以说两种生产的理论是我们全面而系统地理解和把握《家庭、私有制和国家的起源》一书的一把钥匙。

两种生产的理论不仅是恩格斯为分析、研究家庭、私有制和国家的起源问题，而提出的历史唯物主义关于人类社会发展的基本规律的第一种表现形式，而且还是恩格斯通过分析研究这些问题所得出的基本结论。由于物质资料的生产对人类社会发展的决定作用是勿庸置疑的，是作为一个辩证唯物主义者所必须承认的前提，因此恩格斯在分析家庭、私有制和国家的起源的过程中，特别是在强调家庭形式演变和血缘关系对社会的作用时，尤其突出地体现了人类自身的生产对社会历史的决定性作用，把它作为“直接生活的生产和再生产”的“历史中的决定性因素”的一个不可缺少的方面，而把物质资料的生产作为一个不言而喻的前提隐含在其中。

中 篇

思想政治理论之核心内容的中国化时代化马克思主义理论与实践研究

党的二十大报告指出：不断推进马克思主义中国式时代化理论创新，“不断谱写马克思主义中国化时代化新篇章，是当代中国共产党人的庄严历史责任”，因为“实践没有止境，理论创新也没有止境”，在历时态纵向发展维度上，推进马克思主义中国化时代化的创新发展，是一个追求真理、揭示真理、笃行真理的过程；而在同时性横向推进维度上，马克思主义中国化时代化的创新发展，其实质是“两个结合”不断推进的过程，“中国共产党人深刻认识到，只有把马克思主义基本原理同中国具体实际相结合、同中华优秀传统文化相结合，坚持运用辩证唯物主义和历史唯物主义，才能正确回答时代和实践提出的重大问题，才能始终保持马克思主义的蓬勃生机和旺盛活力”①。在新时代新征程上继续推进实践基础上的马克思主义理论创新，首先要把握好习近平新时代中国特色社会主义思想的世界观和方法论，坚持好、运用好贯穿其中的“六个必须坚持”② 的立场、观点的方法。从唯物辩证法和科学思维方法论维度看，必须坚持守正创新在实质上就是把马克思主义与中国化时代化马克思主义有机统一起来；必须坚持问题导向就是在坚持守正创新的同时，聆听时代问题的声音，不断解答新问题。对于在马克思主义理论学科视域中的思想政治理论研究来说更应当如此，不仅要对马克思主义基础理论进行中国化时代化研究，而且要对中国化时代化发展的马克思主义进行理论结合实践的深入研究，运用马克思主义和中国化时代化马克思主义的立场、观点、方法，在“两个结合”中守正创新地解答时代提出的理论和实践问题，“不断提出真正解决问题的新理念新思路新办法”③。本篇是在研读中国化时代化马克思主义理论文献基础上，重点对其理论和实践进行深入研究和系统阐述的成果。其主要内容包括：马克思主义行和中国化时代化马克思主义行的辩证统一及重大意义；中国化时代化马克思主义最新成果的学习研究和理论阐释；新中国 70 年农村集体经济实现形式创新发展的经验总结及重要启示；新时代实现高质量就业与提升人力资本水平研究；数字经济时代资本三大构成变化与劳动报酬占比变动研究；新时代社会主义市场经济条件下的劳动力资本化研究。

① 习近平：《高举中国特色社会主义伟大旗帜 为全面建设社会主义现代化国家而团结奋斗——在中国共产党第二十次全国代表大会上的报告》，《人民日报》2022 年 10 月 26 日。

② 党的二十大报告提出的“六个必须坚持”，是指必须坚持人民至上，必须坚持自信自立，必须坚持守正创新，必须坚持问题导向，必须坚持系统观念，必须坚持胸怀天下。

③ 习近平：《高举中国特色社会主义伟大旗帜 为全面建设社会主义现代化国家而团结奋斗——在中国共产党第二十次全国代表大会上的报告》，《人民日报》2022 年 10 月 26 日。

第七章　论马克思主义行和中国化时代化马克思主义行的辩证统一及重大意义

在党的二十大报告中，习近平总书记明确指出："马克思主义是我们立党立国、兴党兴国的根本指导思想。实践告诉我们，中国共产党为什么能，中国特色社会主义为什么好，归根到底是马克思主义行，是中国化时代化的马克思主义行。"① 的重要论述，创新性地拓展了习近平总书记在庆祝中国共产党成立 100 周年大会上，提出的"归根到底是因为马克思主义行"② 的科学论断，将中国共产党为什么能，中国特色社会主义为什么好，从一个"行"的科学归因，即马克思主义行，原创性地拓展为"两个行"的科学归因，即马克思主义行和中国化时代化的马克思主义行。深入研读党的二十大报告文本和习近平总书记的相关重要论述发现，这一原创性科学归因的新论断，不仅有其自信自强、守正创新的深刻思想意蕴，而且内在地蕴含着归根到底是"两个行"的辩证统一关系。深入理解和全面把握这一原创性科学归因新论断的深刻思想意蕴，和内在蕴含着的归根到底是"两个行"的辩证统一关系，对于在新时代新征程上坚持马克思主义理论指导，全面贯彻习近平新时代中国特色社会主义思想，继续推进实践基础上的马克思主义理论创新，"不断谱写马克思主义中国化时代化新篇章"的当代中国共产党人的庄严历史责任③具有重大理论和现实意义④。

第一节　归根到底是"两个行"新论断的深刻意蕴

归根到底是"两个行"。这不是单纯从理论自身而言的，而是"实践告诉

① 习近平：《高举中国特色社会主义伟大旗帜 为全面建设社会主义现代化国家而团结奋斗——在中国共产党第二十次全国代表大会上的报告》，人民出版社 2022 年版，第 16 页。

② 习近平：《在庆祝中国共产党成立 100 周年大会上的讲话》，《人民日报》2021 年 7 月 2 日。

③ 习近平：《高举中国特色社会主义伟大旗帜 为全面建设社会主义现代化国家而团结奋斗——在中国共产党第二十次全国代表大会上的报告》，人民出版社 2022 年版，第 18 页。

④ 刘冠军：《两个"行"的辩证统一和重大意义》，《前线》2023 年第 2 期。

我们"[①] 的。从理论结合实践、逻辑结合历史维度看，归根到底是“两个行”的新论断，主要是从实践检验真理的马克思主义认识论维度做出的，同时也是从理论创新和实践创新良性互动的马克思主义方法论维度做出的。因此，要全面而深入地理解、把握归根到底是“两个行”的深刻思想意蕴，就必须将其置于中国共产党团结带领中国人民百余年艰辛探索、攻坚克难和锐意进取的实践基础上，特别是在党百余年奋斗成功开创和新时代新征程上着力推进，勇毅拓展中国特色社会主义伟大道路，并成功创造了人类文明新形态的实践基础上，坚持运用马克思主义认识论原理和方法论原则加以研究阐释。

“归根到底是马克思主义行”。这第一个“行”的科学论断深刻地揭示了中国共产党能，中国特色社会主义好与马克思主义行之间的内在逻辑和因果关联。从党的百余年奋斗进程看，在归根结底的意义上，正是因为马克思主义行，才有了以马克思主义科学理论作为我们立党立国、兴党兴国根本指导思想的中国共产党的能，才有了以马克思主义科学理论为指导的中国特色社会主义的好。这已被党的百年奋斗历程，特别是新时代砥砺前行的伟大实践所取得的历史性成就和发生的历史性变革所证实了。进言之，中国共产党能，中国特色社会主义好，在归根到底的意义上皆可归因于马克思主义作为科学的理论创造性地揭示的人类社会发展规律，为人类指明了从必然王国向自由王国飞跃的人间正道；马克思主义作为人民的理论所创立的人民实现自身解放的思想体系，为人民指明了实现自由和解放的人间正道；马克思主义作为实践的理论所创立的辩证唯物主义认识论，为人民认识世界、改造世界提供了强大的精神力量；马克思主义作为不断发展的开放的理论，能够始终站在时代前沿不断探索时代发展提出的新课题和回应人类社会面临的新挑战[②]。

因此，在归根到底意义上的第一个“行”的深刻意蕴主要在于，它不仅在真理检验的实践维度上证实了马克思主义作为“我们立党立国、兴党兴国的根本指导思想”是完全正确的，而且深刻地昭示了“拥有马克思主义科学理论指导是我们党坚定信仰信念、把握历史主动的根本所在”[③]，为我们在新时代新征程上坚持和发展马克思主义，守正创新不断开辟马克思主义中国化时代化新境界提供了坚实的思想理论前提及实践检验基础。

归根到底“是中国化时代化的马克思主义行”。这第二个“行”的科学

---

① 习近平：《高举中国特色社会主义伟大旗帜 为全面建设社会主义现代化国家而团结奋斗——在中国共产党第二十次全国代表大会上的报告》，人民出版社 2022 年版，第 16 页。

② 习近平：《在纪念马克思诞辰 200 周年大会上的讲话》，《人民日报》2018 年 5 月 5 日。

③ 习近平：《高举中国特色社会主义伟大旗帜 为全面建设社会主义现代化国家而团结奋斗——在中国共产党第二十次全国代表大会上的报告》，人民出版社 2022 年版，第 16 页。

论断在第一个“行”的基础上，进一步从理论结合实践、逻辑结合历史的维度，深刻地揭示了马克思主义行与中国化时代化的马克思主义行之间的一脉相承、密码传递和创新传承。这是因为，占据着真理和道义两大制高点的马克思主义不是书斋里的学问，而是源于人民求解放的实践，并在这一实践基础上形成和发展的，“它提供的不是现成的教条”①，而是人民求解放的行动指南，必须随着实践的创新发展而不断创新发展。一部马克思主义发展史就是马克思和恩格斯，以及他们的后继者们不断根据时代、实践、认识发展而发展的历史。走过百年奋斗历程的中国共产党人深刻认识到，只有把马克思主义基本原理同中国的具体实际相结合，同中华优秀传统文化相结合，坚持运用辩证唯物主义和历史唯物主义的基本原理及其方法，才能正确回答时代和实践提出的重大问题，才能始终保持马克思主义的蓬勃生机和旺盛活力②。因此，党的十八大以来，我们党坚持守正创新，用马克思主义之“矢”去射新时代中国之“的”③，以全新的视野深化对共产党执政规律，社会主义建设规律，人类社会发展规律的认识，用马克思主义立场、观点、方法创造性地深刻回答中国之问、世界之问、人民之问、时代之问，不断推进马克思主义中国化时代化，取得重大理论创新成果，集中体现为习近平新时代中国特色社会主义思想。新时代不平凡的伟大实践充分证明，正是由于作为中国化时代化马克思主义最新成果的习近平新时代中国特色社会主义思想行，我们才能更有志气、骨气、底气地说中国共产党能、中国特色社会主义好。

因此，在归根到底意义上的第二个“行”的深刻意蕴主要在于：它不仅在实践检验真理的“行”的维度，为全面贯彻习近平新时代中国特色社会主义思想提供了理论自信和理论自觉的坚实基础，而且赋予新时代新征程上，接续不断地开辟马克思主义中国化时代化新境界以实质内涵和思想精髓。

第二节　归根到底是“两个行”新论断内在蕴含的辩证统一关系

在党的二十大报告中，习近平总书记在归根到底意义上，将中国共产党能、中国特色社会主义好的根本原因归结为“两个行”，即将马克思主义这个“行”拓展为马克思主义和中国化时代化的马克思主义，这其中有深刻的原

① 马克思、恩格斯：《马克思恩格斯文集》第10卷，人民出版社2009年版，第691页。

② 习近平：《高举中国特色社会主义伟大旗帜 为全面建设社会主义现代化国家而团结奋斗——在中国共产党第二十次全国代表大会上的报告》，人民出版社2022年版，第16页。

③ 习近平：《习近平谈治国理政》第4卷，外文出版社2022年版，第30页。

因。一般地讲，马克思主义是由马克思和恩格斯创立并为后继者不断发展的科学理论体系，因此马克思主义行内在地包含着中国化时代化的马克思主义行，中国化时代化的马克思主义行也就是马克思主义行。在此意义上，习近平总书记在庆祝中国共产党成立 100 周年大会上提出了“归根到底是因为马克思主义行”的科学论断。

同时应当看到，马克思主义行和中国化时代化的马克思主义行，毕竟是两个不同的范畴，拥有不同的科学内涵和呈现形式。这是因为，马克思主义作为始终站在时代前沿探索的与时俱进的科学理论，“在不同的时代具有完全不同的形式，同时具有完全不同的内容”①。

第一，从历时性演进的时代发展维度看，由科学理论源于和指导实践创新的原理所决定。马克思主义经历了马克思和恩格斯创立和发展的基于那个时代又超越了那个时代的马克思主义，后继者把马克思主义基本原理与当时本国实际相结合加以本国化时代化发展，创立了列宁主义、毛泽东思想、邓小平理论、“三个代表”重要思想、科学发展观和作为其最新成果的习近平新时代中国特色社会主义思想。

第二，从共时性并存的每个时代维度看，由作为社会意识的科学理论具有相对独立性原理所决定。在马克思和恩格斯以后的每个时代，特别是中国特色社会主义进入新时代以来，历时性演进的以不同理论形式呈现的这些马克思主义创新成果是并存的。

第三，从共时性并存和历时性继起相统一的维度看，中国化时代化的马克思主义绝不是为理论而理论，而是坚持基本原理和问题导向、直面时代课题和关切人民期待，既要不断解决马克思主义与中国的“跨越空间距离”的问题，也要不断解决马克思主义与时代发展的“跨越时间距离”的问题，还要不断解决马克思主义与中国不同发展阶段上的“跨越时空位差”② 的问题。

在此意义上，中国化时代化的马克思主义，是马克思主义在接续不断地解答“跨越时空位差”的中国重大时代课题的过程中创立和发展起来的，是马克思主义在持续不断地回应“跨越时空位差”的中国人民期待的过程中创新和创造的，动态地呈现为马克思主义“跨越时空位差”的中国化时代化的创新发展过程。进言之，中国化时代化的创新发展过程，在实质上展现为马克思主义“跨越时空位差”的理论密码传递、“跨越时空位差”的实践基础上的理论规范纠偏，“跨越时空位差”的理论领航和指引实践的理论创新过程。也正是在此意义上，中国化时代化的马克思主义最新理论成果、中华文

① 马克思、恩格斯：《马克思恩格斯文集》第 9 卷，人民出版社 2009 年版，第 436 页。

② 刘冠军：《马克思“科技—经济”思想及其发展研究》上卷，人民出版社 2021 年版，第 327 页。

化和中国精神的时代精华——习近平新时代中国特色社会主义思想，既是当代中国的马克思主义，也是21世纪的马克思主义。正因如此，习近平总书记在继庆祝中国共产党成立100周年大会上提出归根到底是第一个“行”的基础上，在党的二十大报告中又创新性地提出了归根到底是“两个行”的科学论断。

同时还应当看到，归根到底意义上的“两个行”并非线性的更替关系和简单的并列关系，而是呈现为历时性演进和共时性并存的时空相统一的辩证关系。

一方面，从历时性演进的过程（时间）维度看，马克思主义的行正是通过我们党持续坚持运用马克思主义解答“跨越时空位差”的中国重大时代课题，进而不断推进马克思主义的中国化时代化发展，用中国化时代化的马克思主义科学理论引领伟大实践的行而具体地体现出来的；而不断发展的中国化时代化的马克思主义行，正是因为我们党矢志不渝地把推进马克思主义中国化时代化看作一个追求真理、揭示真理、笃行真理的过程，在坚持运用马克思主义科学解答“跨越时空位差”的中国重大时代课题，进而实现其中国化时代化创新发展过程中，一脉相承地传递着马克思主义行的理论密码——基本立场、基本观点和基本方法，同时创新性地赋予其中国特色和时代特征而具体地呈现出来。

另一方面，从共时性并存的时代（空间）维度看，马克思主义行具体地体现为中国化时代化的马克思主义科学理论行，因为中国化时代化的马克思主义理论，科学地解决了马克思主义与中国不同发展阶段上的“跨越时空位差”问题；而中国化时代化的马克思主义行在实质上就是马克思主义行，因为马克思主义作为我们立党立国、兴党兴国的根本指导思想，其基本立场、基本观点、基本方法等基本原理，已经作为理论密码深深嵌入和始终贯穿在中国化时代化的马克思主义科学理论之中。

综合上述两个方面，从时空相统一的唯物辩证法维度看，归根到底意义上的“两个行”是历时性演进维度上一脉相承、密码传递，与共时性并存维度上相互交织、辩证统一的有机整体。

因此，党在百余年奋斗进程中始终坚持把马克思主义写在自己的旗帜上，并不断推进马克思主义中国化时代化的创新和发展，用中国化时代化马克思主义的最新成果引领革命、建设和改革的伟大实践。百余年的伟大实践，不仅锻造了走在时代前列的中国共产党，而且从根本上改变了中国人民的前途命运，中国人民对美好生活的向往不断变为现实。百余年的伟大实践，不仅成功开辟了实现中华民族伟大复兴的正确道路，中华民族伟大复兴展现出前所未有的光明前景，而且在成功走出、推进和拓展中国式现代化道路过程中成功创造了人类文明新形态，拓展了发展中国家走向现代化的途径，给世界上那些既希望加快发展又希望保持自身独立性的国家和民族提供了全新选择①。这充分展示了马克思主义行，充分展示了马克思主义的强大生命力和伟大实践力量，进而使马克思主义的科学性和真理性在中国得到充分检验，使马克思主义的人民性和实践性在中国得到充分贯彻，使马克思主义的开放性和时代性在中国得到充分彰显②。进言之，中国特色社会主义进入新时代以来，党和国家事业取得的伟大历史性成就、发生的深刻历史性变革，以及迈上全面建设社会主义现代化国家新征程的伟大实践，充分证明了习近平新时代中国特色社会主义思想就是行，在实质上也就充分证明了这一中国化时代化最新成果的当代中国马克思主义行和 21 世纪马克思主义行，简言之就是充分证明了马克思主义行。

第三节　归根到底是“两个行”新论断的重大意义

深入理解和全面把握归根到底是“两个行”新论断的深刻意蕴，及其内在地蕴含着的“两个行”的辩证统一关系，对于在新时代新征程上更加紧密地团结在以习近平同志为核心的党中央周围，更加自信自强地坚持把马克思主义作为我们立党立国、兴党兴国的根本指导思想，更加自觉自愿地坚持马克思主义“跨越时空位差”，实现了中国化时代化新飞跃的最新理论成果和中华文化中国精神的时代精华——习近平新时代中国特色社会主义思想的理论指导和引领航向，守正创新地持续科学解决马克思主义与当代中国“跨越时空位差”的问题，不断谱写马克思主义中国化时代化新篇章具有重大理论和现实意义。

从理论维度看，这一科学论断内在地包含的“两个行”，在历时性演进维度上呈现的一脉相承、密码传递的历史逻辑，与在共时性并存维度上呈现的相互交织、辩证统一的内在逻辑统一在实践检验真理“行”的维度上，为我们在新时代新征程上科学对待、正确处理马克思主义行，与中国化时代化的马克思主义行的逻辑关系，提供了辩证思维和历史思维的科学认识论方法论原则，为我们在新时代新征程上既要坚定不移地以马克思主义理论为指导，又要接续不断地开辟马克思主义中国化时代化新境界指明了目标方向和前进路径，决不能把马克思主义与中国化时代化的马克思主义割裂开来。正如习近平

① 《中共中央关于党的百年奋斗重大成就和历史经验的决议》，《人民日报》2021 年 11 月 17 日。
② 习近平：《在纪念马克思诞辰 200 周年大会上的讲话》，《人民日报》2018 年 5 月 5 日。

总书记在二十大报告中指出的，从现在起，中国共产党的中心任务就是团结带领全国各族人民全面建成社会主义现代化强国、实现第二个百年奋斗目标，以中国式现代化全面推进中华民族伟大复兴①；与此同时，紧紧围绕这一中心任务，不断谱写马克思主义中国化时代化新篇章，是当代中国共产党人的庄严历史责任。因此，习近平总书记号召我们“首先要把握好新时代中国特色社会主义思想的世界观和方法论，坚持好、运用好贯穿其中的立场、观点、方法”②。而从“两个行”的辩证统一维度看，要把握好习近平新时代中国特色社会主义思想的世界观和方法论，其实质就是把握好其中的马克思主义世界观和方法论；要“坚持好、运用好贯穿其中的立场、观点、方法”，其核心和关键在于坚持好、运用好贯穿其中的马克思主义立场、观点、方法。

从实践维度看，这一科学论断内在地包含“两个行”的辩证统一，昭示我们在新时代新征程上，要真正做到坚持人民至上，坚持自信自立，坚持守正创新，坚持问题导向，坚持系统观念，坚持胸怀天下，就必须深刻理解贯穿在“六个坚持”中的马克思主义基本原理。只有真正理解和深刻把握作为中国化时代化马克思主义最新理论成果，中华文化和中国精神的时代精华的习近平新时代中国特色社会主义思想行，就是当代中国的马克思主义行，21世纪的马克思主义行，才能在实际工作中真正做到站稳人民立场，把握人民愿望，尊重人民创造，集中人民智慧，才能真正做到坚持对马克思主义和中国特色社会主义的坚定信念，进而坚定道路自信、理论自信、制度自信、文化自信，不断提出真正解决问题的新理念新思路新办法，为前瞻性思考、全局性谋划、整体性推进党和国家各项事业提供科学思想方法。因此，归根到底“两个行”的辩证统一在实践检验真理的维度上昭示我们，只要我们更加紧密地团结在以习近平同志为核心的党中央周围，全面贯彻习近平新时代中国特色社会主义思想，坚持这一当代中国马克思主义和21世纪马克思主义的科学理论指导和引领航向，自信自强、守正创新，踔厉奋发、勇毅前行，我们坚信中国特色社会主义巍巍巨轮必将乘风破浪、行稳致远，坚信在过去100多年，特别是新时代赢得了伟大胜利的中国共产党和中国人民，必将在新征程上赢得更加伟大的胜利。

---

①　习近平：《高举中国特色社会主义伟大旗帜　为全面建设社会主义现代化国家而团结奋斗——在中国共产党第二十次全国代表大会上的报告》，人民出版社2022年版，第21页。

②　习近平：《高举中国特色社会主义伟大旗帜　为全面建设社会主义现代化国家而团结奋斗——在中国共产党第二十次全国代表大会上的报告》，人民出版社2022年版，第18-19页。

第八章　中国化时代化马克思主义最新成果的学习研究和理论阐释

党的二十大报告指出："实践没有止境，理论创新也没有止境。不断谱写马克思主义中国化时代化新篇章，是当代中国共产党人的庄严历史责任。"① 自党的十八大以来，我们党勇于进行理论探索和创新，以全新的视野深化对共产党执政规律、社会主义建设规律、人类社会发展规律的认识，取得了一系列重大的理论创新成果，集中体现为习近平新时代中国特色社会主义思想。作为高校从事马克思主义理论、思想政治理论研究和教育工作者，要与时俱进地深入研究中国化时代化马克思主义的最新成果，并对其及时、迅速地作出系统性的理论阐述。在本章中，笔者在已有学习研究成果基础上择要作进一步理论阐释，着重根据深入学习习近平新时代中国特色社会主义思想，特别是党的二十大报告、十九大报告、十九届六中全会的重大历史决议和习近平总书记在纪念马克思诞辰 200 周年大会上讲话等精神的心得体会进行梳理和阐释。

第一节　中国式现代化的科学内涵和重大意义

党的二十大报告指出，全面建设社会主义现代化国家是一项伟大而艰巨的事业，前途光明，任重道远。从现在起，中国共产党的中心任务就是团结带领全国各族人民全面建成社会主义现代化强国，实现第二个百年奋斗目标，以中国式现代化全面推进中华民族伟大复兴②。那么，什么是中国式现代化？习近平总书记基于中华人民共和国成立，特别是改革开放以来的长期探索和实践，对我们党自十八大以来成功推进和拓展中国式现代化的创新突破，在理论结合实践，逻辑结合历史的维度上进行了高度的概括和精准的凝练，用

---

① 习近平：《高举中国特色社会主义伟大旗帜 为全面建设社会主义现代化国家而团结奋斗——在中国共产党第二十次全国代表大会上的报告》，《人民日报》2022 年 10 月 26 日。

② 本节的内容是笔者在 2022 年 10 月研究阐释党的二十大报告精神所撰写的心得体会基础上进一步修改而成的。刘冠军：《解读中国式现代化的科学内涵和重大意义》，《首经贸校报》2022 年 10 月 30 日。

23 个字符、2 个关键词给出一个明确定义："中国式现代化，是中国共产党领导的社会主义现代化。"① 这一定义是对中国式现代化的定型铸魂，内在地包含着丰富而深刻的科学内涵。

第一，这一定义高度概括了中国式现代化内在固有的质的规定性和根本性的实质内涵，即中国式现代化是社会主义现代化而非其他主义的现代化。社会主义现代化是历代中国共产党人牢记初心使命，矢志不渝地将马克思主义基本原理、科学社会主义基本原则，与中国社会主义现代化建设的基本国情相结合，接续不断地借鉴世界各国现代化发展的规律性经验，对中国实现什么样的社会主义现代化和怎样实现社会主义现代化等重大课题，在理论和实践上进行了持之以恒的接续探索并不断实现了创新性突破，最终成功地走出了中国式现代化新道路，成功地拓展和推进了发展中国家走向现代化的新途径。尤其是进入新时代以来，以习近平同志为核心的党中央统筹国内国际两个大局，以伟大的历史主动精神，巨大的政治勇气，强烈的责任担当，立足新时代实际概括现代化建设基本经验，总结现代化建设历史规律，提炼现代化建设基本规律，擘画现代化建设宏伟蓝图，将中国共产党团结带领人民成功创造、推进和拓展的社会主义现代化道路、理论、制度和文化定型铸魂为"中国式现代化"，进而成为习近平新时代中国特色社会主义思想的重要内涵。因此，中国式现代化既有各国现代化的共同特征，更有基于自己国情的中国特色和科学社会主义内在固有的质的规定性等根本性的实质内涵。

第二，这一定义精准地凝练了中国式现代化最本质的特征和最关键的命脉所在，即中国式现代化是中国共产党领导的现代化。中国共产党领导既是中国特色社会主义最本质的特征，也是中国式现代化最本质的特征。全面建设社会主义现代化国家的关键在党。从党的百余年历史维度看，立志于中华民族千秋伟业，致力于人类和平与发展崇高事业的中国共产党，把建设现代化国家作为孜孜以求的宏伟目标，团结带领中国人民在实现现代化的道路上经过百余年的艰辛探索、接续奋斗，创造了人类现代化史上的中国式现代化。从新时代的奋斗历程看，以习近平同志为核心的党中央旗帜鲜明地强调，党的领导是党和国家的根本所在、命脉所在，是全国各族人民的利益所系、命运所系，因此在中华人民共和国成立，特别是改革开放以来长期探索和实践基础上，经过党的十八大以来在理论和实践上的创新突破，我们党成功推进和拓展了中国式现代化。从现在起的未来发展看，团结带领全国各族人民全面建成社会主义现代化强国、实现第二个百年奋斗目标，以中国式现代化全

---

① 习近平：《高举中国特色社会主义伟大旗帜 为全面建设社会主义现代化国家而团结奋斗——在中国共产党第二十次全国代表大会上的报告》，《人民日报》2022 年 10 月 26 日。

面推进中华民族伟大复兴，已成为中国共产党的中心任务。因此，中国共产党是中国式现代化道路的开创拓展者，理论的创立发展者，制度的擘画设计者和文化的塑造引领者。

由于这一定义既高度概括了中国式现代化的实质内涵，又精准地凝练了中国式现代化最本质的特征，并将二者有机地统一起来，因此深入理解和全面把握这一定义的科学内涵具有重大而深远的意义：在思想认识上，既有利于深刻理解人口规模巨大，全体人民共同富裕，物质文明和精神文明相协调，人与自然和谐共生，走和平发展道路等中国式现代化的中国特色，更有利于深刻把握坚持党的领导，坚持中国特色社会主义，实现高质量发展，发展全过程人民民主，丰富人民精神世界，实现全体人民共同富裕，促进人与自然和谐共生，推动构建人类命运共同体，创造人类文明新形态等中国式现代化的本质要求。在实践行动上，既有助于在以中国式现代化全面推进中华民族伟大复兴新征程上，更加坚定地坚持和加强党的全面领导，坚持中国特色社会主义道路，坚持以人民为中心的发展思想，坚持深化改革开放，坚持发扬斗争精神等重大原则，更有助于我们更加紧密地团结在以习近平同志为核心的党中央周围，全面贯彻习近平新时代中国特色社会主义思想，坚定在党的领导下走中国式现代化道路的决心和信心，增强在党的领导下建设中国式现代化事业的自觉和自信。

第二节　三大制高点上向史而新的绚丽华章

党的十九届六中全会是具有里程碑意义的重要会议。全会审议通过的《中共中央关于党的百年奋斗重大成就和历史经验的决议》，用大视野、大格局将党的百年奋斗置于中国近代历史的纵向发展和世界局势变迁的横向联系的大历史观和大系统观视域，立体、全面、实事求是地加以总结概括和提炼升华，是一篇百年大党奋斗历史的绚丽华章，呈现为历史制高点上向史而新的百年大党宣言，真理制高点上向史而新的马克思主义纲领性文献，道义制高点上向史而新的马克思主义行动指南①。

一、历史制高点上向史而新的百年大党宣言

以史为鉴，开拓未来。全会指出，“党的百年奋斗锻造了走在时代前列的

① 本节的内容是笔者在2021年底学习党的十九届六中全会精神和大会通过的《中共中央关于党的百年奋斗重大成就和历史经验的决议》时撰写的文章基础上进一步修订而成的。刘冠军：《三大制高点上向史而新的绚丽华章——深入学习党的十九届六中全会精神》，《思想政治工作研究》2021年第11期。

中国共产党，形成了以伟大建党精神为源头的精神谱系，保持了党的先进性和纯洁性，党的执政能力和领导水平不断提高”①，其中的一个根本原因就是我们党始终注重和善于运用唯物史观和正确的党史观，确保始终站在历史制高点上，根据实际和围绕主要任务总结历史经验和把握发展趋势，即便在战争年代也如此。1938 年召开的六届六中全会被毛泽东称为“决定中国之命运”的重要会议；1945 年六届七中全会讨论通过了《关于若干历史问题的决议》，为夺取新民主主义革命胜利提供了经验教训并指明了方向。中华人民共和国成立后，党逐渐形成把每届六中全会作为总结经验和作出决议的优良传统。改革开放以来，1981 年召开的十一届六中全会审议通过了《关于建国以来党的若干历史问题的决议》，从此开始党的每届六中全会都是总结经验和形成决议的会议并一直坚持至今。

党的十九届六中全会是在新的历史制高点上召开的。这一新的历史制高点，正如大会指出的，“总结党的百年奋斗重大成就和历史经验，是在建党百年历史条件下”②，在两个一百年奋斗目标历史交汇关键节点上，在百年华诞的新历史方位和制高点上召开的，旨在看清楚过去我们为什么能够成功，弄明白未来我们怎样才能继续成功的问题。具体而言，这个新历史制高点就是从百年前党成立时只有 50 多名党员，而今天已成为拥有 9 500 多万名党员，且具有重大全球影响力的世界第一大执政党的制高点，是从百年前中华民族呈现为一派衰败凋零景象，而今天已发展为一派欣欣向荣气象，以不可阻挡的步伐迈向伟大复兴的制高点，是已实现第一个百年奋斗目标，且正在意气风发地向着第二个百年奋斗目标迈进的制高点。百年大党站在这个历史制高点上，用召开全会的方式总结百年奋斗伟大成就，特别是党的十八大以来的原创性思想、突破性发展和历史性变革，提炼百年奋斗的历史意义和宝贵经验，指明接续奋斗的目标方向，目的就在于以史为鉴，把握历史发展大势；向史而新，更加自信自励自强，以咬定青山不放松的执着奋力实现既定目标。因此，此次会议的标志性成果《中共中央关于党的百年奋斗重大成就和历史经验的决议》实质上就是一篇百年大党在历史制高点上向史而新的宣言。

二、真理制高点上向史而新的马克思主义纲领性文献

从认识论的维度看，《中共中央关于党的百年奋斗重大成就和历史经验的决议》创新性地总结了党的百年奋斗史，实质上是一部马克思主义中国化的理论创新和真理探索，与实践创新和真理检验交相辉映的发展史。在理论创

① 《中共中央关于党的百年奋斗重大成就和历史经验的决议》，《人民日报》2021 年 11 月 17 日。
② 《中共中央关于党的百年奋斗重大成就和历史经验的决议》，《人民日报》2021 年 11 月 17 日。

新和真理探索上，党的百年奋斗展示了马克思主义的强大生命力和与时俱进的理论品格，实现了从创立和发展毛泽东思想，到形成中国特色社会主义理论体系，再到创立习近平新时代中国特色社会主义思想的马克思主义中国化的三次飞跃。在实践创新和真理检验上，党的百年奋斗展示了“马克思主义的科学性和真理性在中国得到充分检验，马克思主义的人民性和实践性在中国得到充分贯彻，马克思主义的开放性和时代性在中国得到充分彰显”①。标志着第一次飞跃的毛泽东思想，不仅指导新民主主义革命实践取得彻底胜利，而且指导社会主义革命和建设实践取得伟大成就，因此被实践证明是中国革命和建设的正确理论原则。标志着第二次飞跃的中国特色社会主义理论体系，指导改革开放和社会主义现代化建设实践取得了伟大成就，因此被实践证明是正确的理论体系。标志着第三次飞跃的习近平新时代中国特色社会主义思想，推动党和国家事业取得了历史性成就和发生历史性变革，因此被实践证明是当代中国马克思主义和21世纪马克思主义，是中华文化和中国精神的时代精华。

坚持真理，向史而新。“好事办好”的关键在于坚持真理，要用真理尺度衡量，要使主观同客观相符合并在实践中加以检验。否则，再好的“好事”也难以成真，再远大的志向也难以实现，再伟大的使命也难以完成。作为马克思主义政党，中国共产党的使命担当是马克思主义真理固有的，使命完成必须坚持、运用和发展马克思主义真理。进言之，中国共产党之所以能够立志于中华民族千秋伟业并做到百年恰是风华正茂，之所以能够从根本上改变中国人民的前途命运，开辟实现中华民族伟大复兴正确道路，深刻影响世界历史进程，根本原因在于始终坚持、运用和发展马克思主义真理，始终占据着马克思主义真理的制高点。习近平总书记讲得好：“中国共产党为什么能，中国特色社会主义为什么好，归根到底是因为马克思主义行！”② 从内涵和特征看，《中共中央关于党的百年奋斗重大成就和历史经验的决议》通篇占据着马克思主义真理制高点，通篇闪烁着马克思主义的真理光芒和实践力量，因此是一篇真理制高点上向史而新的马克思主义纲领性文献。

三、道义制高点上向史而新的马克思主义行动指南

全会指出，“中国共产党自一九二一年成立以来，始终把为中国人民谋幸福、为中华民族谋复兴作为自己的初心使命，始终坚持共产主义理想和社会主义信念，团结带领全国各族人民为争取民族独立、人民解放和实现国家富

① 《中共中央关于党的百年奋斗重大成就和历史经验的决议》，《人民日报》2021年11月17日。

② 习近平：《在庆祝中国共产党成立100周年大会上的讲话》，《人民日报》2021年7月2日。

强、人民幸福而不懈奋斗，已经走过一百年光辉历程”①，党带领人民的百年奋斗书写了中华民族几千年历史上最恢宏的史诗。因此，全会强调“全党必须永远保持同人民群众的血肉联系，站稳人民立场，坚持人民主体地位，尊重人民首创精神，践行以人民为中心的发展思想……不断实现好、维护好、发展好最广大人民根本利益，团结带领全国各族人民不断为美好生活而奋斗”②。其中内在蕴含着最重要的价值理念就是“人民至上”，这是“为中国人民谋幸福、为中华民族谋复兴”的初心使命的核心内涵和价值遵循。《中共中央关于党的百年奋斗重大成就和历史经验的决议》通篇融汇了党百年奋斗始终如一地贯彻“人民至上”的价值理念和践行为中国人民谋幸福、为中华民族谋复兴的初心使命，这是其在道义制高点上向史而新的根本所在。

人民至上，初心不改。《中共中央关于党的百年奋斗重大成就和历史经验的决议》是在道义制高点向史而新的马克思主义行动指南。从唯物史观维度看，马克思主义在人类思想上第一次站在人民的立场上探求人类自由解放道路，第一次创立了人民实现自身解放的科学理论；不仅如此，还将其理论内核升华为人民群众是历史创造者原理，形成“人民至上”的群众观点。我们党将其创造性地转化为群众路线，创新性地升华为党的初心使命，是党始终站在道义制高点上的马克思主义理论自觉。从正确党史观维度看，全会提出时代是出卷人，我们是答卷人，人民是阅卷人，同时指出过去一百年，党向人民、向历史交出了一份优异的答卷，因为党的百年奋斗从根本上改变了中国人民的前途命运，同时在实践上开辟了正确的道路，在理论上展示了理论强大的生命力，在影响世界历史进程上创造了人类文明的新形态。这是道路、理论、制度和文化自信的根本所在。而现在，党团结带领中国人民又踏上了实现第二个百年奋斗目标的新的赶考之路，因此全会提出“全党要牢记中国共产党是什么、要干什么这个根本问题”③，其核心实质就是要求全党坚决贯彻人民至上价值理念和务必践行其初心使命，一定要自勉自励自强。因此，我们坚信，在过去一百年赢得了伟大胜利和荣光的中国共产党和中国人民，必将在新时代新征程上赢得更加伟大的胜利和荣光！

第三节　中国宣言·中国经验·中国智慧·中国方案

党的十九大报告全面总结了中国特色社会主义在砥砺奋进的五年中所取

① 《中共中央关于党的百年奋斗重大成就和历史经验的决议》，《人民日报》2021年11月17日。
② 《中共中央关于党的百年奋斗重大成就和历史经验的决议》，《人民日报》2021年11月17日。
③ 《中共中央关于党的百年奋斗重大成就和历史经验的决议》，《人民日报》2021年11月17日。

得的辉煌成就和基本经验，为全球治理贡献了中国经验。党的十九大报告系统提出了习近平新时代中国特色社会主义思想，在为中国发展提供理论指导、思想武器、行动指南的同时，也为全球治理、解决全人类面临的问题贡献了中国智慧。党的十九大报告根据新时代中国特色社会主义思想的精神实质和基本方略，对新时代中国特色社会主义事业的发展进行了科学的战略安排和顶层设计，提出了中国特色社会主义事业的行动方案，为全球治理贡献了中国方案。党的十九大报告如同“中国特色社会主义进入新时代”一样，在中华人民共和国发展史上，中华民族发展史上以及世界社会主义发展史上，人类社会发展史上都具有重大而深远的意义。因此，党的十九大报告是中国特色科学社会主义进入新时代五年之际中国共产党的宣言书。

民族的，才是世界的。自改革开放以来，中国特色社会主义正是因为越来越具有中华民族的特色，才越来越具有世界的意义。在深入学习研究和阐释宣传党的十九大报告和习近平新时代中国特色社会主义思想的今天，我们应当深入领会其深刻的思想内涵和深远的历史意义，深刻体会其为解决世界问题和全球治理所贡献的中国经验、中国智慧和中国方案①。

一、党的十九大报告是新时代的中国共产党宣言

2017 年 10 月 18—24 日，中国共产党第十九次全国代表大会胜利召开。这不仅是中华人民共和国发展史和中国共产党发展史上的大事件，而且也是国际共产主义运动史和世界社会主义历史上的大事件。党的十九大的胜利召开，不仅聚焦了全体中国人民的目光，而且吸引了全世界各国人民的注意力，因为党的十九大不仅是中国共产党人胸怀祖国大地而召开的一次盛会，而且也是中国共产党人“站在世界地图前”② 放眼全球而召开的一次盛会。在这次盛会的开幕式上，习近平总书记作了题为《决胜全面建成小康社会 夺取新时代中国特色社会主义伟大胜利》的报告。这是举世瞩目的“党的十九大报告”，堪称新时代的中国共产党宣言。

在党的十九大报告中，习近平总书记紧紧围绕“不忘初心，牢记使命，高举中国特色社会主义伟大旗帜，决胜全面建成小康社会，夺取新时代中国特色社会主义伟大胜利，为实现中华民族伟大复兴的中国梦不懈奋斗”的大会主题，从十三个方面进行了理论结合实践、逻辑结合历史的全面而深刻的

① 本节的内容是在笔者于 2017 年底研究阐释党的十九大报告精神撰写的文章基础上进一步修改而成的。刘冠军：《中国宣言 · 中国经验 · 中国智慧 · 中国方案——深刻体会党的十九大报告重大而深远的历史意义》，《马克思主义学刊》2018 年第 1 辑。

② 郑汉根、闫亮：《这是一次“站在世界地图前”召开的大会》，《解放日报》2017 年 10 月 24 日。

阐述，不仅实事求是、全面客观地总结了过去五年砥砺奋进的工作和历史性变革，确定了当代中国发展的新历史方位——中国特色社会主义进入了新时代①，而且在确立了新历史方位的基础上，明确地指出了新时代中国共产党的伟大历史使命，系统地提出了新时代中国特色社会主义思想和基本方略，庄严宣告了新时代的中国开启了决胜全面建成小康社会、全面建设社会主义现代化国家的新征程，并且从贯彻发展新理念建设现代化经济体系，健全人民当家做主制度体系，发展社会主义民主政治等九个方面进行了系统的顶层设计。

170年前，马克思和恩格斯撰写的《共产党宣言》发表，标志着科学社会主义的诞生。而中国特色社会主义是科学社会主义普遍原理与中国实际相结合的产物。自改革开放以来，尤其是自党的十八大以来，中国共产党人带领中国人民在建设社会主义伟大事业的进程中不断地创造着“中国奇迹”，中国大地上的社会主义日益呈现出鲜明的中国特色。党的十八大以来，中国特色社会主义在砥砺奋进的五年中所取得的辉煌历史成绩，日益铸就着中国大地上社会主义的中国特色。因此，中国特色社会主义在历经东欧剧变、苏联解体的世界社会主义风云变幻和面对世界经济复苏乏力，局部冲突和动荡频发，全球性问题加剧的外部环境而越来越“独树一帜”，越来越具有深远的历史意义。这充分体现了“民族的，才是世界的”命题的真谛。

党的十九大报告在对中国特色社会主义砥砺奋进的五年所取得的辉煌历史成绩进行全面总结的基础上，对建设什么样的中国特色社会主义和怎样建设中国特色社会主义的重大时代课题进行了科学解答，进而形成了习近平新时代中国特色社会主义思想和基本方略，并在此思想和方略的指导下，对新时代中国新征程的路线图进行了科学规划，对如何加以实施的宏伟蓝图进行了顶层设计，进而使“科学社会主义在二十一世纪的中国焕发出强大生机活力，在世界上高举起了中国特色社会主义伟大旗帜”②。因此，党的十九大报告如同马克思、恩格斯的《共产党宣言》标志着科学社会主义诞生那样，标志着在世界上举起了具有中国特色的科学社会主义的伟大旗帜，在向世界宣告中国特色社会主义进入新时代的同时，在理论上形成了新时代中国特色社会主义思想，以及在此思想指导下的科学社会主义中国方案。在此意义上，党的十九大报告作为马克思主义中国化和时代化的最新成果，作为中国特色

① 习近平：《决胜全面建成小康社会 夺取新时代中国特色社会主义伟大胜利——在中国共产党第十九次全国代表大会上的报告》，《人民日报》2017年10月28日。

② 习近平：《决胜全面建成小康社会 夺取新时代中国特色社会主义伟大胜利——在中国共产党第十九次全国代表大会上的报告》，《人民日报》2017年10月28日。

社会主义理论体系的重要组成部分，作为新时代中国最新的马克思主义理论，是新时代中国共产党的宣言书，是新时代中国共产党人代表全体中国人民的宣言书（以下简称“中国宣言”）。这在党的十九大报告的大标题——“决胜全面建成小康社会 夺取新时代中国特色社会主义伟大胜利”的表述和立意中，得到了充分的体现和完美的彰显。

二、党的十九大报告为全球治理贡献了中国经验

党的十九大报告全面总结了中国特色社会主义在砥砺奋进的五年取得的辉煌成就和基本经验，为全球治理贡献了中国经验。在党的十九大报告中，习近平总书记指出，面对世界经济复苏乏力，局部冲突和动荡频繁发生，全球性问题不断加剧和升级的外部环境，面对我国经济发展进入新常态等的深刻变化，我们坚持稳中求进的工作总基调，迎难而上，开拓进取，取得了辉煌的历史性成就。仅就中国特色社会主义经济建设取得的重大成就而言，经济发展保持了中高速的增长，在世界主要国家中名列前茅，国内生产总值稳居世界第二，对世界经济增长的贡献率超过 30%；供给侧结构性改革深入推进，经济结构不断优化，数字经济等新兴产业蓬勃发展；创新型国家建设成果丰硕，“天宫、蛟龙、天眼、悟空、墨子、大飞机等重大科技成果相继问世”，等等①。五年的成就远不止在经济建设方面，对此，习近平总书记在党的十九大报告中，还从全面深化改革、民主法治建设、思想文化建设、人民生活水平、生态文明建设、强军兴军、港澳台工作、全方位外交、全面从严治党九个方面加以概括。因此，五年来的成就是全方位的、开创性的，为新时代中国特色社会主义奠定了雄厚基础；五年来的变革是深层次的、根本性的，解决了许多长期想解决而没有解决的难题，办成了许多过去想办而没有办成的大事，推动党和国家事业发生历史性变革，孕育生成了新时代中国特色社会主义主要矛盾新变化；五年来，党的马克思主义理论创新形成了新时代中国特色社会主义思想；五年来，以习近平同志为核心的党中央治国理政的新理念、新战略、新举措，铸就了新时代中国特色社会主义的基本方略；五年来的奋斗实践，奠基了新时代中国特色社会主义的战略安排；五年来全面从严治党的显著成效，锻造了新时代中国特色社会主义的坚强领导。

自党的十八大以来，中国共产党率领中国人民不断地完善和发展中国特色社会主义的道路、理论、制度和文化，为实现伟大梦想，推进伟大事业，

① 习近平：《决胜全面建成小康社会 夺取新时代中国特色社会主义伟大胜利——在中国共产党第十九次全国代表大会上的报告》，《人民日报》2017 年 10 月 28 日。

进行伟大斗争和建设伟大工程进行了伟大实践，在砥砺奋进的过程中取得了辉煌成就，为我们在新时代更好地建设中国特色社会主义事业留下了宝贵的经验。中国特色社会主义在道路、理论、制度和文化建设的伟大实践中取得辉煌成就的基本经验，可归结为 14 个方面：①坚持党对一切工作的领导；②坚持以人民为中心；③坚持全面深化改革；④坚持创新、协调、绿色、开放、共享的新发展理念；⑤坚持人民当家做主；⑥坚持全面依法治国；⑦坚持社会主义核心价值体系；⑧坚持在发展中保障和改善民生；⑨坚持人与自然和谐共生；⑩坚持总体国家安全观；⑪坚持党对人民军队的绝对领导；⑫坚持"一国两制"和推进祖国统一；⑬坚持推动构建人类命运共同体；⑭坚持全面从严治党。在党的十九大报告中，习近平总书记将中国特色社会主义取得历史性辉煌成就的基本经验即"十四个必须坚持"，从辩证唯物主义和历史唯物主义的维度，紧密结合新时代实际并以全新的视野作为对共产党执政规律，社会主义建设规律，人类社会发展规律的深刻认识，将其升华为新时代坚持和发展中国特色社会主义基本方略"十四条"。习近平总书记指出："以上十四条，构成新时代坚持和发展中国特色社会主义的基本方略"①。这是新时代中国特色社会主义思想的精神实质和丰富内涵，在各项工作中全面准确贯彻落实的行为规范和根本要求，是坚持中国特色社会主义的道路自信、制度自信、理论自信、文化自信的基本遵循和行动体现。

中国特色社会主义在砥砺奋进的五年中取得辉煌历史性成就的基本经验，不仅构成了新时代中国特色社会主义思想和基本方略的经验基础，而且还为世界上各发展中国家提供了中国经验，为发展中国家应对全球性问题提供了全球治理的经验借鉴。长期研究中国问题的美国学者阿里夫·德里克（Arif Dirlik）认为，中国特色社会主义的理论价值，不仅在于它目前在全球经济中的重要性，而且在于它为广大发展中国家的发展提供了一种"替代经验"②。埃及前总理沙拉夫在中国—阿拉伯国家改革发展论坛研讨会上指出，"改革开放 40 年来，我看到了中国发生的巨大变化。中国的成就应当被世界认可"，并坦言"我们渴望从中国的经验中获得启发"，因为中国共产党是一个为人民服务并能克服困难的政党，在短短几十年间就把中国建设成为强大的经济体③。印度尼西亚东盟南洋基金会主席班邦·苏尔约诺将中国经验总结为中国

---

① 习近平：《决胜全面建成小康社会 夺取新时代中国特色社会主义伟大胜利——在中国共产党第十九次全国代表大会上的报告》，《人民日报》2017 年 10 月 28 日。

② 郑汉根：《中国道路的世界启示》，http://www.xinhuanet.com/politics/19cpcnc/2017-10/20/c_1121833224.htm.

③ 周�、宦翔：《从中国经验中获得启发——记中国—阿拉伯国家改革发展论坛研讨会》，《人民日报》2018 年 4 月 24 日。

模式，认为“中国模式在全球的吸引力越来越强，值得发展中国家借鉴”①。

三、党的十九大报告为全球治理贡献了中国智慧

在党的十九大报告中，习近平总书记对新时代中国特色社会主义思想从理论和实践、逻辑与历史的结合上，系统回答了新时代坚持和发展什么样的中国特色社会主义，怎样坚持和发展中国特色社会主义，包括新时代坚持和发展中国特色社会主义的总目标、总任务、总体布局、战略布局和发展方向、发展方式、发展动力、战略步骤、外部条件和政治保证等基本问题，根据新时代的实践对经济、政治、法治、科技、文化、教育、民生、民族、宗教、社会、生态文明、国家安全、国防和军队、“一国两制”和祖国统一、统一战线、外交、党的建设等方面，做了理论分析和政策指导，并且从八个方面进行了“明确”。

“八个明确”构成了习近平新时代中国特色社会主义思想的核心内容：一是明确坚持和发展中国特色社会主义的总任务，是实现社会主义现代化和中华民族伟大复兴，在全面建成小康社会的基础上分两步走，在21世纪中叶建成富强民主文明和谐美丽的社会主义现代化强国。二是明确新时代我国社会的主要矛盾，是人民日益增长的美好生活需要与不平衡不充分的发展之间的矛盾。要解决我国的主要矛盾，就必须坚持以人民为中心的发展思想，不断促进人的全面发展，全体人民共同富裕。三是明确中国特色社会主义事业总体布局和战略布局。总体布局是“五位一体”，战略布局是“四个全面”，并强调坚定中国特色社会主义的道路自信、理论自信、制度自信、文化自信。四是明确全面深化改革的总目标，是完善和发展中国特色社会主义制度，推进国家治理体系和治理能力现代化。五是明确全面推进依法治国的总目标，是建设中国特色社会主义法治体系，建设社会主义法治国家。六是明确党在新时代的强军目标，是建设一支听党指挥、能打胜仗、作风优良的人民军队，把人民军队建设成为世界一流军队。七是明确中国特色的大国外交，为此要推动构建新型国际关系，推动构建人类命运共同体。八是明确中国特色社会主义最本质的特征，是中国共产党领导，中国特色社会主义制度的最大优势是中国共产党领导，党是最高政治领导力量②。

新时代中国特色社会主义思想，是以习近平同志为核心的党中央在对国

---

① 人民网记者：《十九大：贡献中国智慧》，http://world people com cn/n1/2017/1023/c1002-29603783 html.

② 习近平：《决胜全面建成小康社会 夺取新时代中国特色社会主义伟大胜利——在中国共产党第十九次全国代表大会上的报告》，《人民日报》2017年10月28日。

际和国内局势进行科学研判的基础上，推进马克思主义中国化、时代化、大众化的理论结晶，是全党全国人民为实现中华民族复兴伟大梦想，推进中国特色社会主义伟大事业，进行具有许多新历史特点的伟大斗争和全面从严治党的伟大工程而奋斗的思想纲领和行动指南。同时应当看到，习近平新时代中国特色社会主义思想是坚持运用辩证唯物主义和历史唯物主义，紧密结合新的时代条件和实践要求，以全新的视野深化对共产党执政规律、社会主义建设规律、人类社会发展规律进行艰辛理论探索取得的重大理论创新成果。它在为中国发展提供理论指导、思想武器、行动指南的同时，也为全球治理、解决全人类面临的问题提供了中国思想，贡献了中国智慧。

四、党的十九大报告为全球治理贡献了中国方案

在党的十九大报告中，习近平总书记根据新时代中国特色社会主义思想的精神实质和基本方略，对新时代中国特色社会主义事业的发展进行了科学的战略安排和顶层设计，形成了中国特色社会主义事业的基本方案。一方面，在纵向发展维度上，习近平总书记根据新时代的实际并站在新的历史起点上，对实现“两个一百年”奋斗目标作出了战略安排。在党的十九大报告中，习近平总书记指出，自党的十八大以来，我们党将全面建成小康社会定位为“实现中华民族伟大复兴中国梦的关键一步”，并将其纳入“四个全面”战略布局且居于引领位置；在中国特色社会主义新时代，党面临的主要任务是到2020年时实现第一个百年奋斗目标，全面建成经济更加发展，民主更加健全，科教更加进步，文化更加繁荣，社会更加和谐，人民生活更加殷实的小康社会；从2020年到2035年，在全面建成小康社会的基础上，基本实现社会主义现代化；从2035年到本世纪中叶，在基本实现现代化的基础上，把我国建设成为富强民主文明和谐美丽的社会主义现代化强国。这是新时代中国特色社会主义发展的战略安排和美好愿景。另一方面，在横向联系维度上，习近平总书记从贯彻发展新理念建设现代化经济体系，健全人民当家做主制度体系发展社会主义民主政治，坚定文化自信推动社会主义文化繁荣昌盛，提高保障和改善民生水平加强和创新社会治理，加快生态文明体制改革建设美丽中国，坚持走中国特色强军之路全面推进国防和军队现代化，坚持“一国两制”推进祖国统一，坚持和平发展道路，推动构建人类命运共同体，坚定不移全面从严治党不断提高党的执政能力和领导水平等九个方面进行了系统的顶层设计，为新时代中国特色社会主义的发展绘就了宏伟蓝图。

世界正处于大发展、大变革、大调整时期，在这一时期，和平与发展仍然是时代主题，而在此主题下，世界面临的不稳定性、不确定性也很突出，

人类面临许多共同的挑战和带有全球性的问题。因此，在党的十九大报告中，习近平总书记对新时代中国特色社会主义发展的战略安排和顶层设计，是根据中国新时代的实际而提出的发展中国特色社会主义事业的方案，但其意义绝不仅局限于中国，也就是说，这不仅是中国的方案，事实上它为全球治理和解决全球问题贡献了“中国方案”。如党的十九大报告指出的：“没有哪个国家能够独自应对人类面临的各种挑战，也没有哪个国家能够退回到自我封闭的孤岛。”① 在此背景下，中国方案备受全球瞩目，中国努力倡导并带头实践“合作共赢”“共商共建共享”“构建人类命运共同体”等理念，为国际治理贡献了更多中国方案；从提出“一带一路”倡议，到构建合作共赢的新型国际关系，从提出建立亚洲基础设施投资银行，到积极参与解决各种重大国际问题，中国在世界舞台上正扮演着越来越重要的角色并越来越走向世界舞台的中央。

尤其重要的是，中国共产党始终把为人类做出新的更大的贡献作为自己的使命。党的“十九大报告诠释全球治理之中国方案”，“中国方案对全球治理变革贡献巨大”②，中国方案中的构建人类命运共同体，人与自然的生命共同体，“创新驱动发展”“协调平衡发展”“绿色低碳发展”“开放共赢发展”“共享共富发展”“劳动关系和谐”“多元包容”“两手互济发展”的现代化经济体系，健全人民当家做主的制度体系，以提高保障和改善民生水平为主导的社会治理体系，等等，为世界提供了治理智慧和治理方案并且正在持续发挥影响。“人类命运共同体”理念于2017年2月10日首次写入联合国社会发展委员会的“非洲发展新伙伴关系的社会层面”决议便是最好的例证③。“一带一路”倡议构建更加均衡普惠的全球产业链，已经成为中国方案引领经济全球化的典范。

五、中国宣言、中国经验、中国智慧和中国方案重大而深远的历史意义

党的十九大是在当前“国内外形势正在发生深刻复杂变化，我国发展仍处于重要战略机遇期”和“前景十分光明，挑战也十分严峻”的大背景下召开的一次盛会，是一次具有里程碑意义的大会。习近平总书记在大会开幕式上所作的报告，如同“中国特色社会主义进入新时代，在中华人民共和国发

① 习近平：《决胜全面建成小康社会 夺取新时代中国特色社会主义伟大胜利——在中国共产党第十九次全国代表大会上的报告》，《人民日报》2017年10月28日。

② 陈凤英：《十九大报告诠释全球治理之中国方案》，《当代世界》2017年第12期。

③ 李秉新、殷淼：《联合国决议首次写入“构建人类命运共同体”理念》，网址：http://world people com cn/n1/2017/0211/c1002-29074217 html。

展史上、中华民族发展史上具有重大意义，在世界社会主义发展史上、人类社会发展史上也具有重大意义”① 一样，在中华人民共和国发展史上、中华民族发展史上，以及在世界社会主义发展史上、人类社会发展史上具有重大意义。如果中国特色社会主义进入新时代的重大意义是在实践和现实维度上的，那么党的十九大报告的重大意义则是在理论和认识维度上的，因为它不仅在全面总结中国特色社会主义伟大实践经验的基础上，系统构建了新时代中国共产党的纲领性文献和行动指南，绘就了新时代中国的宏伟蓝图和美好愿景，而且为世界上那些既希望加快发展又希望保持自身独立性的国家和民族提供了全新选择，为解决人类面对世界问题和全球治理提供了中国经验，贡献了中国智慧和中国方案。

在党的十九大报告中，习近平总书记在对砥砺奋进的五年来全方位的、开创性的辉煌成就，和五年来深层次的、根本性的变革进行实事求是的总结基础上指出，“经过长期努力，中国特色社会主义进入了新时代，这是我国发展新的历史方位”，并用“三个意味着”阐述了“中国特色社会主义进入新时代”的重大而深远的意义：一是“意味着近代以来久经磨难的中华民族迎来了从站起来、富起来到强起来的伟大飞跃，迎来了实现中华民族伟大复兴的光明前景”；二是“意味着科学社会主义在二十一世纪的中国焕发出强大生机活力，在世界上高高举起了中国特色社会主义伟大旗帜”；三是“意味着中国特色社会主义道路、理论、制度、文化不断发展，拓展了发展中国家走向现代化的途径，给世界上那些既希望加快发展又希望保持自身独立性的国家和民族提供了全新选择，为解决人类问题贡献了中国智慧和中国方案”②。“三个意味着”是习近平总书记对“中国特色社会主义进入新时代”重大而深远意义的阐发。在笔者看来，“三个意味着”同样适合于对党的十九大报告重大而深远意义的概括。如果说中国特色社会主义进入新时代。“意味着”近代以来久经磨难的中华民族，迎来了从站起来、富起来到强起来的伟大飞跃，迎来了实现中华民族伟大复兴的光明前景，那么党的十九大报告则“意味着”中华民族在实现从站起来、富起来到强起来的过程中有了指导转变的科学理论；如果说中国特色社会主义进入新时代，“意味着”科学社会主义在 21 世纪的中国焕发出强大生机活力，在世界上高高举起了中国特色社会主义伟大旗帜，那么党的十九大报告则“意味着”标志科学社会主义在 21 世纪的中

① 习近平：《决胜全面建成小康社会 夺取新时代中国特色社会主义伟大胜利——在中国共产党第十九次全国代表大会上的报告》，《人民日报》2017 年 10 月 28 日。

② 习近平：《决胜全面建成小康社会 夺取新时代中国特色社会主义伟大胜利——在中国共产党第十九次全国代表大会上的报告》，《人民日报》2017 年 10 月 28 日。

国，焕发出强大生机活力的新科学理论的形成，标志着在世界上高高举起中国特色社会主义伟大旗帜新科学理论的诞生；如果说中国特色社会主义进入新时代，“意味着”中国特色社会主义道路、理论、制度、文化不断发展，拓展了发展中国家走向现代化的途径，那么党的十九大报告则“意味着”对中国特色社会主义道路、理论、制度、文化不断发展的新理论的概括，以及对拓展发展中国家走向现代化途径的新理论的凝结，进而在理论上给世界上那些既希望加快发展，又希望保持自身独立性的国家和民族提供了全新的理论选择，在理论上为解决人类问题贡献了中国经验、中国智慧和中国方案。

从辩证唯物主义认识论的维度看，中国特色社会主义进入新时代是其实践逻辑和实践历史的进展，党的十九大报告则是对中国特色社会主义进入新时代的理论逻辑和认识历史的发展。两个方面的辩证统一彰显着中国特色社会主义的实践和认识、逻辑与历史的辩证统一。因此，作为高校从事马克思主义理论研究和思想政治理论课教学的教师，肩负着研究宣传党的十九大报告精神和习近平新时代中国特色社会主义思想，并将其融入思想政治理论课教学的重大职责和神圣使命，必须立足本职岗位，大力推进让党的十九大报告精神和习近平新时代中国特色社会主义思想进教案、进课堂和进头脑的“三进”工作。因此，我校思想政治理论课教师在教学研究过程中，一要做好思想引领工作，将党的十九大报告精神、习近平新时代中国特色社会主义思想的研究宣传与马克思主义理论学科建设相结合，与思想政治理论课建设相结合；二要结合学校第四次党代会的精神、学校党委和学校 2018 年的工作要点，将党的十九大报告精神、习近平新时代中国特色社会主义思想的研究宣传，作为挂靠我校北京高校思想政治理论课改革示范点建设的重点工作，积极参与北京市习近平新时代中国特色社会主义思想研究中心首都经济贸易大学研究基地的各项活动，加大力度推进我校思想政治理论课实践教学与各学院专业实习活动的结合工作，创新实践教学模式，让大学生将思想政治理论课实践与专业实习结合起来，深度体会党的十九大报告精神和习近平新时代中国特色社会主义思想。

第四节　中国特色社会主义进入了新时代，为什么还要学习马克思

习近平总书记在纪念马克思诞辰 200 周年大会上发表的重要讲话，将缅怀伟人结合秉承事业、逻辑结合历史、理论结合现实，全面系统地回答了新时代的中国为什么还要学习马克思、学习马克思的什么、怎样学习马克思、

学习马克思有何意义等重大问题。根据学习体会，笔者在此拟就“新时代我们为什么还要学习马克思”这一重大问题略述管见①。

马克思至今依然被公认为“千年第一思想家”，他的名字依然在世界各地受到人们的尊敬。这缘于马克思的伟大人格和历史功绩、崇高精神和光辉思想。马克思从中学时代就树立了为人类幸福而工作的远大志向，一生初心不改、矢志不渝并为之不懈奋斗。这突出地表现在：马克思是不畏艰难险阻、为追求真理而勇攀思想高峰的科学家。他像达尔文发现有机界的发展规律一样，创立了唯物史观、剩余价值学说和科学社会主义，在他所研究的很多领域，甚至在数学领域都有独到的发现。马克思毕生的使命是为无产阶级和劳动人民解放而奋斗，他义无反顾地参加工人运动并始终站在斗争的最前沿，不仅第一次使无产阶级意识到自身的地位和需要以及自身解放的条件，而且通过满腔热情、坚韧不拔和卓有成效地进行斗争；领导创建了世界上第一个无产阶级政党，即共产主义者同盟；领导世界上第一个国际工人组织，即国际工人协会，热情支持世界上第一次工人阶级夺取政权的革命，即巴黎公社革命，百折不挠地推动各国工人运动发展。

马克思的学说至今依然是具有重大国际影响的思想体系和话语体系，依然闪烁着耀眼的真理光芒和价值光辉。马克思给我们留下的最有价值、最具影响力的精神财富，是以他的名字命名的马克思主义理论。这一理论源于那个时代又超越了那个时代，既是那个时代的精神精华，还是整个人类的精神精华，表现出四个鲜明特征：一是科学的理论，创造性地揭示了人类社会发展规律；二是人民的理论，第一次创立了人民实现自身解放的思想体系；三是实践的理论，指引着人民改造世界的行动，为人民认识世界、改造世界提供了强大的精神力量；四是开放发展的理论，始终站在时代前沿，随着实践的发展而发展。正因为如此，马克思的学说犹如壮丽的日出，照亮了人类探索历史规律和寻求自身解放的道路。“在人类思想史上，没有一种思想理论像马克思主义那样对人类产生了如此广泛而深刻的影响”②，深刻改变了世界，极大地推进了人类文明的进程。

马克思学说自传入中国至今，它的命运早已同我们党、我国人民和中华民族的命运紧密相连。十月革命一声炮响，为中国人民送来了马克思列宁主义，给苦苦探寻救亡图存出路的中国人民指明了前进方向。在这一理论的指导下，

① 本节的内容是在笔者于2018年5月学习研读习近平总书记在纪念马克思诞辰200周年大会上的讲话精神所撰写的文章基础上进一步修改而成的。刘冠军：《中国特色社会主义进入了新时代，为什么还要学习马克思？——学习习近平总书记在纪念马克思诞辰200周年大会上讲话有感》，《首经贸校报》2018年5月15日。

② 习近平：《在纪念马克思诞辰200周年大会上的讲话》，《人民日报》2018年5月5日。

中国人民不仅站了起来、富了起来，而且开启了强起来的新时代。实践证明，马克思学说的命运，早已同中国共产党的命运、中国人民的命运、中华民族的命运紧紧连在一起。它的科学性和真理性在中国得到了充分检验，它的人民性和实践性在中国得到了充分贯彻，它的开放性和时代性在中国得到了充分彰显，它为中国的革命、建设、改革提供了强大的思想武器，使中国这个古老的东方大国创造了人类历史上前所未有的发展奇迹。历史和人民选择马克思主义，中国共产党把马克思主义写在自己的旗帜上，在坚持马克思主义中不断推进马克思主义中国化时代化，无疑都是完全正确的。今日的共产党人，作为马克思主义的忠诚信奉者、坚定实践者，正在为坚持和发展马克思主义而执着努力着。

新时代的中国依然处在马克思学说所指明的历史时代，已成为我们的“看家本领”。习近平总书记指出：“尽管我们所处的时代同马克思所处的时代相比发生了巨大而深刻的变化，但从世界社会主义 500 年的大视野看，我们依然处在马克思主义所指明的历史时代”①，我们“必须把马克思主义作为看家本领……原原本本学习和研读马克思主义经典著作”②，因为其中的“洞见和论述，深刻揭示了经济全球化的本质、逻辑、过程，奠定了我们今天认识经济全球化的理论基础”③，奠定了中国特色社会主义政治经济学以及哲学社会科学的理论根基，因此“共产党人要把读马克思主义经典、悟马克思主义原理当作一种生活习惯”④，要坚持用马克思主义观察时代、解读时代、引领时代，要坚持在改革中守正出新、不断深化对共产党执政规律、社会主义建设规律、人类社会发展规律的认识，不断开辟当代中国马克思主义、21 世纪马克思主义新境界，让马克思设想的人类社会美好前景不断在中国大地上生动展现出来。

---

① 习近平：《坚持用马克思主义及其中国化创新理论武装全党》，《求是》2021 年第 22 期。

② 习近平：《论党的宣传思想工作》，中央文献出版社 2020 年版，第 288 页。

③ 习近平：《论把握新发展阶段、贯彻新发展理念、构建新发展格局》，中央文献出版社 2021 年版，第 91 页。

④ 习近平：《在纪念马克思诞辰 200 周年大会上的讲话》，《人民日报》2018 年 5 月 5 日。

第九章　新中国70年农村集体经济实现形式创新发展的经验总结及重要启示

农业农村问题是中国经济整体现代化的一个短板。补齐短板、实现农村农业现代化，需要充分发挥农村集体经济的作用，需要不断创新其实现形式，释放其活力和增强其实力。习近平总书记对此明确指出，“没有农业农村现代化，就没有整个国家的现代化”①，乡村振兴是中国实现两个百年梦想的重要一环。围绕如何振兴农业农村，如何实现农业农村现代化等问题，学术界进行了大量探讨。深入研究就可以发现，无论是城镇经济还是农村经济，其发展的基本要素是相同的，包括资本、科技、劳动等，城乡经济发展之间以及各地农村之间之所以存在发展差异，是因为体制机制的不同影响了生产要素供给数量和配置效率。创新农村集体经济体制改革，已经成为补足这一短板，释放农村集体经济活力，壮大农村集体经济实力重要的环节和前提条件。

为此，党中央在党的十八大以后创新性地提出了“统分结合、以统为主”的新双层经营体制，确立了“三权分置”的新实现形式，在保障所有权的前提下分离承包权与经营权。这一变化所折射出来的是其背后生产资料所有权具有的独特时代性和表现方式的特殊性，是对具体社会关系的具体反映和表现②。新时代的经济体制是历史演化的结果，也必然是未来经济体制的发展基础，可以说，农村集体经济及其实现形式的发展变化既是一个逻辑问题，更是一个具有鲜明中国特色的历史问题。在乡村振兴进入关键时期，全面脱贫目标基本实现和“十四五”规划建设已开局等形势叠加之时，回顾中国农村集体经济发展历程，总结其发展经验，梳理其发展脉络，对补齐农业发展短板、实现乡村振兴和“两个一百年”奋斗目标，具有重要的理论价值和现实指导意义③。

为了更加清晰地梳理中国农村集体经济的发展脉络，在此按照历史重大

① 人民日报评论员：《新时代“三农”工作总抓手——论学习习近平总书记关于实施乡村振兴战略重要讲话精神》，《人民日报》2018年9月29日。

② 马克思、恩格斯：《马克思恩格斯选集》第1卷，人民出版社1995年版，第177页。

③ 本章的内容是在笔者和惠建国博士合作完成的研究成果基础上修改而成的。刘冠军、惠建国：《中国农村集体经济的实现形式与创新发展》，《甘肃社会科学》2021年第3期。

事件或政策文本和目标导向的标准，将中国农村集体经济的发展历程划分为中华人民共和国成立后的社会主义革命和建设时期（1949—1978 年）、改革开放和社会主义现代化建设新时期（1978—2012 年）和中国特色社会主义新时代（2012 年至今）三个阶段，对应的实现形式依次是“合作社”和“统分结合、以分为主”的双层经营体制以及“三权分置”下的新双层经营体制，它们既具有内在的一致性，也表现出一定的差异性。考察中华人民共和国成立 70 多年来的农村经济发展历程可以发现，农村集体经济的实现形式是在探索中创立、发展和完善的，并随着生产力发展和整体生产关系的调整而不断变革，在保证公有制底色的同时不断激发和释放个人所有制的活力，实现了公有制优越性与个人所有制积极性日益完美的结合，为满足人民更加美好的就业劳动和生产生活需求开拓了新的经济形态，创造了新的体制机制保障。

第一节　社会主义革命和建设时期农村集体经济实现形式的探索与确立

中华人民共和国成立后的社会主义革命和建设时期是指 1949 年至 1978 年的时间段。在这一时期，根据国内外的现实状况和建设社会主义的美好愿景，中国共产党带领人民继续进行土地改革，废除封建半封建的土地所有制，建立农民土地所有制，并根据生产力发展需要和国家工业化发展需要，逐步对农业进行社会主义改造，有序引导农民走向合作化发展道路，探索并发展中国农村集体经济，不断创新其实现形式。

一、农村集体经济的探索（1949—1953 年）

中华人民共和国成立后，中国共产党“成为在全国范围执掌政权的党”①，带领人民开启了中华民族伟大复兴的光辉历程，“中国发展从此开启了新纪元”②，中华大地呈现万象更新的局面。同时应该看到，在中华人民共和国成立初期，中国共产党和全国人民在经济上“继承的是一个千疮百孔的烂摊子。生产萎缩，民生困苦”③，当务之急是解决人民的吃饭问题和人民政权的保护巩固问题。

为了解决人民的吃饭问题，中国共产党带领人民废除封建半封建的土地所有制，推行农民土地所有制。1949 年，中国人民政治协商会议制定的《中

① 本书编写组：《中国共产党简史》，人民出版社、中共党史出版社 2021 年版，第 145 页。
② 《中共中央关于党的百年奋斗重大成就和历史经验的决议》，《人民日报》2021 年 11 月 17 日。
③ 本书编写组：《中国共产党简史》，人民出版社、中共党史出版社 2021 年版，第 147 页。

国人民政治协商会议共同纲领》；1950 年 6 月，中央人民政府通过的《中华人民共和国土地改革法》，作为纲领性文件指导全国开展土地改革，明确了土地改革的目标是农民所有制。到 1952 年底，中国大陆地区基本完成了土地改革，3.1 亿农民共计分配土地 7 亿亩，中国农民终于实现了千百年来孜孜以求的"耕者有其田"的愿望①，唤醒了农民主体意识和阶级觉悟，极大地激发了农民生产的积极性，迅速恢复了农业生产，也推动了国民经济的整体恢复和发展，保证了农村生产关系的迅速调整和社会秩序的迅速恢复②。

需要明确的是，农民土地所有制是对地主土地私有制的替代，在本质上依然是一种私有制，势必会存在贫富两极分化的风险和过度分散经营不适应国家工业化需求的可能。同时，农民虽然分得了土地，但是，受到当时生产力发展水平的限制，生产工具不足和生产落后等问题广泛存在，农民渴望联合劳动和得到援助。在当时的生产力发展水平下，无论是国家工业化需要国家集中有限资源进行支持，还是农业需要联合劳动进行共产，走集体合作化农业发展道路已是大势所趋。

在这种背景下，1951 年，中共中央开会讨论并通过了《关于农业生产互助合作的决议（草案）》，确定了农业互助合作的方针和政策。在 1953 年该决议发表后，中国开始对农业进行社会主义改造，引导农民走互助合作的道路，互助组得以登上历史舞台，到 1952 年底时，已诞生了 800 多万个互助组，涉及 4 500 多万户农民。此时的互助合作依然是生产侧传统意义上的合作，并不涉及土地所有制调整和收益分配的问题。这从 1954 年《宪法》进一步明确互助组的土地所有权性质，并规定农民的土地等生产资料所有权要受到法律保护等可以证明。当然，互助组具有社会主义集体经济的萌芽性质，是一种从农民土地私有制向集体所有制的过渡形式，是中国农村集体经济探索的历史成果。

二、农业合作社与农村集体经济的基本确立及升级（1953—1956 年）

随着农业社会主义改造的深入和互助组的建立发展，农民的个体生产积极性和农业互助合作的集体生产积极性大幅提高，国家工业化发展战略也需要加快农业发展，实现二者的协调发展。1953 年，中共中央通过了《中共中央委员会关于发展农业生产合作社的决议》，总结了农业互助合作的优点，并推动中国农村经济进入了初级社时期。在初级社里，土地经营使用权要由初

---

① 当代中国经济大辞库编著委员会：《当代中国经济大辞库：经济史卷》，中国经济出版社 1993 年版，第 282 页。

② 王立胜：《中国农村现代化社会基础研究》，济南出版社 2018 年版，第 121 页。

级社统一实行，土地所有权归农民所有，农民拥有自由进入和退出初级社的权利，享有较大的土地收益权和处置权。初级社并没有改变土地所有制，但已经是具备半社会主义性质的经济组织了。互助组、初级社的成立和深入发展，提高了农民参加集体生产和集体劳动的意识。

1955 年，中国共产党在七届六中全会中作出了加快农业合作化的决定，同年的全国人大常委会第二十四次会议研究并通过了《农业生产合作社示范章程（草案)》，明确规定农业生产合作社是农民的集体经济组织，目标是实现共同富裕，途径是要逐步地用生产资料集体所有制替代私有制，用规模化生产取代分散经营。在政策法律和生产水平落后的客观情况共同推动下，1955 年底已出现了 190 多万个初级社，涉及 7 500 万农户。随着生产力的进一步发展、政策推动加快和初级社模式的演化发展，中国从 1956 年开始掀起了高级农业生产合作社的浪潮，在当年年底已有占比高达 96. 3%的 1. 2 亿农户加入农业生产合作社，加入高级社的农户占比为 88%。同一年颁布的《高级农业生产合作社示范章程》意味着中国农村集体经济的基本确立，农村土地制度从此实现了从农民私有发展到集体所有的跨越。具体说，高级社具有完全的社会主义性质。在高级社，除了宅基地和少量自留地外，农民绝大部分土地及其相关的权利、收益都要交给高级社，由高级社统一调度生产和分配。

三、人民公社与农村集体经济的完全确立（1956—1978 年）

高级社成立后，全国范围内掀起了大规模兴修农业生产水利的工程浪潮，农业领域的“大跃进”迹象开始显现。由于工程规模大，需要大量的人力、物力、财力，而这些往往是单个高级社所不具备的，越来越多的地方开始合并小社成为大社。1958 年 8 月，中共中央政治局扩大会议在北戴河举行，会议讨论并通过的《关于在农村建立人民公社问题的决议》加快了合并趋势，全国范围内的人民公社化运动由此快速展开，并在当年底基本实现了人民公社化，全国共有人民公社 2. 7 万个，覆盖了 1. 27 亿农户，99. 1%的农户加入了人民公社。1959 年开始实行以生产大队为基础的三级所有制。1962 年，中共中央通过的《农村人民公社工作条例修正草案》进一步修改这一制度为“公社、生产大队、生产队”框架下的三级所有制和以生产队为基础的集体所有制。这一草案的发布意味着中国农村集体经济的完全确立，虽然后续还有微调，但是“三级所有、队为基础”的集体经济组织形式一直没有改变，并逐步扩散到农村手工业、商业和企业组织形式。

其中就企业创办而言，到 1979 年底，虽有所调整，但全国范围内依然有 148 万个社队企业，包括人民公社创办的企业尚有 32 万个，平均每个公社办有6个企业，以及大队所创办的企业116万个，平均每个大队创办了1.7个企业，纳入了2 909万农民，占农村劳动力的9.4%①，为后来乡镇企业发展和规模化经营积累了丰富的经验。由于建设经验不足，共同富裕的美好愿景与当时的生产力发展水平相脱节，“大锅饭”“绝对平均分配”的理想化思路影响到了农民的生产积极性，阻碍了农业现代化发展的进程，使这个时期的农业经济发展和集体经济体制改革遇到了一些挫折。但是，这个时期的建设发展为后来的探索与改革奠定了基础，尤其是大规模水利工程的建设和工业化基础的夯实，为改革开放时期的快速发展提供了最坚固的保障。

第二节 改革开放和社会主义现代化建设新时期双层经营体制的确立与发展

改革开放和社会主义现代化建设新时期是指1978年至2012年。在此时期，农村集体经济的双层经营体制得以确立与发展。

人民公社强调政社合一，在一定程度上影响了农村集体经济发展的独立性；人民公社强调“集体所有，集体经营”，打击了农民作为集体成员的生产积极性。如何规避和消除这些消极影响，既能保证集体经济的公有制底色，又能激发农民个体的生产积极性，是20世纪70年代末急需解决的一个时代命题。农村集体经济体制改革呼之欲出。

一、“统分结合”双层经营体制的确立（1978—1984年）

经过中华人民共和国成立后30年的发展，农村土地由原来的地主私有制和农民私有制逐步被改造为社会主义公有制，其经营形式也从个体经营发展为集体经营，最终演化为高度集中的人民公社。同样，改革开放时期农村集体经济的改革和发展也是从土地和经营方式开始的。1978年安徽凤阳县小岗村“大包干”生产责任制的实行，拉开了中国农村集体经济体制改革的序幕。来自基层的这种新经营体制取得了重大成功，解决了农民吃饭的问题，也搞活了农村集体经济，并于1980年得到邓小平的公开肯定。1982年1月1日发布的中央一号文件《全国农村工作会议纪要》肯定了农村的各种生产责任制，认为这些都是社会主义集体经济的实现形式。

一方面，家庭联产承包责任制激发了集体所有权前提下的个体经营活力，打破了“集体所有，集体经营”的原有组织形式；另一方面，集体所有、个体经营的“双层经营体制”，打破了人民公社政社合一的体制，进一步激发了

① 佚名:《1979年全国社队企业发展情况》,《农业经济丛刊》1980年第5期。

农村集体经济发展活力。这些成果最终在 1982 年《宪法》中以法律形式进行了肯定和体现。1983 年 1 月，中共中央关于印发《当前农村经济政策的若干问题》的通知，认为这一经营体制是党领导人民进行的伟大创造；在同一年，全国范围内开展了农地第一轮承包，到年底时已经有 94.5%的农户承包了相应的土地。

这一时期可以被称为农村集体经济体制改革的“破冰”时期，包括“包干到户”“包产到户”在内的家庭联产承包责任制打破了人民公社的农村集体经济实现形式的限制，既保证了公有制经济的底色，又提高了农民个体生产的积极性，不仅解决了吃饭问题，而且开始出现剩余价值和剩余劳动力，为工业化和城镇化发展提供了坚实的支撑。与农村集体经济新实现形式的“立”并存的是其原有实现形式即人民公社体制的“破”，仅用了不到三年的时间，即从 1982 年开始到 1983 年中共中央、国务院发布《关于实行政社分开建立乡政府的通知》，再到 1984 年底政社分开的改革在全国基本完成，农村集体经济的人民公社的实现形式退出了历史舞台。中国农村集体经济进入了新的发展阶段，开始探索“双层经营体制”的完善和发展问题。

二、双层经营体制下承包经营权的探索与发展（1984—2012 年）

家庭联产承包责任制创立初期，土地所有权和承包经营权的划分是严格限定在既定集体范围内的，不允许集体之外的个人和组织对内部土地进行承包经营，严格按照家庭人口进行分配。这里存在两个局限。

第一个局限是农民的土地经营能力与分配到的土地不一定匹配。然而，所承包的土地是不允许荒废的，因此，从开始就有经营能力较弱的农民把自己的承包地交给他人代耕代种的现象。随着代耕代种、转包等现象越来越普遍，农村集体经济的严格形式开始有所变化和松动。在《中共中央关于一九八四年农村工作的通知》中开始允许特定条件下的土地转包。在这一背景下，集体所有制经济开始引入股份制或股份合作制，引致了中国股份制乡镇企业的成长浪潮。2000 年出版的《中国农业统计资料（1999 年）》显示，到 1998 年时已经出现了 18.98 万个企业，吸纳 903.61 万个农民职工就业，利润总额达到 464.34 亿元。法律上的松动可以追溯到 1988 年的《宪法》修正案，其增加了“土地的使用权可以依照法律的规定转让”的新规定，转包等经营形式开始得到法律的认可。1992 年，邓小平南方谈话和党的十四大中，确立了社会主义市场经济体制的改革方向和目标之后，农村土地权利设计与创新开始按照社会主义市场经济的要求推进。1995 年印发的《关于稳定和完善土地承包关系意见的通知》，明确提出了土地“承包经营权流转”的概念。农村集体经济从此开始按照新的文件和提法向前发展。需要注意的是，这一流转仅停留于承包权的使用，并没有发生权利主体的变化和权利的转移①。

第二个局限是承包者身份的限定导致低效率的资源配置，即集体范围内的资源与成员规模及其经营能力存在不匹配的状况，土地面积少与集体成员较多、土地面积多与集体成员较少等结构性矛盾较为普遍。因此，1998 年新修订的《中华人民共和国土地管理法》，认可了特定条件下的集体范围外的单位或个人承包的合法性；2002 年全国人大常委会通过《中华人民共和国农村土地承包法》，对农村土地的承包经营权流转进行了系统的制定和安排，明确了流转的主体是承包方。2007 年通过的《中华人民共和国物权法》对此做了进一步的肯定，针对土地承包经营权的改革，随着党的十七大报告“统筹城乡发展”思路的提出开始逐步走向深入。此时的家庭联产承包责任制强调的是“统分结合”双层经营中的“分”，将所有权和承包权分离开来，并不是集体经济的私有化改造，只是重新调整了集体与个人在收益分配上的权利结构。但是，农村土地生产资料及其经营的过于分散不利于科技推广和使用，不适应社会主义市场经济的规模化生产要求。在双层经营体制下，客观上和主观上都在“促成”一定程度上的“合”，而在不发生承包权与经营权分离前提下的“合”仅是形式上的，并没有涉及深层次权利主体的变化。随着社会主义市场经济的发展和改革开放的深入推进，这势必要求农村集体经济在组织形式上再来一次升级，发展集体经济的规模化经营，以实现更高级的“统”②。

第三节　中国特色社会主义新时代“三权分置”经营体制的确立

中国特色社会主义新时代是指 2012 年至今的时间段。现代化社会主义市场经济体制逐步建立和完善，中国工业化进入中后期，二者都强调规模经济和规模经营。这推动了城镇经济的快速发展，农业农村和农民却滞后很多。市场经济的竞争意识并没有渗透到“三农”体系内部，大约 60%的土地和 40%的畜禽没有进行规模化经营和养殖，城乡收入差距虽然从 2002 年的 3 倍以上逐步缩小，但在 2018 年时依然保持在 2. 69 倍的水平上③。根据社会主义市场经济体制和工业化信息化发展的要求，加之农村剩余劳动力大规模转移

① 许明月：《改革开放 40 年我国农地制度的变迁与展望》，《东方法学》2018 年第 5 期。

② 邓小平：《邓小平文选》第 3 卷，人民出版社 1993 年版，第 355 页。

③ 舒展、罗晓燕：《新中国 70 年农村集体经济回顾与展望》，《当代经济研究》2019 年第 11 期。

至城镇，农村集体经济体制新一轮改革已成为当务之急，需要重新梳理和完善农村集体，农户与土地之间的关系。

一、土地“三权分置”的法律确认（2012—2016 年）

党的十八大以来，农村集体经济改革发展进入新的时代。以习近平同志为核心的党中央始终高度重视农村集体经济改革发展问题，党中央连年出台中央一号文件，不断探索和深化农村集体经济实现形式的改革创新。习近平总书记围绕农村经济发展提出了一系列重大的新思想、新判断和新观点，推动和深化农村土地承包经营权改革。

农村集体经济体制该怎么改革、向何处改革，已然成为时代命题。规模经济与分散经营是相对的，土地集体所有具备了规模经营的基础，农户承包又凸显了分散经营的特征现实。这是一对辩证统一的矛盾体。如何处理它们之间的关系，便是该命题的关键一环。习近平总书记在 1990 年已经明确指出，“必须确立‘统’与‘分’的辩证观。社会主义制度的优越性在农村经济上的体现，应该是集体优越性与个人积极性的完美结合”①。很显然，建立统分结合的家庭联产承包责任制以后，“‘分’的积极性充分体现了，而‘统’怎么适应市场经济、规模经济，始终没有得到很好的解决”②。在总结改革开放以来的发展经验和存在问题的基础上，中国农村发展和集体经济体制改革的规律不断被总结凝练，并逐渐上升到法律层面，围绕“统”和“分”的问题进行法律明确指导。初始的确认是 2013 年党的十八届三中全会通过的《中共中央关于全面深化改革若干重大问题的决定》，明确提出要“赋予农民对承包地占有、使用、收益、流转及承包经营权抵押、担保权能，允许农民以承包经营权入股发展农业产业化经营”。承包权与经营权分离的体制创新与再设计呼之欲出。到 2014 年 11 月，中共中央办公厅、国务院办公厅印发了《关于引导农村土地经营权有序流转发展农业适度规模经营的意见》，提出坚持土地集体所有，实现所有权、承包权和经营权三权分置，引导土地经营权有序流转。到 2016 年 10 月，中共中央办公厅、国务院办公厅又印发了《关于完善农村土地所有权承包权经营权分置办法的意见》，明确提出深化农村土地制度改革，实行所有权、承包权、经营权三权分置，放活土地经营权。至此，“所有权、承包权、经营权”三权分置的具体做法得到了最终明确，即所有权归集体，承包权归农民，经营权归土地经营者。土地经营者从

① 习近平：《摆脱贫困》，福建人民出版社 1992 年版，第 195 页。

② 《在科学发展的道路上继续向前创造出无愧于时代和人民的新业绩——习近平总书记参加江苏代表团审议侧记》，《新华日报》2013 年 3 月 9 日。

集体和农民手中获得土地经营权，集中经营土地资源。

二、“三权分置”新集体经济体制的推广与深化（2017年至今）

在法律层面，2017年中央一号文件《中共中央 国务院关于深入推进农业供给侧结构性改革加快培育农业农村发展新动能的若干意见》，对落实和推进集体经济新组织形式的实施做了明确指示，即深化农村集体产权制度改革、落实农村土地“三权分置”办法，需要加快农村承包地确权登记颁证的推进工作，扩大整省试点范围，并加快农村集体经济组织相关法律的研究和制定工作，赋予其法人资格。在2015年启动全国29个县（市、区）试点的基础上，2017年增加到了100个；2018年进一步扩展并在3个省份50个地市、150个县（市、区）开启整省整市的试点模式；2019年，中央农办、农业农村部又将其扩展到了“12个省份39个地市163个县（市、区）”，并“要求全部试点任务到2020年10月底前基本完成”①。

关于土地政策问题，党的十九大报告明确指出，第二轮的土地承包到期后再延长30年。以此为基础，2018年发布的《中共中央 国务院关于实施乡村振兴战略的意见》进一步强调，要实现土地承包经营权确权登记颁证工作的全面完成，推进“三权分置”制度不断完善，保证和保护土地集体所有权、农户承包权以及以此为基础的土地经营权，创新土地经营权融资担保、入股等方式，培育新型农业经营主体，打造家庭农场、合作社、龙头企业、社会化服务组织和农业产业化联合体，发展多种形式的适度规模经营，探索农村集体经济新的实现形式和运行机制。体制改革与创新带来了农业生产要素的多样化经营主体和规模化经营潮流，社会主义市场经济的竞争机制激发了农村经济的活力，“据农业农村部数据，2017年我国各类新型农业经营主体已经超过290万家，土地适度规模经营占比达到40%，建成5亿亩旱涝保收的高标准农田，农田有效灌溉面积占比超过52%，设施农业超过5 500万亩，主要农作物耕种收综合机械化水平已经超过了65%，小麦基本实现全程机械化，玉米、水稻的机械化水平超过75%”②。就其发展成绩看，村集体经济组织资产总规模从2012年的2.178 63万亿增长到了2018年的4.244 29万亿元，总收入同期从3 576亿元增长到4 912亿元，年均增速分别达到了13.5%和5.3%③。

---

① 高鸣、芦千文：《中国农村集体经济：70年发展历程与启示》，《中国农村经济》2019年第10期。

② 林光彬：《农村集体经济：发展历程与未来思路》，《国家治理》2019年第31期。

③ 高鸣、芦千文：《中国农村集体经济：70年发展历程与启示》，《中国农村经济》2019年第10期。

与此同时，党中央积极推动宅基地所有权、资格权和使用权的分置改革，积极维护进城农民的土地承包经营权、宅基地使用权、集体收益分配权，协同推进农村承包地、宅基地和集体建设用地等“三地”改革发展。在政策的推动下，农地“三权分置”改革逐步走向深入，并上升到法律层面——全国人大常委会于2018年12月29日表决通过了关于修改《中华人民共和国农村土地承包法》的决定，于2019年8月26日表决通过了关于修改《中华人民共和国土地管理法》的决定，把相关决策和经验上升为法律。这意味着新时代集体经济是建立在以用益物权为核心的土地财产权利制度基础之上的，为沿着社会主义市场经济方向，深化农村集体经济及其实现形式的创新发展提供了法律和制度动力。

需要看到的是，这与家庭联产承包责任制并不是对立的，而是对其进一步完善和发展，更加强调“统分结合”双层经营中的“统”，在“分”的基础上实现更高水平的“统”。在明确“三权分置”和“统”的前提下，土地生产资料得到集中和大规模流转，为实现规模化经营奠定了基础。但是，不同于过去的集体经济，“三权分置”下的农村新集体经济倡导适度规模经营，以社会主义市场经济为发展基础和导向，主动与市场经济接轨并融入市场竞争，在竞争中发展壮大①。

通过上述历史考察发现，中华人民共和国成立后的30年时间里，中国共产党带领人民创立和发展了集体经济；40年前，中国共产党带领人民拉开了集体经济体制创新和改革的大幕，探索更加富有效率的实现形式；40年后的今天，中国共产党又带领人民实施乡村振兴战略②，通过“三权分置”的产权制度改革探索社会主义市场经济体制下的集体经济发展之路，开启集体经济发展的新时代。经历了70年的发展，农村集体经济从无到有、从弱到强，公有制底色更加明亮，实现形式更加丰富和具有活力。

第四节　中国农村集体经济实现形式70年创新发展的经验与特征

在党的领导下，农村集体经济发展变化形成了特色的发展路径，既能够不断创新和丰富实现形式，激发集体经济发展活力，也能够保障公有制的底色。

---

① 王立胜：《改革开放40年的农村基本经营制度》，《当代经济研究》2019年第1期。

② 习近平：《把乡村振兴战略作为新时代“三农”工作总抓手》，《社会主义论坛》2019年第7期。

第一，形成了集体经济特色发展路径：民众探索—政策推动—法律确认。回顾中国农村集体经济70年的发展历程可以发现，其实现形式先后出现了如下类型：中华人民共和国创立发展时期的“互助组—初级社—高级社—人民公社”，从改革开放新时期所有权与承包权有机统一的“统分结合”，到“统分结合”下承包经营权流转的探索，以及党的十八大以来新时代的“三权分置”。农村集体经济在这些不同阶段的发展都揭示出一个共同的发展路径和特点，即由民众自发探索与尝试发起、中央总结经验、给予肯定和政策推动，并强化顶层设计和指导，最后根据相关实践做法和政策文件形成法律制度，塑造出“民众探索—政策推动—法律确认”的特色发展路径。

第二，形式创新与底色恒定：实现形式的创新发展与公有制底色的恒定。中华人民共和国成立后，为了解决人民的吃饭问题，中国共产党积极推动和深化土地制度改革，建立农民土地所有制。为了集中力量办大事，推动国家工业化发展，为了解决农民生产能力弱和不均衡的问题，中国共产党又带领人民积极发展互助合作，逐步走上集体经济发展道路。中国人民不断创新农村集体经济实现形式，从最初的合作社发展到当前的“三权分置”，政策不断放宽，形式日益多样和灵活。在不同阶段、不同地方以及不同行业，农村集体经济具有不同的运行方式和实现方式，但是，基本都是通过土地等财产的联合或劳动的联合实现规模化经营的。目前，“三权分置”下的农村集体经济成功实现了从计划经济导向，向社会主义市场经济导向的转变，在创新和发展其实现形式的同时，坚持以市场为导向并积极参与市场竞争，但是，农村集体经济发展始终坚持公有制的底线，公有制底色始终没有变，依然是实现共同富裕的重要基础保障。

第三，集体经济不断开辟劳动就业新境界。集体经济发展一直处在探索之中，但其发展质量不断提高，包括不断开辟劳动就业的新境界。与其他类型的经济组织一样，集体经济从人民公社实现形式开始，到“三权分置”新形式，一直都在努力解决人们生存和生活的基本需求问题，但是，集体经济也具有其独特的一面，即减少具有强迫性的生计劳动，增加具有发展性的自由劳动，实现人真正的自由发展。一是增加集体收益，弱化把劳动就业作为生计手段的强迫性。农村新集体经济的发展目标是满足集体及其成员的发展需要，或者说，集体经济为满足集体成员基本的和公共的更高质量生存生活需要奠定了基础，是为群众的生产和生活提供服务的重要保障和条件①。以江苏华西村、山东沂蒙老区的代村等为代表的，全国集体经济村都在用发展成

① 江泽民：《加强农业基础，深化农村改革，推进农村经济和社会全面发展》，人民出版社1996年版，第11页。

绩证明一种美好愿景的到来：集体经济发展成果主要用于解决集体发展所面临的公共问题，包括生存环境、生活环境等，同时在较大程度上解决了内部成员生存和生活问题，比如，住房、医疗、养老、教育等。这些都是对当代劳动者个人造成较重负担的事项，集体经济可以保证与成员个体共同承担这些事项的压力，充分保障集体成员的收益和发展。农村集体经济大幅度增加了集体成员的隐性收益，有效地解决了他们在重大事项上的后顾之忧，也就解决了他们在生存和生活上的重大问题，直接和间接地弱化了劳动就业作为谋生手段的工具性或强迫性特征。二是集体经济增加了具有发展性的自由劳动。中国集体经济的70年发展历程也是生产要素配置方式的探索历程。从单一强调公有制以实现共同富裕为目标的美好愿望，到“统分结合”的双层经营体制和“三权分置”，在保障生产资料公有制基础地位的同时，中国集体经济不断创新公有制实现形式，在生产资料集体占有和社会化大生产基础上重新建立农民生产资料相对自由的支配制度。集体经济在协作和生产资料共同占有的基础上重新设计个人所有制①。在这种经济组织形式中，无论是土地资源的联合，还是劳动的联合，都可以保证农民在土地流转和转移使用权之后获得一定的土地收益，包括来自集体和承包权两个方面的收益，增加其劳动就业的自由度。也就是说，在劳动就业强迫性弱化的同时，农民可以在当地就业或创业并获得相应收入，也可以到外地实现这种收益，有充足的条件实现身心全面发展，进一步增加其劳动自由度。进一步可以得出，农村新集体经济保证了生产力发展的良好势头②，通过“三权分置”实现了集体优越性与个人积极性的完美结合，使人类距离实现真正自由劳动和全面发展的目标更近了一步。

第五节　中国农村集体经济实现形式70年创新发展的重要启示

集体经济创立的初衷和使命是互助合作、共同富裕。集体经济体制机制日益灵活，实现形式日益多样，发展活力日益提高，但始终没有忘记和偏离其创新发展的初衷与使命，依然保持公有制的底色。集体经济的持续健康发展主要得益于中国共产党领导的政治保障，公有制经济的制度优势，以及社会主义市场经济的快速发展。在高质量发展的新时代，集体经济改革发展依然需要充分发挥三个方面的作用，实现“三位一体”的立体式推动。

---

① 马克思、恩格斯：《马克思恩格斯全集》第23卷，人民出版社2006年版，第832页。

② 习近平：《摆脱贫困》，福建人民出版社1992年版，第195页。

第一，坚持和加强党的领导是其不断向前发展的政治保障。中华人民共和国成立后的70年里，中国共产党把握集体经济发展方向，谋划集体经济发展大局，制定集体经济发展政策，创新集体经济体制机制和实现形式，引导农民走上了集体主义经济发展道路，并沿着社会主义市场经济方向不断创新和改革。集体经济发展的公有制底色日益鲜亮，形式日益丰富，生命力日益旺盛，首先要得益于党的科学领导和党的基层组织较强的战斗力、凝聚力①。东西南北中，党是领导一切的。在高质量发展阶段，农村集体经济的高质量发展依然需要坚持和加强党的领导。一方面，需要加强顶层设计，按照"五位一体"总体布局和"四个全面"战略布局的要求，从经验总结、政策制定、法律实施、创新发展等方面全面加强党的领导；另一方面，加强基层党组织建设，把农村基层党组织建设成为落实集体经济发展政策，与群众融合在一起并带领农民致富的坚强领导核心②。

第二，充分发挥社会主义经济制度优势。集体经济70年的发展历程充分证明了社会主义经济的基本制度具有显著的优越性，既可以保障经济沿着共同富裕的方向发展，又能充分提高个体效率和激发经济活力。之所以能够实现这种目标的兼顾，原因就在于人们在社会中对生产资料、生产成果的支配和控制能力③。也就是说，正是因为有了党的领导和社会主义制度的保障，人民群众才能成为生产资料的主人，享受公有制经济发展带来的成果，自由探索、自由发展，促进农村集体经济沿着社会主义方向不断创新实现形式，不断提高发展质量和水平。深化集体经济改革，加快集体经济发展，需要坚定制度自信和道路自信。一是坚定制度自信即对社会主义公有经济制度和社会主义市场经济体制的自信，在保障公有制底色的基础上，按照市场经济的要求继续深化农村生产资料产权制度改革，激活各生产要素。二是坚定道路自信即对社会主义市场经济的发展道路充满自信，不但能够向着共同富裕的方向发展，也能够通过体制机制改革和完善实现利益的合理分配，实现集体、成员、经营者三者利益的协同。

第三，坚持社会主义市场经济作为集体经济改革发展的方向。农村集体经济的创立、改革和发展，始终围绕着寻求公平与效率的平衡这一主要内容④，走向社会主义市场经济的发展道路，实现集体经济与市场经济的有机结合。集体经济高质量发展打破了私有制富有效率而公有制无效率的传统观念，

---

① 胡锦涛：《胡锦涛文选》第1卷，人民出版社2016年版，第99页。

② 《习近平在农村改革座谈会上强调 加大推进新形势下农村改革力度 促进农业基础稳固农民安居乐业》，《经济日报》2016年4月29日。

③ 阿玛蒂亚·森：《贫困与饥荒》，王宇，王文玉译，商务印书馆2001年版，第12、89页。

④ 彭海红：《中国农村改革40年是基本经验》，《中国农村经济》2018年第10期。

用事实证明社会主义与市场经济不但可以有机结合，而且是相对于资本主义市场经济更高层次的结合。一谈到市场经济，有的学者便认为是私有化的市场经济，完全忽略了中国的市场经济是社会主义的市场经济，把社会主义四个字看成了可有可无的点缀，岂不知这几个字点明的是中国市场经济的性质和中国经济制度的性质[①]。正如党的二十大报告中指出的，我们始终“坚持社会主义市场经济改革方向”，以此方向为引领，“我们要坚持以推动高质量发展为主题……构建高水平社会主义市场经济体制”[②]。其中，以社会主义市场经济为导向推进集体经济改革发展是其核心要义。为此，首先需要坚持农村土地集体所有，做大做强集体经济中的公有成分，强化其基础地位和决定作用，并充分发挥人民群众的创造性，创新农村集体经济实现形式，搞活集体经济。其次，深化产权制度改革，稳定土地承包关系，落实土地承包经营权登记制度，在“三权分置”的框架下，进一步分离承包权和经营权，让各方面的参与主体都能够吃上真正的“定心丸”。最后，进一步打破城乡体制机制流通障碍，推动劳动力、技术、资本等要素在城乡之间的高效流动，优化要素资源配置，保障集体经济各类经营组织有效参与市场竞争。

没有农村集体经济的市场化改革，就没有农业的市场化；没有农业市场化，就没有整个国民经济的市场化。进入新时代，农村集体经济实现形式需要面对新的形势，包括城镇化加快，农业人口快速减少，人工智能技术革命有可能会拉大城乡之间及第一产业与第二、第三产业之间的发展差距等。实现农业现代化发展，需要继续围绕“统”“分”深化改革，即按照社会主义市场经济发展的要求，进一步深化产权制度改革，加快农村集体经济体制机制及其实现形式的创新，为中国实现乡村振兴战略目标、经济高质量发展和中国式现代化发展奋斗目标提供坚实的经济和体制保障。

① 江泽民：《论社会主义市场经济》，中央文献出版社 2006 年版，第 202 页。

② 习近平：《高举中国特色社会主义伟大旗帜 为全面建设社会主义现代化国家而团结奋斗——在中国共产党第二十次全国代表大会上的报告》，《人民日报》2022 年 10 月 26 日。

第十章　新时代实现高质量就业与提升人力资本水平研究

党的十九大报告指出："保障和改善民生要抓住人民最关心最直接最现实的利益问题……就业是最大的民生"，就业问题就是"人民最关心最直接最现实的利益问题"，因此，我们要"实现更高质量和更充分就业"①，是新时代保障和改善民生的重要目标。在这一奋斗目标中，包含着两个方面的内涵：一是实现更高质量的就业；二是实现更充分的就业。这两个方面的内涵是辩证统一的：一方面，实现更高质量的就业，其前提是实现更充分的就业，没有实现更充分的就业，就无从谈实现更高质量的就业；另一方面，实现更充分的就业，其关键在于实现更高质量的就业，不能实现更高质量的就业，实现更充分的就业就失去了它应有的本真意义，低层次、低水平、低质量的就业，即使其再充分，也难以保障民生，更谈不上改善民生了。因此，这种相互联系和交互交织在一起的"实现更高质量和更充分就业"，一言以蔽之，就是"实现高质量就业"。进而言之，实现高质量就业，内在地包含着"实现更高质量和更充分就业"两方面的内涵。

党的十九大报告在提出"就业是最大的民生"理念和"实现更高质量和更充分就业"奋斗目标的同时，还进一步强调我们"要坚持就业优先战略和积极就业政策……大规模开展职业技能培训，注重解决结构性就业矛盾，鼓励创业带动就业。提供全方位公共就业服务，促进高校毕业生等青年群体、农民工多渠道就业创业。破除妨碍劳动力、人才社会性流动的体制机制弊端，使人人都有通过辛勤劳动实现自身发展的机会"②。这进一步突出了就业在增进民生福祉中的重要性，因为其不仅提出了就业的新理念、新目标，而且还指明了实现这一目标的政策路径和实现的方式方法等，为做好新时代就业工作提供了根本遵循。不仅如此，实现高质量就业还是新时代推动经济持续健

① 习近平：《决胜全面建成小康社会 夺取新时代中国特色社会主义伟大胜利——在中国共产党第十九次全国代表大会上的报告》，《人民日报》2017 年 10 月 28 日。

② 习近平：《决胜全面建成小康社会 夺取新时代中国特色社会主义伟大胜利——在中国共产党第十九次全国代表大会上的报告》，《人民日报》2017 年 10 月 28 日。

康发展，全面建设社会主义现代化强国的战略抉择。

在此背景下，高质量就业问题成为当前经济学界的一大研究热点。从经济学维度看，就业质量的评价通常包括宏观和微观两个层面，宏观层面是指国家、地区或者行业为劳动者提供的就业状况，包括就业环境、就业结构、就业机会、劳动保障等。微观层面则包括与劳动者个人就业相关的因素，包括工资收入、工作时间、工作稳定性、人职匹配度等方面①。因此，不同的学者基于不同的依据，从不同的层面切入，研究如何实现高质量就业问题。例如，有学者从劳动力供给、就业结构的维度加以研究②；还有的学者从劳动力转移、科技创新的维度加以研究③；等等。在笔者看来，理论界的研究有助于提高就业质量，但在新时代中国经济进入转变发展方式，优化经济结构，转换增长动力的攻关期之际，实现高质量就业亟待提升劳动者人力资本水平。这也是经济实现高质量发展的动力源泉。基于此，笔者从人力资本水平提升的层面，对新时代实现高质量就业问题进行了深入、系统的考察研究④。

第一节　实现高质量就业是新时代高质量发展的现实需要

中国特色社会主义进入新时代以来，中国经济转向高质量发展阶段。社会主要矛盾发生转变，劳动力结构出现新情况，供给侧结构性改革持续推进，新一轮科技革命蓬勃发展，对就业质量提出了更高的要求。因此，实现更高质量的就业成为新时代高质量经济发展的现实需求。

一、中国社会主要矛盾发生历史性转化

党的十九大指出，“我国社会主要矛盾已经转化为人民日益增长的美好生活需要和不平衡不充分的发展之间的矛盾”⑤。人民对美好生活的向往与追求

① 苏丽锋、赖德胜：《高质量就业的现实逻辑与政策选择》，《中国特色社会主义研究》2018 年第 2 期；刘燕斌：《推动实现更高质量就业的思考》，《中国劳动》2013 年第 1 期。

② 徐艳：《高质量发展呼唤高质量就业》，《人民论坛》2018 年第 3 期；曾湘泉：《优化就业结构提高就业质量》，《中国就业》2017 年第 9 期。

③ 侯启缘、张弥：《农业劳动力转移与高质量就业的问题和出路》，《现代经济探讨》2018 年第 12 期；丁明磊、陈宝明：《科技创新促进高质量就业的思路与对策研究》，《科学管理研究》2015 年第 3 期。

④ 本章的内容是在笔者和陈晨博士合作完成的研究成果基础上修改而成的。陈晨、刘冠军：《实现高质量就业与提升人力资本水平研究》，《中国特色社会主义研究》2019 年第 3 期。

⑤ 习近平：《决胜全面建成小康社会 夺取新时代中国特色社会主义伟大胜利——在中国共产党第十九次全国代表大会上的报告》，《人民日报》2017 年 10 月 28 日。

和就业问题是紧密联系的，就业质量的提升能显著改善和增强人民的幸福感和获得感。首先，从就业需求角度看，随着经济的不断发展，社会生产力的不断提高，人民对就业质量的要求也越来越高。体面的劳动、稳定的收入、合理的工作时间、公平的就业环境、畅通的人才成长通道、完善的就业服务体系、和谐的劳动关系等美好的就业愿景，既是就业需求内容丰富的表现，又是就业需求层次提高的具体体现。其次，从就业领域发展的不平衡不充分角度看，一方面，就业的不平衡主要体现在就业结构性矛盾突出，虽然近年来我国劳动力市场发育日趋完善，劳动力流动程度日益提高，但是，城乡、区域等就业结构发展不平衡的问题依然存在。随着新兴技术密集型产业的出现，就业技能结构方面的矛盾逐渐显现，对高端劳动力的需求不断上升。另一方面，就业的不充分问题突出表现在有效供给不足，资源配置效率还有待进一步提高。我国城镇新增就业连续六年保持在 1 300 万人以上，就业形势稳定向好。但高质量就业岗位有效供给不足，劳动力与就业岗位的匹配度不高，“一岗难求”与“一贤难遇”问题突出，高校毕业生和农民工等重点群体的就业需求仍然不能得到很好的满足。公共就业服务能力尚需加强，劳动关系调整机制还需进一步完善。解决当前就业领域的主要矛盾，提升就业质量是必然选择。

二、人口老龄化程度不断加深

依托几十年的“人口红利”，中国创造了“增长奇迹”。自 21 世纪初，我国进入老龄化社会，2012 年劳动年龄人口开始绝对减少，人口的比较优势正在慢慢衰退。根据国家统计局发布的最新数据，截至 2018 年末，我国 16 至 59 周岁的劳动年龄人口为 89 729 万人，占总人口的比重为 64. 3%；60 周岁及以上人口 24 949 万人，占总人口的 17. 9%，其中，65 周岁及以上人口 16 658 万人，占总人口的 11. 9%①。人口老龄化程度不断加深带来的严峻挑战就是劳动力总供给的下降。劳动力供给的拐点已现，潜在劳动力总量将持续缩减且结构趋于老化②，劳动力的规模优势正在消失。劳动年龄人口持续减少，老龄人口持续增加，导致人口抚养比越来越高，社会储蓄率下降。自全面二孩政策实施以来，随着生育意愿累积效应的释放，2018 年人口出生率为 10. 94‰，生育政策的效果不及预期。长期的低生育率会导致高度的老龄化

① 《2018 年经济运行保持在合理区间发展的主要预期目标较好完成》，国家统计局网站：http://www. stats. gov. cn/tjsj/zxfb/201901/t20190121_1645752. html.

② 胡湛、彭希哲：《应对中国人口老龄化的治理选择》，《中国社会科学》2018 年第 12 期。

和人口衰退，从而给社会经济带来多重挑战①。过去依靠投资拉动和劳动力大规模供给的增长之路已经难以为继，数量增长之路势必要转向质量发展之路。“人口质量红利”要替代“人口数量红利”，只有提升人力资本水平和劳动力素质，实现高质量就业，才能逐渐消减人口老龄化对经济发展带来的负面影响。

三、人工智能蓬勃兴起

人工智能的浪潮正席卷而来。每一次科技革命的出现，人类社会都会产生翻天覆地的变革，从蒸汽技术到电力技术再到计算机技术的应用无一例外，人工智能亦如此。人工智能不同于以往技术进步的特殊之处在于，人工智能不仅能够替代人的体力劳动，还可以部分替代人的脑力劳动。人工智能技术对就业的影响更为复杂，既有“破坏”效应，又有“创造”效应。“机器换人”会替代一部分就业岗位，某些行业会逐渐消亡，但是新技术的应用又会催生新的产业，创造新的就业岗位。除此之外，人工智能还会带来“就业极化”和人机深度合作等变化②。劳动力市场出现“极化”现象，高技能劳动力和低技能劳动力需求增加，中等技能劳动力需求减少③。而人机深度合作，则对劳动者具备的知识和技能水平提出更高的要求。人工智能的发展将极大地推动知识经济的形成，知识经济的实质就是科技经济，未来社会是科技劳动创造价值④。中国正致力于实现高质量发展，人工智能发展应用将有力地提高经济社会发展智能化水平⑤。中国当前正处在转变发展方式，优化经济结构，转换增长动力的攻关期，必须牢牢把握人工智能发展的新机遇，建设知识型、技能型、创新型劳动者大军，积极推进人工智能产业的发展，实现高质量就业，不断增强我国经济创新力和竞争力。需要指出的是，人工智能方兴未艾，虽然给就业市场带来冲击，却也对冲了一部分人口老龄化带来的劳动力供给不足问题。抓住人工智能发展的历史机遇期，可以缓解未来劳动年龄人口下降、劳动力成本上升的问题，助力中国经济社会实现优化升级。

---

① 张车伟：《人口与劳动绿皮书：中国人口与劳动问题报告 No. 19——中国人口与劳动经济 40 年：回顾与展望》，社会科学文献出版社 2018 年版，第 56-72 页。

② 杨伟国、邱子童、吴清军：《人工智能应用的就业效应研究综述》，《中国人口科学》2018 年第 5 期。

③ Autor D H, Dorn D. The growth of low-skill service jobs and the polarization of the US labor market [J]. American Economic Review, 2013, 103 (5): 1553-1597。

④ 刘冠军：《现代科技劳动价值论研究》，中国社会科学出版社 2009 年版，第 28 页。

⑤ 习近平：《共享数字经济发展机遇，共同推动人工智能造福人类》，人民网：http://cpc.people.com.cn/n1/2018/0918/c64094-30299114.html。

四、供给侧结构性改革深入推进

2018年中央经济工作会议认为，我国经济运行的主要矛盾仍然是供给侧结构性的，必须坚持以供给侧结构性改革为主线不动摇。供给侧结构性改革就是以供给端为切入点，优化经济结构，重构要素最优配置，培育新的经济增长点，提升供给体系的质量和效率。供给侧结构性改革的首要任务是化解过剩产能，核心任务是优化供给结构，创新任务是培育新兴产业，发掘新的经济增长点①。化解过剩产能势必会淘汰一部分传统产业，给就业带来冲击，首当其冲的就是劳动密集型企业中的低技能劳动力。这部分劳动力的就业转移安置压力巨大。以产能过剩重点领域的钢铁和煤炭行业为例，截至2017年末，通过转岗安置、再就业、创业等形式安置分流110多万人。随着供给侧结构性改革的推进，传统落后产业逐步退出市场的同时，越来越多的新兴产业登上历史舞台，产业格局得以日益优化。新兴产业能够提供更加广阔的就业渠道和更加优质的工作岗位，吸纳劳动者就业。在新旧转换的战略调整期，值得注意的是新兴产业对创新型、专业型的高技能高素质的劳动力需求越来越多，因此需要加强人力资本的投资，以适应新兴产业对劳动力质量的需求，形成“人力资本红利”。但人力资本投资是有滞后性的，形成有效的劳动力供给不是一蹴而就的，最终能否形成“人力资本红利”，取决于就业的匹配度和创新动力持续性②。供给侧结构性改革的推进，倒逼中国劳动力素质的提升和人力资本的累积，为更好地适应新产业、新业态、新商业模式的发展需求，需要未雨绸缪，提前科学布局。

第二节　劳动力市场实现就业高质量发展亟待解决的问题

经济社会发展的新变化给就业质量带来了新挑战，就业结构性矛盾突出、效率不高、流动不畅和新就业形态的出现是当前劳动力市场亟待解决的问题。

一、结构之困

经过改革开放40多年的发展，就业矛盾开始从数量型转向质量型。当前，中国劳动力市场面临的比较严峻的问题，是以劳动力供给质量与岗位需

① 刘昌平、汪连杰：《供给侧结构性改革背景下我国就业形势的新变化与政策选择》，《上海经济研究》2016年第9期。

② 胡鞍钢、周绍杰、任皓：《供给侧结构性改革——适应和引领中国经济新常态》，《社会科学文摘》2016年第8期。

求不匹配为特征的结构性矛盾①。结构性矛盾突出表现在产业、区域与技能结构等方面。

首先，从就业的产业结构看，随着三大产业结构的不断优化升级，就业人数也随之不断调整。1994 年和 2011 年，第三产业就业人数分别超过第二产业和第一产业，就业人口“蓄水池”功能日趋明显。2014 年，第二产业就业人数超过第一产业，农业的就业人数成为三大产业中最少的，三大产业就业结构完成了“三、二、一”现代格局的优化调整。2017 年，三大产业就业占比分别为 27.0%，28.1%，44.9%。与主要发达国家相比，我国第二产业占比相差不大，但第一产业就业人数比例偏高，第三产业就业人数占比偏低（见表 10-1）。要实现产业结构进一步转型升级，大量的农业人口需要转移到第三产业。而第三产业对劳动力的素质要求是比较高的。这对农业从业人员的供给质量提出新的考验。一个新的变化是，第二产业就业人数自 2012 年达到峰值之后，连续五年都处于下降趋势（见图 10-1）。这与制造业供给侧结构性改革和“环保风暴”治理不无关系。化解过剩产能，淘汰落后产业势必会导致一部分低技能劳动力出现失业的问题，加之人工智能等新技术的应用，“机器换人”对原有工作岗位造成了破坏性的冲击，劳动力转移压力显著增加。随着新兴产业和现代服务业的发展，尤其是近些年经济新动能快速崛起，智能化、绿色化、服务化产业发展迅速。以信息传输、软件和信息技术服务业为例，2018 年增加值比上年增长 30.7%，增加值占 GDP 比重的 3.6%，信息传输、软件和信息技术服务业新登记企业数比上年增加 18.5%，比服务业新登记企业数增速高 6.5 个百分点②，创造了更多高质量的工作岗位，带动了行业就业的增长。未来就业的产业结构会进一步优化，对劳动力素质提出了更高的要求。

表 10-1　2013—2017 年主要国家三次产业就业人数占比（%）

国别	2013 年			2014 年			2015 年			2016 年			2017 年		
	第一产业	第二产业	第三产业	第一产业	第二产业	第三产业	第一产业	第二产业	第三产业	第一产业	第二产业	第三产业	第一产业	第二产业	第三产业
美国	1.5	18.8	79.7	1.6	19.0	79.4	1.7	18.9	79.5	1.7	18.8	79.5	1.7	18.9	79.4
英国	1.1	18.9	80.1	1.3	19.0	79.8	1.1	18.7	80.2	1.1	18.5	80.4	1.1	18.4	80.5
日本	3.7	26.2	70.1	3.7	25.2	71.1	3.6	25.9	70.5	3.5	25.6	80.9	3.5	25.6	70.9
中国	31.4	30.1	38.5	29.5	29.9	40.6	28.3	29.3	42.4	27.7	28.8	43.5	27.0	28.1	44.9

资料来源：世界银行网站。

① 莫荣、陈云：《高质量发展阶段就业形势、挑战与展望》，《中国劳动》2019 年第 1 期。

② 杜希双：《服务业稳定运行新动能发展壮大》，国家统计局网站：http://www.stats.gov.cn/tjsj/sjjd/201901/t20190122_1646243.html。

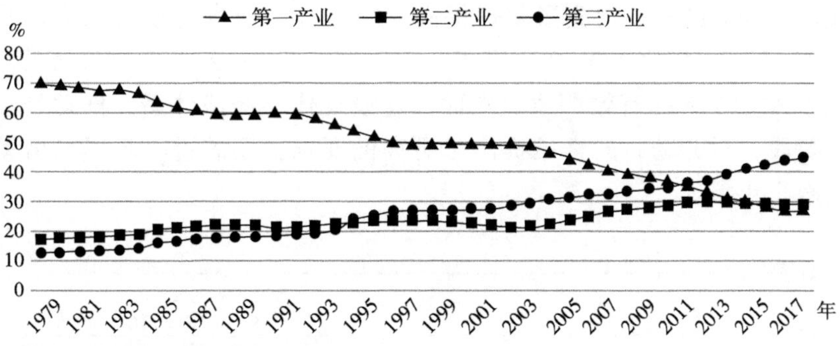

资料来源：历年《中国统计年鉴》。

图 10-1　中国三次产业就业人口占比变化

其次，从就业的区域结构看，改革开放以来，我国东部地区尤其是东南部地区，得益于天然的区位优势和开放政策的红利，经济迅速发展起来，劳动密集型产业吸纳了大量的劳动力从中西部转移到东部就业。近年来，随着区域发展战略的布局和实施，东部地区产业优化升级，中西部地区承接产业转移，中西部地区吸纳就业的能力开始逐渐显现。以在东中西部务工的农民工为例，国家统计局发布的 2018 年数据显示，在东部地区务工的农民工为 15 808 万人，与 2011 年相比降低了 4.4%；在中西部地区务工的农民工人数为 12 044 万人，与 2011 年相比增加了 39.1%①。2011 年以来，东部地区吸纳农民工就业的能力总体处于下降趋势。就业的区域结构差距开始不断缩小，但实现东中西区域协调发展还有很长的路要走，中西部地区依然是产业就业结构调整优化的主要区域。中西部地区在承接产业转移的过程中，主要发展的是劳动密集型产业，提供的是相对较低的技能岗位，而对于中西部地区高端劳动力讲，寻找与自身能力技能相匹配的工作依然困难较大。2018 年第四季度《中国就业市场景气报告》显示，从全国区域看，东部地区就业市场景气指数（CIER）最高，中部和西部依次递减，东北部地区最低，只有 1.02，就业市场不景气，竞争较为激烈。东部地区基于其经济结构优势，依然是提供大量优质工作的主要区域。从城市等级看，一线城市的就业竞争压力依然很大，北京 2018 第四季度的就业市场景气指数只有 0.38。这意味着想在众多求职者中脱颖而出，需要求职者具备有竞争力的劳动技能。

最后，就业的技能结构矛盾主要是因劳动者的素质水平与市场需求不匹配而导致的就业矛盾。改革开放以来，随着义务教育的普及和高等教育的扩

① 李希如：《就业形势总体稳定 服务业就业进一步扩大》，国家统计局网站：http://www.stats.gov.cn/tjsj/sjjd/201901/t20190122_1646255.html。

招，我国劳动力的素质得到了普遍提高。2016 年，全国劳动者的人均受教育年限为 10.1 年，相比 2005 年提高了 1.8 年（见图 10-2）。中国经济的高速发展得益于人力资本的有效积累。然而，建设现代化经济体系，推动经济高质量发展阶段，对劳动力的素质提出了更高的要求，还需进一步提高劳动者的平均受教育年限。

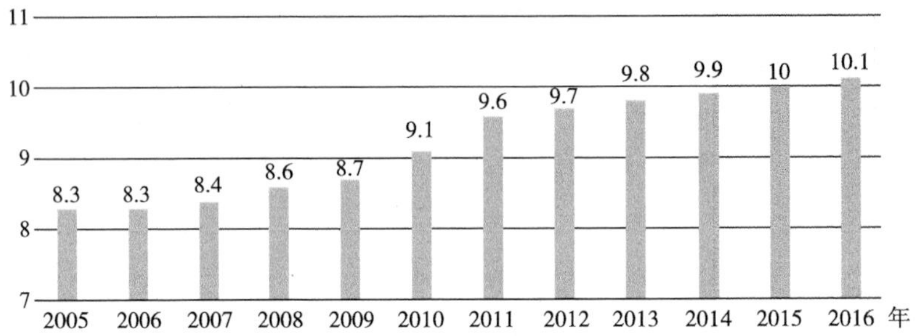

资料来源：历年《中国劳动统计年鉴》。

图 10-2　2005—2016 年中国劳动者人均受教育年限

我国就业市场上技能结构矛盾较为突出的现象就是大学生“就业难”与“技工荒”并存。一方面，高等教育结构不合理，培养模式过分注重理论教育，忽视就业技能的开发，很多大学生是高学历与低就业能力的结合体。大学毕业生“所学非所用”的现象非常普遍，人力资本没有发挥应有的效率。可以说是提供了高等的教育，却没有创造出市场需要的人才。另一方面，高等教育培养模式具有滞后性和同质性，往往不能敏锐地把握劳动力市场的需求动向，导致学校培养的人才与劳动力市场脱节严重，缺乏竞争力，存在较大的不适应性。2018 年，高校毕业生突破 800 万人大关；2019 年，高校毕业生预计达到 834 万人。不管是从质量上还是规模上，都对高校毕业生就业工作造成极大的压力。而劳动力市场上“技工荒”的问题是另一个较为严峻的现象。2017 年，我国就业人口数是 7.8 亿人，其中技术工人约有 1.67 亿人，而属于高技能人才的只有 4 700 万人，仅占就业人员比重的 6%左右。2018 年外出农民工中，大专及以上文化程度的仅占 13.5%，外出农民工接受农业或非农职业技能培训的占 35.5%。从就业市场的供需平衡看，技术工人的求人倍率一直稳定在 1.5 以上，高技能人才的求人倍率更是高达 2 以上的水平①，预计到 2020 年，高端技术人才的缺口将达到 2 200 万人。就业市场的供需矛

① 《人社部举行 2017 年第四季度新闻发布会》，人社部网站：http://www.mohrss.gov.cn/SYrlzyhshbzb/dongtaixinwen/fbh/lxxwfbh/201801/t20180126_287506.html.

盾十分严峻，用人单位普遍对技能人才“求贤若渴”。就业质量不高，职业教育培训的缺位，工资待遇不稳定和就业择业观念的偏见等原因，造成当前“一贤难遇”的困局，随着供给侧结构性改革深入推进，劳动力市场对高技能人才的需求势必越来越多。现行教育体制、技能培训体制与产业发展和企业需求还有较大差距。

二、效率之谜

中国经济已进入后工业化社会时代，一方面，资本投资的回报率开始下降，过去几年固定资产投资的平均增长速度维持在6%~7%；另一方面，人口红利趋于消失，劳动年龄人口连年下降，劳动供需不平衡的问题开始显现，过去依靠资本和劳动力等生产要素投入的粗放型经济增长方式将难以为继。新时代实现经济高质量发展的根本途径是提高劳动生产率和全要素生产率。

提高劳动生产率主要是通过提高资本劳动比和人力资本水平实现。通常讲，提高资本劳动比受劳动力素质和劳动力数量的影响和限制，资本劳动比反映了资本密集程度，资本深化的过程受到资本报酬递减规律的制约①。而人力资本的提升能显著提高劳动者的技能水平，人力资本的积累是提高劳动生产率的根本途径。但人力资本的形成是一个长期过程，短时间无法快速实现。劳动生产率的提高直接影响劳动者的收入水平，更是能够显著提升就业质量。虽然我国劳动生产率水平较低，但增速很快。2018 年，我国全员劳动生产率为 107 327 元/人，比上年提高 6. 6 个百分点②。2001—2017 年，我国劳动生产率年均增长 8. 8 个百分点，高于同期世界平均水平。但是，受人口结构变化、产业结构调整、制度性壁垒等原因的影响，我国劳动生产率增速自 2011 年开始出现下降，2017 年的增速与 2010 年的峰值相比下降幅度过半③。

全要素生产率是指生产过程中各要素投入数量达到稳态时，所获得的额外的生产效率。这种生产效率的提升可以降低资本报酬递减的限制，是经济可持续发展的动力来源。全要素生产率的本质是资源配置效率。提高全要素生产率可以加速劳动、资本等生产要素在部门间、产业间和地区间的流动和集聚，促进经济结构优化升级。技术进步及创新是影响全要素生产率水平的关键因素，技术进步所带来的创新可以驱动中国从制造大国升级为智慧强国。然而，由于研发投入少、科技成果转化率低等原因，我国全要素生产率水平

---

① 蔡昉：《中国经济增长如何转向全要素生产率驱动型》，《中国社会科学》2013 年第 1 期。

② 《2018 年国民经济和社会发展统计公报》，国家统计局网站：http://www.stats.gov.cn/tjsj/zxfb/201902/t20190228_1651265.html.

③ 郭春丽、易信、何明洋：《推动高质量发展面临的难题及破解之策》，《宏观经济管理》2019 年第 1 期。

与发达国家相比还有不小的差距。美国的全要素生产率在经济合作与发展组织国家中是最高的，我国的全要素生产率仅为美国的 40%多。资源错配是造成我国全要素生产率偏低的主要原因。

三、流动之囿

改革开放 40 多年来，农村劳动力经历了从限制流动到自由流动的历史过程，农村劳动力为中国经济的崛起和腾飞贡献了巨大的经济能效。截至 2018 年末，我国农民工总数为 2.88 亿人，比上年增长 0.6%，基本达到稳定状态。常住人口城镇化率为 59.58%，户籍人口城镇化率为 43.37%，城乡二元结构导致户籍城镇化率远低于常住人口城镇化率，与高收入国家 84%的城镇化率相比，更是相差甚远。囿于户籍制度和劳动力市场分割的约束，农村劳动力并不能充分自由地流入城市，获得公平的工作机会和相应的社会保障与公共就业服务。《新中国农业 60 年统计资料》和历年《农民工调查监测报告》的数据显示，农民工进城务工所从事的主要是制造业、建筑业和第三产业中的批发和零售业、交通运输、仓储和邮政业、住宿和餐饮业，以及居民服务、修理和其他服务业等较低质量的行业和工作，而从事金融、文化、教育等行业的农民工比例虽逐年上升，但比重仍然较低。人力资本理论认为，人口的流动迁移是形成人力资本积累的重要渠道之一。城乡二元制不仅限制了人口的流动，并且有低端劳动固化的趋势，不利于农村人力资本的形成和提升。城镇化是现代化的必由之路，城镇化的过程是创新要素集聚和知识溢出扩散的过程，有利于新兴产业发展和传统产业的优化升级，进而提高劳动者的就业层次和质量。自 2017 年开始，深圳、西安、武汉、济南、郑州、海南等城市纷纷掀起了“抢人”大战。本轮“抢人”大战的参与城市中一二三四线城市均有涉及，并蔓延至东南西北各地区，人才争夺战日趋白热化，抢夺对象以高校毕业生、高级技工及专业型高端人才为主。人口红利消退，老龄化社会的到来，经济高质量发展和产业升级对高技能人才的需求是各大城市抢夺人才的主要原因。“抢人”大战意味着户籍限制、城乡分割等妨碍劳动力流动和人才社会性流动的弊端被逐步清除，但人才的总量是一定的，应对经济新形势要在人才增量上做工作。预计未来还将有 2 亿农村人口进入城市，努力提高这部分人的职业技能水平，提供均等化的公共服务才是“留人”的制胜法宝。

四、形态之新

新技术的发展和应用与互联网技术的跨界融合，催生了就业市场新形态的出现。人工智能、大数据、云计算、VR、区块链、识别技术以及无人技术等新技术的应用，共享经济、智能经济、数字经济等新经济形态的出现，颠覆了传统经济的规则与规制。据国家统计局发布的新产业、新业态、新商业模式（简称“三新”经济）的相关数据显示，2017 年，全国“三新”经济增加值为 129 578 亿元，相当于 GDP 的 15.7%，比上年提高 0.4 个百分点。按现价计算的增速为 14.1%，比同期 GDP 现价增速高 2.9 个百分点①。国家统计局还同时公布了“三新”经济的概念，从概念看，新产业如智能制造装备产业，新业态如共享经济，新商业模式如平台就业等，随着创新驱动发展战略的实施，新动能带来新变化，给经济发展注入了新活力，需要“三新”经济从业者具备更高的知识水平和技能水平。

“三新”经济的发展创造了大量新岗位、新职业，互联网的应用已经深入经济生活的各领域，新兴行业，尤其是高新技术产业和战略性新兴产业人才供不应求；与人们生活息息相关的行业则衍生出许多专业性更强、分类更细化的工作岗位，如母婴护理员、酒体设计师等。劳动力市场对高技能人才、知识型人才的需求不断增长，新技术的应用也不可避免地对传统产业产生破坏性作用。新技术的广泛应用催生了很多“新物种”，如阿里巴巴无人酒店“菲住布渴”（FlyZoo Hotel）应用了各种智能科技，日常运营各环节的绝大部分工作由机器人完成；德勤人工智能“小勤人”开始入驻银行内审部，据测算，人工单个审计证据的获取时间平均为 40 分钟，而“小勤人”只需要不到 30 秒，单个流程的底稿编制人工操作需要花费 1.5 个小时，“小勤人”能节省 2/3 的时间。如果说，阿里无人酒店（机器换人）只是替代了一部分低技能体力劳动，那么德勤“小勤人”替代的却是具备一定专业知识的技能劳动。可见，随着人工智能的不断开发与应用，越来越多的工作岗位会被替代，而且部分技能含量较高的工作也会被替代。

第三节　提升人力资本水平是实现高质量就业的应有之义

创新是经济发展的动力，人才是推动创新的源泉。自舒尔茨提出人力资本理论以来，该理论便成为学界关注的重点。经济合作与发展组织国家将人力资本定义为“个人所拥有的可以创造个人、社会和经济福祉的知识、技能、能力和素质”②。人力资本理论认为，人力资本的积累能够提升劳动者的技能

① 《2017 年我国“三新”经济增加值相当于 GDP 的比重为 15.7%》，国家统计局网站：http://www.stats.gov.cn/tjsj/zxfb/201811/t20181122_1635086.html。

② Healy T，Core S. The Well-being of Nations：The Role of Human and Social Capital，Education and Skills. OECD，2001。

从而推动经济增长。

一、有助于缓解劳动力市场供需结构矛盾

就业结构性矛盾是当前劳动力市场最突出的问题，矛盾的核心表现在劳动力的素质水平与市场需求错配。产业就业结构和区域就业结构的矛盾归根结底是劳动力技能结构的矛盾，提升人力资本水平和劳动力素质水平是解决就业结构性矛盾的应对之道。人力资本理论认为，劳动者通过人力资本投资会获得异质性的技能，从而减少就业摩擦，降低搜寻成本，有效提高人职匹配度，扩大择业自主选择权。劳动力市场供求关系具有周期性和时代性的特点，当前劳动年龄人口比重连年下降，数量优势逐渐消减，而“技工荒”和大学生就业难则反映的是劳动力质量偏低的问题。供给侧结构性改革和新兴产业的不断涌现，需要劳动者具备相应的高技能水平。在高质量发展目标的引导下，劳动力市场供求双方的匹配必然以质量提升为基础和前提，也将在更大程度上依赖劳动者素质的提升。

二、有利于提高劳动生产效率，推动人力资本深化，实现资源高效配置

在老龄化进程加快和人口红利趋于消失的背景下，劳动供给人口开始下降，生产要素投入面临报酬递减规律的制约，要素数量投入已经难以为经济提供持续动力。新发展阶段，亟须提升劳动生产率以应对人口结构新变化。人力资本的积累和提升可以缓解人口红利消失带来的消极影响：一方面，人力资本高收益率的特性能够缓解劳动年龄人口下降和未来劳动人口供给可能出现不足的矛盾，形成推动经济增长的人口质量红利；另一方面，人力资本的提升有助于劳动生产率和全要素生产率水平的提高，扩大生产要素的边际产出，抵消资本边际递减规律的不利影响，实现技术进步和要素高效率配置，推动生产可能性边界向外扩展。提升人力资本水平能够推动就业质量实现效率变革，让劳动更加高效，资源配置更加优化。

三、有利于帮助劳动者应对新技术、新经济形态带来的就业挑战

传统产业优化升级，新兴产业快速发展，产业链向全球价值链中高端迈进，新就业形态和新商业模式的出现，成为新时代经济发展的主要内容。经济结构优化转型期，战略性新兴产业、高新技术产业和现代服务业的发展，需要以就业人员具备更新、更高的人力资本水平为前提。技术进步具有偏向性的特征，大量的工作岗位将会被替代，人力资本质量低的从业者是最容易被替代的群体，从而造成技术性失业。所以，建设知识型、技能型、创新型

劳动者大军，遵循人力资本积累与经济发展的客观规律，为新经济的发展奠定坚实的人力资源基础，有助于缓解新技术革命带来的就业挑战。

四、有利于加快劳动力、人才社会性流动，实现自身发展机会

劳动力迁移和流动带来的知识溢出是人力资本投资的一种重要方式。劳动者作为科学知识、技术技能的劳动力资本载体，在不同区域间、产业间和群体间流动并与外界发生互动，既能传播已有的储备知识，又能在流动中创造新知识。知识的扩散和外溢过程是人力资本形成、发展和功能发挥相互交织的有机统一过程。人力资本的外部性特征有助于劳动力在区域间、产业间加速流动，向人力资本水平较高的地区或产业集聚，提高城镇化水平和比较优势产业的形成。人力资本水平提升有利于破除当前政策性壁垒和就业歧视对人才的束缚和限制，劳动力的自由流动可以实现人才的向上流动，实现自我发展。

第四节　提升人力资本水平实现高质量就业的路径选择

人力资本提升是一个长期的系统工程。应继续扩大人力资本存量，不断提升人力资本质量，完善配套政策体系，培育人力资本成为经济增长新动能，以实现更高质量就业的核心目标。

一、深化教育体制改革，积累人力资本，为经济持续增长提供动力来源

宏观经济学理论认为，经济增长能够促进就业，是政府实现稳就业政策目标所采取的重要手段。经济增长既能够创造更多的就业岗位和就业机会，增加就业数量与规模，又能够促进就业质量的提升，实现高质量就业。当前，我国经济已从追求速度增长转向追求质量发展。随着产业结构进一步升级，经济结构进一步优化，增长新动能进一步挖掘，经济实现持续健康发展会创造出更多高质量的工作。高质量工作需要高水平人力资本与之相匹配，而发展教育是提升人力资本水平的主要途径。

随着义务教育的普及和高等教育的扩招，我国教育范围和教育质量得到长足发展。2018 年，我国劳动者人均受教育年限已经达到 10.1 年。受教育年限的提高可以从数量上为中国经济飞速发展积累人力资本，从而应对新兴产业、新技术革命对劳动力的要求。提高受教育年限需要进一步推进学前教育普惠发展，重点关注农村的学前教育，提高学前教育的覆盖面。进一步推进高中教育普及范围，高中教育是衔接义务教育与高等教育的关键阶段，决定

了人力资本的质量和水平。要更加注重教育公平，推进城乡义务教育平衡发展，实现优质教育资源人人共享。农村教育，特别是农村义务教育已经成为整个教育体系的“短板”，严重制约农村人力资本的形成。加大在贫困落后地区及广大农村的教育投入，不仅能够提高教育公平性，还能获得丰厚的教育回报。推动高等教育内涵式发展，提升教育服务经济社会的能力，改革学科与专业设置、培养模式和教学方法，培养经济社会发展需要的人才，不仅培养“精英”，还要培养“良匠”，将教育转化成能力。加大教育科研投入力度，推动教育高质量发展。要稳步提高教育经费的开支和教育扶持的精准度，加大对落后地区教育的政策倾斜，鼓励优秀教师支援落后地区；加大基础研究和应用基础研究的研发投入，推进产学研协同创新，实现基础研究、原创成果、科技项目的重大突破，加快科技成果转化，服务经济高质量发展。

二、实施职业技能提升行动，提高劳动者技能水平

当前，中国就业结构性矛盾突出，劳动力的素质水平与就业市场所需的技能结构不匹配。要大力发展符合劳动力市场所需的职业教育和培训，培养技能人才，缓解“招工难”的技能结构性问题。2017 年，高职高专毕业生的就业率首次超过本科。然而，“招生难”一直是困扰高职院校发展的难题。生源不足导致职业教育提供不了满足社会需求的高技能人才。以日本和德国为例，两个国家的高级技工占比为 40%～50%，而我国这一比例只有 5%左右，差距十分明显。职业教育一直是我国高等教育中的短板，与教育质量不高、培养模式单一、社会认可度低和就业观念偏见不无关系。因此，发展现代职业教育，紧抓就业导向，是切实保障基本民生的时代需要，也是我国由制造业大国向制造业强国转变的时代诉求。首先，应大力改革高职院校办学体制，提高办学质量，改革完善高职院校考试招生办法，大规模扩招，鼓励更多应届高中毕业生和退役军人、下岗职工、农民工等报考，为大国工匠积蓄后备人才。其次，应完善职业培训，建立劳动者终身职业培训制度。要深化产教融合、校企合作，推动职业教育和培训一体化发展。大力发展职业技能培训，构建劳动者终身职业培训制度，提高从业人员职业转换能力，着力解决结构性就业矛盾。加大职业培训投入力度，完善职业培训机制，充分发挥企业的用工主体作用，培养适应企业需求的人才。加强对农业转移劳动力的培训，为进城农民工提供与城镇居民同等的公共职业培训服务。大力推进校企合作，提高职业教育的针对性，使其更加适应产业升级和企业岗位需要。将产业布局与教育培训相结合，完善人力资本供给结构，提升劳动力供给质量，提高技能水平和岗位需求的匹配度，以应对新技术革命和产业升级的挑战。加强

职业精神培养，大力弘扬“劳模精神”和“工匠精神”。

三、破除妨碍劳动力、人才社会性流动的体制机制弊端，实现人力资源高效流动

当前，社会纵向流动性持续减弱，妨碍劳动力、人才社会性流动的体制机制弊端仍然存在，不利于人才公正、顺畅、有序地流动，不利于人力资源的高效配置。打破妨碍人才流动的体制机制弊端，有利于增强社会活力。首先，营造公平就业创业的环境，破除劳动力市场的各种政策壁垒和就业歧视，消除不合理的就业限制条件，保护就业群体中，弱势群体，特别是农民工和女性劳动者的合法权益，推动就业岗位公开公平、择优录取。改革户籍制度，打破劳动力市场分割，减弱城乡二元制度对劳动力的束缚和人口流动的限制。其次，完善均等化、专业化、智能化的服务体系，避免弱势阶层失去流动能力。教育、医疗、社会保障等基本公共服务能够为劳动者提供基本的生活保障和发展需求，是劳动力社会流动的最基本保障。加快农民工市民化进程，确保进城务工人员与市民享受同等的保障待遇。最后，营造尊重劳动、尊重知识的社会环境和舆论氛围，形成人才纵向流动的体制机制，提升人力资源的流动效率，促进社会公平正义。

四、完善公共就业服务体系

实现更高质量和更充分就业需要进一步完善公共就业服务体系，保障和改善民生，促进社会的和谐稳定。首先，应完善全程化和多元化的公共就业服务功能。对劳动力市场中的求职者提供全程的就业服务指导，开展求职技巧培训，提供职业介绍和就业政策咨询服务。对农民工和大学生等重点就业群体，实施专项就业服务，帮助他们降低工作搜寻成本，提高人职匹配效率。开展创业全程服务，提供创业指导、融资服务和政策落实等，为创业者免除后顾之忧。随着新经济形态的不断涌现，公共就业服务要针对新业态、新工作模式开展专项服务，帮助劳动者提高适应新变化的能力。其次，应提高公共就业服务体系的服务范围。发挥政府公共就业服务体系的供给主体功能，引导社会组织和企业广泛参与，形成多元化立体式的服务体系。健全公共就业服务机构的设置，提高公共就业服务体系的覆盖范围。针对农村及贫困落后地区，要加大财政投入和政策倾斜，努力实现城乡均等的服务体系。最后，应提供更加便利、高效的公共就业服务方式。建立统一的公共就业服务标准体系，形成统一标准的服务流程、业务范围和管理模式。利用“互联网+公共就业服务”打造公共就业服务信息化平台，推行服务智能化、智慧化、便利化。

五、配套政策兜底，健全保障体系，构建和谐劳动关系

完善社会保障体系，构建和谐的劳动关系，是提升人力资本水平、实现高质量就业，以及劳动关系高质量发展的重要保障。健全社会保障体系，构建和谐劳动关系，推行高质量就业，需注重源头治理，构建和谐劳动关系的法律与政策治理体系，加强重点领域劳动关系法律治理，全面推行劳动合同制度与劳动用工备案制度，扩大集体合同覆盖范围，建立规范、公平、和谐的劳动关系。完善劳动关系认定标准，塑造尊重规则、维护诚信、合作共赢的劳动关系，改善劳资关系，打破劳资双方之间地位的不平等与权利义务的不平衡。指导企业改善工作环境和劳动条件，加强对员工的人文关怀，增强企业吸引力和员工稳定性。需调适劳动关系的自治水平，完善劳动争议协调处理机制，建立健全企业工会制度，加强企业内部工会组织建设，充分发挥企业工会自治作用。同时，适当加强对劳动关系的管制，加大劳动保障监察执法力度，针对违法现象，及时纠正查处，切实保障劳动者合法权益。推动企业薪酬制度改革，推行企业工资集体协商制度，提升员工薪酬待遇，调动劳动者的积极性和主动性。

第十一章　数字经济时代资本有机构成变化趋势及其对就业的影响研究

基于资本有机构成不断提高的规律，马克思提出了资本主义人口相对过剩理论，揭示了资本有机构成提高与劳动就业的负相关关系和趋势。在以大数据、人工智能，特别是智能机器人为关键生产要素的数字经济时代，很大程度上强化了这一负相关关系和趋势。尽管学术界不乏“从就业总量上看，技术进步并没有减少就业”和大数据、“人工智能和机器人会将人类解放出来自由从事自己喜欢的活动或感兴趣的工作”① 的技术乐观主义观点，但在数字经济时代数实深度融合社会大背景下“机器换人”“人会沦为机器的附庸”的技术悲观主义观点不断提出，在现实性上世界各国面临着巨大的就业压力。在以大数据、云计算、人工智能为代表的数字经济，逐步上升为国家战略和“推动数字经济与实体经济深度融合”② 发展的新时代，在整体研究资本有机构成变化趋势的同时，深入三大产业内部从资本技术构成和价值构成等维度，有针对性地具体研究其资本有机构成的不同变化趋势及其对就业的不同影响，对于精准施策推进当代中国的高质量就业无疑具有现实意义③。

第一节　理论界关于资本有机构成变化趋势的学术争鸣

马克思在资本积累理论中揭示的资本有机构成趋向不断提高的规律，不仅在机器大工业时代得以证实，而且至今仍然具有强大的生命力。但同时应当看到，自 20 世纪 80 年代以来，国内外经济学界诸多专家学者围绕资本有机构成趋向不断提高的规律，从理论逻辑和实证检验等方面进行了不同维度的深入研究，提出了不同的观点并展开了激烈的学术争鸣。在学术争鸣中，具有代表性的观点可概括为三种。

---

① 张鹏飞：《人工智能与就业研究新进展》，《经济学家》2018 年第 8 期。

② 《中共中央关于制定国民经济和社会发展第十四个五年规划和二〇三五年远景目标的建议》，《人民日报》2020 年 11 月 4 日。

③ 本章的内容是在笔者和李鑫博士合作完成的研究成果基础上修改而成的。刘冠军、李鑫：《资本有机构成变化趋势及其对就业的影响研究》，《中国特色社会主义》2020 年第 5/6 期。

一是“肯定论”的观点。持该观点的学者认为，马克思关于资本有机构成趋向不断提高的理论，在今天一如既往地发挥着重要的作用，尤其是随着资本垄断性程度的提高，资本积累的持续加强，社会再生产规模的不断扩大，以及新一轮科技革命和产业革命的蓄势待发，资本有机构成仍将继续保持提高的趋势。例如，吕庄与冯世新对仇启华等采用固定资本与工资基金之比表示资本有机构成①提出质疑。他们以不变资本价格表示的固定资本价值与劳动者人数之比表示资本有机构成，得到美国等主要资本主义国家的资本有机构成提高的结论②。高峰提出，资本的价值构成不一定总是与技术构成相一致的，应该具体分析资本价值构成中，由技术构成引起的变动和单纯由资本要素的价值引起的变动，才能确切判断其经济后果。他通过对美国私人制造业和私人资本的实际统计资料进行研究，实证了马克思提出的资本有机构成日益提高的规律，在20世纪仍然顽强地起着作用③。葛亮认为，采用预付资本可以更好地代表资本有机构成，科技的迅速发展导致的生产资料价格下降，节约能源，以及劳动力价格的上升，均会在一定程度上对资本有机构成的提高起到制约作用，但是没有扭转整体提高的趋势④。达拉·阿西莫格鲁（Daron Acemoglu）研究了企业的技术进步类型，企业在追求利润最大化时进行的技术革命包括资本扩张与劳动扩张，想要追求长期获利，经济增长将呈现“纯劳动扩张型技术变革”，通过技术进步节约劳动力的使用⑤。琼斯·彼德（Jones Peter）认为，可变资本的周转速度会影响资本有机构成的提高，随着科技进步生产率提高，不变资本会更加便宜，资本有机构成呈上升趋势⑥。史孝林从未来人工智能视域下考察资本有机构成的变化，人工智能机器的普及不会使资本有机构成消失而是会使其进一步提高⑦。

二是“否定论”的观点。持该观点的学者认为，马克思所阐发的资本有机构成趋向不断提高的理论是机器大工业时代的产物，并不适用于现代科学技术快速发展和信息经济、知识经济，以及日趋成熟的数字经济时代。这些

---

① 仇启华、解德沅、黄苏：《资本主义积累的一般规律在当代》，《中国社会科学》1980年第2期。

② 吕庄、冯世新：《资本有机构成提高的规律在战后发生了“曲折”吗？——对〈资本主义积累的一般规律在当代〉的质疑》，《中国社会科学》1980年第5期。

③ 高峰：《马克思的资本有机构成理论与现实》，《中国社会科学》1983年第2期。

④ 葛亮：《当代资本有机构成的实际计算及其提高趋势的分析》，《世界经济》1985年第10期。

⑤ Acemoglu D. Labor-and capital-augmenting technical change [J]. Journal of the European Economic Association, 2000, 1 (1): 1-37.

⑥ Jones P. Turnover time and the organic composition of capital [J]. Cambridge Journal of Economics, 2017. 41 (41): 81-103.

⑦ 史孝林：《未来人工智能视域下的资本有机构成——马克思劳动价值理论面临的挑战与思考》，《重庆社会科学》2020年第3期。

学者研究得出的结论与马克思的观点恰恰相反，他们认为，在现代科学技术快速发展和在社会经济中，广泛运用现代科技学术条件下的资本有机构成不仅没有提高，而且呈现下降的新趋势。例如，爱德华·内森·伍尔夫（Edward Nathan Wolff）认为，如果实际工资与技术构成的提高速度一样，而且劳动生产率提高所造成的（劳动）价值的下降在两大部类相同，资本的有机构成便不会提高①。罗润东、崔汝辉等（Rundong Luo and Ruhui Cui，et al.）将智力资本加入企业资本结构中，分析了技术进步对资本有机构成的影响。随着社会对知识资本越来越重视，资本有机构成的上行趋势会逐渐变成下行趋势②。李翀通过分析第二次世界大战后，美国、日本和英国资本有机构成的变化认为，如果把产业扩展到服务业，资本有机构成将呈现波动式变化，不再是单一的趋向提高③。

三是“阶段论”的观点。持该观点的学者认为，伴随着科学技术的迅速发展，经济形势、产业结构出现空前的改变，资本有机构成趋向提高的规律也会发生“较大的曲折”。从整体看，资本有机构成的变化呈现为分阶段的提高和下降。例如，保罗·科克肖特和阿林·科特雷尔（Paul Cockshott and Allin Cottrell）分析了美国的资本有机构成在1885—1938年和1949—1989年的变化：前一个阶段资本有机构成呈现下降趋势，后一个阶段呈现上升趋势④。马艳认为，在资本有机构成理论中科技的进步除了会影响客观条件，同样会对劳动的主观因素产生影响。马艳对马克思资本有机构成基本公式进行补充，研究发现短期与长期变化规律不同，资本有机构成在长期会呈现上升、不变和下降三种变化状态⑤。梁东黎发现，随着科技的进步，资本有机构成在同一个国家的不同时期具有不同的变化，“在一个国家经济发展的初期阶段，技术进步使得资本有机构成上升；在中期阶段，资本有机构成保持稳步；在后期阶段，资本有机构成呈现下降”⑥。杨虎涛、冯鹏程研究了美国1944—2016年的资本有机构成与“技术—经济”范式的变化，发现美国的资本有机构成不

① Edward Nathan Wolff. The rate of surplus value the organic composition of capital and the general the rate profit in the US economy 1947-1967 [J]. American Economic Review，1979（6）：329-341.

② Luo R，Cui R，Wang T. An Expanded Analysis of the Organic Composition of Capital [C]. ICASS，2013（3）：16-21.

③ 李翀：《在新的历史条件下对资本有机构成趋向提 高规律的再认识》，《当代经济研究》2020年第1期。

④ Cockshott P，Cottrell A，Michaelson G. Testing Marx：some new results from UK data [J]. Capital & Class，1995，19（1）：103-130.

⑤ 马艳：《马克思主义资本有机构成理论创新与实证分析》，《学术月刊》2009年第5期。

⑥ 梁东黎：《初次分配的要素投入结构视角研究》，《东南大学学报（哲学社会科学版）》，2011年第5期。

是呈直线式提高的，且在不同时期提高的幅度与速度存在差异，在人工智能时代早期资本有机构成呈现较高水平，随着技术—经济的扩散，资本有机构成的提高速度会下降①。

理论界对资本有机构成变化趋势的研究得出三种不同观点，主要源自不同的学者依据各自不同的现实数据资料和采用不同的实证方法导致的差异，而其侧重点不同是造成观点不同的根本原因。持“肯定论”观点的学者，侧重于作为物质资本的技术构成和价值构成，如用以不变资本价格表示的物质性固定资本价值与劳动者人数之比表示资本有机构成，便得到了美国等主要资本主义国家的资本有机构成趋向提高的结论。持“否定论”观点的学者，侧重于信息资本、知识资本、智力资本等精神性资本。他们将这些精神性资本加入企业的资本结构中，进而分析了科技进步对资本有机构成的影响，得出资本有机构成的上行趋势会逐渐变成下行趋势。而持“阶段论”观点的学者，侧重于不同阶段上的资本有机构成的变化，进而得出资本有机构成提高、下降的两阶段论和上升、不变、下降的三阶段论的观点。从学术研究的维度讲，上述三种关于资本有机构成变化趋势的观点都有其合理性。同时，上述三种观点有一个共同的特点，即以美国等主要发达资本主义国家为研究对象，因此这些观点与处于社会主义初级阶段的发展中国家的，正在推进数字经济与实体经济深度融合发展的当代中国的现实状况并非完全适配。基于上述的评析，我们应当采取何种指标和测算方法，考察数字经济背景下当代中国的资本有机构成及其变化呢？而具体到当代中国的第一产业、第二产业和第三产业的资本有机构成的变化又有哪些不同呢？这些不同的变化会对就业产生何种影响呢？

第二节　数字经济时代资本有机构成的指标设计与测算方法

以大数据、人工智能为核心生产要素的数字经济和智能经济逐步上升为当代中国的国家战略，加快数字化发展进而推动数字经济发展和加快智能化发展进而推动智能经济发展，越来越成为当代中国的基本国策，推动数字经济和实体经济、智能经济和传统经济的深度融合已经成为当代中国的发展趋势。在此背景下，考察当代中国资本有机构成及其变化趋势的指标体系设计和测算方法，就必须回到马克思经典著作中探寻，依据他对资本有机构成的基本规定确定。

① 杨虎涛、冯鹏程：《技术—经济范式演进与资本有机构成变动——基于美国 1944—2016 年历史数据的分析》，《马克思主义研究》2019 年第 6 期。

关于资本的有机构成，马克思在《资本论》第一卷中作了经典性的集中论述，他指出："资本的构成要从双重的意义上来理解。从价值方面来看，资本的构成是由资本分为可变资本和不变资本的比率，或者说，分为生产资本的价值和劳动力的价值即工资总额的比例来决定的。从在生产过程中发挥作用的物质方面来看，每一个资本都分为生产资料和活的劳动力；这种构成是由所使用的生产资料量和为使用这些生产资料而必需的劳动量之间的比例来决定的。我把前一种构成叫做资本的价值构成，把后一种构成叫做资本的技术构成。二者之间有密切的相互关系。为了表达这种关系，我把由资本技术构成决定并且反映技术构成变化的资本价值构成，叫做资本的有机构成。"①

由于数字经济时代的资本技术构成与资本价值构成的变化趋势可能出现不一致的现象，数字技术、人工智能技术的使用在提高了劳动生产率的同时也提高了资本技术构成，但是资本价值构成受到可变资本的影响，可能趋于下降使得资本有机构成停止了提高的趋势。资本有机构成的变化会在一定程度上影响一个国家的就业水平：通常较高的资本有机构成比值，说明该企业或者该国家属于资本密集型，采用较多的物质资本与先进的技术；较低的资本有机构成则意味着该国家或者企业属于劳动密密集型，采用较多的劳动力进行生产。因此，笔者依据马克思对资本有机构成的经典性规定，和当代中国推动数字经济和实体经济、智能经济和传统经济的深度融合发展的现实，对资本有机构成及其变化趋势的指标和测算方法进行如下的界定。

一、不变资本

马克思在《资本论》第一卷中，对不变资本和可变资本进行了专章考察和论述。他指出："我们叙述了劳动过程的不同因素在产品价值的形成中所起的不同作用，事实上也就说明了资本的不同组成部分在资本本身的价值增殖过程中所执行的不同职能。产品的总价值超过产品的形成要素的价值总额而形成的余额，就是价值已经增殖的资本超过原预付资本价值而形成的余额。一方的生产资料，另一方的劳动力，不过是原有资本价值在抛弃货币形式而转化为劳动过程的因素时所采取的不同的存在形式。可见，转变为生产资料即原料、辅助材料、劳动资料的那部分资本，在生产过程中并不改变自己的价值量。因此，我把它称为不变资本部分，或简称为不变资本。"② 根据这一论述可知，不变资本是购买生产资料的资本，这部分资本在生产剩余价值的过程中，只转移自身的价值而没有发生价值量的变化。笔者在计算资本有机

① 马克思：《资本论》第1卷，人民出版社2004年版，第707页。

② 马克思：《资本论》第1卷，人民出版社2004年版，第242-243页。

构成时，不变资本价值 C 用可以获取到的数据固定资产投资代替，计算得出的资本有机构成数值上可能存在偏差，但是可以保持与马克思资本有机构成理论一致的整体变化趋势，也可以使我们对当前资本有机构成动态趋势进行观察。在此，将不变资本 C 划分为两部分：C_1 为不包含信息传输、软件和信息技术服务业的固定资产投资额，C_2 为采用信息传输、软件和信息技术服务业的固定资产投资额。本文关于人工智能的数据 C_2 参考了相关学者的研究并从可获得性角度考虑，C_2 包括电信、广播电视和卫星传输服务，互联网和相关服务，软件和信息技术服务。

二、可变资本

在《资本论》第一卷第六章中，马克思在论述了不变资本的同时，对可变资本做了如下规定："相反，转变为劳动力的那部分资本，在生产过程中改变自己的价值。它再生产自身的等价物和一个超过这个等价物而形成的余额，剩余价值。这个剩余价值本身是可以变化的，是可大可小的。这部分资本从不变量不断转化为可变量。因此，我把它称为可变资本部分，或简称为可变资本。"[①] 由此可知，可变资本是指可以创造出剩余价值的那部分资本，即用来购买劳动力的资本，该部分资本在企业生产过程中不同于不变资本，除了将自身价值转移到新的产品中去，同时还可以生产出高出自身价值的价值。笔者在计算资本有机构成时，考虑到从事数字经济和实体经济两个领域的劳动力，将可变资本 V 划分为两部分：V_1 为不包含信息传输、软件和信息技术服务业的工资总额，V_2 为信息传输、软件和信息技术服务业的工资总额。

三、资本有机构成

资本的有机构成包括两个方面：一是资本的技术构成。借鉴高峰、吕庄和冯世新等学者关于资本技术构成的计算公式，用固定资本价值与劳动者人数之比反映资本技术构成变化，在此采用职工人均占有的资本量表示。其中，资本拥有量按照不变价格（2000 年价格）计算固定资产投资的总和。二是资本的价值构成，即不变资本 C 与可变资本 V 的价值比值。资本有机构成是由资本技术构成决定的资本价值构成，此时公式表示为：资本有机构成 $E=$ 固定资产投资 C/工资总额 V。在数字经济时代为了更好地分析数据要素对经济、就业的影响，我们将资本有机构成表示成 $E=(C_1+C_2)/(V_1+V_2)$。

在此需要加以说明的是，笔者依据上述指标和测算方法，就我国资本有机构成的新变化趋势进行研究，具体分析三大产业之间劳动生产率、资本技

① 马克思：《资本论》第 1 卷，人民出版社 2004 年版，第 243 页。

术构成与资本价值构成的变化，并进一步研究资本有机构成新的变化趋势对我国就业产生怎么样的影响。同时，研究所使用的不变资本数据来源于历年《中国统计年鉴》，可变资本数据来源于历年《中国劳动统计年鉴》。

第三节　数字经济时代资本有机构成变化的新趋势

当前，我国处于大力推进数字经济发展的时代，数字经济是继农业经济、工业经济之后的一种新的经济社会发展形态，是以数字产品（即数据）作为关键生产要素，以信息网络作为重要载体，通过网络和信息技术的有效应用，推动各领域数字转型，实现价值增值和效率提升。数字经济时代，资本有机构成趋势发生了新的变化。

一、我国资本有机构成的现状

我国资本有机构成并不像马克思所说的，随着科技的进步呈现一直上升的趋势。从2003—2018年的数据可以看到，资本有机构成呈现波动式变化（如图11-1所示）：2003—2010年呈现上升趋势，2010年资本有机构成达到最高峰5.88，2010年之后资本有机构成出现下降趋势，且2018年资本有机构成下降到4.56，但是下降幅度较小，呈现较稳定状态。需要说明的是，由于2019年统计固定资本的计量口径与之前计算存在差异，所以在此没有分析2019年的资本有机构成。

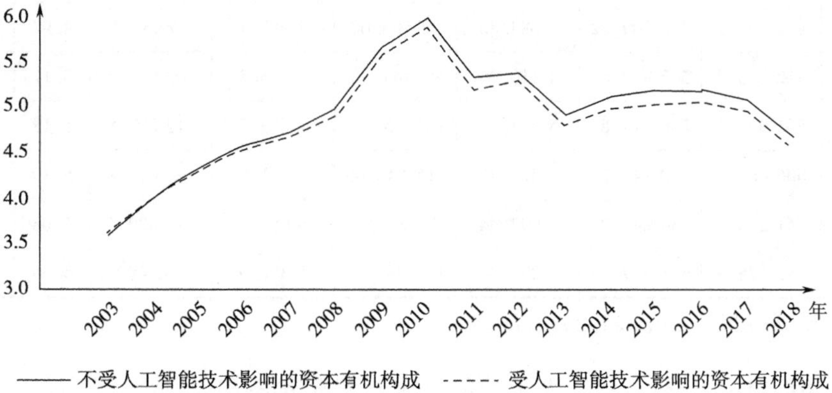

数据来源：历年《中国统计年鉴》。

图11-1　2003—2018年资本有机构成变化

图11-1与表11-1中，$E_1=C_1/V_1$，$E=(C_1+C_2)/(V_1+V_2)$。其中，E_1表

示不受人工智能技术影响的资本有机构成，E 表示受人工智能技术影响的资本有机构成。比较 E_1 与 E 发现，E_1 与 E 的整体趋势是相同的，但是添加了人工智能技术后的资本有机构成 E，小于未考虑该技术的资本有机构成 E_1。这主要是因为从事信息传输、软件和信息技术服务行业的劳动者工资水平高于平均工资水平，可变资本增长幅度高于不变资本增长幅度，所以 E 小于 E_1。人工智能技术确实对我国资本有机构成产生影响，并且是当前影响我国资本有机构成变化的关键因素。

表 11-1　数字经济下资本有机构成

年份	C（亿元）	C_1（亿元）	C_2（亿元）	V_1（亿元）	V_2（亿元）	V（亿元）	E_1	E
2003	55 566.6	53 905.92	1 660.68	14 999.30	330.3	15 329.6	3.59	3.62
2004	70 477.4	68 819.73	1 657.67	17 212.20	402.8	17 615.0	4.00	4.00
2005	88 773.6	87 191.85	1 581.75	20 145.40	481.7	20 627.1	4.33	4.30
2006	109 998.2	108 122.29	1 875.91	23 643.90	618.4	24 262.3	4.57	4.53
2007	137 323.9	135 475.81	1 848.09	28 675.60	795.9	29 471.5	4.72	4.66
2008	172 828.4	170 665.76	2 162.64	34 327.10	962.4	35 289.5	4.97	4.90
2009	224 598.8	222 009.85	2 588.95	39 264.00	1 024.2	40 288.2	5.65	5.57
2010	278 121.9	275 667.41	2 454.49	45 999.10	1 270.8	47 269.9	5.99	5.88
2011	311 485.1	309 310.65	2 174.45	58 189.60	1 765.1	59 954.7	5.32	5.20
2012	374 694.7	372 002.74	2 691.96	69 144.80	1 769.4	70 914.2	5.38	5.28
2013	446 294.1	443 209.22	3 084.88	90 106.60	2 957.7	93 064.3	4.92	4.80
2014	512 020.7	507 910.65	4 110.05	99 441.40	3 375.8	102 817.2	5.11	4.98
2015	561 999.8	556 477.88	5 521.92	107 394.33	4 613.5	112 007.8	5.18	5.02
2016	606 465.7	600 140.22	6 325.48	115 643.05	4 431.8	120 074.8	5.19	5.05
2017	641 238.4	634 240.96	6 997.44	124 835.80	5 053.3	129 889.1	5.08	4.94
2018	645 675.0	638 397.66	7 277.34	136 081.10	5 398.9	141 480	4.69	4.56

数据来源：历年《中国统计年鉴》与 EPS 数据库。

由表 11-1 分析得知，人工智能技术会对资本有机构成产生影响。那么，科学技术的进步是如何影响资本有机构成的呢？资本有机构成是由资本技术构成决定的资本价值构成。劳动生产率、资本技术构成与资本价值构成之间存在联系，人工智能技术的使用可以提高一个国家的劳动生产率，而劳动生产率的提高会使得对劳动力的需求减少，使资本技术构成提高，此时二者的变动是同一方向的；如果劳动生产率的提高是因为节约生产资料，那么会对资本技术构成的提高起到反作用①。下面具体研究劳动生产率（L_p）、资本技术构成（T_{cc}）与资本价值构成（V_{cc}）之间的关系。

表 11-2　我国劳动生产率、资本技术构成与资本价值构成的变化

年份	L_p	固定资产投资（亿元）	不变价格固定资产投资（亿元）	就业人数（亿人）	V（亿元）	T_{cc}	V_{cc}
2000	13 911.37	32 918	16 704.10	7.21	10 954.70	2 317.28	3.00
2001	15 229.08	37 214	36 467.49	7.28	12 205.40	5 009.48	3.05
2002	16 609.91	43 500	42 372.27	7.33	13 638.10	5 782.24	3.19
2003	18 637.03	55 567	52 753.19	7.37	15 329.60	7 154.33	3.62
2004	21 792.55	70 477	62 559.06	7.43	17 615.00	8 423.87	4.00
2005	25 093.96	88 774	75 839.85	7.46	20 627.10	10 159.80	4.30
2006	29 267.05	109 998	105 842.07	7.50	24 262.30	14 116.42	4.53
2007	35 858.83	137 324	122 632.05	7.53	29 471.50	16 281.26	4.66
2008	42 248.24	172 828	143 176.44	7.56	35 289.50	18 947.71	4.90
2009	45 961.61	224 599	186 455.97	7.58	40 288.20	24 589.33	5.57
2010	54 151.41	278 122	216 023.80	7.61	47 269.90	28 384.97	5.88
2011	63 849.80	311 485	288 210.07	7.64	59 954.70	37 713.96	5.20
2012	70 215.37	374 695	338 798.71	7.67	70 914.20	44 169.63	5.28
2013	77 031.22	446 294	394 993.27	7.70	93 064.30	51 313.15	4.80
2014	83 305.90	512 021	448 540.36	7.73	102 817.20	58 061.22	4.98
2015	88 941.16	562 000	492 337.39	7.75	112 007.80	63 567.60	5.02
2016	96 181.22	606 466	598 049.36	7.76	120 074.80	77 065.24	5.05
2017	107 165.88	641 238	606 660.81	7.76	129 889.10	78 127.66	4.94
2018	118 485.44	645 675	590 202.91	7.76	141 480.00	76 070.80	4.56

数据来源：历年《中国统计年鉴》和《中国劳动统计年鉴》。

由图 11-2 可以看到，我国劳动生产率与资本技术构成逐年上升，但是资本价值构成呈现波动式变化，2000—2010 年呈上升趋势，之后变化较小，略微有下降趋势。这与马克思资本有机构成理论存在差异。马克思认为，资本

① 尼·伊诺泽姆采夫等：《现代垄断资本主义政治经济学》上册，上海译文出版社 1978 年版，第 390-391 页。

价值构成必然随着资本技术构成的提高而提高，但只是以较小的程度随之提高。目前，我国的情况不能再用传统的马克思资本有机构成理论解释，当前人工智能技术与产业结构的变化与马克思所处时代有很大不同，当前资本有机构成下降的主要原因是产业结构升级以及可变资本的增长。

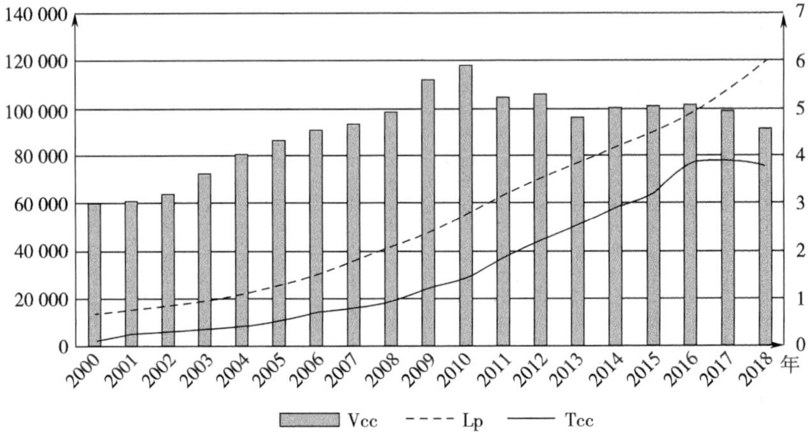

图 11-2　我国劳动生产率、资本技术构成与资本价值构成的变化

二、不同产业之间资本有机构成的区别

通过分析我国资本有机构成的总体情况发现，资本技术构成保持上升趋势，可是资本价值构成却没有保持一致的方向，而是呈现波动式变化，甚至在 2010 年后呈现下降趋势。但是，从逻辑上进行分析，人工智能技术的使用会推动资本有机构成的提高，因为随着科学技术的进步，采用机器的劳动密集型产业和大规模采用机器的物质资本密集型产业得到迅速发展。所以，要想弄清楚我国资本有机构成新趋势的原因，就需要进一步探究三大产业内部的资本有机构成的变化。

但是，在当今产业结构升级的发展阶段，劳动密集型产业和物质资本密集型产业相对衰落，技术密集型产业相对兴起；生产实物产品的产业相对衰落，提供非实物产品的服务业相对兴起，从而对资本有机构成的变化趋势产生新的影响。下面对我国三大产业统计资料进行数据分析，探究科学技术进步对我国不同产业的劳动生产率、资本技术构成和资本价值构成有什么影响。

（一）第一产业

当前，我国处于产业结构升级的发展阶段，科学技术的使用提高了第一产业劳动生产率，但是就业人数却逐年下降，意味着劳动密集型产业资本有机构成始终保持提高的趋势。

图 11-3 表明，第一产业中劳动生产率、资本技术构成与资本价值构成始终处于增长趋势，并且资本技术构成提高的程度大于劳动生产率，也远高于资本价值构成提高程度。劳动生产率迅速提高的同时第一产业的就业人数却逐年下降，意味着社会劳动生产率的提高主要依靠节约活劳动来实现，引用生产设备代替传统的劳动力。由表 11-3 可以看到，固定资产投资增长迅速，尤其是 2010 年以后固定资本投资额飞速增长，2011 年固定资产投资额 6 819 亿元，是 2010 年的 2 倍左右，主要得益于国家对农业科学技术的普及以及机器设备的引进。

表 11-3　第一产业劳动生产率、资本技术构成与资本价值构成的变化

年份	L_{p1}	固定资产投资（亿元）	不变价格固定资产投资（亿元）	就业人数（亿人）	V_1（亿元）	T_{cc1}	V_{cc1}
2000	4 083. 35	303. 8	154. 16	3. 60	260. 1	42. 77	1. 17
2001	4 259. 10	372. 83	365. 35	3. 64	268. 2	100. 38	1. 39
2002	4 418. 72	499. 5	486. 55	3. 66	278. 1	132. 79	1. 80
2003	4 687. 33	535	507. 91	3. 62	335. 8	140. 29	1. 59
2004	6 001. 84	645	572. 54	3. 48	351. 2	164. 38	1. 84
2005	6 520. 77	843	720. 18	3. 34	368. 7	215. 35	2. 29
2006	7 300. 11	1 118	1 075. 76	3. 19	403. 3	336. 80	2. 77
2007	9 005. 27	1 460	1 303. 80	3. 07	464. 6	424. 26	3. 14
2008	10 849. 10	2 250	1 863. 97	2. 99	516. 4	622. 92	4. 36
2009	11 624. 51	3 356	2 786. 06	2. 89	537. 4	964. 35	6. 24
2010	13 759. 44	3 926	3 049. 42	2. 79	627. 1	1 091. 79	6. 26
2011	16 838. 95	6 819	6 309. 47	2. 66	697. 7	2 372. 52	9. 77
2012	19 044. 97	8 772	7 931. 63	2. 58	760. 8	3 077. 50	11. 53
2013	21 938. 73	9 109	8 061. 94	2. 42	758	3 335. 38	12. 02
2014	24 408. 21	11 803	10 339. 66	2. 28	808. 9	4 536. 93	14. 59
2015	26 358. 23	15 562	13 633. 01	2. 19	862. 6	6 219. 72	18. 04
2016	27 976. 93	18 838	18 576. 56	2. 15	935	8 641. 87	20. 15
2017	29 650. 26	20 892	19 765. 45	2. 09	949. 9	9 437. 29	21. 99
2018	31 960. 31	22 413	20 487. 42	2. 03	716. 1	10 113. 25	31. 30

数据来源：历年《中国统计年鉴》和《中国劳动统计年鉴》。

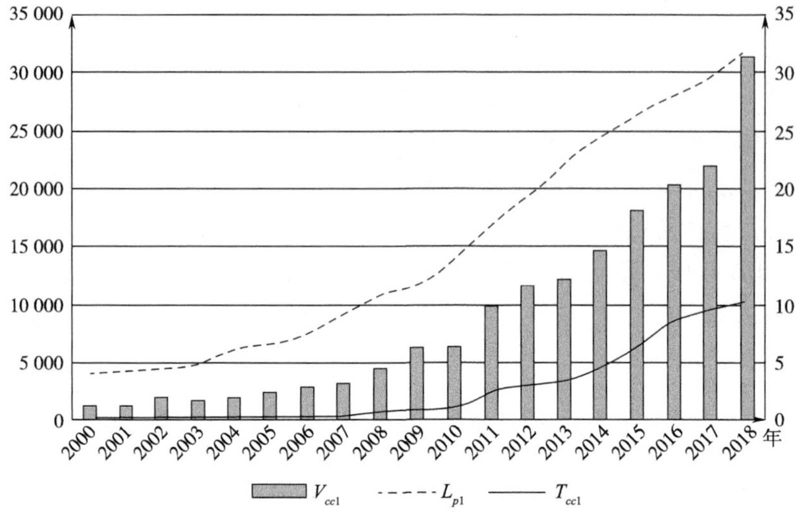

图 11-3　第一产业劳动生产率、资本技术构成与资本价值构成的变化

（二）第二产业

第二产业作为资本密集型产业，随着科学技术的使用劳动生产率逐年上升的同时就业人数也在逐年上升。这样无法具体得出科技对资本有机构成的影响呈现怎样的趋势，下面具体分析科技进步如何影响第二产业的资本有机构成。

由图 11-4 可以看出，第二产业劳动生产率与资本技术构成同方向变化。劳动生产率 2000—2018 年始终保持较高的增长速度，但是资本技术构成增长幅度较小，且处于波动变化中。2015—2018 年资本技术构成处于稳定状态，且有下降趋势；固定资本投资额增长迅速，且增长速度高于可变资本投资额的增速；2012 年之后可变资本投资额增速大于不变资本的增速，第二产业就业人数增长迅速，使得资本价值构成开始呈现下降趋势。第二产业资本价值构成比值在 2010 年以前与第一产业资本价值构成比值没有大的区别；2010 年之后，第一产业固定资本投资额增长迅速而可变资本投资额增长缓慢，第二产业伴随着固定资本投资的增长，可变资本投资额也在迅速增长且增长速度高于固定资本。所以，第一产业资本价值构成逐年上升而第二产业却呈现下降趋势。

表 11-4　第二产业劳动生产率资本技术构成与资本价值构成的变化

年份	L_{p2}	固定资产投资（亿元）	不变价格固定资产投资（亿元）	就业人数（亿人）	V_2（亿元）	T_{cc2}	V_{cc2}
2000	28 154. 27	4 820. 51	2 446. 15	1. 62	4 409. 42	1 508. 19	1. 09
2001	30 590. 32	4 710. 25	4 615. 76	1. 62	4 646. 49	2 843. 32	1. 01

续表

年份	L_{p2}	固定资产投资（亿元）	不变价格固定资产投资（亿元）	就业人数（亿人）	V_2（亿元）	T_{cc2}	V_{cc2}
2002	34 500.99	4 938.1	4 810.08	1.57	5 069.82	3 067.28	0.97
2003	39 364.48	16 628	15 785.99	1.59	5 953.4	9 911.46	2.79
2004	44 457.01	22 835	20 269.54	1.67	6 876.34	12 130.62	3.32
2005	49 579.08	31 592	26 989.12	1.78	8 154.37	15 191.45	3.87
2006	55 232.58	39 545	38 050.92	1.89	9 765.41	20 138.62	4.05
2007	62 731.84	50 814	45 377.54	2.02	11 700.7	22 479.71	4.34
2008	72 957.71	64 900	53 765.31	2.06	13 840.2	26 158.84	4.69
2009	75 980.68	81 991	68 066.69	2.11	15 512.7	32 289.40	5.29
2010	87 732.64	101 013	78 459.14	2.18	18 539.5	35 921.06	5.45
2011	100 707.55	132 212	122 332.79	2.25	25 557.7	54 264.01	5.17
2012	105 261.86	158 060	142 917.64	2.32	30 661.1	61 493.76	5.16
2013	113 056.37	184 549	163 335.41	2.32	43 430.2	70 494.35	4.25
2014	120 041.04	207 459	181 738.12	2.31	43 366.6	78 677.92	4.78
2015	123 976.07	224 048	196 276.17	2.27	48 416.54	86 491.94	4.63
2016	132 182.46	231 826	228 608.68	2.24	49 331.91	102 285.76	4.70
2017	151 933.88	235 751	223 038.70	2.18	50 639.6	102 198.82	4.66
2018	170 563.44	237 899	217 460.30	2.14	53 451.4	101 664.47	4.45

数据来源：历年《中国统计年鉴》和《中国劳动统计年鉴》。

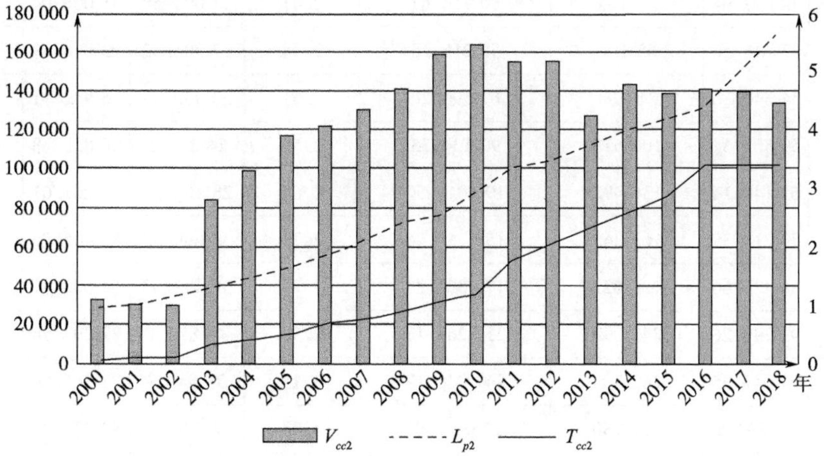

图 11-4　第二产业劳动生产率、资本技术构成与资本价值构成的变化

（三）第三产业

第三产业在吸纳劳动力方面远高于第一产业和第二产业，科技进步带来劳动生产率的提高，并没有让资本技术构成与资本价值构成保持上升趋势。

由图 11-5 可以看到，劳动生产率保持逐年上升的趋势，但是资本技术构成在 2016—2018 年与劳动生产率呈反方向增长，资本技术构成开始下降，主要是因为第三产业吸纳了更多的劳动者。第三产业资本价值构成与第二产业资本价值构成具有相同的变动趋势，呈现波动式变化：2000—2002 年，初期较为平稳，之后呈现缓慢增长趋势；2003 年之后处于波动式增长，且资本价值构成比值随着时间的变化与第一产业的比值相差越来越大。由表 11-5 可以看到，虽然第二产业与第三产业资本价值构成变化较小，但是固定资本投资额以及可变资本投资额均显著增长，增长幅度均超过第一产业；第三产业的可变资本投资远大于第一产业和第二产业。

表 11-5　第三产业劳动生产率、资本技术构成与资本价值构成的变化

年份	L_{p3}	固定资产投资（亿元）	不变价格固定资产投资（亿元）	就业人数（亿人）	V_3（亿元）	T_{cc3}	V_{cc3}
2000	20 127. 27	11 380. 13	5 774. 80	1. 98	5 986. 71	5 740. 76	1. 90
2001	22 663. 85	12 523. 89	12 272. 66	2. 02	6 916. 19	6 210. 77	1. 81
2002	24 536. 15	13 439. 75	13 091. 33	2. 10	7 813. 16	6 412. 68	1. 72
2003	26 733. 20	28 649	27 198. 27	2. 16	9 040. 45	12 589. 11	3. 17
2004	29 329. 59	35 548	31 554. 26	2. 27	10 387. 5	13 885. 38	3. 42
2005	33 034. 40	42 661	36 445. 40	2. 34	12 104. 04	15 548. 91	3. 52
2006	38 007. 94	52 706	50 714. 67	2. 41	14 093. 58	21 006. 04	3. 74
2007	47 446. 20	65 190	58 215. 48	2. 44	17 306. 32	23 854. 89	3. 77
2008	54 540. 76	81 588	67 590. 20	2. 51	20 932. 89	26 942. 11	3. 90
2009	59 853. 54	108 573	90 134. 35	2. 59	24 238. 1	34 858. 38	4. 48
2010	69 140. 14	136 492	106 016. 50	2. 63	28 103. 37	40 261. 01	4. 86
2011	79 218. 39	163 365	151 157. 96	2. 73	33 699. 32	55 405. 75	4. 85
2012	88 427. 66	198 022	179 051. 22	2. 77	39 492. 33	64 662. 77	5. 01
2013	93 799. 26	242 090	214 262. 17	2. 96	48 876. 1	72 297. 94	4. 95
2014	99 047. 95	282 003	247 040. 12	3. 14	58 641. 7	78 765. 50	4. 81
2015	106 502. 85	311 980	273308. 57	3. 28	62 728. 67	83 226. 83	4. 97
2016	115 776. 91	345 837	341 037. 41	3. 38	69 860. 75	101 027. 17	4. 95

续表

年份	L_{p3}	固定资产投资（亿元）	不变价格固定资产投资（亿元）	就业人数（亿人）	V_3（亿元）	T_{cc3}	V_{cc3}
2017	125 704. 26	375 040	354 816. 89	3. 49	68 485. 3	101 748. 36	5. 48
2018	136 262. 67	375 324	343 078. 67	3. 59	65 907. 3	95 464. 04	5. 69

数据来源：历年《中国统计年鉴》和《中国劳动统计年鉴》。

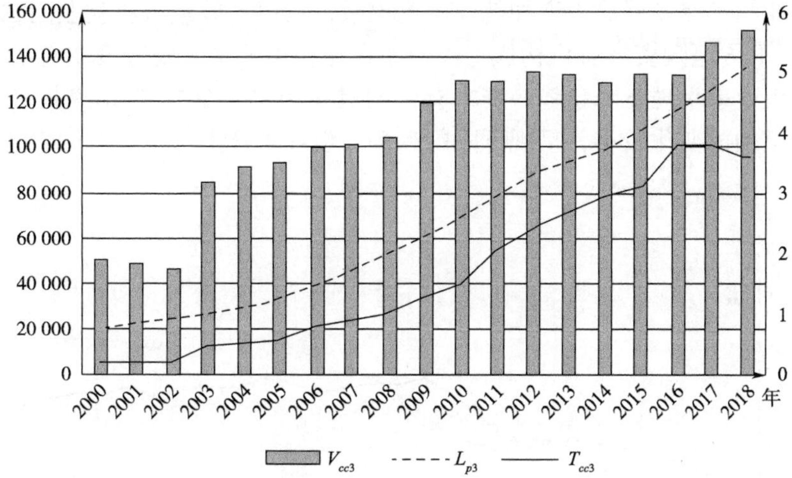

图 11-5　第三产业劳动生产率、资本技术构成与资本价值构成的变化

第四节　数字经济时代资本有机构成新趋势对就业的影响分析

一、资本有机构成与就业的关系

资本有机构成主要从两个方面影响劳动力的就业：一方面是资本有机构成比值不变，即不变资本 C 的价值与可变资本 V 的价值的比值不变。如果不变资本 C 的价值提高，企业采用先进的技术，注入了新的资本从而提升了生产总资本，此时 C 与 V 的比值不变，企业会大量雇用劳动力。此种情况通常出现在劳动密集型企业中。另一方面是资本有机构成提高，即不变资本 C 的上涨速度快于可变资本 V 的上涨速度，使得可变资本 V 的比例相对下降，对劳动力的需求减少，从而产生了相对过剩人口。这是由于企业家出于外在竞争的压力与内在追求超额剩余价值的原因产生的。此种情况往往出现在资本密集型的企业中，不变资本 C 与可变资本 V 不同比例变化是资本生产过程中的“常态”。因此，资本密集型企业采用先进技术替代劳动力从而提高资本有机构成，是资本有机构成变化影响劳动力就业的一般规律。

第一产业的资本有机构成上升迅速，产生了大量的剩余劳动力；第二产业的资本有机构成相对于第一产业上升较慢，但是略高于第三产业的资本有机构成。第一产业中的大量剩余劳动力进入第二产业，第二产业中溢出部分劳动力进入第三产业；第三产业的资本有机构成明显低于第一产业，并略低于第二产业，且呈现下降趋势，意味着剩余的劳动力主要进入了第三产业。第三产业的迅速发展成为增加就业的主渠道，可以有效地解决就业问题。

图 11-6 呈现资本有机构成与失业率存在相关关系，随着资本有机构成的上升，失业率呈现下降趋势，资本有机构成在 1992—2010 年迅速提高，之后资本有机构成变化较小，呈现下降的趋势，但在整体上保持上升的趋势。

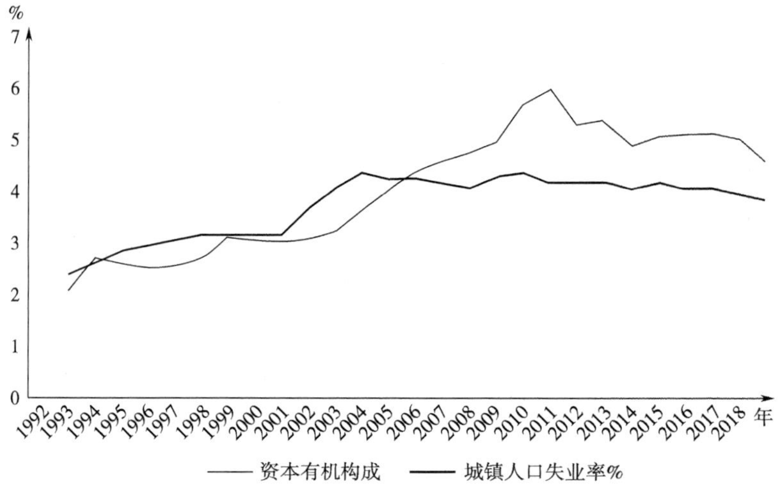

数据来源：历史《中国统计年鉴》和《中国劳动统计年鉴》。

图 11-6　中国资本有机构成与城镇人口失业率

二、资本有机构成新的变化趋势对就业的影响分析

（一）吸纳更多的劳动者就业

图 11-7 表明经济增长与劳动生产率存在正相关关系。伴随着经济迅速发展，我国劳动生产率也在逐年上升。经济增长、劳动生产率与人口失业率之间存在一定负相关关系，较高的经济增长伴随着较低的人口失业率，经济的迅速发展可以带来更多的就业岗位，从而可以有效地减少失业现象。经济增长率与资本技术构成密切相关，经济迅速发展，为我国就业提供更多的岗位，

从而可以有效地解决就业问题。

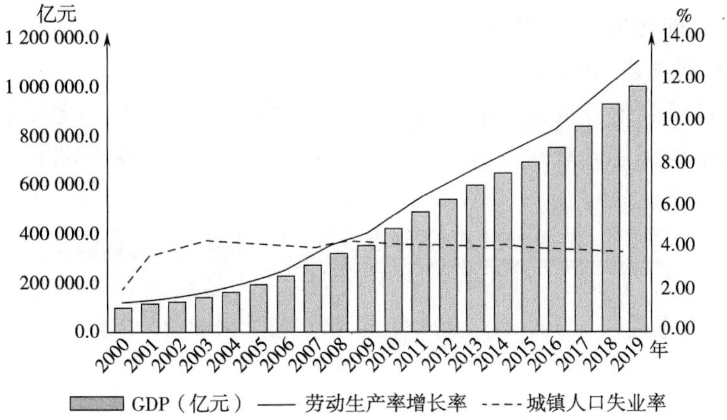

数据来源：历年《中国统计年鉴》。

图 11-7　GDP、劳动生产率与城镇人口失业率变化

当前数字经济的快速发展有利于优化就业结构，实现稳就业的目标。数字经济催生了新的就业模式，平台经济、共享经济、“众包”等灵活就业模式迅速发展。人工智能技术、互联网平台，使我们打破了时间、地点等就业壁垒，灵活的就业模式将成为未来吸纳就业的重要途径。

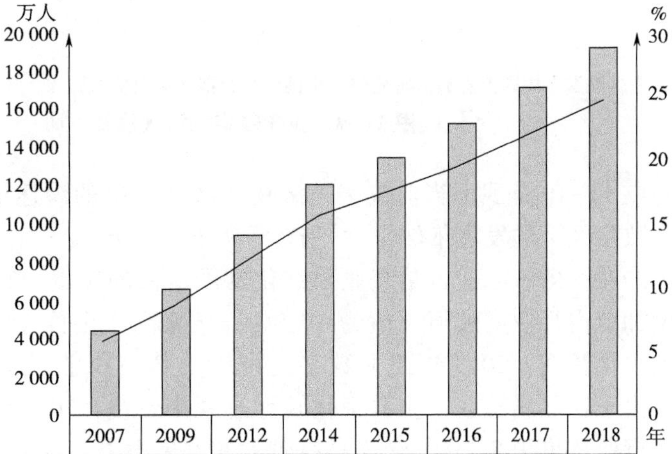

	2007	2009	2012	2014	2015	2016	2017	2018
吸纳就业人数（万人）	4 411	6 657	9 414	12 087	13 508	15 176	17 149	19 100
占总就业人数比重（%）	5.9	8.8	12.3	15.6	17.4	19.6	22.1	24.6

数据来源：中国信息通信研究院《中国数字经济发展与就业报告》。

图 11-8　数字经济吸纳就业人数与占总就业比重

由图 11-8 可以看到，数字经济吸纳劳动者的能力在逐年提升，在全国总就业人数同比下降的背景下（2018 年同比下降 0. 07%），占全年总就业人数的 24. 6%，同比增长了 11. 5%。

（二）提高我国就业质量

数字经济高速发展是当前带动我国经济增长、产业数字化转型的主要动力，产业结构优化升级对劳动者素质提出新的要求，促使劳动者提高自身的能力，提高就业质量。

图 11-9 是我国数字经济规模及占比情况。2005 年，我国数字经济总量仅为 2. 6 万亿元，而到了 2019 年，我国数字经济总量达到 35. 8 万亿元，数字经济占 GDP 比重逐年上升，由 2005 年的 14. 2%上升到 36. 2%。

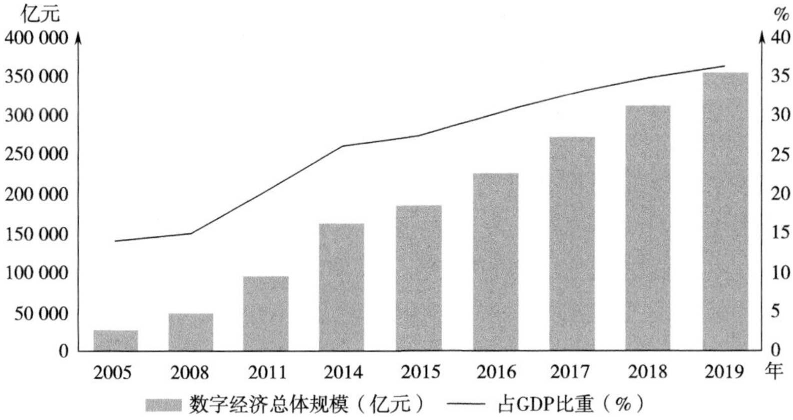

数据来源：中国信息通信研究院《中国数字经济发展白皮书》。

图 11-9　我国数字经济规模及占比

图 11-10 是我国当前数字经济在三次产业中的渗透情况。可以清楚地看到，数字经济的发展依然是“三产”高于“二产”，“二产”高于“一产”。第三产业，即服务业，是产业数字化发展最快的领域，2019 年服务业数字经济增加值占行业增加值比值为 37. 8%，显著高于全行业的平均水平；第二产业数字化转型，2019 年工业数字经济增加值占行业增加值比重为 19. 5%①。农业由于自然属性在产业数字化转型过程中最慢，2019 年农业数字经济增加值占行业比重为 8. 2%，未来具有较大的发展潜力。数字经济推动了我国就业结构的优化升级，互联网、大数据、人工智能等数字技术渗透到产业中，逐渐取代了低技能劳动者，同时促使低技能劳动者努力学习参加培训，提高自

① 中国信息通信研究所：《中国数字经济发展白皮书》，中国信通出版社 2020 年版，第 22 页。

身的能力进而向高技能就业岗位转移，促进就业结构的优化。

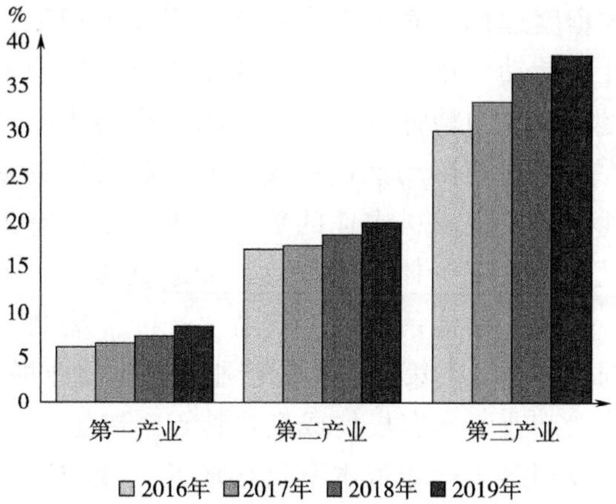

数据来源：中国信息通信研究院《中国数字经济发展白皮书》。

图 11-10　我国三次产业数字经济发展情况

第五节　根据资本有机构成新变化趋势制定精准就业政策的建议

在当前经济新常态下，数字经济迅速发展，资本有机构成发生了新的变化。要想有效解决就业问题，就需要根据资本有机构成的新变化统筹谋划，制定精准的就业政策，在此提出六点政策性建议。

第一，针对不同产业资本有机构成变化特点，制定精准的“差异化”就业政策。从理论上讲，资本有机构成越高，劳动就业规模越小，二者呈现负相关性的关系。当前，我国三大产业之间的资本有机构成呈现不同的变化趋势和特点：第一产业资本有机构成的变化出现不断升高的特点；第二产业资本有机构成的变化在当前相对平稳的同时已有下降的趋势；第三产业资本有机构成的变化呈现下降的趋势。当前，我国三大产业资本有机构成不同的变化趋势和特点，说明三大产业对劳动力的吸纳能力是不同的，因此在制定劳动就业政策时要区别对待，统筹谋划，精准施策，制定科学的、差异化的就业政策。具体而言，在统筹谋划的过程中，不仅要统筹城乡之间的就业政策体系，而且要统筹三大产业之间的就业政策体系。

第二，根据第一产业资本有机构成变化特点，制定精准的“一产”就业政策。从整体看，当前我国第一产业的资本有机构成呈现上升趋势，意味着该产业的劳动力处于相对过剩状态，并且相对过剩的程度趋向于增大。同时，还应当看到，第一产业的资本有机构成在整体上呈现上升趋势的同时，其资本价值构成提高的程度远低于其资本有机构成提高的程度，意味着资本有机构成的提高，即社会劳动生产率提高，主要是物质性生产资本技术构成提高所导致的，而与之相对应的精神性生产资本的有机构成提高的程度还是很低的。由资本有机构成提高与劳动就业规模具有负相关性关系所决定，要提高第一产业的就业规模需要在农村农业的数字化方面采取有力的措施，同时加强农村农业法人就业公共服务体系，职业技能培训体系，重点群体就业支持体系，农民工返乡创业支撑体系建设，鼓励“一产”剩余劳动力从传统的种植业转入农林牧副渔深加工的第二、第三产业，并为就业提供更多途径。

第三，根据第二产业资本有机构成变化特点，制定精准的“二产”就业政策。从整体看，我国第二产业资本有机构成的变化与第一产业资本有机构成上升趋势不同，近年来已经呈现为下降的趋势，意味着第二产业吸纳劳动力的规模正在不断变大。但同时应当看到，由于城市和城镇的劳动者就业数量逐年上升，我国第二产业当前面临着转型升级的压力，增加资本密集型和技术密集型行业的数量，减少劳动密集型产业的数量。目前，我国应加大力度提高资本密集型和技术密集型产业的资本有机构成，提高劳动生产率，促进经济增长，创造更多的产值。同时适当提高劳动密集型产业的资本有机构成，推动劳动密集型产业在担负起吸纳大量劳动力重任的同时提高劳动就业质量。

第四，根据第三产业资本有机构成变化特点，制定精准的“三产”就业政策。从整体上看，伴随着大数据、云计算、人工智能技术的快速发展，我国第三产业资本有机构成变化与第一产业相比较呈现明显的下降趋势，与第二产业相比较也有一定的下降幅度，并且第三产业相对于第一产业和第二产业而言，对物质资本的需求相对更少，而对信息资本、智能资本、数字资本的需求相对更多，意味着科学技术进步带来的产业结构升级，进一步导致第三产业精神资本的有机构成降低。因此，第三产业是吸纳劳动力的主要产业，并且受数字经济、智能经济的影响最大。要促进平台经济、共享经济健康发展，从而创造出更多的新的就业岗位，扩大就业容量，提升就业质量，促进更加充分和更高质量的就业。

第五，促进产业结构优化升级，为“三产”劳动力提供高质量就业平台。大数据、云计算、人工智能技术的应用意味着劳动生产率的提高，因为人工智能等技术在各产业中的应用，必然提高产业的智能化、数字化水平，优化生产要素投入，降低生产成本，可以有效地提高劳动生产率，实现产业结构优化升级，同时可以有效提升高质量就业水平。三大产业可以从不同方面对我国就业问题发挥作用，应针对每个产业的特色制定相应政策促进其发展。大数据、人工智能技术促使传统农业向数字化、智能化转变，低技术劳动者被先进的人工智能设备代替，在降低生产成本的同时提高了农产品的质量与劳动效率。大数据、云计算、人工智能在第二产业和第三产业的技术推广与应用将工业化与信息化融合，基于互联网大数据平台，人工智能技术通过虚拟仿真技术合理使用生产要素，为企业制定最优的生产规模，为消费者提供针对个人设计的高品质产品，可以使我国更好地实现供给侧改革；数字经济时代，大数据、云计算和人工智能技术可以捕获到每个人的需求数据，并有针对性地提供服务。

第六，加强职业技能培训，为“三产”劳动力提供高质量就业素质能力。数字经济时代，大数据、云计算和人工智能技术的使用，使得生产数字化、智能化逐渐取代传统的农业、手工业和制造业，就业问题未来将会表现为就业岗位与劳动者技能不能匹配的矛盾问题。为了满足新的岗位对高素质劳动者的需求，应该针对不同产业的劳动者进行“专业化”的技能培训，同时对被人工智能所取代的行业中的劳动者进行扶持，帮助其学习数字化、智能化的职业技能，实现劳动者的素质和技能提升，使之尽快适应产业的智能化、数字化发展趋势。

总之，通过对数字经济时代资本有机构成变化趋势及其对就业的影响研究可见，马克思的资本有机构成提高的规律在当今数字经济发展背景下发生了深刻变化，大数据、云计算、人工智能技术对资本有机构成的影响不再呈现线性关系，不同产业内科技的进步也不是仅使得资本有机构成趋向提高，也可能带来其他的结果。资本有机构成在第一产业内呈现明显的提高趋势，但是在第二产业和第三产业内变化较小，尤其是 2012 年之后呈现波动式下降趋势。资本有机构成在产业之间不同的变化趋势对就业的影响也不同。资本有机构成的新趋势既影响就业数量又影响就业质量，有效解决就业问题需要根据资本有机构成新变化的趋势和特点进行统筹谋划，制定精准的“差异化”就业政策，并为“三产”劳动力提供高质量就业平台和素质技能。

第十二章　基于现代科技劳动价值论对社会主义市场经济下的劳动力资本化研究

党的二十大报告指出："中国式现代化是全体人民共同富裕的现代化。共同富裕是中国特色社会主义的本质要求，也是一个长期的历史过程。我们坚持把实现人民对美好生活的向往作为现代化建设的出发点和落脚点，着力维护和促进社会公平正义，着力促进全体人民共同富裕，坚决防止两极分化。"① 要想在社会主义市场经济条件下彰显"全体人民共同富裕"的中国式现代化的本质要求，着力促进全体人民共同富裕和坚决防止两极分化，就必须在理论结合实践的维度上，加强社会主义市场经济条件下的劳动力资本研究，将马克思劳动力理论和劳动力商品理论同社会主义市场经济发展的实际相结合，将其进行中国化时代化创新发展，进而形成同社会主义市场经济发展实际相适应的劳动力资本理论。进而言之，在社会主义市场经济中的劳动力市场上，劳动者不应当仅作为劳动力商品，而应当是劳动力资本。基于上述认知，本章着重以马克思劳动价值论和剩余价值理论在当代的发展形态（即现代科技劳动价值论）为基础，对社会主义市场经济条件下的劳动力资本化进行考察研究②。

第一节　社会主义市场经济下劳动力资本化研究的理论和现实必然性

社会主义市场经济经过长期理论探索和实践发展日益成熟，并成为我国的基本经济制度。党的十九届四中全会指出："公有制为主体、多种所有制经济共同发展，按劳分配为主体、多种分配方式并存，社会主义市场经济体制等社会主义基本经济制度，既体现了社会主义制度优越性，又同我国社会主

① 习近平：《高举中国特色社会主义伟大旗帜 为全面建设社会主义现代化国家而团结奋斗——在中国共产党第二十次全国代表大会上的报告》，《人民日报》2022 年 10 月 26 日。

② 本章的内容是在笔者前期研究成果基础上进一步修改而成的。刘冠军：《现代科技劳动价值论基础上的劳动力资本化研究——一种马克思主义经济哲学的考察》，《洛阳师范学院学报》2012 年第 9 期。

义初级阶段社会生产力发展水平相适应，是党和人民的伟大创造。”① 在确立社会主义市场经济是我国基本经济制度的同时，还明确提出了“健全劳动、资本、土地、知识、技术、管理、数据等生产要素由市场评价贡献、按贡献决定报酬的机制”②。在这7种生产要素中，除了传统意义上的“劳动、资本、土地”，其他4种，即“知识、技术、管理、数据”，都是“精神产品”的生产要素，它们在市场经济条件下的价值生产和价值增殖，与传统意义上的生产要素的价值生产和价值增殖有很大差异，必须转化或内化为劳动者的素质和能力，才能在价值生产和价值增殖中发挥作用。

2022年4月29日，习近平总书记主持中共中央政治局就依法规范和引导我国资本健康发展进行第三十八次集体学习时强调：“我国改革开放40多年来，资本同土地、劳动力、技术、数据等生产要素共同为社会主义市场经济繁荣发展作出了贡献，各类资本的积极作用必须充分肯定。”③ 在这个论断中，一方面把“资本同土地、劳动力、技术、数据等生产要素”并列，实际上是把生产要素分为两类：一类是资本生产要素；另一类是土地、劳动力、技术、数据等生产要素。另一方面强调“各类资本的积极作用必须充分肯定”。将两方面结合在一起就会发现，这在实质上是把土地、劳动力、技术、数据等生产要素作为另一形态的资本看待，也就是说，在社会主义市场经济条件下的这些生产要素，也是以资本的形态出现在经济市场上的。

尤其需要关注和深刻理解的是，党的十九大报告明确提出了“建设知识型、技能型、创新型劳动者大军”④。这个论断中讲的“三型劳动者大军”，即拥有知识、技能和创新能力、创新素质的“三型劳动者大军”，在劳动力市场上不可能仅作为“劳动力商品”的劳动者，而应当是拥有知识、技能和创新能力、创新素质的“劳动力资本”的劳动者。在此意义上，创立社会主义市场经济条件下的“劳动力资本化”理论已经具有了现实的必然性。

事实上，马克思主义经典作家在劳动价值论的基础上，创建劳动力理论和劳动力商品理论的同时，前瞻性地萌发了“劳动力资本化”的思想。随着时代的发展，这一思想在世界范围内的经济理论中形成了不同的发展走向，

---

① 《中共中央关于坚持和完善中国特色社会主义制度 推进国家治理体系和治理能力现代化若干重大问题的决定》，《人民日报》2019年11月6日。

② 《中共中央关于坚持和完善中国特色社会主义制度 推进国家治理体系和治理能力现代化若干重大问题的决定》，《人民日报》2019年11月6日。

③ 习近平：《依法规范和引导我国资本健康发展 发挥资本作为重要生产要素的积极作用》，《人民日报》2022年5月1日。

④ 习近平：《决胜全面建成小康社会 夺取新时代中国特色社会主义伟大胜利——在中国共产党第十九次全国代表大会上的报告》，《人民日报》2017年10月28日。

其中之一是马克思主义经济理论框架中的劳动力资本化研究。而劳动力资本化的前提是劳动力所有者占有或拥有知识、信息、科学、技术等精神生产资料，劳动力资本化的实质是劳动者将其所掌握的精神生产资料作为资本，将其视为能够带来剩余价值的价值。在这个意义上，现代科技劳动价值论作为针对“物质生产”和“精神生产”相统一的，“科技与经济一体化”的社会生产系统这一“对象域”加以研究和建构的理论，为劳动力资本化研究提供了系统的理论基础，使劳动力资本化研究在理论上成为可能：其中的三个基本原理为劳动力资本化研究提供了原理依据；“价值链”网络结构模式为劳动力成为资本奠定了价值创造和价值运动的理论基础；“科学价值库”理论、价值“孵化”理论、科学实现价值增殖的规律，为劳动力资本化研究提供了直接的理论依据；“四大结论”在理论上为劳动力资本带来的剩余价值找到了根据。

第二节　马克思劳动力资本思想与社会主义市场经济下的劳动力资本化理论

任何经济科学理论都是时代的产物，都是当时经济社会的历史与现实的反映。马克思主义经典作家在当时“资本—劳动”二元对立的历史条件下，批判地汲取了古典经济学家的思想，在科学的劳动价值论的基础上，创新性地建构了科学的劳动力理论和劳动力商品理论。同时，任何的经济科学理论都有其科学预见性，在对当时经济社会的历史与现实作出反映的同时，必将前瞻性地预见到经济社会历史的未来走向，表现出超时代的特征。马克思主义经济理论作为科学的经济理论，同样表现出其科学的预见性。根据笔者的考察发现，马克思主义经典作家在创建其经济理论的过程中，前瞻性地萌发了许多与“劳动力资本”相关的思想，特别是在马克思关于资本和固定资本的大量论述中，蕴涵着丰富的“劳动力资本”的思想。例如，马克思在《1857—1858 年经济学手稿》中指出，“节约劳动时间等于增加自由时间”，而增加个人的自由时间并使之得到充分发展就“可以看作生产固定资本，这种固定资本就是人本身”①。马克思还进一步指出，“知识和技能的积累，社会智慧的一般生产力的积累，就同劳动相对立而被吸收在资本当中，从而表现为资本的属性，更明确地说，表现为固定资本的属性”②，在一定意义上成为资本，成为固定资本；并且“在固定资本中……包括科学的力量”在内的

① 马克思、恩格斯：《马克思恩格斯全集》第 46 卷下册，人民出版社 1980 年版，第 225 页。
② 马克思、恩格斯：《马克思恩格斯全集》第 46 卷下册，人民出版社 1980 年版，第 210 页。

“劳动的生产力表现为资本的固有的属性”①，等等。

随着时代的进步和经济社会的发展，马克思的这一前瞻性的思想逐渐演变成为全球范围内经济理论的不同发展趋向。或者说，随着时代的发展和经济社会的进步，世界范围内的经济理论，不管是西方经济学理论还是马克思主义经济学理论，都在从不同的角度展示着这一发展的趋向，形成了不同的理论发展走向，主要表现为：在西方资本主义市场经济条件下的人力资本理论的孕育、形成和发展，在西方经济学的框架中展示了这一发展的走向，这也就是西方人力资本理论的发展走向；而社会主义市场经济条件下的劳动力资本化研究，则在马克思主义经济理论的框架中彰显着这一发展的走向，这也就是马克思主义劳动力资本化理论的发展走向。毋庸置疑的是，西方经济学理论框架中的这一发展走向，伴随西方人力资本理论的创立和不断发展得到了颇为显著的展示，对当今的经济社会产生了巨大的影响，而马克思主义经济理论框架中的这一发展走向正在渐趋形成和明晰。那么，马克思主义经济理论框架中的这一发展走向，是如何形成、如何展示和展示的程度如何呢？笔者认为，社会主义市场经济条件下的劳动力资本化理论的研究将明晰地展示这一发展走向，并且伴随这一研究的深入和这一理论的创立、发展，将显著地展示这一发展走向。这样，马克思“劳动力资本”思想在当今经济社会中，便发展成为西方人力资本理论发展走向和马克思主义劳动力资本化理论发展走向。这是两条既相互平行又相互影响和相互促进的不同的发展走向。

在笔者看来，马克思主义经济理论框架中对劳动力资本化研究这一发展走向的展示过程，是在现代科技劳动价值论的基础上向前演进和拓展的。或者说，现代科技劳动价值论为劳动力资本化研究提供了系统的理论基础，使劳动力资本化研究在理论上成为可能。近年来，笔者就现代科技劳动价值论、劳动力资本化理论及二者的关系等，进行了较为深入的探讨并取得了一定的研究成果②。在这些研究成果的基础上，笔者就上述观点作进一步的考察和梳理。

---

① 马克思、恩格斯：《马克思恩格斯全集》第46卷下册，人民出版社1980年版，第229页。

② 近年来取得的研究成果主要有：①《现代科技劳动价值论研究——马克思劳动价值论在现代经济社会语境中的发展》，中国社会科学出版社2009年版；②《现代科技劳动价值论与社会主义市场经济条件下的劳动力资本化研究》（与任洲鸿合作），中国经济出版社2010年版；③《新编政治经济学教程》，中国人民大学出版社2011年版；④《现代科技劳动价值论的“对象域”与劳动力资本化研究》，《东岳论丛》2011年第1期；⑤为姜玉鹏《理论与实践：人力资本理论的系统性研究》所作的“序”，山东人民出版社2009年版，第1–6页；⑥《从“雇佣劳动”到“劳动力资本”——西方人力资本理论的一种马克思主义经济学解读》（与任洲鸿合作），《马克思主义研究》2008年第8期；⑦《国内近年来关于劳动力资本化问题的研究述评》（与任洲鸿合作），《经济评论》2010年第6期等。

第三节　现代科技劳动价值论的“对象域”与劳动力资本化研究

从一定意义讲，马克思劳动力资本化思想在马克思主义经济理论框架中的发展走向，是在现代科技劳动价值论的基础上，在社会主义市场经济条件下向前拓展的。对此，笔者在《现代科技劳动价值论研究》的“结语”中指出，完善现代科技劳动价值论的全新的理论体系的，“一个努力的方向，就是在全新理论的指导下对社会主义市场经济条件下的劳动力资本化进行系统的研究，进而建构起‘社会主义市场经济条件下的劳动力资本化理论’”①。在笔者看来，在现代科技劳动价值论的指导下，建构起社会主义市场经济条件下的劳动力资本化理论，实质上就是在马克思主义经济理论框架中建构的，因为现代科技劳动价值论是在现代经济社会语境中建构起来的马克思劳动价值论的新理论形态②。同时，在马克思主义经济理论的框架中进行劳动力资本化研究之所以具有可行性，除了在实践层面上，我国社会主义市场经济的确立为劳动力资本化研究提供了现实基础，更为重要的是，在理论层面上马克思科学的劳动价值论，在我们这个时代已经发展为现代科技劳动价值论，为劳动力资本化研究提供了理论基础。

在马克思主义经济哲学的视域中，劳动力成为资本或劳动力资本化的前提，是劳动力所有者占有或拥有大量的知识、信息、科学、技术等精神生产资料。具体讲，劳动力所有者若要使其劳动力实现资本化进而成为资本，那么劳动力的所有者就不仅要拥有自身的体力和与之相对应的一般的脑力，而且更为重要的是在此基础上占有或拥有大量的知识、信息、科学、技术等精神生产资料。因为劳动力所有者只有在占有或拥有大量的知识、信息、科学、技术等精神生产资料时，他的劳动力在市场上才不至于仅作为商品出售，才能与拥有或占有物质生产资料的传统的资本家真正平等地“交换”或“合作”。说到底，劳动力资本化的实质就是劳动者将其所掌握或拥有的精神生产资料作为或视为资本，或者说劳动者将其所掌握或拥有的精神生产资料视为能带来剩余价值的价值。只有如此，劳动力资本才能与传统的物质资本——以物质生产资料为存在方式的资本相对应。在这个意义上，现代科技劳动价

① 刘冠军：《现代科技劳动价值论研究——马克思劳动价值论在现代经济社会语境的发展》，中国社会科学出版社 2009 年版，第 399 页。

② 刘冠军：《现代科技劳动价值论研究——马克思劳动价值论在现代经济社会语境的发展》，中国社会科学出版社 2009 年版，第 395 页。

值论作为针对在“物质生产领域”基础上，加以拓展所形成的“物质生产”和“精神生产”相统一的，“科技与经济一体化”社会生产系统这一“对象域”加以研究和建构的产物，作为马克思劳动价值论和科技劳动价值论思想，在现代经济社会语境中发展的新的理论形态，作为一个“由概念、被认为对这些概念是有效的基本定律，以及用逻辑推理得到的结论这三者所构成的”①系统的理论体系，为劳动力资本化研究全方位地提供了系统的理论基础，使劳动力资本化研究在理论上成为可能。

从历史与逻辑、理论与现实相统一的角度看，现代科技劳动价值论将“对象域”划定为在“物质生产领域”基础上，拓展而成的“物质生产”和“精神生产”相统一的，“科技与经济一体化”的社会生产系统。这在客观上要求把马克思在创立科学的劳动价值论和提出科技劳动创造价值思想时，所“简化掉”、“忽略掉”或“被放在次要位置上”的因素凸显出来加以研究，建构起全面、系统的科学理论体系，从而为劳动力资本化研究全方位地提供了系统的理论基础，使劳动力资本化研究在理论上成为可能。这是因为，将价值生产领域或经济领域从“物质生产领域”拓展到“精神生产领域”，特别是“科技生产领域”的同时，在客观上要求将价值创造的主体从在企业现场进行生产劳动的“狭义的工人阶级”，扩展到包括不一定在企业现场操作的科技人员在内的“广义的工人阶级”，将创造价值的劳动从简单地以体力付出为主的传统意义上的生产劳动，拓展到以复杂的脑力付出为主的科技劳动。上述三方面的“拓展”是一体的，不能人为地将三者割裂开来，正是现代科技劳动价值论所做的和已经完成的工作，为劳动力资本化问题的研究做好了理论上的准备。

进一步讲，现代科技劳动价值论针对“对象域”加以研究，至少在三个方面为劳动力资本化问题的研究作了准备。第一，不仅把拥有一般劳动力的传统意义上的“工人”或“雇佣个人”纳入研究的视野，而且把拥有高级复杂劳动力的科学人员、技术人员、管理人员等纳入研究的视野，为将劳动力当作资本提供了“资本的拥有者”。第二，进一步拓展了生产资料的范围，使之不仅包括传统意义上的“物质生产资料”，而且包括知识、信息、科学、技术等“精神生产资料”，为劳动力资本拥有者提供了“资本载体”。第三，使资本运动和价值运动范围进一步拓展，使之不仅包括“物质资本”运动，而且也包括“精神资本”运动。这两种资本的运动实质上都是以“劳动力”为中介实现的，具体表现为拥有“物质生产资料”的传统意义上，资本家及其经理人的管理劳动和拥有“精神生产资料”的劳动力所有者的劳动共同协作

① 爱因斯坦：《爱因斯坦文集》第1卷，许良英、范岱年编译，商务印书馆1976年版，第313页。

运动的结果，使劳动力全面地纳入资本运动之中①，进而成为资本，即劳动力资本。

第四节　现代科技劳动价值论的基本原理与劳动力资本化研究

在现代科技劳动价值论核心理论的建构过程中，将马克思劳动价值论的商品二因素原理、劳动的二重性原理和物质商品生产的基本矛盾原理，运用于科技商品、科技劳动和科技生产的分析，创立了现代科技劳动价值论的三个基本原理，即科技商品的二因素原理，生产科技商品的科技劳动的二重性原理，科技商品生产的基本矛盾原理②。现代科技劳动价值论的这三个基本原理为劳动力资本化研究提供了原理依据。

第一，在科技商品的二因素原理中，将集物质产品和精神产品于一体的科技产品当作商品分析，其中不仅包括对科技商品的价值和使用价值的一般本质属性的分析，而且包括对其特殊属性的分析，如科技价值与一般物质性产品的价值相比较，不仅是一般的“自乘的”“多倍的”关系，而且是更加复杂的关系，基础性科技成果的科学价值转移所表现出的“虽转移但不减少”的“奇异性”特征。这是由科技工作者的劳动力具有高价值属性和科技劳动具有“最复杂性”决定的。科技价值的实现在服从价值规律方面具有特殊的复杂性，基础性科技成果的价值转移与一般物质性产品的价值转移不同，具有“虽转移但不减”的“奇异性”特点③。

第二，在生产科技商品的科技劳动的二重性原理中，将集物质生产劳动和精神生产劳动于一体的科技劳动当作创造价值的生产劳动分析，不仅分析了生产科技商品使用价值的科技具体劳动，而且分析了形成科技商品价值的科技抽象劳动，尤其是对科技具体劳动和科技抽象劳动的特殊性进行了分析④。

第三，科技商品生产的基本矛盾原理揭示了科技劳动作为“既创造精神

---

① 刘冠军：《现代科技劳动价值论的“对象域”与劳动力资本化研究》，《东岳论丛》2011 年第 1 期。

② 刘冠军：《现代科技劳动价值论研究——马克思劳动价值论在现代经济社会语境的发展》，中国社会科学出版社 2009 年版，第 222 页。

③ 刘冠军：《现代科技劳动价值论研究——马克思劳动价值论在现代经济社会语境的发展》，中国社会科学出版社 2009 年版，第 222–236 页。

④ 刘冠军：《现代科技劳动价值论研究——马克思劳动价值论在现代经济社会语境的发展》，中国社会科学出版社 2009 年版，第 237–260 页。

财富又创造物质财富”，和作为“科技价值源泉”的社会实践活动，既具有私人性也具有社会性，既是私人劳动也是社会劳动，是私人劳动和社会劳动的矛盾统一体，并对科技私人劳动向科技社会劳动转化的至关重要性、异常复杂性和繁杂多样性进行了分析①。

可以说，在对上述三个基本原理的分析中，将精神产品纳入商品的范畴，将精神生产劳动纳入生产精神商品的劳动范畴，进而将与劳动力所有者占有或拥有科学、技术、知识、信息等精神生产资料，作为与物质生产资料相对应，即精神资本与物质资本相对应，并在基本原理的层面加以分析。因此，现代科技劳动价值论的三个基本原理成为劳动力资本化研究的原理依据。

第五节　现代科技劳动价值论的“价值链”网络结构及运行规律与劳动力资本化研究

现代科技劳动价值论关于现代企业在考虑科学和技术因素的价值生产和运行的“价值链”网络结构模式②，在理论上将不同层次的“劳动力”在价值创造和价值运动中的作用展示出来，为劳动力成为资本奠定了价值创造和价值运动方面的理论基础。具体看，在“科技与经济一体化”社会生产系统中，它的“整个生产劳动过程”中的人类劳动，表现为“跨时空”特征的有机整体和动态系统，表现为“跨时空”特征的“人类劳动链条”。同时，从现代科技劳动价值论的视角审视，在实质上体现的是其“跨时空”的价值生产和价值运行的流程或链条③，在具体展现形式上主要表现为“在场的”生产工人的劳动（即传统意义上的生产劳动）创造价值的过程，“准在场的”技术人员的劳动（即技术劳动）创造价值的过程，和“不在场的”科学人员的劳动（即科学劳动）创造价值的过程，以及在这些过程中价值的运行。若将其全面地综合在一起，便形成了现代企业“整个生产劳动过程”的“价值总链”结构模式④。这一结构模式也被称为“科技与经济一体化”背景下社会生产系统的价值生产和运行的结构模式⑤。

① 刘冠军：《现代科技劳动价值论研究——马克思劳动价值论在现代经济社会语境的发展》，中国社会科学出版社2009年版，第261-269页。

② 刘冠军：《现代科技劳动价值论研究——马克思劳动价值论在现代经济社会语境的发展》，中国社会科学出版社2009年版，第269页。

③ 刘冠军：《现代科技劳动价值论研究——马克思劳动价值论在现代经济社会语境的发展》，中国社会科学出版社2009年版，第282页。

④ 刘冠军：《现代科技企业价值生产和运行的网络模式》，《科学学研究》2008年第1期。

⑤ 刘冠军：《现代科技劳动价值论研究与社会主义市场经济条件下的劳动力资本化研究》，中国经济出版社2010年版，第86页。

这一结构模式从两个维度全面而立体式地展示了“科技与经济一体化”社会生产系统的价值生产和运行的全貌。

一方面，从空间分布的横向维度看，由于在“科技与经济一体化”社会生产系统中“跨空间”，同时并存着“不在企业现场的”科学人员的劳动，“准在企业现场的”技术人员的劳动和“在企业现场的”生产工人的劳动，因此在“科技与经济一体化”社会生产系统的价值生产和运行过程中，也相应地展现出“跨空间”同时并存着三条价值链：一是传统理论意义上的“在企业现场的”生产工人的劳动过程所形成的价值链；二是“准在企业现场的”技术人员的劳动过程形成的价值链；三是“不在企业现场的”科学人员的劳动过程形成的价值链。这三条价值链将“科技与经济一体化”社会生产系统中的价值生产，和运行的“价值源”及“价值流”全面地展示出来，进而清晰地将“科技与经济一体化”社会生产系统所生产的最终产品的全部的“实际价值”展示出来，既包括“在场的”生产工人通过劳动创造和转移的价值，也包括“准在场的”技术人员通过劳动创造和转移的价值，还包括“不在场的”科学人员通过劳动创造和转移的价值。

另一方面，从时间进程的纵向维度看，由于“科技与经济一体化”社会生产系统中的劳动，不再仅是传统理论意义上的“在企业现场的”生产工人的劳动，即“狭义的生产劳动”，而是“跨时间”依次存在的“不在企业现场的”科学人员的劳动，“准在企业现场的”技术人员的劳动和“在企业现场的”生产工人的劳动，而且这些劳动的成果呈现依次转化的过程，即从科学发现到技术发明，再到生产运用的依次转化的动态过程。而与其相对应的是，在“科技与经济一体化”社会生产系统中的价值创造和运行，也表现为“跨时间”依次展现的过程，即从“不在场的”科学人员所创造的价值，到“准在场的”技术人员所创造的价值，再到“在场的”生产工人所创造的价值的过程。简言之，在时间维度上展现为，从科学价值到技术价值再到企业产品价值的转化过程①。

从上述两个维度的分析可知，在“科技与经济一体化”社会生产系统中，科学价值代表的是最典型的精神生产劳动——科学劳动所创造的价值，企业产品价值代表的是最典型的物质生产劳动——传统的生产劳动所创造的价值，而技术价值则是介于二者之间的集精神生产劳动和物质生产劳动于一体的技术生产劳动所创造的价值。这样，“科技与经济一体化”社会生产系统中的“价值创造和运行”的范围，已经远超传统意义上的“物质生产领域”的价

① 刘冠军：《现代科技劳动价值论研究——马克思劳动价值论在现代经济社会语境的发展》，中国社会科学出版社 2009 年版，第 293-294 页。

值创造和运行的范围，已经在相当高的程度上拓展到了“精神生产领域”，其范围的扩大，在价值创造和运行方面为劳动力资本化研究提供了理论基础。

第六节　现代科技劳动价值论的科学价值库及孵化理论与劳动力资本化研究

现代科技劳动价值论的核心理论主要由“科学价值库”理论①、价值“孵化”理论②，以及科学实现价值增值的规律③构成。这些理论和规律为劳动力资本化研究提供了直接的理论依据。具体看，“科学价值库”理论主要是对现代企业“不在场的”科学人员的劳动所创造的“科学价值”进行分析的结果，是在综合基础性理论科学成果的科学价值的一般和特殊的基础上，对马克思劳动价值论的基本原理加以研究的结果，认为基础性理论科学成果的价值主要是以潜在的“库存”的方式存在着，在一定意义上为人类提供了一个“取之不尽、用之不竭”的“科学价值库”。从微观层面看，每本科学著作、每一篇科学论文和每张科学电子光盘等，都是“科学价值库”的现实例证。从宏观层面看，广泛存在和迅速发展的图书馆，以及随着现代信息科学技术的发展而产生，并迅速完善的互联网，也是“科学价值库”的现实例证。这种以“库存”方式存在的科学价值形成的“科学价值库”，在实质上是历代从事基础性理论科学研究的科学人员的科学劳动所创造的价值不断累加和积淀的结果，进一步讲是历代从事基础性理论科学研究的科学人员，通过高级、复杂的科学劳动创造的剩余价值的总和④。

一般的，基础性理论科学成果作为“科学价值库”，其中的价值是以潜在的形式“隐形地”存在着的，要在现代经济社会语境中“显形地”表现出来，进而成为现实商品的价值，显化为社会的经济效益，需要一个相当复杂的转化和显化的过程。根据“科学价值库”中价值的“孵化”理论，这一复杂的过程表现为，“科学价值库”中的价值首先借助于应用开发性研究向技术成果的转移，然后再通过技术成果并入企业生产向产品的转移，最终在社会

① 刘冠军：《现代科技劳动价值论研究——马克思劳动价值论在现代经济社会语境的发展》，中国社会科学出版社2009年版，第294页。

② 刘冠军：《现代科技劳动价值论研究——马克思劳动价值论在现代经济社会语境的发展》，中国社会科学出版社2009年版，第307页。

③ 刘冠军：《现代科技劳动价值论研究——马克思劳动价值论在现代经济社会语境的发展》，中国社会科学出版社2009年版，第317页。

④ 刘冠军：《新编政治经济学教程》，中国人民大学出版社2011年版，第272页。

经济系统中表现出来。在“科学价值库”及其价值“孵化”理论的基础上，综合考察自然科学和社会科学分别在现代企业生产过程中实现价值增值的实质，将会总结出现代企业在依靠科学发展生产进而实现价值增值的基本规律，即科学在现代企业生产过程中实现价值增值的两个规律。科学实现价值增值的第一定律是：在现代经济社会语境中，在科学并入企业的生产过程提高劳动生产率的形式下，理论科学成果中的潜在价值是父，自然力是母，二者融入企业的产品中，共同结出“新增价值”之果。科学实现价值增值的第二定律是：在现代经济社会语境中，在科学并入企业的生产过程提高劳动生产率的前提下，商品的价值量与生产该商品的劳动的量成正比，与生产该商品的劳动生产率的提高量成正比①。

通过对“科学价值库”理论，“科学价值库”价值“孵化”理论，科学实现价值增值的规律等内容的分析会发现：这些理论和规律都是对劳动力所有者占有或拥有的科学、技术、信息、知识等精神产品、精神生产资料价值的创造、存在方式、实现过程、实现形式的研究和概括。这样也就在理论上为研究作为精神生产资料的劳动力资本奠定了基础，在理论上解决了与劳动者的劳动力融为一体的精神生产资料在价值层面缘何能够成为资本的问题：其实质就是与劳动者的劳动力融为一体的精神生产资料，如科学、技术、信息、知识等，都是以潜在形式存在的“价值库”，劳动者掌握的精神生产资料越多，其价值越大；并且其价值伴随劳动力的使用，将会逐步地“孵化”出来，成为经济效益，进而使劳动力所掌握的精神生产资料能够成为生产剩余价值的价值。

第七节　现代科技劳动价值论回归现实所得出的基本结论与劳动力资本化研究

科学理论只有在运用的过程中才能展现其意义和价值。在现代科技劳动价值论的基本原理和核心理论建构之后，将其回归现实和关照理论与现实的问题，运用其对超额剩余价值、相对剩余价值，“无人工厂”的高额利润，科技并入现代企业导致活劳动相对减少和价值量不断增加的矛盾等进行分析，得出了四个基本结论②，就是现代科技劳动价值论的“四大基本结论”。“四大基本结论”在理论上为劳动力资本带来的剩余价值找到了根据。

---

① 刘冠军：《新编政治经济学教程》，中国人民大学出版社 2011 年版，第 278 页。

② 刘冠军：《新编政治经济学教程》，中国人民大学出版社 2011 年版，第 351 页。

第一，超额剩余价值不是由“在企业现场的”生产工人创造的，而主要是从事基础性理论研究的科学人员创造的，在首先利用科技的个别企业中实现的结果。如果说个别企业“在现场的”生产工人在通常情况下，创造了一般意义上的剩余价值的话，那么伴随个别企业首先运用科技提高劳动生产率的情况下创造的超额剩余价值，正是由个别企业的除“在现场的”生产工人以外的企业主、管理者、科技人员等的劳动力资本运行的结果。进一步讲，正是个别企业掌握科学、技术、信息、知识等精神生产资料的“劳动者”的劳动力资本运行导致的。也就是说，超额剩余价值主要是劳动力资本带来的剩余价值。

第二，相对剩余价值不是由“在企业现场的”生产工人创造的，而主要是从事基础性理论研究的科学人员创造的剩余价值，在企业普遍利用科技的情况下实现的结果。对此，沿着对超额剩余价值的分析思路，我们同样可以作出如下理解：如果说整个社会企业“在现场的”生产工人在通常情况下，创造了一般意义上的剩余价值的话，那么伴随整个社会企业在普遍利用科技，提高劳动生产率的情况下创造的相对剩余价值，正是由这些社会企业的除“在现场的”生产工人以外的企业主、管理者、科技人员等的劳动力资本运行的结果。进一步讲，正是这些社会企业掌握科学、技术、信息、知识等精神生产资料的“劳动者”的劳动力资本运行导致的。简而言之，相对剩余价值主要是劳动力资本带来的剩余价值。

第三，“无人工厂”的高额利润主要来源于“科学价值库”中的价值，归根到底来源于从事基础性理论研究的科学人员创造的剩余价值，“无人工厂”已经成为“科学价值库”中潜在价值的“孵化器”。在“无人工厂”中，即在工厂的现场达到了无生产工人的情况下，在现象层面的生产表现为“物质资本”的运行，而在实质层面是在物质资本运行背后的那些掌握科学、技术、信息、知识等精神生产资料的“投资者”的劳动力资本的运行。从这个意义讲，“无人工厂”的高额利润在实质上来源于“科学价值库”的价值，在现实中则来源于作为精神资料的劳动力资本的运行。“无人工厂”作为“科学价值库”中的潜在价值的“孵化器”而带来高额利润，其实质在于劳动力资本所带来的剩余价值。

第四，在劳动力资本化的意义上，科技并入现代企业导致活劳动相对减少和价值量不断增加的矛盾，只是一种表面现象，在实质上构不成矛盾。这是因为，科技并入现代企业，表面上看导致“在企业现场的”活劳动相对减少，但在其背后由于科技的并入而使现代企业那些“不在企业现场的”，掌握科学、技术、信息、知识等精神生产资料的“科技劳动者”的劳动力资本在增加，进而使现代企业的价值量不断增加①。换言之，科技并入现代企业在导致“在企业现场的”活劳动相对减少的同时，也导致“不在企业现场的”科技劳动者的劳动力资本的增加。因此，现代企业价值量的不断增加，正是源于劳动力资本的增加。

① 刘冠军：《现代科技企业价值生产和运行的网络模式》，《科学学研究》2008 年第 1 期。

下　篇

思想政治理论之重要组成的马克思主义“大思政教学观”及实施体系研究

由思想政治理论是高校思政课程的建设对象和教研内容所决定，在学科视域中进行思想政治理论研究，其目标追求和价值旨归在于“守正创新推动思政课建设内涵式发展”，系统构建“与党的创新理论武装同步推进”① 的中国自主思想政治理论的知识体系，为更好地服务于全面贯彻党的教育方针办好高校落实立德树人根本任务的关键课程提供学理支撑。对此，习近平总书记关于新时代思政课改革创新和思政教育要善用“大思政课”等重要论述提供了根本遵循。2021 年 3 月 6 日，习近平总书记看望参加全国政协会议的医药卫生界教育界委员时指出：“‘大思政课’我们要善用之，一定要跟现实结合起来。上思政课不能拿着文件宣读，没有生命、干巴巴的。”② 这一论断为推进新时代学校思想政治教育，特别是高校思想政治理论课的改革创新，指明了方向、提供了遵循。习近平总书记的论断包括两个层面的内涵：一是“‘大思政课’我们要善用之，一定要跟现实结合起来”。这层内涵，突出的是“大思政课”，强调的是“善用之”，即思想政治理论“一定要跟现实结合起来”。二是“上思政课不能拿着文件宣读，没有生命、干巴巴的”。这层内涵，突出的是“上思政课”，强调的是“不能拿着文件宣读，没有生命、干巴巴的”。将两个层面的含义联系起来看，在讲话与境维度上，是习近平总书记看望参加全国政协会议的医药卫生界教育界委员的特定语境中讲的；而从其所内含的深刻意蕴而言，是习近平总书记对做思想政治教育工作的同志们讲的，更是对大中小学校从事思想政治理论课教学和研究的教师讲的，尤其是对高等院校马克思主义学院所有从事思想政治理论课教学和研究的教师讲的。因为在前一个层面含义中突出的是“大思政课”，强调的是“善用之”，而在后一个层面含义中突出的是“上思政课”，两个层面的含义叠加在一起就是“上思政课”要善用“大思政课”。因此，高校马克思主义学院从事思想政治理论课教学和研究的教师，一定要深刻理解这一论断的内涵实质，认真落实“大思政课”的理念，做到善用“大思政课”搞好思想政治理论课改革创新，把思政教育“小课堂”和社会“大课堂”有效地融合起来。为此，就必须确立“大思政教学观”。本篇就是笔者在这一核心理念引导下，对马克思主义理论学科视域中的“大思政教学观”，及其实施体系进行长期研究的结晶。其主要内容包括：学科视域中的马克思主义“大思政教学观”刍议；“大思政教学观”实施体系的研究背景、问题成因与应对策略；“大思政教学观”实施体系

① 《习近平对学校思政课建设作出重要指示强调 不断开创新时代思政教育新局面 努力培养更多让党放心爱国奉献担当民族复兴重任的时代新人》，《人民日报》2024 年 5 月 12 日。

② 《微镜头・习近平总书记两会“下团组”：“‘大思政课’我们要善用之”》，《人民日报》2021 年 3 月 7 日。

的系统构建、目标追求与探索创新；“大思政教学观”实施体系的首要任务是理直气壮地开好思政课；“大思政教学观”实施体系的实践教学须构建的善用“大思政课”模式；“大思政教学观”实施体系的价值旨归是坚定“四个自信”与践行“四个意识”。

第十三章　学科视域中的马克思主义“大思政教学观”刍议

高校思想政治理论课要通过改革创新“不断增强思政课的思想性、理论性和亲和力、针对性”[①]：一方面，要在马克思主义理论学科视域中加强思想政治理论研究和课程建设；另一方面，“上思政课不能拿着文件宣读，没有生命、干巴巴的”，“‘大思政课’我们要善用之，一定要跟现实结合起来”[②]。两方面相结合，为马克思主义理论学科视域中的“大思政教学观”提供了根本遵循和方法论原则。在全面建设中国式现代化强国，大力推进中国特色社会主义事业发展的今天，高校大学生思想政治理论课建设以及教学和教研等应当确立“大思政教学观”。只有确立马克思主义“大思政教学观”并在此框架下以思想政治理论课教学为中心，全面推进马克思主义理论学科建设、科学研究和师资队伍建设等工作，才能真正提高思想政治理论课的思想性、理论性和亲和力、针对性，以此实现思想政治理论课教学对大学生理想信念教育和人文素质养成的作用，发挥思想政治理论课对大学生政治观念和大局意识培养的作用，彰显思想政治理论课对大学生理论自信和科学素质培养的作用，突出思想政治理论课对大学生辩证思维方法、科学思维方法和实践能力及素质培养的作用[③]。

第一节　“大思政教学观”的科学内涵和提出依据

“大思政教学观”，即思想政治理论课的大教学观或大思想政治理论课教学观的简称，是指在对思想政治理论课进行学科定位和功能定位的前提下，将思想政治理论课教学看作一项复杂的系统工程，并紧紧围绕思想政治理论课教学的中心工作，全面推进马克思主义学院整体工作的大系统观。这一大

① 习近平：《思政课是落实立德树人根本任务的关键课程》，《求是》2020 年第 17 期。

② 《微镜头·习近平总书记两会“下团组”：“‘大思政课’我们要善用之”》，《人民日报》2021 年 3 月 7 日。

③ 本章的内容来源于刘冠军：《“大思政教学观”刍议》，《思想政治工作研究》2015 年第 12 期。在此作了修订。

思政教学观作为一项复杂系统工程，在实际实施的层面上具体呈现为：集思想政治理论课的课堂教学与实践教学、教材内容与时事政治、课程内容与社会现实、教学研究与马克思主义学科建设，及科学研究、思想政治教育与专业教育及人才培养于一体的系统工程，是以提升思想政治理论课教学效果为中心，全面构建包括学科建设、教研科研、师资队伍建设、人才培养体系等在内的大系统工作体系①。这一大思政教学观的提出，有三方面的现实依据。

一是高校大学生思想政治理论课的多学科性特点。从目前高校大学生思想政治理论课的课程体系看，主要由“马克思主义基本原理概论”“毛泽东思想和中国特色社会主义理论体系概论”“思想道德与法律基础”“中国近现代史纲要”四门主干课构成，在学科归属上分别与马克思主义理论一级学科下的马克思主义基本原理、马克思主义中国化研究、思想政治教育和中国近现代史纲要相对应，但在学科内容上已远超出这一学科的边界，在实质上容纳了马克思主义哲学、政治经济学、科学社会主义、中国近现代史、中华人民共和国史、中国共产党党史、思想政治教育、德育教育、美育教育、劳动教育、法学理论教育等众多学科的内容。

二是高校大学生思想政治理论课教学实践的现实特征。思想政治理论课教学实践与其他专业课教学实践相比较，表现出其难度更大的现实特征。因为在思想政治理论课教学实践过程中，除了讲授教育部和中宣部明确指定的马克思主义理论研究和建设工程重点教材规定内容，还要随时随地及时地根

---

① 基于“大思政教学观”构建的全面推进马克思主义学院整体工作的“大系统工作体系”，是笔者任首都经济贸易大学马克思主义学院院长期间提出的，将其称为“大思政教学观”工作体系。首次正式提出是在由中国人民大学、全国高校马克思主义理论学科研究会等单位于2015年6月13日主办的“马克思主义：学院与学科建设——纪念马克思主义理论学科设立10周年暨全国高校马克思主义理论学科研究会第19次学科论坛”第二分论坛上。在该论坛上笔者作了《“大思政教学观”工作体系——思想政治理论课建设的“首经贸模式”探索》的主题发言。此后，笔者对其进行了专题研究，先后发表了《“大思政教学观”工作体系的研究背景、问题成因与应对策略》（载《马克思主义学刊》2015年第2辑）、《“大思政教学观”刍议》（载《思想政治工作研究》2015年第12期）、《“大思政教学观”工作体系的系统构建、目标追求与探索创新》（载《马克思主义学刊》2015年第3辑）、《大力构建和践行“大思政教学观”工作体系 努力开创学院健康向上发展新局面》（载《马克思主义学刊》2016年第1辑）和《大力构建和践行“大思政教学观”工作体系 努力开创学院健康向上发展新局面》（载《马克思主义学刊》2016年第1辑）等。2016年5月5日，在由山东社会科学界联合会主办的“纪念马克思诞辰198周年暨推进马克思主义学院建设与发展研讨会”上，笔者作了《“大思政教学观”工作体系——思想政治理论课建设的“首经贸模式”探索》专题报告。基于“大思政教学观”工作体系的理论研究和实践探索取得的成就，首都经济贸易大学马克思主义学院，于2016年9月获批中共北京市委教育工委立项和授牌的首批北京高校思想政治理论课改革示范点“‘大思政教学观’工作体系的构建与实施”；这一示范点的建设和探索，为2019年11月成功入选北京市首批重点建设马克思主义学院奠定了坚实基础。由于研究的与境发生了变化，也为了便于学术探讨，在本书中将“大思政教学观”工作体系称为“大思政教学观”实施体系。

据新形势把时事政治和党的大政方针融入教学之中。这是人们常说的“三进”问题，如党的十八大精神的“三进”，十八届三中和四中全会的“三进”，“中国梦”思想的“三进”，“三个自信”理论的“三进”，社会主义核心价值观的“三进”，等等。不仅如此，当前高校大学生思想政治理论课教学实践面临着一个突出的问题，是四门主干课指定的教材内容具有相当的丰富性，而各高校大学生培养方案和课程体系改革过程中，现实地存在着用于思想政治理论课教学的学分和课时越来越少，因此形成了一个突出的矛盾，再加上“三进”工作的大力推进，使这一矛盾更加尖锐。

三是高校大学生思想政治理论课教学与师资队伍建设、学科建设、科学研究等内在关联性的现实。伴随着互联网和各种新媒体的出现，当代大学生获取信息的渠道不一定比教师少，获得的信息量也不一定比老师少，甚至可以说更多。在这样的现实面前，教师在思想政治理论课教学过程中要做到正确引导，要提升思想政治理论课的实效性和针对性，就必须努力提升自身的素质和能力，必须加强马克思主义理论的学科建设，加强课程内容与社会现实相结合的科学研究和教学研究。也就是说，在这样的现实面前，思想政治理论课教学不能就教学言教学，不能“头痛医头、脚痛医脚”。马克思主义学院的整体工作，包括抓学科、抓科研、抓教研、抓人才等工作，都必须服务于教学中心工作，都必须紧紧围绕教学中心任务加以开展，没有学科的龙头、科研的基础、教研的支撑、人才的关键，思想政治理论课教学就难以达到有实效性的目的。

第二节　“大思政教学观”实施体系的根本遵循

“大思政教学观”实施体系的构建，其根本遵循是习近平总书记于2019年3月18日在学校思想政治理论课教师座谈会上的讲话中提出的“推动思想政治理论课改革创新，不断增强思政课的思想性、理论性和亲和力、针对性”，要做到的“八个相统一”①。

一是坚持政治性和学理性相统一，即首先要坚持思政课的政治属性，同时将其建立在马克思主义理论和中国化时代化马克思主义理论的严密科学逻辑基础上，切勿空谈政治。

二是坚持价值性和知识性相统一，即首先要坚持马克思主义和中国化时代化马克思主义的价值引领，同时将其建立在马克思主义和中国化时代化马克思主义的理论知识的基础上，切勿空谈理想信念。

① 习近平：《思政课是落实立德树人根本任务的关键课程》，《求是》2020年第17期。

三是坚持建设性和批判性相统一，充分认识到马克思主义和中国化时代化马克思主义理论不仅具有批判的功能，而且具有建设的功能，切勿将其建设性与批判性割裂开来。

四是坚持理论性和实践性相统一，充分认识到马克思主义和中国化时代化马克思主义不仅能够“解释世界”，而且能够“改造世界”，切勿将其认识功能与实践功能割裂开来。

五是坚持统一性和多样性相统一，充分认识到马克思主义和中国化时代化马克思主义既有统一的原理体系，也有汲取人类所有知识精华的动态开放、与时俱进的品格，切勿将其僵化和教条化。

六是坚持主导性和主体性相统一，坚持教师主导与学生主体，科学处理“双主”关系，二者不可偏废，切勿机械处理。

七是坚持灌输性和启发性相统一，教师灌输与启发学生要做到目的明确，相得益彰，切勿忘却“立德树人”关键课程的初心和使命。

八是坚持显性教育和隐性教育相统一，要用好主干道、开发多渠道，将课程思政与思政课程、思政课程的理论教学与实践教学相统一，思政课程，切忌孤军作战。

上述的“八个相统一”为“大思政教学观”实施体系的构建和实施提供了根本遵循。

第三节　“大思政教学观”实施体系的核心理念

“大思政教学观”实施体系的构建和实施的核心理念，是在深刻理解和把握习近平总书记在学校思想政治理论课教师座谈会上提出的“八个相统一”[①]中的核心要义和思想精髓基础上，以此作为根本遵循和方向指引而形成的“六结合”核心理念。具体而言，就是在“大思政教学观”实施体系的构建和实施过程中，要注重以下六个层面的结合：

一是思想政治理论课课程内容与当代大学生实际特点结合。在“大思政教学观”的框架下，思想政治理论课教学不仅要“灌输”课程的内容，更要结合当代大学生的特点和实际需求，这样才能有针对性和实效性。

二是思想政治理论课教学内容与国情、国史结合。理论联系实际、结合实际讲解理论是思想政治理论课教学的重要方法，而中国的国情和国史是思想政治理论课与之结合的最大实际，只有结合国情国史教授思想政治理论课才能取得真正的实效。

---

① 习近平：《思政课是落实立德树人根本任务的关键课程》，《求是》2020 年第 17 期。

三是思想政治理论课的四门主干课程与形势政策课程结合。传统的思想政治理论课教学更多地注重其教材内容的学习和把握，而在“大思政教学观”理念下教学将更加注重现实的时事政治形势的分析和洞察，将理论联系实际与以现实的时事政治问题为中心创新理论两个方面有机地结合起来。

四是思想政治理论课的课堂讲学与实践教学结合。思想政治理论课教学伴随着教学改革的推进，已经突破传统的课堂教学形式，将实践教学纳入其中，前者是理论的传授，后者是实践的体验，因此实现二者的有机结合是思想政治理论课教学的内在要求。

五是思想政治理论课的教学教育与经贸类专业教育及人才培养结合。思想政治理论课教学在实质上是马克思主义理论和中国化马克思主义理论的教育，马克思主义理论既是世界观更是方法论，因此要将其世界观教育和方法论传授与大学生的专业教育相结合，达到人才培养的目的。

六是思想政治理论课的教学研究与马克思主义理论学科建设及科学研究结合。

要实现上述六个层面的统一，还必须将思想政治理论课教学与马克思主义理论学科建设相结合，与马克思主义理论的科学研究和教学研究相结合。

第四节　“大思政教学观”实施体系的科学前提

高校大学生思想政治理论课的学科定位和功能定位，是“大思政教学观”实施体系规划和设计的科学前提；或者说，“大思政教学观”实施体系是在思想政治理论课准确地进行学科定位和功能定位的科学前提下进行的。因为只有对思想政治理论课进行学科定位和功能定位，才能在目前的学科体系中确保思想政治理论课的相对独立性和存在的合理性。思想政治理论课只有在相对独立和合理存在的前提下才能与相关的内容相结合，才能发挥其作用和提升其实效性和针对性。如果思想政治理论课仍然存在学科边界模糊和功能边界不清的现象，那么“大思政教学观”实施体系便不能真正有效地加以实施，要么“迷失自己”做了一些自己所属学科内容以外的事情，导致自己“学科分内”之事没有做好，而“学科分外”之事做了许多。这不可能提升思想政治理论课教学的实效性。要么局限于狭隘的领域不去做自己“学科分内”之事，导致将自己“学科分内”之事视为“学科分外”之事而置之不理，而不能发挥思想政治理论课的真正功能。

从目前整体的学科体系和学科功能看，思想政治理论课作为高校落实立德树人根本任务的关键课程，是大学生思想政治教育的主渠道、主阵地和主课堂，即属于思想政治教育的学科范畴，而思想政治教育又是马克思主义理论一级学科下的二级学科，在此意义上，思想政治理论课隶属于马克思主义理论学科的范畴。因此，思想政治理论课在整个学科体系中的学科定位，狭义地讲，定位于思想政治教育二级学科；广义地讲，定位于马克思主义理论一级学科。与此相适应，思想政治理论课的功能定位，狭义地讲，定位于思想政治教育；广义地讲，定位于马克思主义理论教育。而从目前思想政治理论课开设的四门主干课程——“马克思主义基本原理概论”“毛泽东思想和中国特色社会主义理论体系概论”“思想道德与法治基础”“中国近现代史纲要”看，这样的学科定位和功能定位是准确合理的，因为四门主干课分别对应着马克思主义理论一级学科下的马克思主义基本原理、马克思主义中国化研究、思想政治教育和中国近现代史基本问题研究四个二级学科。

第五节　“大思政教学观”实施体系的基本原则

既然思想政治理论课的学科定位和功能定位是“大思政教学观”实施体系的科学前提，那么“大思政教学观”实施体系的设计和实施，要确保这一科学前提成为基本的遵循，就必须使之具体化为“大思政教学观”实施体系的基本原则。

第一，突出马克思主义思想教育功能原则，要求思想政治理论课教学必须突出马克思列宁主义、毛泽东思想和中国特色社会主义理论体系，特别是当代中国马克思主义的思想教育，而不是其他思想的教育。高校思想政治理论课是大学生思想政治教育的主渠道，发挥着思想教育的功能。这里的思想教育功能就是通过思想政治理论课教学使大学生理解并接受马克思主义的世界观、人生观和价值观，使其掌握正确的思想，从而提高他们认识社会与解决问题的能力。进一步讲，思想政治理论课教学不单是一种知识传授，同时也是一种思想教育；不仅要传授马克思主义理论的科学知识，更要以培养学生对马克思主义的信仰、对中国特色社会主义的信念为最终目的。

第二，突出马克思主义政治教育功能原则，要求思想政治理论课教学必须突出马克思主义的主流意识形态教育和党性教育。高校思想政治理论课作为大学生思想政治教育的主渠道，发挥着政治教育的功能。这里的政治教育功能就是通过思想政治理论课教学，使大学生接受马克思主义的政治教育、党性教育和意识形态教育，使其具有坚定的马克思列宁主义、毛泽东思想和中国特色社会主义理论体系，特别是习近平新时代中国特色社会主义思想的立场、观点和方法，使其具备运用这样的立场、观点和方法，发现问题、分析问题和解决问题的能力和素质。在思想政治理论课教学实践过程中，那种“无党性”“去政治”“中立化”“娱乐化”“庸俗化”等“去意识形态化”的做法和“遮蔽政治立场”的倾向都是有悖这一基本原则的。

第三，突出马克思主义理论教育功能原则，要求思想政治理论课教学必须突出系统的马克思主义和中国化时代化马克思主义的理论教育。系统的马克思主义和中国化时代化马克思主义的理论教育，是高校思想政治理论课的主要功能，也是思想政治理论课教学与一般意义上的思想政治教育工作的根本区别。通过思想政治理论课教学功能的发挥，使大学生系统把握马克思主义和中国化时代化马克思主义是集科学性和革命性于一体的科学理论，使大学生深刻地理解和系统地把握其在阶级立场和党性原则维度上，是党和人民“自己”的科学理论，在理论深度和理论特色维度上，是“博大精深”和“特色鲜明”的科学理论，在结构体系和内在逻辑维度上，是“内在完备”和“逻辑严谨”的科学理论，在与其他学科的关系维度上是“动态开放”和“与时俱进”的科学理论，在孕育产生和形成发展维度上是“通古论今”和“继往开来”的科学理论。概而言之，马克思主义和中国化时代化马克思主义是值得党和人民“自信”的科学理论。

第四，突出马克思主义方法论功能原则，要求思想政治理论课教学必须突出马克思主义和中国化时代化马克思主义的方法论教育，必须彰显马克思主义的批判性和革命性本质。通过思想政治理论课教学功能的发挥，使大学生充分地认识到，马克思主义不仅是世界观，更是方法论，不仅是正确的思想、先进的意识形态和科学的理论，更是认识世界和改造世界、认识社会和改造社会、认识自身和改造自身的辩证思维方法和科学思维方法。思想政治理论课教学功能的发挥，可以使大学生认识到马克思主义和中国化时代化马克思主义的思想教育、政治教育和理论教育，与自身的专业发展、心智提升、素质养成和能力培养是一致的，认识到马克思主义和中国化时代化马克思主义不仅是各学科、各专业批判各种错误观点和思潮的有力武器，也是建构新理论、新体系的科学工具，不仅是批判现实和分析现实的理论武器，更是发现新世界和建设新世界的行动指南。

第十四章 “大思政教学观”实施体系的研究背景、问题成因与应对策略

近年来，为了加强高校思想政治理论课建设，提升思想政治理论课教学的实效性，首都经济贸易大学马克思主义学院在学校党委的大力支持下，积极探索和尝试构建“大思政教学观”实施体系。本文拟就“大思政教学观”实施体系研究的时代背景、问题成因和应对策略略述管见，以期推动中国高校思想政治理论课建设，提升思想政治理论课的实效性[①]。

第一节 “大思政教学观”实施体系研究的时代背景

关于加强思想政治理论课建设，提升思想政治理论课教学实效性的问题，得到中央、教育部、各省市教工委、各高校党委的高度重视。习近平总书记对此问题做了批示，强调这一问题的重要性。中共中央办公厅、国务院办公厅联合发布了《关于进一步加强和改进新形势下高校宣传思想工作的意见》（中办发〔2014〕59 号），明确提出要着力增强大学生思想政治教育的针对性、实效性，启动大学生思想政治教育质量提升工程，“实施高校思想政治理论课建设体系创新计划，全面深化课程建设综合改革，编好教材，建好队伍，抓好教学，切实办好思想政治理论课”[②]，并强调要提升马克思主义理论学科的引领作用，实施马克思主义理论学科领航计划，改革马克思主义理论学科评价方式，重点建好一批马克思主义理论研究和建设创新基地，编写一批马克思主义理论学科研究生核心教材，培养一批马克思主义理论学科带头人，造就一批马克思主义理论教育家，重点建设一批有示范影响的马克思主义学院。从习近平总书记的重要系列讲话和中共中央办公厅、国务院办公厅颁布的文件看，中央将这个问题提升到事关“国家发展战略”的高度，国家思想

---

① 本章的内容来源于刘冠军：《“大思政教学观”工作体系的研究背景、问题成因与应对策略》，《马克思主义学刊》2015 年第 2 期，在此略加修订。

② 《中办国办印发〈意见〉加强和改进新形势下高校宣传思想工作》，《人民日报》2015 年 1 月 20 日。

理论建设的高度，国家意识形态安全的高度，社会主义大学举什么旗、走什么路和培养什么样的人的高度——这不能说是“绝后的”，但这是“空前的”。

教育部、各省市教工委和各高校党委也出台了一系列相关文件和实施方案，并且强调：思想政治理论课作为思想政治教育的主渠道、主课堂，对于巩固马克思主义在意识形态领域的指导地位，对于巩固全党全国人民团结奋斗的共同思想基础，对于培育和践行社会主义核心价值观，对于促进人的全面发展、引领社会全面进步，对于集聚全面建成小康社会、实现中国梦的强大正能量，具有重要现实意义。首都经济贸易大学党委对此问题也高度重视，把思想政治理论课建设纳入工作的重要议事日程，适时制定推进思想政治理论课建设工作方案。在工作方案中，学校党委将2015年确定为思想政治理论课的“教学建设年”，并提出以下重大举措：加大对思想政治理论课建设的专项支持力度；抓住关键，大力加强思想政治理论课教师队伍建设；扭住龙头，夯实基础，大力支持马克思主义理论学科建设和科研工作；加强管理，健全机制，大力支持马克思主义学院工作；充分调动马克思主义学院的工作积极性，支持学院教学科研的平台建设；大力支持马克思主义学院构建“大思政教学观”实施体系；等等。

由此可见，从教育部到各高校党委都高度重视加强思想政治理论课建设，提升思想政治理论课教学实效性的问题。而从全国高校的普遍性维度和首都经济贸易大学的个案维度看，关于加强思想政治理论课建设，提高其教学实效性问题仍然十分突出。思想政治理论课建设还有很大的发展空间，思想政治理论课教学的实效性未能达到人们的理想程度，还存在许多不足和问题。而这些不足和问题的原因出自哪里？尤其是这些不足和问题的根本性原因出在哪里？大家知道，要做到“对症下药”，首先必须“望闻问切”找准“症因”，切忌“头痛医头、脚痛医脚”。从2012年12月，笔者一直在思考这一问题。可以说，“大思政教学观”实施体系的积极探索和尝试构建，就是在这样的背景下开展的。

第二节 “大思政教学观”实施体系研究的问题成因

深入而系统地反思加强思想政治理论课建设，提高其教学实效性仍然是十分突出的问题，其原因可谓错综复杂；翻阅相关的文献，学界的观点林立，可谓走进了学术的丛林。但归结起来，加强思想政治理论课建设、提升教学实效性仍成问题的原因有两个方面，即内因和外因。从外因方面看，世界范围思想文化意识的交流、交融、交锋，全面深化改革进程中价值文化观念的多元、多样、多变，当前大学生人才培养体系的国际化走向与西方思想文化价值观念的冲击，等等。客观地讲，当代新形势下的这些因素，的确使提高思政教学实效性增加了难度。但同时应当看到，外因仅是条件，外因只有通过内因才能起作用，因此导致加强思想政治理论课建设，提高其教学实效性的问题仍然十分突出的关键在内因，因为内因才是根据。

一、思想政治理论课的学科定位不明和学科边界模糊

思想政治理论课的学科定位不明，学科边界模糊是突出的原因，也是深层次的关键问题。一般而言，思想政治理论课是高校思想政治教育的重要组成部分，是高校思想政治教育的主渠道和主阵地。在此意义上，思想政治理论课是思想政治教育学科的内容，应当隶属于思想政治教育学科。然而，思想政治教育的学科属性是什么？或者说，思想政治教育学科隶属于什么学科？思想政治教育学科如何定位？理论界对这些问题至今没有达成共识，可以说是仁者见仁，智者见智。思想政治教育学科属性的难以确定，致使作为高校思想政治教育主渠道和主阵地的思想政治理论课，在学科定位上模糊和学科边界不明。因此，思想政治理论课的学科定位，关键在于思想政治教育的学科定位。对此，有学者指出，思想政治教育在中国作为学科建设已经有30多年的时间了。在此期间，思想政治教育学科建设取得了长足的进步，学科的自律性和自觉性在不断增强，但是当我们从学科的角度审视其学科发展的现状时会发现，思想政治教育作为学科存在着较为严重的边界不明或边界模糊的现象，突出地表现在“思想政治教育存在严重的泛化现象，是我们必须要正视的思想政治教育学科之痛”①。思想政治教育的学科边界不明或学科边界模糊，主要是指思想政治教育作为学科在一定程度上没有明确的、科学的学科定位，体现在它的研究对象模糊，研究范围边界不清，研究范式多元，研究方法多样，功能定位不准，价值目标单一，理论话语体系缺少独立性，而且与实践实施体系混同等；在现实中，主要体现在思想政治教育的泛化，即思想政治教育学科超出了独立学科应有的学科边界与学科限度。

具体看，主要表现在：在研究对象和研究内容上，思想政治教育出现了无所不包的局面，致使思想政治教育成了什么都能装的口袋学科与“万能”学科或“浮游”学科②。在研究范式和研究方法上，思想政治教育出现了各种范式和方法并存的局面，古代的研究范式和方法，近代的研究范式和方法，现代的研究范式和方法，后现代主义的研究范式和方法等并存，哲学的研究

---

① 吴朝国、孙群：《论思想政治教育的泛化》，《思想教育研究》2013年第9期。

② 吴朝国、孙群：《论思想政治教育的泛化》，《思想教育研究》2013年第9期。

范式和方法，政治学的研究范式和方法，教育学的研究范式和方法，人学的研究范式和方法，心理学的研究范式和方法，美学的研究范式和方法等并存，实证研究方法和规范研究方法并存，定性研究方法与定量研究方法并存，等等。由此给人造成的印象是，似乎所有的研究范式和研究方法都被运用到思想政治教育学科中，思想政治教育学科成为一个什么范式和方法都能研究的学科。在理论研究和实践工作的关系上，思想政治教育理论研究话语体系与实践工作话语体系出现了较为严重的同质化趋向，有学者指出："反观思想政治教育学科的发展历程与现状，思想政治教育的学科理论研究与实践没有被拉开适当的距离，学术筛选与加工能力的欠缺，致使思想政治教育的学术研究被政治实践'绑架'，学科理论研究对实践亦步亦趋，没有抽象出具有普遍解释效力的范畴，而是与实践共用了同一套语言体系。"① 在这种情况下，人们往往以思想政治教育的实践工作话语体系代替学科理论研究的话语体系，从而在思想政治教育的理论教学、学术研究和工作实践中，出现了革命领袖与政治家的语言成为学科主要的理论范畴与观点的现象，带有浓厚的工具主义与实用主义色彩，进而助长了思想政治教育的"拿来主义"，认为只要"管用"，什么样的理论观点和方式方法都可以纳入思想政治教育中。因此，在思想政治教育的理论教学、学术研究和管理工作中充斥着各种各样的理论观点。

二、思想政治理论课的功能定位不清和功能泛化严重

学科定位不明和学科边界模糊，导致思想政治理论课的功能定位不清和功能泛化严重，由此人们不自觉地赋予了这一课程太多的功能。从思想政治理论学界的研究现状看，对思想政治教育的功能问题以及思想政治理论课的功能问题，诸多专家学者从不同的角度进行了考察研究和分类归纳。从价值取向的角度分类，思想政治教育功能可分为正功能和负功能。有学者认为，德育不仅会产生我们期望的效果——正效应，还可能产生低效应、零效应甚至负效应②。从思想政治教育系统结构的角度分类，有学者认为，德育可分为内部功能和外部功能。内部功能包括适应功能、认同功能、享用功能。外部功能一方面包括德育系统对德育环境所产生的作用，主要表现为自然性功能、政治功能、经济功能和文化功能；另一方面包括德育环境对德育系统的作用，表现为政治制度、政治思想对学校德育的控制作用，经济制度、经济发展水平对学校德育的最终决定作用，文化对学校德育的渗透作用，自然环境对学

① 吴朝国、孙群：《论思想政治教育的泛化》，《思想教育研究》2013 年第 9 期。
② 余秀兰：《谈高校德育的功能》，《上海高教研究》1996 年第 2 期。

校德育的熏陶作用，等等。德育功能是多方面的、复杂的，德育环境有多少因素，就有多少功能；德育系统内有多少因素，就有多少功能①。从个人、社会以及自然的相互关系的视角分类，有学者认为，德育功能可分为社会性功能、个人性功能、政治功能和经济功能，并强调要处理好这些功能之间的相互关系②。还有学者认为，德育具有社会性功能、个体性功能、教育性功能三个维度。社会性功能包括政治功能、经济功能、文化功能和自然性功能，个体性功能包括个体生存功能、个体发展功能、个体享用功能，教育性功能是指德育的“教育”或价值属性以及德育作为子系统对平行系统的作用③。从一般笼统的角度分类，这样的论述很多，比如，思想政治教育的社会功能包括保证功能、导向功能、凝聚功能、激励功能、调节功能和转化功能④；思想政治教育功能主要有导向功能、保证功能、育人功能和开发功能⑤；德育具有政治功能、经济功能、传统传承功能、完善人格特征并促进人身心协调发展的功能和调节功能等，其中，政治功能和经济功能是两大主要功能⑥；思想政治教育具有导航功能、认识功能、保障功能和育人功能等⑦。

从这些研究成果不难发现，思想政治教育和思想政治理论课承载了太多的价值和功能，不仅具有导向功能、保证功能、育人功能和开发功能，而且还具有社会稳定功能、就业指导功能、非意识形态功能、激励功能、管理功能和反腐败功能等。思想政治教育不仅在个体意义上包括引导政治方向，激发精神动力，塑造个体人格和调控品德行为等价值，而且在整体意义上包括经济价值、政治价值、文化价值、社会价值和生态价值等⑧。思想政治教育和思想政治理论课教学的功能如此泛化，承载了如此多的价值和功能，导致两种后果：要么“迷失自己”，做一些不属于自己学科内容的事情，导致自己“学科分内”之事没有做好，而“学科分外”之事做了许多，因此，不可能提升思想政治理论课教学的实效性；要么局限于狭隘的领域不去做自己“学科分内”之事，导致将自己“学科分内”之事视为“学科分外”之事而置之不理，不能真正发挥思想政治理论课的功能，难以提升其实效性。

① 李太平：《德育功能·德育价值·德育目的》，《湖北大学学报（哲社版）》1996年第6期。
② 曹书庆：《关于德育功能的辩证探讨》，《河北师范大学学报（社科版）》1996年第1期。
③ 檀传宝：《德育功能简论》，《中国教育学刊》1999年第5期。
④ 张耀灿、陈万柏：《思想政治教育学原理》，高等教育出版社2001年版，第50页。
⑤ 张耀灿、郑永廷，刘书林等：《现代思想政治教育学》，人民出版社2001年版，第87-89页。
⑥ 谭变娥：《试论德育的经济功能》，《前进》2001年第5期。
⑦ 仓道来：《思想政治教育学》，北京大学出版社2004年版，第49-70页。
⑧ 吴朝国、孙群：《论思想政治教育的泛化》，《思想教育研究》2013年第9期。

三、缺失系统的思维和方法

在思想政治理论课的建设过程中，存在着就思想政治理论课言政治课、就思想政治理论课教学谈思想政治理论课教学的现象，也就是“头痛医头、脚痛医脚”的问题，缺失系统的思维和方法，在实质上没有将思想政治理论课建设作为一项复杂的系统工程。高校思想政治理论课具有多学科交叉和综合的特点。从目前高校思想政治理论课的课程体系看，其主要由“马克思主义基本原理概论”“毛泽东思想和中国特色社会主义理论体系概论”“思想道德修养与法律基础”“中国近现代史纲要”四门主干课构成，在学科归属上分别与马克思主义理论一级学科下的马克思主义基本原理、马克思主义中国化研究、思想政治教育和中国近现代史纲要相对应，但在学科内容上已超出这一学科的边界，在实质上容纳了马克思主义哲学、政治经济学、科学社会主义、中国近现代史、中华人民共和国史、中国共产党党史、思想政治教育、德育教育、政治学和法学等学科的内容。同时，在思想政治理论课教学实践过程中，除了讲授教育部和中宣部明确指定的教材规定内容之外，还要随时随地根据新形势把时事政治和党的大政方针融入教学之中，就是人们常说的“三进”问题，如将党的十八大精神的“三进”、“中国梦”思想的“三进”、“三个自信”理论的“三进”和社会主义核心价值观的“三进”等。不仅如此，当前高校大学生思想政治理论课教学实践面临一个突出的问题是，四门主干课指定的教材内容丰富，而各高校大学生培养方案和课程体系改革过程中，存在着用于思想政治理论课教学的学分和课时越来越少，因此形成了一个突出的矛盾，再加上“三进”工作的大力推进，使这一矛盾更加尖锐。

另外，高校思想政治理论课教学与师资队伍建设、学科建设、科学研究等具有内在的关联性。作为承担思想政治理论课教学的马克思主义学院，如何处理思想政治理论课各门学科之间的关系，如何处理思想政治理论课教学与马克思主义理论一级学科以及各二级学科的关系，如何处理思想政治理论课课堂教学与实践教学的关系，如何处理思想政治理论课的教学研究与科学研究的关系，如何处理思想政治理论课教学教育与专业教育以及人才培养的关系等，直接影响着思想政治理论课教学的实效性。

第三节 “大思政教学观”实施体系的探索与构建

上述问题和原因，是笔者自 2012 年 12 月任首都经济贸易大学马克思主义学院院长之后的思考。而如何针对上述原因有效地科学地解决这些问题，是摆在马克思主义学院思想政治理论课教师面前的一个重大课题。

为了深入、系统地研究“大思政教学观”课题，笔者用了近两年（2013—2014 年）的时间完成了相关文章并主持了“‘大教学观’引领下社会主义核心价值观的培育和践行”项目，撰写了《大教学观下的思想政治理论研究——基于马克思主义时代化和中国化的视角》和《学科视域中的思想政治理论课教学研究——教学内容创新设计与实践教学模式建构》两部著作。

前部著作的主要内容是：基于马克思主义时代化和中国化视角，在大教学观框架下进行思想政治理论研究。这是新形势下搞好思想政治理论课教学的基础保障。该书分为上下两篇：上篇是马克思主义基础理论及其时代化中国化发展研究，包括第一章至第五章，主要内容是马克思主义是值得党和人民自信的科学理论，科技价值论、科技劳动价值论与马克思劳动价值论的发展，基于现代科技劳动价值论视角对“物化劳动价值论”批判，基于“科学价值库”理论视角探讨人类劳动的彻底解放何以可能，马克思雇佣劳动理论中国化进程及其经验总结。下篇是中国马克思主义的理论与实践，包括第六章至第十章，主要内容是“中国梦”思想的多维度解读及其精神实质，全面理解“三个自信”理论的精神要义，坚守在“中国大地上形成和发展起来的”社会主义核心价值观，理论联系实际深刻理解新一届领导集体的治国方略，深切体会群众路线教育实践活动的重大意义①。

后部著作的主要内容是：为配合我校人才培养方案的修订和实施，学院在调查研究基础上制定了思想政治理论课新课程体系。这一新课程体系的实施，面临着课堂教学学分减少而实践教学学分增加的新问题。按照学科功能定位和统筹兼顾原则，首先对融“中国梦”入思想政治理论课教学内容进行设计，在明确其理论要求和目标追求的前提下，提出五门必修课应根据各自课程内容，分别从马克思主义原理和方法、马克思主义中国化发展规律、中国近现代史发展进程、思想道德与法律教育原理和时事政治形势发展趋向等不同维度，将“中国梦”融入其教学内容中的设计方案，并提出了相应的实施路径。其次对思想政治理论课实践教学模式进行了探索，在明确其指导思想、原则要求和教学目标前提下，建构了思想政治理论课实践教学“三课四学分一体化”模式，由“4 模块 14 式”构成：认知型模块包括主题研讨式、高端讲堂式等 4 种方式；体验型模块包括参观考察式、模拟实践式等 4 种方式；调研型模块包括社会调研式、文献调研式两种方式；虚拟型模块包括虚拟体验式、虚拟调研式等 4 种方式。建议在实施时根据实际采取“1+X”模

① 参见刘冠军：《大教学观下的思想政治理论研究——基于马克思主义时代化和中国化视角》，首都经济贸易大学出版社 2015 年版。

式，按照方案制定、计划设计、日程安排、实施过程、成绩评定、总结评价的路径进行，需要制度、组织、规范、师资、平台、经费、激励等机制保障。最后，依据“思想政治理论课学科定位论”和“思想政治理论课功能系统论”，构建了思想政治理论课实践教学“三课四学分一体化”模式实施效果评价体系，包括思想政治理论课实践教学的评价指标体系和实施效果的测评体系①。

概而言之，近年来，关于加强思想政治理论课建设，提升思想政治理论课教学实效性的问题，得到中央、教育部、各省市教工委及各高校党委的高度重视。这是“大思政教学观”实施体系探索与构建的时代背景。从现实维度看，加强思想政治理论课建设，提高其教学实效性的问题至今仍然十分突出，其原因错综复杂，但归结起来，既有外因也有内因。外因固然重要，但内因更为关键。因为外因仅是条件，而内因才是根据。从内因看，思想政治理论课的学科定位不明、学科边界模糊，是其突出的原因；由此导致的思想政治理论课的功能定位不清和功能泛化严重，也是至关重要的原因；同时，在思想政治理论课自身的建设过程中，存在着就思想政治理论课言思想政治理论课的现象，在实质上是未将思想政治理论课建设作为一项复杂的系统工程加以研究，也是至关重要的原因。因此，在对思想政治理论课进行科学的“学科定位”和“功能定位”的前提下，系统构建“大思政教学观”实施体系，是当前加强思想政治理论课建设，提升其教学实效性的应对策略。进而言之，系统构建“大思政教学观”实施体系，是笔者在探索加强思想政治理论课建设，提高其教学实效性问题时，针对思想政治理论课的学科定位不明和学科边界模糊，思想政治理论课的功能定位不清和功能泛化严重，以及系统思维和方法缺失等问题而尝试提出的系统性应对策略。

① 刘冠军：《学科视域中的思想政治理论课教学研究——教学内容创新设计与实践教学模式建构》，首都经济贸易大学出版社 2015 年版。

第十五章 “大思政教学观”实施体系的系统构建、目标追求与探索创新

“大思政教学观”实施体系是在全国高校积极探索加强思想政治理论课建设、提升思想政治理论课教学实效性的新时代背景下，针对思想政治理论课自身存在的理论和现实问题提出和建构的。笔者拟就“大思政教学观”实施体系的系统建构、目标追求和进一步的探索与创新略述管见，以期推动中国高校思想政治理论课建设，提升思想政治理论课的实效性①。

第一节 “大思政教学观”实施体系的系统构建和主要内容

“大思政教学观”实施体系，是笔者在2013—2014年对如何加强思想政治理论课建设和如何提升思想政治理论课教学实效性等问题进行思考、探索的结果。

一般的，人们在思考和探索问题时，更多针对的是其社会现实方面的原因，即外因，而笔者则更加关注问题的内因，即思想政治理论课方面的原因。可以说，“大思政教学观”实施体系的提出和构建，主要是在对思想政治理论课进行学科定位和功能定位的前提下，将思想政治理论课教学看作一项复杂的系统工程。在“大思政教学观”实施体系的提出和构建过程中，不仅将思想政治理论课作为一项复杂的系统工程，而且在此基础上以思想政治理论课教学为中心，把整体推进马克思主义学院各项工作作为一项复杂的系统工程。因此，笔者认为，在对思想政治理论课进行学科定位和功能定位的前提下，提出和构建“大思政教学观”实施体系，是当前加强思想政治理论课建设，提高思想政治理论课教学实效性，最为有效和切实可行的根本性应对策略。

应对策略包括两个前提：一是思想政治理论课的学科定位；二是思想政治理论课的功能定位。前者主要是针对当前中国高校思想政治理论课学科定位不明、学科边界模糊的深层次关键问题提出的。后者主要是针对当前中国

① 本章的内容来源于刘冠军：《“大思政教学观”工作体系的系统构建、目标追求与探索创新》，《马克思主义学刊》2015年第3期。

思想政治理论课定位不明、功能泛化严重[①]；人们不自觉地赋予该课程太多的功能的问题提出的。事实上，关于思想政治理论课的学科定位问题，在2005年国务院学位委员会和教育部联合发文宣布，在《授予博士、硕士学位和培养研究生的学科、专业目录》中，增设马克思主义理论一级学科及所属二级学科，马克思主义理论学科与法学、政治学、社会学、民族学并列成为法学门类下的一级学科。马克思主义理论学科下设5个二级学科，即马克思主义基本原理、马克思主义发展史、马克思主义中国化研究、国外马克思主义研究和思想政治教育[②]。从这时起，思想政治教育成为马克思主义理论一级学科下的二级学科。而思想政治理论课作为思想政治教育的主渠道和主课堂，自然隶属于思想政治教育学科，进一步定位于马克思主义理论一级学科。由思想政治理论课的学科定位决定其功能定位于马克思主义理论教育课。对此，中宣部和教育部在2005年联合发文指出，高等学校思想政治理论课承担着对大学生进行系统的马克思主义理论教育的任务，是对大学生进行思想政治教育的主阵地、主渠道和主课堂；要充分发挥思想政治理论课主阵地、主渠道和主课堂的作用，用马克思列宁主义、毛泽东思想和中国特色社会主义理论体系武装当代大学生，是党的教育方针的具体体现，是社会主义大学的本质特征，是党和国家事业长远发展的根本保证[③]。因此，思想政治理论课的功能定位，应当是突出马克思主义的思想教育、政治教育、理论教育和方法论教育四大功能。这是提高思想政治理论课实效性应当坚持的四个基本原则[④]。

在应对策略中，核心内容是在对思想政治理论课进行科学的学科定位和功能定位的前提下，系统建构“大思政教学观”实施体系。这是加强思想政治理论课建设，提高其教学实效性问题的核心与关键。“大思政教学观”实施体系，是指在对思想政治理论课进行学科定位和功能定位的前提下，将思想政治理论课教学看作一项复杂的系统工程，并建设以思想政治理论课教学为中心，整体推进马克思主义学院各项工作的大系统教学观实施体系。这一实施体系包括两个层面的子系统：一是在思想政治理论课课程自身的层面，“大思政教学观”实施体系是集思想政治理论课的课堂教学和实践教学、教学内容与教学研究、教学研究与科学研究，以及四门主干课程即“马克思主义基

① 在此略加修订吴朝国、孙群：《论思想政治教育的泛化》，《思想教育研究》2013年第9期。

② 国务院学位委员会、教育部：《关于调整增设马克思主义理论一级学科及所属二级学科的通知》，网站：http：//www.moe.edu.cn/publicfiles/business/htmlfiles/moe/moe_834/201002/82753.html.2005-12-23。

③ 中宣部、教育部：《关于进一步加强和改进高等学校思想政治理论课的意见》，网址：http：//www.moe.gov.cn/publicfiles/business/htmlfiles/moe/moe_772/201001/xxgk_80415.html.2005-02-07。

④ 刘冠军：《马克思主义理论学科视域中的思想政治教育——兼论思想政治教育的实效性问题》，《马克思主义学刊》2014年第3辑。

本原理概论”“毛泽东思想和中国特色社会主义理论体系概论”“思想道德修养与法律基础”“中国近现代史纲要”于一体的系统工程，在整体上进行设计和规划。二是在马克思主义学院层面，“大思政教学观”实施体系是紧紧围绕思想政治理论课教学中心工作，全面推进学院整体工作的大系统观，马克思主义学院的整体工作要密切服务于教学中心工作，要紧紧围绕教学中心任务全面构建，包括学科建设、教研科研、师资队伍建设和人才培养体系等在内的学院大系统实施体系，全面推进学院整体工作。

“大思政教学观”实施体系的构建，核心理念是注重六个层面的结合，即思想政治理论课教学设计与当代大学生实际和特点结合，思想政治理论课教学内容与国情、国史和中国传统文化结合，思想政治理论课的四门主干课程与形势政策课程以及党的大政方针、治国方略结合；思想政治理论课的课堂讲学与实践教学结合；思想政治理论教育与经贸类专业教育及人才培养结合；思想政治理论课的教学研究与马克思主义理论学科建设及科学研究结合（限于篇幅，笔者对这六个结合的核心理念将作为专题另文阐述）。

而将六个结合的核心理念加以实现的操作路径是各类平台的搭建与建设。首都经济贸易大学马克思主义学院在学校领导的大力支持下，搭建了两个学术平台：《马克思主义学刊》和《马克思主义教学与研究文库》；四个学术活动平台：高端学术讲堂、学术报告月、学术研讨会和教师座谈会；六个项目资助平台：著作出版资助计划、教研室科研活动资助计划、高层次科研项目培育资助计划，教师科研提升资助计划，研究生培养质量提升资助计划，大学生教学质量提升资助计划；两个学生活动平台：启·承青年马克思主义者学会，大学生国情国史知识竞赛；等等。另外，学院还大力支持学生参加北京市教工委和学校组织的大学生学术文化节，大学生“三助”活动，大学生暑期社会调查与实践，等等。

第二节 “大思政教学观”实施体系的目标追求

思想政治理论课教学是教与学的动态系统，因此“大思政教学观”实施体系的构建与实施所要实现的目标，包括教师和学生两个层面，并且两个层面的目标是辩证统一的。

一、教师目标：准、新、厚、活、引

在思想政治理论课教师层面，“大思政教学观”实施体系的构建与实施所要实现的目标，在此依次概括为“准、新、厚、活、引”五个字。

一是“准”，即准确理解和把握，指在思想政治理论课教学过程中，教师要准确理解和系统把握马克思主义和中国化马克思主义的思想、理论、方法。

二是“新”，即将新成果、新思想、新论断融入教学内容，指在思想政治理论课教学过程中，教师要充分反映马克思主义和中国化马克思主义思想、理论、方法的新成果、新思想、新观点、新论断，并将其融入教学内容。

三是“厚”，即厚实的专业功底和厚重的学术含金量，指思想政治理论课教师要有厚实的马克思主义理论和中国化马克思主义理论的专业功底，要有厚重的理论联系实际的科学素养、科研能力和学术含金量。

四是“活”，即方式方法要灵活多样，指在思想政治理论课教学过程中，教师要根据当代大学生的实际需要和自身特点，采取灵活多样的新形式和新方法。

五是“引”，即适时引导，指在思想政治理论课教学过程中，面对数字杂志、数字报纸、数字广播、手机短信、微信、微博、移动电视、网络、桌面视窗、数字电视、数字电影、触摸媒体、手机网络、大数据与云计算等新媒体传播，对思想政治理论课教学的影响，以及新媒体海量信息对思想政治理论课教学的冲击，教师要适时加以引导。

二、学生目标：懂、信、用

在大学生层面，“大思政教学观”实施体系的构建与实施要实现的目标，可以概括为“懂、信、用”三个字。

一是“懂”，即真懂。通过思想政治理论课教学，让大学生对马克思主义和中国化马克思主义的思想、理论、方法等，做到真懂。不仅要知道是什么、为什么的问题，还要弄清楚做什么、如何用的问题。

二是“信”，即真信、自信、信仰。通过思想政治理论课教学，让大学生对马克思主义和中国化马克思主义的理论，做到真信、自信，把马克思主义理论和中国化马克思主义理论，作为自己的理论学习和运用。

三是“用”，即运用、管用。通过思想政治理论课教学，让大学生对马克思主义和中国化马克思主义的理论，做到运用，感到管用。引导大学生将马克思主义和中国化马克思主义理论运用到专业学习、生活实践中，在运用中感到管用。

通过思想政治理论课教学，让大学生对马克思主义和中国化马克思主义的理论要真懂、真信和会用、管用，在用中感到管用的同时，做到内化于心、外化于行，使之成为自己理论上的自觉和行动中的指南，进而成为自己的信仰和理想。

三、两个层面目标的关系

思想政治理论课教学过程中，教师是主导，学生是主体。因此，在“大思政教学观”实施体系的构建与实施过程中，要实现的两个层面的目标是辩证统一的关系。简言之，教师层面的目标是基础和前提，而学生层面的目标是核心和关键。

第一，教师要对马克思主义理论和中国化马克思主义理论准确理解和系统把握。教师若不能将反映马克思主义和中国化马克思主义的新成果、新思想、新观点、新论断及时融入教学之中，若缺失厚实的马克思主义理论和中国化马克思主义理论的专业功底和科学素养以及学术含金量，那么教师就不能起到主导作用，难以让学生真懂、会用和真信。教师若不能采取灵活多样的方式方法，不能做到适时引导，即便做到了准确理解，充分反映新思想、新成果，即便有深厚的专业功底和学术含金量，学生也不一定做到真懂、会用和真信。因此，在“大思政教学观”实施体系的构建与实施过程中，教师层面的目标是基础和前提。

第二，思想政治理论课是高校思想政治教育的主渠道、主阵地和主课堂，最终目的是对大学生进行马克思主义理论和中国化马克思主义理论的教育。在“大思政教学观”实施体系的构建与实施过程中，即便教师层面的目标已经达到，但若不能够实现学生层面的目标，也就是学生达不到对马克思主义理论和中国化马克思主义理论的真懂、会用和真信，那么思想政治理论课教学的目标就没有达到。因此，在“大思政教学观”实施体系的构建与实施过程中，学生层面的目标是核心和关键，是其最终的目标。

第三节 “大思政教学观”实施体系的进一步探索创新

加强思想政治理论课建设，提高教学实效性是一个历久弥新的课题。与此相适应，“大思政教学观”实施体系的观念构建和实施路径仍在进行中，需要进一步探索创新。

从观念建构的维度看，只有从理论上弄清楚是什么和为什么的问题，才能在实践上明确做什么和怎么做的问题。“大思政教学观”实施体系的探索和构建也只是处在尝试性研究阶段，在此大框架下还有很多的问题需要进一步研究，正如笔者在《大教学观下的思想政治理论研究——基于马克思主义时代化和中国化的视角》一书的后记中指出的，在全面深化改革、大力推进社会主义市场经济发展的今天，高等院校的思想政治理论课教学面临着诸多矛盾现象，需要科学处理诸多关系，如马克思主义理论与时代发展的社会现实的矛盾关系；理论联系实际与以实际问题为中心发展马克思主义理论的关系；马克思主义中国化、时代化和大众化的关系；高校，特别是财经类高校马克思主义话语权与非马克思主义话语权的关系，即两种分析框架的关系；马克思主义理论“灌输”与大学生学习兴趣的关系；大学生思想的多元化趋向与思想政治理论课课程诉求的关系；新编思想政治理论课教材内容的丰富性与教学课时的有限性的矛盾；思想政治理论课课堂教学与实践教学的关系；思想政治理论课教学与专业教育的关系①；等等。这些矛盾关系的应对和处理，关键在于科学处理思想政治理论学术研究和思想政治理论课教学的关系。一方面，需要在马克思主义理论学科的视域中加强思想政治理论课教学内容的创新设计和实践教学模式的科学构建；另一方面，需要在大教学观视域中加强思想政治理论的学术研究。可以说，前者是核心，后者是基础。同时，二者又是相辅相成、相互促进的辩证统一关系。因此，笔者自 2013 年以来，在撰写《学科视域中的思想政治理论课教学研究——教学内容创新设计与实践教学模式建构》一书的同时，撰写了《大教学观下的思想政治理论研究——基于马克思主义时代化和中国化的视角》一书，在书的后记说明旨在强调当前中国高校的思想政治理论课建设和教学中，还有很多问题需要进一步的研究和探讨，笔者的两部拙著仅是初探的结果。两部拙著对于加强中国高校思想政治理论课建设，提升思想政治理论课教学的实效性，也算尽了绵薄之力，这对笔者而言，幸莫大焉。

同时，从现实运行的维度看，“大思政教学观”实施体系在首都经济贸易大学马克思主义学院的实施，只是处于试验阶段。可喜的是，从运行的情况看，在“大思政教学观”实施体系框架下，首都经济贸易大学马克思主义学院利用平台开展“培育和践行社会主义核心价值观”工作已经初见成效。构建和实施运行两年多（从 2013 年至 2015 上半年）的具体情况如下：2014 年 9 月，《马克思主义学刊》开展“社会主义核心价值观研究”的主题征文活动；2014 年 9—10 月，举办“学术报告月”系列活动（举办 16 场学术报告），多名教师做关于“社会主义核心价值观”的报告；2014 年 10 月，举办主题为“培育和践行社会主义核心价值观”的教师座谈会；2014 年 10 月，举办主题为“培育和践行社会主义核心价值观暨思想政治教育工作”的研讨会；2014 年 11 月，举办主题为“社会主义核心价值观”的教学展示；2014 年 12 月，举办主题为“社会主义核心价值观”的教学展示推进会；2014 年

① 刘冠军：《马克思主义理论学科视域中的思想政治教育——兼论思想政治教育的实效性问题》，《马克思主义学刊》2014 年第 3 辑。

12月，成立“社会主义核心价值观宣传教育优秀项目课题组”，组织论证“‘大教学观’引领下社会主义核心价值观的培育和践行”；2015年3月，编辑出版《马克思主义学刊》第3卷第1辑（总第7辑），其中设置“社会主义核心价值观研究”专栏。

可以说，首都经济贸易大学马克思主义学院通过构建“大思政教学观”实施体系，教师的教学能力、学生的理想信念都得到一定的提升。比如，马克思主义学院申报的“‘大教学观’引领下社会主义核心价值观的培育和践行”于2015年1月受到北京市教工委的表彰，荣获“北京高校社会主义核心价值观宣传教育优秀项目”，这是对学院开展的“‘大教学观’引领下社会主义核心价值观的培育和践行”工作的充分肯定和高度评价。又如，学院通过开展社会主义核心价值观教学展示活动及展示推进会，进一步提升了教师的教学能力。学院对教学活动高度重视，对教师不论是在教学品质、教学能力，还是在教学技巧、教学方式等方面都严格要求、积极培育。在这样的良好氛围下，学院涌现出了不少优秀的理论课教师，多名教师获得省市校各级教学奖励，其中一名教师代表首都经济贸易大学参加北京高校思想政治理论课社会主义核心价值观教学展示活动，在北京众多高校的选手中脱颖而出，荣获“北京高校思想政治理论课教学能手”称号。再如，学院通过学科研讨会等举措，在培育和践行社会主义核心价值观的途径、方式和方法等方面形成了前沿的理论成果。针对思想政治教学中的重点、热点以及难点问题开展的主题征文活动收集征文近百篇，并形成了28万字的《思想政治理论课重点与难点》。打造学术阵地和品牌活动，出版《马克思主义学刊》6期，《马克思主义教学与研究文库》1套，出版5部专著。同时，学生培育和践行社会主义核心价值观实效显著。在社会主义核心价值观的教学过程中，教师团队不断总结经验，改进工作方法，提高知识水平，强化教学能力，推进社会主义核心价值观的“三进”工作，学生反馈积极。在马克思主义学院召开本科教学期中检查学生座谈会上，来自学校各学院的学生代表畅所欲言，对思想政治理论课中社会主义核心价值观的讲授效果评价积极。学院研究生培养质量不断提升，近两年来，学生获校级科技创新重点项目3项、一般项目8项，发表论文50余篇。据此可以说，上述诸多初见成效的做法为“大思政教学观”实施体系具体路径的探索与创新提供了可以借鉴的现实经验。

第十六章 “大思政教学观”实施体系的“理直气壮开好思政课”首要任务

2019年3月18日，习近平总书记主持学校思想政治理论课教师座谈会并做重要讲话。这在中华人民共和国成立以来的思政课建设史上是具有里程碑意义的大事件，体现了党中央对思想政治理论建设的高度重视，彰显了党中央对思想政治理论课教师的亲切关怀。习近平总书记的讲话全面系统，高屋建瓴，是新时代办好思想政治理论课的纲领性文献，为思想政治理论课教师理直气壮开好思政课指明了方向，提供了遵循。在讲话中，习近平总书记鲜明地提出，扎根中国大地办中国特色社会主义教育，“就是要理直气壮开好思政课”①。理直气壮开好思政课是高校落实立德树人的根本任务，也是“大思政教学观”实施体系构建和实施的首要任务。在此，根据学习讲话的心得体会，就理直气壮开好思政课的根据、定位、要求和原则加以阐述②。

第一节 理直气壮开好思政课的现实根据

中国特色社会主义植根于中国大地，与此相适应，我们扎根中国大地办教育，办的是中国特色社会主义教育。“我们办中国特色社会主义教育，就是要理直气壮开好思政课”③。习近平总书记的这一科学论断，从中国特色社会主义事业和办中国特色社会主义教育相结合的维度，为理直气壮开好思政课点明了现实根据。从现实维度看，在新时代的中国大地上，党领导人民牢记为中国人民谋幸福，为中华民族谋复兴的初心和使命，毫不动摇坚持和发展中国特色社会主义，开启了决胜全面建成小康社会，夺取新时代中国特色社会主义伟大胜利的新征程。在新征程中，我们办的教育在本质上是社会主义的教育，必须坚持社会主义办学方向。办好思政课，最根本的是要全面贯彻

① 习近平：《思政课是落实立德树人根本任务的关键课程》，《求是》2020年第17期。

② 本章的内容来源于刘冠军：《理直气壮开好思政课的根据、定位、要求和原则》，人民网-公开课频道，2019年4月2日发布，网址：http://mooc.people.cn/n1/637，在此略加修订。

③ 习近平：《思政课是落实立德树人根本任务的关键课程》，《求是》2020年第17期。

党的教育方针，解决好培养什么人、怎样培养人、为谁培养人的根本问题。理直气壮地开好思政课，就要引导学生不断增强中国特色社会主义“四个自信”，把培养学生的爱党情、强国志融入中国特色社会主义教育中，将学生培养成能够担当民族复兴大任的时代新人、社会主义建设者和接班人，将学生培养成拥护党的领导和我国社会主义制度，立志为中国特色社会主义事业奋斗终身的有用人才，“在这个根本问题上，必须旗帜鲜明、毫不含糊”①。因此，中国特色社会主义新时代的现实需要，中国特色社会主义教育的本质要求，决定了“在大中小学循序渐进、螺旋上升地开设思想政治理论课非常必要”和“思政课作用不可替代”，决定了思政课是学校“落实立德树人根本任务的关键课程”，是理直气壮开好思政课的客观现实根据。

第二节 理直气壮开好思政课的学科定位和功能定位

课程依托学科，学科规定课程功能。从理论维度看，思政课之所以是关键课程，其作用不可替代。这是由思政课的学科定位和功能定位决定的。习近平总书记指出：“对思想政治工作、意识形态工作高度重视，始终坚持马克思主义指导地位，大力推进中国特色社会主义学科体系建设，为思政课建设提供了根本保证”；与此同时，“思政课建设长期以来形成的一系列规律性认识和成功经验，为思政课建设守正创新提供了重要基础”②。两方面的有机结合，为理直气壮开好思政课提供了规律性的认识论根据，具体体现在思政课学科建设与马克思主义理论学科建设在实质上是统一的。从改革开放以来我国高等教育的发展进程看，思政课学科发展史与马克思主义理论学科发展史是相互交织在一起向前推进的，思政课学科发展史也是马克思主义理论学科发展史，二者经历了思政教育学科初创时期的“独立”发展阶段，与马克思主义理论教育“并行”发展的阶段，与马克思主义理论教育“合并”发展的阶段，两个学科有机整合为马克思主义理论的“统一”发展阶段，此阶段上的思政教育成为马克思主义理论一级学科内的二级学科。思政教育与马克思主义理论教育在学科层面上，经历的“独立—并行—合并—统一”的长期实践探索，使人们清晰地认识到思政教育的学科定位和学科边界，在实质上就是马克思主义理论学科框架下的思政教育。而作为其主阵地和主渠道的思政课，在学科上定位于马克思主义理论学科，在功能上定位于

① 《习近平主持召开学校思想政治理论课教师座谈会强调 用新时代中国特色社会主义思想铸魂育人 贯彻党的教育方针落实立德树人根本任务》，《人民日报》2019 年 3 月 19 日。

② 习近平：《思政课是落实立德树人根本任务的关键课程》，《求是》2020 年第 17 期。

马克思主义理论教育。

正如马克思主义经典作家指出的，“理论只要彻底就能说服人”，让人“信”和“服”，而“理论只要说服人就能掌握群众”，并且“理论一经掌握群众，也会变成物质力量”，变成人们认识世界和改造世界的方法，而我们所说的理论上“所谓彻底，就是抓住事物的根本”①。马克思主义理论就是这样的理论，突出体现在马克思主义占据着真理的制高点，才“抓住事物的根本”和本质，不仅揭示了客观世界的物质统一性及其发展规律，而且揭示了人类社会发展的一般规律和资本主义社会运行的特殊规律，为人类指明了从必然王国向自由王国飞跃的途径，为人民指明了实现自由和解放的道路。不仅如此，马克思主义理论还占据着道义的制高点，突出地体现在马克思主义在人类思想上第一次站在人民的立场，探求人类自由解放的道路，第一次创立了人民实现自身解放的科学理论，为最终建立一个没有压迫、没有剥削、人人平等、人人自由的理想社会指明了方向。正是由于马克思主义理论同时占据着真理和道义两大“制高点”，因此是具有彻底性的科学理论，也是马克思主义自创立以来依然矗立在人类思想史最高峰的根本。正如习近平总书记指出的：“即使在当今西方社会，马克思主义仍然具有重要影响力。在本世纪来临的时候，马克思被西方思想界评为‘千年第一思想家’……要探索人类社会发展前景，必须向马克思求教，人类社会至今仍然生活在马克思所阐明的发展规律之中。实践也证明，无论时代如何变迁、科学如何进步，马克思主义依然显示出科学思想的伟力，依然占据着真理和道义的制高点”②。在此意义上，当我们把思政课定位于马克思主义理论学科，把思政课功能目标定位于马克思主义思想政治理论教育，也就是我们理直气壮开好思政课的学科定位和功能定位，其实质也就是将思政课的内容占据了真理和价值两大制高点。据此，理直气壮开好思政课就有了坚实的学科基础和明确的功能定位。

第三节　理直气壮开好思政课的“理直”内在要求

“理直”是根本，“气壮”须“理直”；“理直”加“气壮”方能收到理想的效果。从理论结合现实的维度看，中国特色社会主义是科学社会主义理论逻辑和中国社会发展历史逻辑的辩证统一，是根植于中国大地，反映中国人民意愿，适应中国和时代发展进步要求的科学社会主义，最新的思想理论

① 马克思、恩格斯：《马克思恩格斯文集》第1卷，人民出版社2009年版，第11页。

② 习近平：《在哲学社会科学工作座谈会上的讲话》，《光明日报》2016年5月19日。

形态就是习近平新时代中国特色社会主义思想。而思政课的理论内核和精神实质，是基于科学社会主义的理论逻辑和中国社会发展的历史逻辑，用二者结合形成的最新成果——习近平新时代中国特色社会主义思想凝魂育人，用当代中国的马克思主义引导学生扣好人生第一粒扣子，用21世纪的马克思主义给学生的心灵中埋下真善美的种子，为理直气壮开好思政课提供了逻辑和历史、理论和现实、政治和学理、价值和真理等相统一的系统成因。系统成因与思政课的学科定位和功能定位相结合，为理直气壮地开好思政课提出了“气壮”态势下“理直”的内在要求。

概括地讲，就是寓马克思主义价值观引导于思政课知识传授之中，以透彻的马克思主义学理分析回应学生，以马克思主义彻底的思想理论说服学生，用马克思主义科学真理的强大力量引导学生，用马克思主义科学信仰的价值力量感召学生。这是总书记所讲的“让有信仰的人讲信仰”① 的本真含义。正如习近平总书记就“思政课教师素养的问题”阐述“政治要强”这个首要素养时所指出的，“思政课要解决学生理想信念问题。要让有信仰的人讲信仰。对马克思主义的信仰，对社会主义和共产主义的信念，只有首先在思政课教师心中扎下根，才能在学生心中开花结果。思政课教师只有自己信仰坚定，对所讲内容高度认同，做学习和实践马克思主义的典范，才能讲得有底气，讲深讲透，才能有效引导学生真学、真懂、真信、真用。要善于从政治上看问题，自觉用新时代中国特色社会主义思想武装头脑，在大是大非面前保持政治清醒。教师是释疑解惑的，自己都疑惑重重，讲出来的东西不会是充分坚定、富有感染力的”②。

第四节 理直气壮开好思政课的“理直”原则规定

“气壮”和“理直”是相辅相成的。“气壮”须“理直”的内在要求，为理直气壮开好思政课提供了原则性规定，渗透在习近平总书记关于坚持政治性和学理性相统一、价值性和知识性相统一、建设性和批判性相统一、理论性和实践性相统一、统一性和多样性相统一、主导性和主体性相统一、灌输性和启发性相统一、显性教育和隐性教育相统一的“八个相统一”③ 的系统阐述中。概括地讲，主要有四个原则。

一是突出马克思主义，特别是习近平新时代中国特色社会主义思想的思

① 习近平：《思政课是落实立德树人根本任务的关键课程》，《求是》2020年第17期。
② 习近平：《思政课是落实立德树人根本任务的关键课程》，《求是》2020年第17期。
③ 习近平：《思政课是落实立德树人根本任务的关键课程》，《求是》2020年第17期。

想教育功能原则。在思政课教学中，理直气壮地讲好马克思主义的世界观和真理观、人生观和价值观，使学生深刻理解习近平新时代中国特色社会主义思想的丰富内涵，提高学生认识社会与解决问题的能力，培养学生的马克思主义信仰，中国特色社会主义信念。

二是突出马克思主义，特别是当代中国马克思主义的政治教育功能原则。在思政课教学中，理直气壮地进行马克思主义的主流意识形态教育和党性教育，使学生明确当代中国马克思主义的人民立场、观点和方法，坚决反对思政教育中“无党性”“去政治”“中立化”“娱乐化”“庸俗化”等“去意识形态化”倾向。

三是突出马克思主义，特别是21世纪马克思主义的理论教育功能。在思政课教学中，理直气壮地进行系统的马克思主义理论教育，使学生深刻理解21世纪马克思主义的科学真理性和人民至上性、内容完备性和逻辑严谨性，不断增强对21世纪马克思主义的认同感，并将其内化于心、外化于行。

四是突出马克思主义的方法论教育功能原则。马克思主义既是世界观又是方法论。在思政课教学中，理直气壮地运用马克思主义方法论分析现实问题，将思政教育与专业教育、信念教育与心智教育相结合，既弘扬马克思主义建设性功能的方法论意义，也彰显马克思主义批判性功能的方法论价值，既传导主流意识形态，也直面各种错误观点和思潮。只有如此，才能不断增强思政课的思想性、理论性和亲和力、针对性。

第十七章　“大思政教学观”实施体系的善用“大思政课”实践教学模式

2021年3月6日，习近平总书记看望参加全国政协会议的医药卫生界教育界委员时提出的“‘大思政课’我们要善用之”①，从实质内涵维度看，既是对参加全国政协会议的医药卫生界教育界委员讲的，也是对思想政治教育工作讲的，更是对从事思想政治理论课教学和研究的教师，特别是高校马克思主义学院从事思想政治理论课教学和研究的教师讲的。对于高校马克思主义学院从事思想政治理论课教学和研究的教师而言，如何做到善用“大思政课”，如何推动思想政治理论课实践教学的改革创新，是“不断增强思政课的思想性、理论性和亲和力、针对性”② 的重要方面。因此，善用“大思政课”，探索和创新思想政治理论课实践教学模式，是“大思政教学观”实施体系构建与实施的重要内容③。

就目前高校开设的思想政治理论课程而言，包含理论教学（思想政治理论课课堂教学）和实践教学（思想政治理论课社会实践）两部分④。而就思想政治理论课实践教学而言，又划分为两类：一是课堂实践教学。课堂教学主要是理论教学，但在课堂理论教学过程中，教师为了帮助学生巩固理论知识而采取的课堂讨论、课堂辩论、观看影视资料、案例教学、师生异位教学等，则属于课堂实践教学的范畴。二是课外实践教学。课堂以外不占用课堂教学实践单独进行的实践教学，从2005年开始按照教育部有关文件的规定，高校思想政治理论课实践教学有独立的学分规定和学时要求。

对思想政治理论课的实践教学而言，不管是课堂实践教学，还是课外实

---

① 《微镜头·习近平总书记两会“下团组”：“‘大思政课’我们要善用之”》，《人民日报》2021年3月7日。

② 习近平：《思政课是落实立德树人根本任务的关键课程》，《求是》2020年第17期。

③ 本章的内容是根据笔者所撰著作第七章《思想政治理论课实践教学“三课四学分一体化”模式的系统构成》修订而成的，刘冠军：《学科视域中的思想政治理论课教学研究——教学内容创新设计与实践教学模式建构》，首都经济贸易大学出版社2015年版，第98-109页。

④ 正因如此，上一章着重就思想政治理论课的理论教学进行研究，而本章则主要研究思想政治理论课的实践教学。

践教学，都是善用“大思政课”的重要途径，同时也是“大思政教学观”实施体系的实践教学模式探索创新的主要内容。根据学术界研究的成果，笔者在已有成果的基础上，就如何善用“大思政课”问题，进行“大思政教学观”实施体系的实践教学模式探讨。在此，根据实践教学的目的、内容、方式和载体的不同，把善用“大思政课”的“大思政教学观”实施体系的实践教学模式，划分为四种类型，即认知型实践教学、体验型实践教学、调研型实践教学和虚拟型实践教学。这就是该模式善用“大思政课”的四大模块。

第一节　善用“大思政课”的认知型实践教学模块

认知型实践教学，是思想政治理论课最为基本的实践教学类型，主要指通过特定的实践形式或实践载体，以巩固、强化和拓展大学生在思想政治理论课课堂理论教学中学到的知识为目的的实践教学。具体讲，主要是巩固、强化和拓展大学生在课堂上所学到的思想政治理论课的基本理论、基本观点、基本方法，马克思主义和中国化马克思主义的基本原理、基本观点、基本方法，习近平总书记系列重要讲话精神、中国梦思想、社会主义核心价值观，以及国情、民情等知识为目的的实践教学。

认知型实践教学的主要教学方式或教学载体包括主题讨论会、主题辩论会、主题演讲比赛、知识竞赛、观看影视资料、政治理论学习会、红色经典读书会、先进事迹报告会、典型案例分析会、学术沙龙、学术论坛、学术报告会、高端学术讲堂、学术研讨会等。在此需要加以说明的是，这些认知型实践教学的方式和载体，既可以在课堂上实施，也可以在课外实施。以上述方式和载体开展的实践教学，可以归结为四种方式。

第一，主题研讨式。主题研讨式即通过对选定的主题进行研讨达到认知的方式。主要包括主题讨论会、主题辩论会、主题研讨会等。在教师的帮助下学生选择主题，以小组或班级为单位围绕主题展开讨论、辩论、争论，然后每位学生将各自的观点、使用的资料、运用的方法加以总结，撰写研讨的心得体会，上交给教师评阅。

第二，无特定主题研讨式。无特定主题研讨式，即在没有选定主题的情况下进行自由研讨进而达到认知的方式，主要包括红色经典读书会、学术沙龙、典型案例研讨会、政治理论学习会、时事政治形势分析会、社会热点问题研讨会、思想政治理论课理论难点问题研讨会等。在教师有计划、有目的的引导下，组织学生以小组或班级为单位，对某一红色经典著作、某一典型案例、某一时事政治事件、某个社会热点问题、某个思想政治理论课理论难点问题等进行研讨，然后每位学生根据自己的理解，撰写不同主题的心得体会，上交老师评阅。

第三，影视资料观看式。影视资料观看式主要是采用观看有代表性的影视作品达到认知的方式。教师根据思想政治理论课的内容，有计划、有目的地选择某些影视作品，以班级或几个班级为单位组织学生观看，然后每位学生撰写心得体会，上交老师评阅。

第四，高端讲堂式。高端讲堂式主要是指邀请校内外的知名专家教授、先进代表人物，做学术报告或讲述先进事迹进而达到认知的方式，主要包括学术报告会、高端学术讲堂、先进事迹报告会。教师根据实践教学的需要，组合学生参加马克思主义学院或思政部、宣传部、学生处、校团委等单位举办的有关思想政治理论课内容的学术报告会、高端学术讲堂、先进事迹报告会等，然后学生撰写听后感，交给老师评阅。

第二节 善用“大思政课”的体验型实践教学模块

体验型实践教学，也被称为情景体验型实践教学或情感体验型教学，是思想政治理论课主要的实践教学类型之一。它主要是指通过特定的实践形式或实践载体，大学生亲临现场体验为实现中华民族伟大复兴的“中国梦”而努力奋斗的感人事迹、成功案例，亲自感受不同时代仁人志士的先进事迹，特别是近现代以来乃至当代的追梦人的可歌可泣的先进事迹，亲自感受改革开放以来社会主义中国的巨大变化和取得的巨大成就，激发他们的爱国主义热情和民族自豪感，激发其创新意识和社会责任感，铸造其优良思想品德和树立坚定的理想信念，通过“以事感人”“以情动人”的方式让大学生深切感受到，在思想政治理论课课堂理论教学中，学到的马克思主义和中国化马克思主义的理论、观点和方法不仅“管用”，而且“真信”和“真爱”，增强他们对马克思主义理论的信心，增强他们对中国特色社会主义道路、理论体系和制度的信心。

体验型实践教学的教学方式或教学载体，主要有四种类型。

第一，参观考察式。参观考察式，即通过实地参观考察进行感性体验，并达到增进感性认知和情感的方式。参观考察作为课堂教学的直观印证，对学生的情感、思想及行为的影响是非常显著的。参观考察的主要流程是由教师结合思想政治理论课内容，充分利用社会教育资源，组织学生参观博物馆、纪念馆、革命烈士馆、监狱、法庭、大型国有企业、社会实践基地、贫困地区，以及改革开放的前沿地区等，然后要求学生总结参观的感想和体会等。

参观考察这种实践教学形式，也称为现场教学法。

第二，模拟实践式。模拟实践式，即通过网络虚拟实践模拟现实考察进行感性体验，并达到增进感性认知和情感的方式。模拟实践主要是指把学生置身于真实或虚拟的社会环境中，或通过演示现实生活情景而开展的实践活动，从中体会到某种价值，产生认同、敬畏或排斥的情感，从而使学生受到教育，个体道德素质得到提高。如让学生观察校园或社会现实中的生活、学习、工作、文明行为等方面的道德现象，收集素材，然后自编、自导、自演情景剧——道德小品、历史短剧、模拟法庭、生存训练等，使学生在情境中获得切身体验，帮助学生实现从形象的感性认识到抽象的理性认识的飞跃，进一步激发学生的深层次情感，并促使情感向信念和意志转化。

第三，社会服务式。社会服务式，即通过社会服务进行感性体验并达到增进感性认知和情感的方式。社会服务是指在课余时间让学生走向社会，就近进行多种形式的义务服务，以培养大学生的社会责任感。学生以单独或参加自愿组合的实践分队和院系组织的社会实践小分队的形式，进行社会服务活动。社会服务包括社区服务、志愿者服务、文化科技卫生“三下乡”活动等。社会服务活动有助于将道德原则内化为学生的道德信念，并外化于行动。

第四，基地实践式。基地实践式，即到实践教学基地通过实地参观考察进行感性体验，并达到增进感性认知和情感的方式。实践教学基地是高校思想政治理论课实践教学的重要场所。各高校利用地方思想政治教育资源优势，在具有历史意义、现实意义、先进意义的单位，建立多个相对固定的实践教学基地，并以此为依托开展思想政治理论课实践教学。通过基地实践，学生可以获得鲜活生动、直观现实的历史和现实案例，使学生在现场接受思想政治理论教育①。

第三节　善用“大思政课”的调研型实践教学模块

调研型实践教学，是思想政治理论课重要的、各高校普遍采用的实践教学类型，主要是指通过特定的实践形式或实践载体，大学生充分发挥主观能动性，充分调动他们在思想政治理论课课堂教学中学习到的理论知识和相关知识，综合运用马克思主义的基本立场、观点和方法，在观察社会现实、搜集事实资料并加以研究分析的基础上，发现问题、提出问题、分析问题和解决问题的实践教学。事实上，在动态的维度上，调研型实践教学既包含了大学生在经历了思想政治理论课课堂理论教学的理性认识，向实践教学的感性

① 宋成鑫：《高校思想政治理论课实践教学模式创新研究》，东北林业大学博士论文 2012 年 10 月。

认识的飞跃，还包含了在实践教学的感性认识基础上的理性认识提高的升华过程。因此，调研型实践教学已经具有了继承与创新、学习与研究的双重特征，在很高的程度上属于科学实践或科学研究或学术探索的范畴，是思想政治理论课实践教学的最高层次的类型，是"知、情、信、意、行"的高度综合体现。

调研型实践教学的教学方式或教学载体主要有两种类型。

一、社会调研式

社会调研也被称为社会考察或社会调查或调查研究，主要是指通过社会考察获取第一手事实资料的方式方法。社会调研包括感官知觉和思维加工两个因素，其过程可分为准备阶段、实施阶段、总结阶段。准备阶段包括精神准备、物质准备、计划准备等。实施阶段是整个调研过程的核心环节，一般地用"解剖麻雀"方法、"抓典型"方法和机遇调查方法。总结阶段是指对调查所得到的科学事实等材料进行总结，使之成为系统的科学资料。社会调研过程中要坚持两个基本原则，即客观性原则和全面性原则，为此，一要精心观察，随时准备陈述；二要抓住主题，深入调查；三要注意细节和意外。作为思想政治理论课实践教学的社会调研，主要是要求学生在寒暑假运用所学的思想政治理论知识，到包括家乡在内的厂矿企业、社区、农村等区域进行社会调查研究。这需要教师根据各高校的特色精心选择供学生参考的调研主题、周密布置、严格要求、认真检查，要求学生遵循社会调研的程序和原则以及注意事项，最后完成并提交调查报告。

二、文献调研式

文献调研也被称为主题调研或主题文献调研，是科学实践最基本的环节和方式，也是科研实践中搜集事实积累资料的一种基本方法，主要指通过查阅文献搜集事实资料的科学实践活动。一般的，文献调研由四个环节构成：查阅和鉴别、精读和博览、研究与构思、文献综述。其中，文献综述主要是指经过阅读、钻研、构思等环节，把自己的看法用文字表述出来。从文献综述的定义看，综述不仅是对文献内容的综合概括，实际已经加进了作者的见解和思想。创新就在其中。对初搞科研的人来说，"练习写作文献综述"是非常必要的演练，是提高自己科研能力的重要途径。可以说，练习写作文献综述，对于刚涉足科学研究的人讲，意义重大。文献综述一般可以分为两种：纯粹的文献综述；论文性质的文献综述——这种文献综述实质上是科学论文和著作。作为思想政治理论课实践教学的文献调研，要求教师结合思想政治理论课教学活动，指导学生通过经典著作和文献资料的阅读、研究、讨论进行实际调研，按照文献调研的一般程序，最后完成撰写研究报告即文献综述或学术论文的工作。可以说，作为思想政治理论课实践教学的文献调研，是所有实践教学的最高形式，也是实施难度最大的一种实践教学的方式，要求教师有颇高的学术素养，也要求学生有足够的知识储备，因此许多高校不采用这种类型的实践教学方式。

第四节　善用“大思政课”的虚拟型实践教学模块

伴随着电子计算机技术、网络信息技术和移动通信技术等现代科学技术的飞速发展，我们已经步入了一个信息网络化的时代。在这样的时代，借助于互联网“信息的受众群体变为信息的传播者，社会公众的话语权可以通过微博等即时通信工具快速传播。这无疑扩大了人们的交流空间，改变着人们的思维模式与行为方式。但是，我们也应当看到这种新的传播方式所带来的负面效应也同样突出，虚假新闻在迅速传播的同时带来了一种浮躁、不信任的社会环境。……高校的大学生思想政治教育工作必然受到一定的冲击和挑战，因此有必要对高校大学生思想政治教育方式作出合理、科学的改变”①。其中，思想政治理论课实践教学的方式首当其冲地要作出合理、科学的改变。因为在信息网络化时代，人类实践的形式也在传统的处理人与自然关系的物质生产实践，处理人与人社会关系的社会政治实践，处理人对世界认知探索关系的科学文化实践的基础上，形成一种新的实践形式“虚拟实践”（virtual practice）。虚拟实践已经广泛地进入大众的日常生活，呈现“大众化”的特征，广泛地进入经济、政治、军事、教育、科研、管理、文化、体育等领域，呈现“普遍化”的特征，在社会各领域发挥着传统的实践形式所无法替代的巨大作用。在这样的现实背景下，把虚拟实践引入思想政治理论课的实践教学，已经成为高校思想政治理论课实践教学发展的一大趋势。从一定程度讲，虚拟型实践教学已经成为目前各高校思想政治理论课较为普遍采用的重要实践教学类型。

一、虚拟实践与虚拟型实践教学

思想政治理论课虚拟型实践教学的教学形式和教学载体是虚拟实践。因此，对虚拟实践的准确把握和理解，是做好思想政治理论课虚拟型实践教学

① 柯文进：《牢牢把握立德树人根本任务不断提高人才培养质量》，《北京教育（德育）》2013年第1期。

的前提和关键所在。一般的，按照物质中介的特征，丰富多彩的虚拟实践可被划分为四种类型：在物理空间以“实物符号”为中介的实践；在物理空间以“数字化符号”为中介的实践；相继在物理空间和虚拟空间中以“影像符号”为中介的实践；在虚拟空间以“数字化符号”为中介的实践，即虚拟实践[①]。据此，有学者指出，虚拟实践就是指主体在虚拟空间使用数字化中介手段进行的实践，强调主体在虚拟空间使用数字化中介手段进行，因此与其他实践形式具有根本区别；虚拟实践的崛起不是偶然的，是历史和现实条件综合促发的产物。它不仅有着天然的生物学基础和深刻的理论前提，而且有着悠久的思想渊源和现代科学技术平台。它是在前三类实践基础上的进一步发展，但无论是其活动空间、中介方式还是其对象，都已与前三类实践有了质的不同[②]。

目前，人们对虚拟实践从狭义和广义两个层面理解。狭义的理解是，虚拟实践指的是发生在虚拟空间以“数字化符号”为中介的感性—对象性活动；广义的理解是，虚拟实践是指以“实物符号”和“数字化符号”为中介在物理空间开展的虚拟活动，也包括以“影像符号”为中介发生在物理和虚拟空间的行为，如电脑问世前的影视制作等[③]。在思想政治理论课虚拟型实践教学过程中的虚拟实践，主要是在狭义层面上使用的。而狭义层面上的虚拟实践，又分为两种情形：一是在高性能计算机网络系统中进行的普通网络行为；二是高度依赖虚拟现实系统的实践活动，包括“仿真性”“设计性”“探索性”的虚拟实践[④]。鉴于后一种情形需要专门的软件支持，技术要求颇为苛刻，所以现阶段应将思想政治理论课虚拟型实践教学定位于第一种情形，并在此基础上撷取其他的类型和形式进行操作设计[⑤]。

同时还应当看到，思想政治理论课的虚拟型实践教学具有高度的综合性和普遍的适用性，有着其他类型的实践教学所不具有的优越性。这是由它采用的教学形式或教学载体——虚拟实践的内在规定性即本质特征决定的。有学者将虚拟实践的内在规定性和本质特征概括为：其一，实践手段的数字化。这是虚拟实践从传统的现实性实践中脱颖而出的基石和标志。其二，实践存在形态的虚拟化。实践对象、实践过程和实践结果的虚拟存在形态，是虚拟实践不同于现实性实践的又一重要特征。其三，实践指向的超越性、创造性。

① 李超元：《论虚拟性实践》，《光明日报》2001 年 9 月 25 日。

② 周甄武：《虚拟实践：人类新的实践形式》，《中国人民大学学报》2006 年第 2 期。

③ 李超元：《虚拟哲学研究综述》，《天津社会科学》2002 年第 5 期。

④ 张明仓：《虚拟实践论》，云南人民出版社 2005 年版，第 131-136 页。

⑤ 刘会强：《虚拟实践教学：高校思想政治理论课与网络的深度融合》，《思想教育研究》2011 年第 5 期。

虚拟实践既可以对现实事物进行模拟，又可以对现实的各种可能性、不可能性、不存在性进行思维建构、规则构成和数字合成，确立非现实性的合理性、超越性、创新性，从而使人类走向更高级的创造形态。其四，实践领域的自由开放性。虚拟实践是一种能动的自由自觉的活动，与现实实践相比，虚拟实践的领域是无中心、无边界的虚拟空间，因而具有更高的自由度和更大的自主性。其五，虚拟实践还具有主客体之间即时交互性和沉浸感的特征①。

虚拟实践的内在规定性和本质特征，必然赋予它为教学载体的思想政治理论课虚拟型实践教学以全新的内容和形式，由此决定了思想政治理论课虚拟型实践教学必然是一种全新的、高水平的实践教学形式，使思想政治理论课实践教学从过去以物质和能量为基础的活动平台，转移到以计算机网络为基础的数字化新平台，从以往的物理时空或现实时空转移到在虚拟时空进行实践教学，从而使思想政治理论课实践教学具有了超越现实时空的优越性，其综合性程度更高，其适用性程度更普遍。这是近年来许多专家学者高度关注利用虚拟实践载体，探讨思想政治理论课实践教学的原因所在。

二、虚拟型实践教学的主要形式

目前，思想政治理论课虚拟型实践教学正处在探索之中，为了将其真正应用到实践教学的实践中，需要各高校根据学校的实际，学校所处地区的现有资源情况，以及现在网络资源的情况，积极搭建实践教学的平台，构建科学规范的实践教学体系。有学者提出，为推进思想政治理论课实践教学模式的改革与创新，可以利用本地丰富的红色文化资源，运用现代化教育和多媒体等技术，创建科学高效、具有实际操作性的“红色”虚拟实践教学体系，为此应坚持以学生为中心，以教师为主导，与课堂理论教学相融合，与现实红色资源的开发相一致的原则，从教学目标分析，红色资源整合，虚拟情境创设，学习方式选择等路径入手，构建合理的教学和评价机制体系②。这是各高校在思想政治理论课实践教学过程中应当加以借鉴的。

尤其要探讨符合各高校实际的切实可行的思想政治理论课虚拟型实践教学的教学形式。根据有关学者的研究，思想政治理论课虚拟型实践教学，有四种教学形式。

第一，虚拟体验式。虚拟体验式主要是要求学生带着实践任务，在选定的虚拟目标空间，例如，“网上世博会”、网上博物馆、网上纪念馆、红色影

① 李超元：《论虚拟性实践》，《光明日报》2001 年 9 月 25 日。

② 金伟、韩美群：《“红色”虚拟实践教学在思想政治理论课中的运用》，《思想理论教育导刊》2013 年第 6 期。

视资料库等进行参观、体验，其成果可以是图文并茂的电子报、电子书或幻灯片等①。

第二，虚拟学术沙龙式。虚拟学术沙龙式主要是在网络上建立思想政治理论课实践教学的学术沙龙平台或论坛平台，教师引导学生就网络世界关注的理论问题，或中国转型期凸显的现实问题进行深入的沙龙式或论坛式探讨，最后将其主要观点、资料、图片等汇总，形成“准论文”并以数字化形式提交。

第三，虚拟社会调研式。虚拟社会调研式主要是利用网络平台，要求学生或是自拟问答题目，或是采用门户网站组织的社会调查，就某一社会热点问题、焦点事件进行网上调查研究，并对调查结果进行理论分析和评价，最终成果可以在电子报、电子杂志等形式中自由选择。

第四，虚拟文献调研式。虚拟文献调研式主要是利用“马克思主义基本原理学习网”“网上思政”“改革开放30年专题网”，以及各高校的数字图书馆中的数据库平台，如中国知网（CNKI）万方数据资料库、人大报刊复印资料数据库等，在教师的指导下选定主题，要求学生就该主题进行文献查阅、资料收集和梳理、研读和观点评析，最终成果可以是电子版的文献综述。

第五节　善用“大思政课”实践教学模式的系统集成

综上所述，思想政治理论课实践教学模式的教学内容和教学形式，根据实践教学的目的、内容、方式和载体的不同，可以划分为4大模块：认知型实践教学模块、体验型实践教学模块、调研型实践教学模块和虚拟型实践教学模块。每个模块又根据教学内容的教学方式和教学载体，被划分为不同的小模块或方式。其中，认知型实践教学模块包括主题研讨式、无特定主题研讨式、影视资料观看式、高端讲堂式；体验型实践教学模块包括参观考察式、模拟实践式、社会服务式、基地实践式；调研型实践教学模块包括社会调研式、文献调研式；虚拟型实践教学模块包括虚拟体验式、虚拟学术沙龙式、虚拟社会调研式、虚拟文献调研式。

思想政治理论课实践教学的4个模块、14种方式，既相互区别，又相互联系，共同构成了思想政治理论课善用“大思政课”的实践教学模式。在此，将思想政治理论课善用“大思政课”实践教学模式的系统构成称为“4模块14式”系统构成（见表17-1）。

---

① 刘会强：《虚拟实践教学：高校思想政治理论课与网络的深度融合》，《思想教育研究》2011年第5期。

表 17-1　思想政治理论课善用“大思政课”实践教学模式的系统构成

模块序号	模块名称	教学方式
模块 1	认知型实践教学	主题研讨式
		无特定主题研讨式
		影视资料观看式
		高端讲堂式
模块 2	体验型实践教学	参观考察式
		模拟实践式
		社会服务式
		基地实践式
模块 3	调研型实践教学	社会调研式
		文献调研式
模块 4	虚拟型实践教学	虚拟体验式
		虚拟学术沙龙式
		虚拟社会调研式
		虚拟文献调研式

由表 17-1 可见，根据实践教学的目的、内容、方式和载体的不同，思想政治理论课善用“大思政课”的实践教学模式的教学内容和教学形式，相对地划分为四种类型，即认知型实践教学、体验型实践教学、调研型实践教学和虚拟型实践教学，这也就是该模式的四大模块。其中，“模块 1”是认知型实践教学，是思想政治理论课的基本实践教学类型，主要包括四种方式，即主题研讨式、无特定主题研讨式、影视资料观看式、高端讲堂式。“模块 2”是体验型实践教学，也被称为情景体验型实践教学或情感体验型教学，是思想政治理论课主要的实践教学类型之一，主要包括四种形式，即参观考察式、模拟实践式、社会服务式、基地实践式。“模块 3”是调研型实践教学，这是思想政治理论课最重要的、各高校普遍采用的实践教学类型，主要包括两种形式，即社会调研式、文献调研式。“模块 4”是虚拟型实践教学，它具有高度的综合性和普遍的适用性，主要包括四种形式，即虚拟体验式、虚拟学术沙龙式、虚拟社会调研式、虚拟文献调研式。这样，思想政治理论课善用“大思政课”的实践教学模式的系统构成，可简要概括为“4 模块 14 式”。既相互区别，又相互联系，共同构成了思想政治理论课善用“大思政课”的实践教学模式之系统。

思想政治理论课善用“大思政课”的实践教学模式能否取得理想的效果，

关键在于规范的设计、周密的组织、高效的管理和有序的实施。它包含的“4模块14式”，各高校可以根据自身的条件，选取其中的某一个或几个模块中的几种方式开展实施；或者，选择其中之一作为必修，其他作为选修，形成“1+X”的模式。其中，“1”是指调研型实践教学模块中的社会调研式，“X”是指从4个模块中选取实施的其他方式。

第十八章 “大思政教学观”实施体系的坚定“四个自信”和践行“四个意识”价值旨归

新时代新征程上的“大思政教学观”实施体系的建构和运行，其价值理念和目标追求始终有一个内核或一条主线，即坚定“四个自信”与践行“四个意识”[①]。因此，本章将对“大思政教学观”实施体系的价值旨归加以研究和探讨。同时，“大思政教学观”实施体系之“大”，不仅在于思想政治理论课作为高校落实立德树人根本任务的关键课程，包含着课堂教学和实践教学两个层面的中心任务，而且还在于思想政治理论课本身内在固有的“培养更多让党放心、爱国奉献、担当民族复兴重任的时代新人”[②] 的使命，和以新时代党的创新理论为引领，以“大思政课”拓展全面育人新格局，以引导广大青少年学生坚定“四个自信”，践行“四个意识”的职责，因而“推动党的创新理论最新成果入脑入心”和“引导学生感悟党的创新理论的实践伟力”，是新时代以来“党中央始终坚持把学校思政课建设放在教育工作的重要位置”，并强调“各级党委（党组）要把思政课建设摆上重要议程”，和“把思

---

① 本章的内容来源于笔者根据2016年三次讲党课文稿整理而成的一文，刘冠军：《论坚定“四个自信”与践行“四个意识”——学习习近平总书记系列重要讲话的体会》，载《马克思主义学刊》2016年第3辑。在此需要加以说明的是，第一次是6月8日为我校财税学院全体师生党员讲授巡回党课，题为《坚定“三个自信”，增强“四个意识”，做合格共产党员》；第二次是6月15日为我校文化与传播学院全体师生党员讲授巡回党课，题目同上；第三次是7月13日为我校马克思主义学院全体师生党员讲授巡回党课，题目改为《坚定“四个自信”，增强“四个意识”，做合格共产党员》。在笔者看来，在“两学一做”学习教育活动中为党员师生讲党课是思想政治理论课教师分内之事；从一定程度上讲，与其说是讲党课，倒不如说是向全院党员师生汇报学习党章党规和习近平总书记系列重要讲话的心得以及思考如何做一名党员思想政治理论课教师的体会；同时，要把党课讲好，不仅需要结合不同学院师生党员的专业特点在“两学一做”的“学”与“做”上下功夫，而且更重要的是在马克思主义理论深度上下功夫，因此每次党课前都做了比较认真和充分的准备，将“学”与“做”以及马克思主义理论研究的心得体会做了系统梳理。在此之后，笔者感到有必要将三次讲党课文稿进一步整理成文。基于此认知，便以《论坚定“四个自信”与践行“四个意识”——学习习近平总书记系列重要讲话的体会》为题加以整理，发表在《马克思主义学刊》2016年第3辑上。在此，除了润色和校对也略作修订。

② 《习近平对学校思政课建设作出重要指示强调 不断开创新时代思政教育新局面 努力培养更多让党放心爱国奉献担当民族复兴重任的时代新人》，《人民日报》2024年5月12日。

政课建设作为党领导教育工作的重中之重”① 的根本原因所在。

在此意义上，“大思政教学观”实施体系中的思想政治理论课内在固有“党课”的属性，尤其是在马克思主义理论学科视域或学科定位的前提下理应如此，因为马克思主义理论学科视域中的思想政治理论课，实质上就是马克思主义和中国化时代化马克思主义的思想政治理论课。因此，“大思政教学观”实施体系中的思想政治理论课，在“大思政教学观”实施体系之“大”上，既包括大学生课堂教学和实践教学的中心任务，也内在地包含着马克思主义和中国化时代化马克思主义思想政治理论教育的“党课”使命。基于上述认知以及为了本篇体系在构成上的系统完备性和在逻辑上的自洽合理性，本章迻录笔者在讲党课的内容的基础上，整理而成的一文作为本章的内容，并在此基础上深入探讨，以使本篇的内容更加全面和系统。

第一节 研究的时代背景与问题的提出

背景之一：2012 年 11 月 8 日，党的十八大报告明确提出了中国特色社会主义道路自信、理论自信和制度自信，简称为“三个自信”；2016 年，习近平总书记在“七一”讲话中将其发展为“四个自信”，指出“坚持不忘初心、继续前进，就要坚持中国特色社会主义道路自信、理论自信、制度自信、文化自信”，并强调“全党要坚定道路自信、理论自信、制度自信、文化自信”②。2016 年 1 月 29 日，习近平总书记在中共中央政治局会议上明确提出“四个意识”，即政治意识、大局意识、核心意识、看齐意识；同年 2 月，中共中央办公厅印发《关于在全体党员中开展“学党章党规、学系列讲话，做合格党员”学习教育方案》并发出通知，要求做到坚定“四个自信”，“进一步增强政治意识、大局意识、核心意识、看齐意识”③。概括地讲，目前全党深入开展的“两学一做”学习教育活动，其核心目标追求是全体党员“坚定四个自信，增强四个意识，做合格共产党员”。

背景之二：从世界范围看，中外各种不同的思想文化意识的交流、交融、交锋，呈现出不断深化和扩展的态势。当代中国，全面深化改革和对外开放进程中的价值文化观念越来越呈现多元、多样、多变的趋向。当前，中国高

---

① 《习近平对学校思政课建设作出重要指示强调 不断开创新时代思政教育新局面 努力培养更多让党放心爱国奉献担当民族复兴重任的时代新人》，《人民日报》2024 年 5 月 12 日。

② 习近平：《在庆祝中国共产党成立 95 周年大会上的讲话》，《人民日报》2016 年 7 月 2 日。

③ 中共中央办公厅：《关于在全体党员中开展“学党章党规、学系列讲话，做合格党员”学习教育方案》，《人民日报》2016 年 2 月 29 日。

校，人才培养方案和课程体系越来越呈现国际化走向，西方思想文化价值观念对中国高校的冲击程度越来越高。在此背景下，中国共产党的全体党员更应当“坚定四个自信，增强四个意识，做合格共产党员”。

背景之三：1818年5月5日，马克思诞生在普鲁士莱茵省特里尔城。时至2016年，是这位伟人和大师诞辰198年之际。同时，2016年也是伟大的中国共产党走过了95年历程之际。在这个时点上，全党深入开展的“两学一做”学习教育活动，要求“坚定四个自信，增强四个意识，做合格共产党员”，是对马克思诞辰198周年、中国共产党成立95周年的最好纪念。纪念，是对历史的回顾，而“我们回顾历史，不是为了从成功中寻求慰藉，更不是为了躺在功劳簿上、为回避今天面临的困难和问题寻找借口，而是为了总结历史经验、把握历史规律，增强开拓前进的勇气和力量”①。

在此背景下，提出如下问题和大家一起思考和研究：①如何从学理上解读“四个自信”？②“四个自信”和“四个意识”是什么关系？③“四个自信”和“四个意识”的理论实质是什么？在归根结底的意义上，是否可以归结为马克思主义的理论自信和行为自觉？④马克思主义理论自信何以可能？透过马克思主义理论的三维结构是否可以看到其自信？⑤马克思主义理论自信，路径何在？对思想政治理论课党员教师和马克思主义理论专业的党员研究生讲，我们应当明确这些问题。在此，笔者就上述问题谈点看法，也是笔者在学习中国共产党党章党规和习近平总书记系列重要讲话时的一些心得体会。

第二节 “四个自信”的科学内涵及其辩证统一

关于“四个自信”，应当在学理上明确自信什么，几个自信之间是什么关系，谁自信和关键是什么等基本问题。习近平在2016年的“七一”讲话中指出：“坚持不忘初心、继续前进，就要坚持中国特色社会主义道路自信、理论自信、制度自信、文化自信”“全党要坚定道路自信、理论自信、制度自信、文化自信”②。因此，“四个自信”是中国特色社会主义的道路自信、理论自信、制度自信和文化自信，而其科学内涵就是中国特色社会主义的道路、理论、制度、文化。为此，我们必须弄清什么是中国特色社会主义道路、理论、制度、文化。

“四个自信”是“四位一体”、辩证统一的关系。中国特色社会主义道路

① 习近平：《在庆祝中国共产党成立95周年大会上的讲话》，《人民日报》2016年7月2日。
② 习近平：《在庆祝中国共产党成立95周年大会上的讲话》，《人民日报》2016年7月2日。

是实现途径，中国特色社会主义理论是行动指南，中国特色社会主义制度是根本保障，中国特色社会主义文化是根基、生命滋养、精神标识。四者相互联系，统一于中国特色社会主义的伟大实践。因此，“四个自信”在实质上可以归结为“一个自信”：中国特色社会主义的自信①。也就是说，不管是道路自信、理论自信、制度自信，还是文化自信，都是中国特色社会主义的自信。

“四个自信”的辩证统一集中体现在自信的主体上。因此，当我们讲到“四个自信”时还必须明确自信的主体，即谁自信的问题。这个主体包括两部分：一是中国共产党的全体党员，二是中国共产党领导下的中国人民。党和人民血肉相连，构筑了一个完整的“壳层”结构体系，如同“原子核—电子”构成的稳定原子一般，也如同“太阳—行星”构成的太阳系结构模型一样②。

在此意义上，“四个自信”的关键，主要体现在两个层面：一是全体党员，特别是党员领导干部必须自信。这是关键的核心，也是关键的重点。二是党领导下的广大人民群众也要自信。这是关键的根本，也是关键的难点。因此，自党的十八大以来，以习近平同志为核心的党中央加强顶层设计，以“踏石留印、抓铁有痕”的工作作风扭住难点、突出重点，有计划地系统推进中国特色社会主义事业的发展，不断增强和坚定党和人民的“四个自信”。

第三节　坚定“四个自信”的行为表现和展示途径：自觉增强和践行“四个意识”

对于“四个自信”，不仅需要从学理上研究以内化于心，而且需要在行动上得到展示以外化于行。而在行动上加以展示的途径，就是自觉增强和广泛践行“四个意识”。这涉及对“四个自信”与“四个意识”内在关系的理解和把握。一方面，“四个自信”是“四个意识”的理性之基，信念前提和内在动力之源。如果对中国特色社会主义的道路、理论、制度、文化都不自信，那么，他（她）是不可能自觉地增强“四个意识”的，甚至可以说是不可能有真正意义上的政治意识、大局意识、核心意识、看齐意识的。另一方面，“四个意识”是“四个自信”的理性自觉、行为表现和外化展示的途径。要做到“四个自信”，必须在思想上、行动上自觉地“增强四个意识”，自觉地

① 刘冠军：《大教学观下的思想政治理论研究——基于马克思主义时代化和中国化的视角》，首都经济贸易大学出版社 2015 年版，第 148-149 页。

② 刘冠军：《大教学观下的思想政治理论研究——基于马克思主义时代化和中国化的视角》，首都经济贸易大学出版社 2015 年版，第 150-156 页。

培育和广泛地践行政治意识、大局意识、核心意识、看齐意识；否则，难说“自信”。这是由“四个意识”的科学内涵和内在要求决定的。

第一，只有自觉地增强政治意识，才能彰显“四个自信”。政治意识主要指一定社会中的人们对政治问题的立场、态度、观点和信仰，以及对具体的政治现象所做的评价等。在大力推进中国特色社会主义事业发展进程的今天，每个党员只有做到以下四点，才能说在政治上做到“四个自信”。一是具有坚定的马克思主义政治立场、政治方向；二是具有坚定的马克思主义信仰和共产主义远大理想；三是具有坚定的中国特色社会主义共同信念；四是严守党的政治纪律和政治规矩。概而言之，作为党员，在政治上姓党，为此要做到“信党、爱党、为党、护党”。这是“四个自信”在政治意识上的理性自觉和行动准则。

第二，只有自觉地增强大局意识，才能彰显“四个自信”。大局意识主要指一定社会中的人们对大局的立场、态度、观点，以及对大局问题的评判；在当代中国，主要是指自觉站在党和国家大局上想问题、看问题，坚决贯彻落实中央决策部署，确保中央政令畅通。在大力推进中国特色社会主义事业发展进程的今天，全体党员只有做到以下两点，才能说在大局上做到“四个自信”：一是在思想认识上，自觉站在党和国家大局上想问题、看问题，自觉服从中国特色社会主义事业的大局；二是在实际行动中，坚决维护中国特色社会主义事业的大局，坚决贯彻落实中央的决策部署，确保中央政令畅通。这是“四个自信”在大局意识上的理性自觉和行动准则。

第三，只有自觉地增强核心意识，才能彰显“四个自信”。在当代中国，核心意识就是要坚持中国共产党是中国特色社会主义事业的领导核心，坚决拥护中国共产党的领导，坚决服从党中央的决策部署，坚决维护习近平总书记的威信。《中国共产党章程》关于党的民主集中制的基本原则，第一条：“党员个人服从党的组织，少数服从多数，下级组织服从上级组织，全党各个组织和全体党员服从党的全国代表大会和中央委员会。”① 在大力推进中国特色社会主义事业发展进程的今天，全体党员只有做到以下四点才能在核心意识上做到“四个自信”：一是坚决拥护中国共产党是中国特色社会主义事业的领导核心；二是坚决听从党中央的决定和部署；三是坚决维护习近平总书记是党中央的核心；四是在思想上、政治上、行动上始终同以习近平同志为核心的党中央保持高度一致。这是“四个自信”在核心意识上的理性自觉和行动准则。

第四，只有自觉增强看齐意识，才能彰显“四个自信”。在当今中国，看

① 中国共产党第十八次全国代表大会：《中国共产党党章》，人民出版社2012年版，第30页。

齐意识就是要经常、主动、全面地向党中央和习近平总书记看齐，向党的理论和路线方针政策以及中央的各项决策部署看齐，特别是向党的十八大和十八届三中、四中、五中全会精神看齐。在大力推进中国特色社会主义事业发展进程的今天，全体党员只有做到以下四点才能在看齐意识上做到“四个自信”：一是牢记党的使命，自觉地向党中央和习近平总书记看齐；二是自觉地向先进标杆看齐，具备“信念坚定、敢于担当”的鲜明品格；三是自觉地向党的理论、大政方针、决策部署看齐，保持真抓实干的优良作风；四是要经常看齐、主动看齐、全面看齐、高标准看齐。这是“四个自信”在看齐意识上的理性自觉和行动准则。

第四节 坚定“四个自信”和践行“四个意识”的理论实质：马克思主义的理论自信和行动自觉

从理论实质看，坚定“四个自信”和践行“四个意识”，在归根结底的意义上是马克思主义的理论自信和行动自觉。坚定“四个自信”，在实质上就是坚定马克思主义和中国化时代化马克思主义的理论自信；而自觉践行“四个意识”，在实质上就是马克思主义和中国化时代化马克思主义的行动自觉。

第一，中国共产党是马克思主义理论指导下的党。党的二十大报告指出：“马克思主义是我们立党立国、兴党兴国的根本指导思想。实践告诉我们，中国共产党为什么能，中国特色社会主义为什么好，归根到底是马克思主义行，是中国化时代化的马克思主义行。拥有马克思主义科学理论指导是我们党坚定信仰信念、把握历史主动的根本所在。”[①]《中国共产党章程》明确指出：“中国共产党以马克思列宁主义、毛泽东思想、邓小平理论、‘三个代表’重要思想和科学发展观作为自己的行动指南。”[②] 没有马克思列宁主义，就没有中国共产党的诞生和壮大，就不能产生毛泽东思想和中国特色社会主义理论；脱离了马克思主义的指导，党就会失去方向，每个党员也就无从谈政治意识、大局意识、核心意识、看齐意识。

第二，中国特色社会主义是马克思主义基本原理与中国具体实际、中华优秀传统文化相结合的产物。“改革开放以来我们取得一切成绩和进步的根本原因，归结起来就是：开辟了中国特色社会主义道路，形成了中国特色社会

① 习近平：《高举中国特色社会主义伟大旗帜 为全面建设社会主义现代化国家而团结奋斗——在中国共产党第二十次全国代表大会上的报告》，《人民日报》2022 年 10 月 26 日。

② 中国共产党第十八次全国代表大会：《中国共产党党章》，人民出版社 2012 年版，第 2 页。

主义理论体系，确立了中国特色社会主义制度”①，并“领导人民发展社会主义先进文化”②，进而创立了中国特色社会主义文化。没有马克思主义的指导，就没有中国特色社会主义，也就没有中国特色社会主义的道路、理论、制度、文化，进而也就无从谈“四个自信”和“四个意识”。

因此，“四个自信”和“四个意识”，体现的是马克思主义理论指导下，中国共产党带领人民开创中国特色社会主义事业的自信和自觉，其理论实质在归根结底的意义上，是马克思主义和中国化时代化马克思主义的理论自信和行动自觉。在此意义上，我们更能深刻地理解习近平总书记所讲的“马克思主义是我们立党立国的根本指导思想”，“我们要以更加宽阔的眼界审视马克思主义在当代发展的现实基础和实践需要，坚持问题导向，坚持以我们正在做的事情为中心，聆听时代声音，更加深入地推动马克思主义同当代中国发展的具体实际相结合，不断开辟21世纪马克思主义发展新境界，让当代中国马克思主义放射出更加灿烂的真理光芒”③。

第五节　坚定“四个自信”和践行“四个意识”的理论关键：厘清马克思主义理论自信何以可能

既然坚定“四个自信”和践行“四个意识”的理论实质，在归根结底的意义上是马克思主义的理论自信和行动自觉，那么要做到坚定“四个自信”和自觉践行“四个意识”，一个关键性的问题就是要厘清马克思主义理论自信何以可能。这是坚定“四个自信”和自觉践行“四个意识”的深层次的理论问题。

理论只要彻底，就能说服人；理论只有彻底，才能说服人。从马克思主义理论的内在构成和系统结构看，是内在完备、逻辑严密的彻底的科学理论；从马克思主义理论与其他学科的辩证关系角度看，是动态开放、顶天立地的彻底的科学理论；从马克思主义理论学科的产生、发展过程看，是通古论今、继往开来、与时俱进的彻底的科学理论。因此，马克思主义理论是值得党和人民自信的科学理论，为“四个自信”和“四个意识”提供了科学的结构系统和坚实的学理根基。在此，需要全面把握马克思主义理论的“三维结构”，即内在结构、学科结构和历史结构。

① 中国共产党第十八次全国代表大会：《中国共产党党章》，人民出版社2012年版，第6页。
② 中国共产党第十八次全国代表大会：《中国共产党党章》，人民出版社2012年版，第12页。
③ 习近平：《在庆祝中国共产党成立95周年大会上的讲话》，《人民日报》2016年7月2日。

一、自信的根据：马克思主义理论完备而严密的内在结构

马克思主义理论完备而严密的内在结构，如图 18-1 所示。通过图 18-1 我们能够体会到马克思主义理论是内在完备、逻辑严密的彻底的科学理论，是马克思主义理论自信的内在根据。

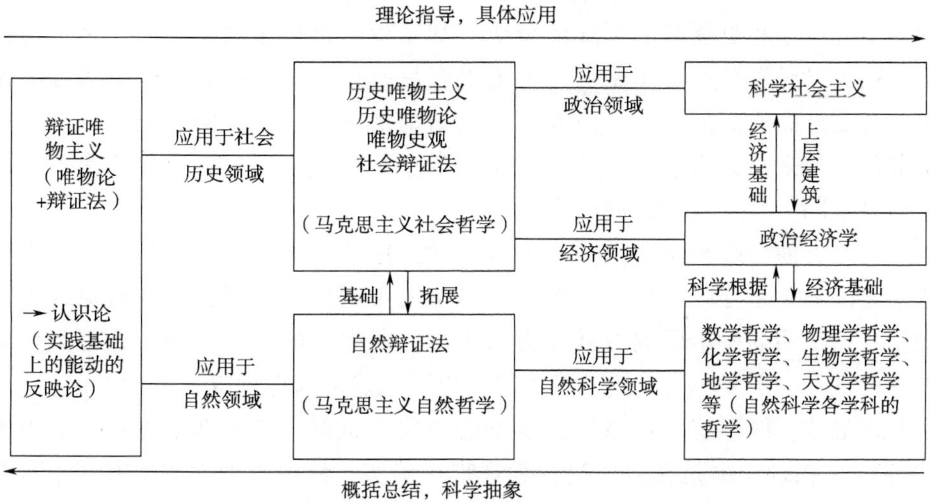

图 18-1 马克思主义理论的内在逻辑结构

辩证唯物主义理论内在结构中唯物论、辩证法和认识论的辩证统一关系，马克思主义理论内在结构中辩证唯物主义、历史唯物主义、自然辩证法、政治经济学和科学社会主义的辩证统一关系，笔者在相关研究中已经做过阐述①。在此需要进一步阐述的是政治经济学与物理学哲学、化学哲学等自然科学哲学的关系。对这一关系，我们可以马克思为《资本论》第一卷所作的“第一版序言”中的论述为切入点加以理解。

一方面，政治经济学与物理学哲学、化学哲学等自然科学哲学是相互联系的，是科学研究的结晶，需要从最简单的事实出发做“显微解剖学所要做的那些琐事”，只有这样才能揭示出“资本主义生产的自然规律所引起的社会对抗的发展程度的高低”，以及“这些规律本身……这些以铁的必然性发生作用并且正在实现的趋势”②。马克思指出：“我把这部著作的第一卷交给读者。

① 刘冠军：《马克思主义：党和人民自信的科学理论——兼论“三个自信”与马克思主义理论自信的关系》，《福建论坛（人文社会科学版）》2014 年第 5 期。

② 马克思：《资本论》第 1 卷，人民出版社 2004 年版，第 8 页。

这部著作是我1859年发表的《政治经济学批判》的续篇”[①]，“我要在本书研究的，是资本主义生产方式以及和它相适应的生产关系和交换关系”[②]，而“万事开头难，每门科学都是如此。所以本书第一章，特别是分析商品的部分，是最难理解的。其中对价值实体和价值量的分析，我已经尽可能地做到通俗易懂。以货币形式为完成形态的价值形式，是极无内容和极其简单的。然而，两千多年来人类智慧对这种形式进行探讨的努力，并未得到什么结果，而对更有内容和更复杂的形式的分析，却至少已接近于成功。为什么会这样呢？因为已经发育的身体比身体的细胞容易研究些……而对资产阶级社会说来，劳动产品的商品形式，或者商品的价值形式，就是经济的细胞形式。在浅薄的人看来，分析这种形式好像是斤斤于一些琐事。这的确是琐事，但这是显微解剖学所要做的那种琐事”[③]。

另一方面，政治经济学与物理学哲学、化学哲学等自然科学，各门学科哲学之间又是相互区别的，二者属于科学的不同学科领域，研究对象的不同决定了所采用的科学研究方式和方法不同，所揭示的规律不同，并且人们对二者的立场、态度不同。这从马克思的以下论述可以得到确证，他指出：“分析经济形式，既不能用显微镜，也不能用化学试剂。二者都必须用抽象力来代替”；“物理学家是在自然过程表现得最确实、最少受干扰的地方观察自然过程的，或者，如有可能，是在保证过程以其纯粹形态进行的条件下从事实验的。我要在本书研究的，是资本主义生产方式以及和它相适应的生产关系和交换关系。到现在为止，这种生产方式的典型地点是英国。因此，我在理论阐述上主要用英国作为例证。但是，如果德国读者看到英国工农业工人所处的境况而伪善地耸耸肩膀，或者以德国的情况远不是那样坏而乐观地自我安慰，那我就要大声地对他说：这正是说的阁下的事情”，更为重要的是，“问题本身并不在于资本主义生产的自然规律所引起的社会对抗的发展程度的高低。问题在于这些规律本身，在于这些以铁的必然性发生作用并且正在实现的趋势”[④]。不仅如此，“在政治经济学领域内，自由的科学研究遇到的敌人，不只是它在一切其他领域内遇到的敌人。政治经济学所研究的材料的特殊性质，把人们心中最激烈、最卑鄙、最恶劣的感情，把代表私人利益的复仇女神召唤到战场上反对自由的科学研究”[⑤]。

---

① 马克思：《资本论》第1卷，人民出版社2004年版，第7页。
② 马克思：《资本论》第1卷，人民出版社2004年版，第8页。
③ 马克思：《资本论》第1卷，人民出版社2004年版，第7-8页。
④ 马克思：《资本论》第1卷，人民出版社2004年版，第8页。
⑤ 马克思：《资本论》第1卷，人民出版社2004年版，第10页。

二、自信的基础：马克思主义理论与其他学科密切相连的学科结构

马克思主义理论与其他学科密切相连的学科结构，如图 18-2 所示①。通过图 18-2 我们能够体会到马克思主义理论是动态开放、顶天立地的彻底的科学理论，是马克思主义理论自信的学科基础。

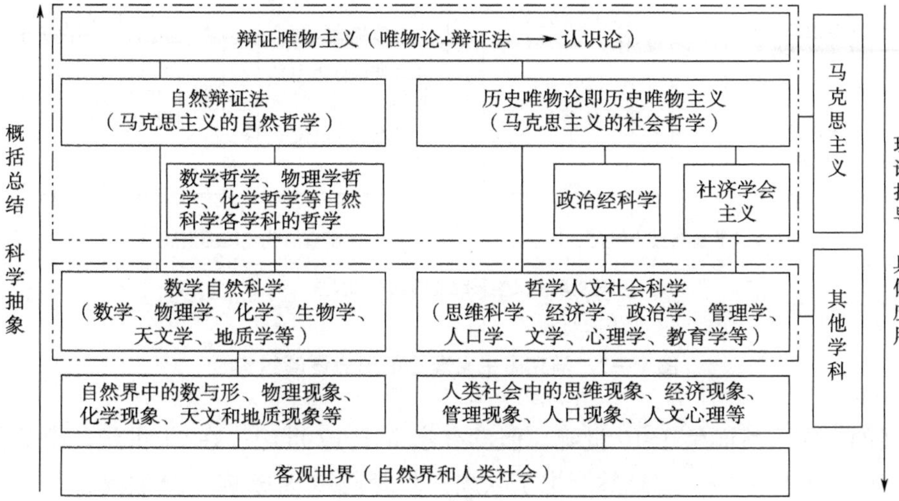

图 18-2 马克思主义理论的学科逻辑结构

三、自信的保障：马克思主义理论来源、产生和发展的历史结构

马克思主义理论来源、产生和发展的历史结构，如图 18-3 所示②。通过图 18-3 我们能够体会到马克思主义理论是通古论今、继往开来、与时俱进的彻底的科学理论，是马克思主义理论自信的动态保障。

通过马克思主义理论的三维逻辑结构，我们完全可以得出结论：马克思主义理论是值得党和人民自信的科学理论。正如邓小平指出的：“我坚信，世界上赞成马克思主义的人会多起来的，因为马克思主义是科学”③，是科学的理论体系。马克思主义作为科学的理论体系，是随着时代的发展而不断向前

① 刘冠军：《大教学观下的思想政治理论研究——基于马克思主义时代化和中国化的视角》，首都经济贸易大学出版社 2015 年版，第 33-34 页。

② 刘冠军：《大教学观下的思想政治理论研究——基于马克思主义时代化和中国化的视角》，首都经济贸易大学出版社 2015 年版，第 35-36 页。

③ 邓小平：《邓小平文选》第 3 卷，人民出版社 1993 年版，第 382 页。

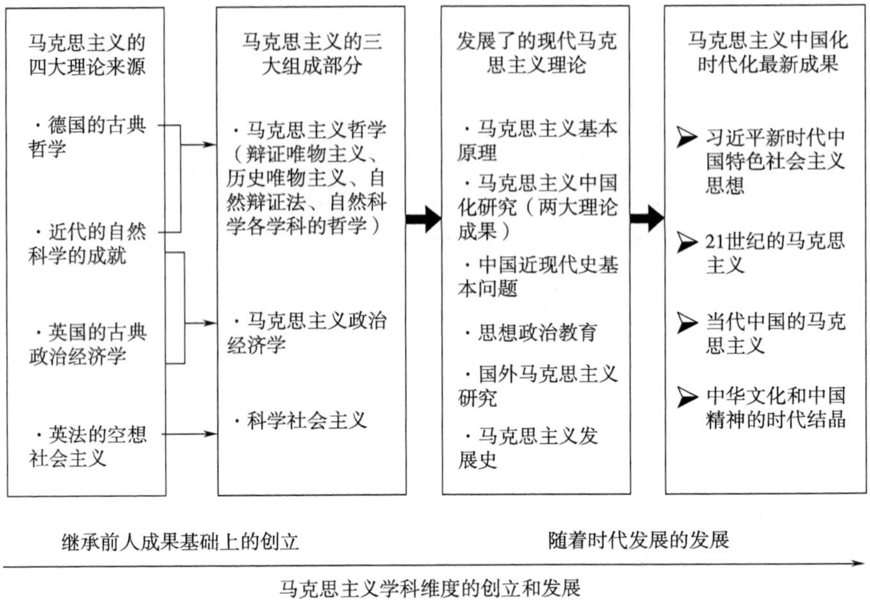

图 18-3　马克思主义理论的历史逻辑结构

发展的。它虽然诞生于 19 世纪，但没有停留于 19 世纪，在 21 世纪的今天仍具有强大的生命力；它虽然产生于欧洲，却跨越欧洲影响了全世界，并且深刻地改变了整个世界的历史进程。马克思主义是关于无产阶级和人类解放的科学理论，它的产生实现了人类认识史上划时代的伟大变革，在人类思想史上树起了前无古人的不朽丰碑；它发展的新形态——列宁主义、毛泽东思想和中国特色社会主义理论体系，在马克思主义发展史上树起了一座里程碑。

第六节　坚定“四个自信”和践行“四个意识”的理论探索：马克思主义理论自信的路径何在

要做到坚定“四个自信”和自觉践行“四个意识”，在必须厘清马克思主义理论自信何以可能这个关键的深层次理论问题的同时，还必须对其进行艰辛的理论探索，因为马克思主义理论不仅是一个内容丰富、逻辑严谨的庞大理论体系，而且是一个与包括数学自然科学、哲学人文社会科学等学科，相互联系的动态开放、与时俱进、继往开来的科学理论体系，不下大功夫学习研究、探索应用，是不可能系统把握和精准理解的。目前，全党深入开展的“两学一做”学习教育活动，其参与的主体包括各行各业的全体党员。而对思想政治理论课党员教师和马克思主义理论专业党员研究生来讲，“两学一做”学习教育活动提出了更高的要求。结合这些更高的要求，笔者对思想政治理论课党员教师和马克思主义理论专业党员研究生，提出增强马克思主义理论自信的路径。

路径1：全面系统地学马克思主义理论，做到真懂、会用、坚信、笃行

对思想政治理论课党员教师和马克思主义理论专业党员研究生来说，不仅要学党章党规，学系列讲话，做合格党员，而且要在此基础上，更加注重全面系统地学马克思主义理论，真正做到懂、用、信、行。这不仅是我们的专业，即马克思主义理论专业使然，更为重要的是“马克思主义是我们立党立国的根本指导思想”，也是我们兴党兴国的根本指导思想，正如习近平总书记在“七一”讲话中指出的：“背离或放弃马克思主义，我们党就会失去灵魂、迷失方向。在坚持马克思主义指导地位的根本问题上，我们必须坚定不移，任何时候任何情况下都不能有丝毫动摇。”① 对马克思主义理论只有全面系统地学，才能从整体上把握它、理解它和应用它，才不至于将其不同的部分割裂开来。因此，全面系统地学马克思主义理论，做到真懂、会用、坚信、笃行，既是“两学一做”学习教育活动对思想政治理论课党员教师和马克思主义理论专业党员研究生提出的客观要求，也是马克思主义理论自信的前提条件和首要路径。

路径2：在学习和研究中增强马克思主义理论自信

对马克思主义理论，思想政治理论课党员教师和马克思主义理论专业党员研究生，不仅要真正做到“懂、用、信、行”，而且要在此基础上将其作为“科学理论”，加强对它的科学研究和理论创新。为此，必须大力推进马克思主义的中国化、时代化和大众化。习近平总书记在“七一”讲话中指出：“面对新的时代特点和实践要求，马克思主义也面临着进一步中国化、时代化、大众化的问题。”② 其中，中国化是核心，时代化是基础，大众化是保障。只有做到了中国化和时代化，才能在话语权上占据理论的“制高点”，才能形成大众化之“势”，才能有效地推进马克思主义的大众化。因此，在学习和研究中增强马克思主义理论自信，是思想政治理论课党员教师和马克思主义理论专业党员研究生的时代担当和重要路径。

路径3：在坚持和发展中增强马克思主义理论自信

对马克思主义理论，思想政治理论课党员教师和马克思主义理论专业党员研究生，不仅要处理好“学习和运用”的关系，而且要在此基础上处理好“坚持和发展”的关系，至少在学理上弄明白四个基本问题：为什么坚持马克思

---

① 习近平：《在庆祝中国共产党成立95周年大会上的讲话》，《人民日报》2016年7月2日。

② 习近平：《在庆祝中国共产党成立95周年大会上的讲话》，《人民日报》2016年7月2日。

主义？为什么发展马克思主义？如何做到既坚持又发展马克思主义？坚持与发展马克思主义的统一路径何在？习近平总书记在“七一”讲话中指出：“今天，时代变化和我国发展的广度和深度远远超出了马克思主义经典作家当时的想象。同时，我国社会主义只有几十年实践、还处在初级阶段，事业越发展新情况新问题就越多，也就越需要我们在实践上大胆探索、在理论上不断突破。”① 因此，在坚持和发展中增强马克思主义理论自信，是思想政治理论课党员教师和马克思主义理论专业党员研究生的使命所在和关键路径。

路径4：科学处理马克思主义是科学还是信仰的问题

对马克思主义，思想政治理论课党员教师和马克思主义理论专业党员研究生不仅要将其作为“科学理论”，而且要在此基础上作为“信仰”，即“科学基础上的信仰”。“马克思主义是科学还是信仰”是学术界近年来争论的焦点问题。习近平总书记在“七一”讲话中给出了科学的答案，他指出：“指导思想是一个政党的精神旗帜。95年来，中国共产党之所以能够完成近代以来各种政治力量不可能完成的艰巨任务，就在于始终把马克思主义的科学理论作为自己的行动指南，并坚持在实践中不断丰富和发展马克思主义。这使我们党得以摆脱以往一切政治力量追求自身特殊利益的局限，以唯物辩证的科学精神、无私无畏的博大胸怀领导和推动中国革命、建设、改革，不断坚持真理、修正错误。无论是处于顺境还是逆境，我们党从未动摇对马克思主义的信仰。”② 在习近平总书记的论断中，清晰地表明了马克思主义既是科学又是信仰，是科学基础上的信仰的思想观点。在笔者看来，这一思想观点，落实到思想政治理论课教师及其教学实践中，面对不同的学生群体，要有不同的要求，要厘清教学的逻辑进路：第一，对于非党员学生的要求是，马克思主义首先是科学，通过学习内化为信仰。内化的途径是“知识—能力—觉悟—信仰”，在实质上呈现为“真懂—会用—笃行—坚信”的逻辑路径。第二，对于党员学生的要求是，马克思主义既是科学又是信仰，并且首先是信仰。因为党员学生既是学生但更是党员，从入党的那一天开始，他们不仅在形式上已经入党，而且在思想上，特别是在理论上已经入党。从理论上讲，从入党的那一天开始，他们就应当对马克思主义理论做到“真懂、会用、笃行、坚信”。第三，对于思想政治理论课党员教师的要求是，马克思主义是科学与信仰的高度统一。做不到这一点，在一定意义上讲就难说是合格的思想政治理论课教师，更谈不上是合格的思想政治理论课的党员教师或教师党员。

① 习近平：《在庆祝中国共产党成立95周年大会上的讲话》，《人民日报》2016年7月2日。

② 习近平：《在庆祝中国共产党成立95周年大会上的讲话》，《人民日报》2016年7月2日。

路径5：教师党员和研究生党员不断加强党性修养

思想政治理论课党员教师和马克思主义理论专业党员研究生要自觉地加强党性修养，特别是马克思主义理论修养，真正做到理想信念坚定和勇于担当，因为加强党性修养是“两学一做”学习教育活动的核心内容，是坚定“四个自信”、增强“四个意识”的关键所在。为此，要遵循马克思主义关于逻辑与历史相统一的方法论原则，沿着从简单到复杂、从低级到高级的逻辑进路依次进行。第一，对思想政治理论课党员教师来讲，其党性修养的逻辑是：“做人—做教师—做党员教师—做思政课党员教师”。具体说，首先提高做“人”的修养，按照合格公民标准加强修养；其次提高做“教师”的修养，按照合格教师标准加强修养；再次提高做“党员教师”的修养，按照“合格党员标准、好教师标准”加强修养；最高级的阶段是提高做“思政课党员教师”的修养，按照“合格党员标准、好教师标准、思政课教师标准”加强修养。“打铁还需自身硬”，首先从做“人”开始，逐步提升。第二，对马克思主义理论专业的党员研究生来讲，其党性修养的逻辑是：“做人—做研究生—做党员研究生—做马克思主义理论专业的党员研究生”。具体说，首先提高做“人”的修养，按照合格公民标准加强修养；其次提高做“研究生”的修养，按照合格研究生标准加强修养；再次提高做“党员研究生”的修养，按照“合格党员标准、合格研究生标准”加强修养；最高级的阶段是提高做“马克思主义理论专业党员研究生”的修养，按照“合格党员标准、合格研究生标准、马克思主义理论专业研究生标准”加强修养。

第七节 坚定“四个自信”和践行“四个意识”的现实要求：学好用好马克思主义“看家本领”

目前，全党深入开展的“两学一做”学习教育活动，对思想政治理论课党员教师和马克思主义理论专业党员研究生提出了更高的要求。对于“四个自信”，必须从学理上明确其科学内涵、辩证关系、自信主体和关键所在。同时，要明确“四个自信”的行为表现和展示途径，自觉增强和践行“四个意识”；“四个自信”和“四个意识”的理论实质，在归根结底的意义上是马克思主义的理论自信和行动自觉。结构决定功能，马克思主义理论自信源自它的“三维结构”，即马克思主义理论的内在结构、学科结构和历史结构。对思想政治理论课党员教师和马克思主义理论专业党员研究生而言，增强马克思主义理论自信的路径主要有：全面系统地学习马克思主义理论，做到真懂、会用、坚信、笃行；在学习和研究中，在坚持和发展中增强马克思主义理论自信；科学处理马克思主义是科学还是信仰的问题；沿着“做人—做教师—做党员教师—做思政课党员教师”“做人—做研究生—做党员研究生—做马克思主义理论专业的党员研究生”的逻辑和历史相统一的路径不断加强党性修养。概而言之，在全面推进中国特色社会主义事业发展的今天，思想政治理论课党员教师，马克思主义理论专业的党员研究生，要坚定“四个自信”，自觉践行“四个意识”，真正把马克思主义这个“看家本领”学精、悟透、用好①，做新时代马克思主义的忠诚信奉者和坚定实践者。这是“两学一做”学习教育活动对思想政治理论课党员教师和马克思主义理论专业的党员研究生的客观要求。

① 习近平：《坚持用马克思主义及其中国化创新理论武装全党》，《求是》2021年第22期。

附　论

从课程思政与思政课程相统一维度论经典名著《资本论》科学普及当代大学生

1818年5月5日，卡尔·马克思诞生于德国莱茵省特里尔城。波澜壮阔的人类历史经历了200年的风云变幻和跌宕起伏，今天，他的思想已经转化为一种人类最深邃的智慧标识和世界最普遍的话语体系，指引着人们探寻劳苦大众求得自身解放的真理和人类求得彻底解放的理想。他志同道合的战友——恩格斯《在马克思墓前的讲话》中用三个“家”作了盖棺定论式的高度评价，即马克思是“当代最伟大的思想家”、“科学家”和“革命家”①。在恩格斯的这一讲话中，他在讲述三个“家”时，尽管把“革命家”放在了最后，但并不意味着“革命家”相较于前两个“家”没那么突出。事实上，在恩格斯的表述中更加突出“革命家”，更加突出地强调“马克思首先是一个革命家”，并且紧接着指出，马克思——“他毕生的真正使命，就是以这种或那种方式参加推翻资本主义社会及其所建立的国家设施的事业，参加现代无产阶级的解放事业，正是他第一次使现代无产阶级意识到自身的地位和需要，意识到自身解放的条件。斗争是他的生命要素。很少有人像他那样满腔热情、坚韧不拔和卓有成效地进行斗争”②。在纪念马克思诞辰200周年大会上，习近平总书记对马克思作了更加全面而精准的高度评价：“马克思是全世界无产阶级和劳动人民的革命导师，是马克思主义的主要创始人，是马克思主义政党的缔造者和国际共产主义的开创者，是近代以来最伟大的思想家。”③ 在此整体评价的基础上，习近平总书记从四个方面进行评价，强调指出：“马克思的一生，是胸怀崇高理想、为人类解放不懈奋斗的一生”“是不畏艰难险阻、为追求真理而勇攀思想高峰的一生”“是为推翻旧世界、建立新世界而不息战斗的一生”；既“是顶天立地的伟人，也是有血有肉的常人。他热爱生活，真诚朴实，重情重义。马克思、恩格斯的革命友谊长达40年……马克思无私资助革命事业，即使在自己生活极度困难的情况下仍然尽最大努力帮助革命战友。马克思和妻子燕妮患难与共，谱写了理想和爱情的命运交响曲”④。

在全国乃至全世界都在纪念马克思诞辰200周年之际，我们“可以告慰马克思的是，马克思主义指引中国成功走上了全面建设社会主义现代化强国的康庄大道，中国共产党人作为马克思主义的忠诚信奉者、坚定实践者，正在为坚持和发展马克思主义而执着努力”⑤。这就是说，作为马克思主义的忠诚信奉者、坚定实践者，我们对马克思的纪念、对马克思的缅怀，最好的行动就是认真地学习马克思，继承和发扬马克思的遗志，推进和创新马克思的

① 马克思、恩格斯：《马克思恩格斯文集》第3卷，人民出版社2009年版，第601-602页。
② 马克思、恩格斯：《马克思恩格斯文集》第3卷，人民出版社2009年版，第602页。
③ 习近平：《在纪念马克思诞辰200周年大会上的讲话》，《人民日报》2018年5月5日。
④ 习近平：《在纪念马克思诞辰200周年大会上的讲话》，《人民日报》2018年5月5日。
⑤ 习近平：《在纪念马克思诞辰200周年大会上的讲话》，《人民日报》2018年5月5日。

事业。为此，我们要刻苦努力地研读马克思的经典著作，与时俱进地领会马克思经典著作的深邃思想，坚定不移地推进马克思深邃思想的创新发展和科学普及，进而更好地将马克思崇高人格的精神伟力，特别是蕴含在他浩瀚经典著作中科学思想理论的强大真理力量和伟大道义力量，转化为人们认识世界和改造世界的磅礴物质力量。同时应看到，在马克思给我们留下的浩瀚的经典著作中，最具代表性的“科学”经典著作当属“被誉为‘工人阶级圣经’”[①] 的《资本论》。因此，在马克思的事业在中国大地上高歌猛进——中国特色社会主义进入新时代并已踏上中国式现代化建设新征程的今天，在社会主义市场经济已成为我国基本经济制度的现实环境中，为推动高校实现立德树人的人才培养目标和高校思想政治教育由“思政课程”向“课程思政”的拓展，笔者作为一个长期从事马克思主义理论研究和思想政治理论课教学的高校教师，在此强烈呼吁：让马克思的经典名著《资本论》科学普及当代大学生，尤其是让其科学普及财经类院校的当代大学生[②]。

一、《资本论》科学普及当代大学生有立德树人的根本原因和理论根据

新时代让马克思的经典名著《资本论》科学普及当代大学生既有其立德树人的根本原因，也有其立德树人的理论根据。其根本原因就在于，这是由新时代贯彻党的教育方针所决定的。习近平总书记指出：“新时代贯彻党的教育方针，要坚持马克思主义指导地位，贯彻新时代中国特色社会主义思想，坚持社会主义办学方向，落实立德树人的根本任务”，新时代的中国大学之所以要“办好思政课，最根本的是要全面贯彻党的教育方针，解决好培养什么人、怎样培养人、为谁培养人的根本问题”[③]；新时代的中国高校之所以要在办好思政课程的同时着力办好课程思政，最根本的同样是要全面贯彻党的教育方针，解决好培养什么人、怎样培养人、为谁培养人的根本问题。在此意义上，由新时代贯彻党的教育方针所决定，高校落实立德树人的根本任务就是要坚持马克思主义指导地位，认真贯彻马克思主义中国化时代化的最新理论成果——习近平新时代中国特色社会主义思想，始终坚持社会主义办学方向，始终坚持高等教育为人民服务，为中国共产党治国理政服务，为巩固和发展中国特色社会主义制度服务，为改革开放和社会主义现代化建设服务，

① 习近平：《在纪念马克思诞辰 200 周年大会上的讲话》，《人民日报》2018 年 5 月 5 日。

② 附论部分的内容来源于刘冠军：《让经典名著〈资本论〉科学普及当代大学生——纪念马克思诞辰 200 周年》，《北京教育（德育）》2018 年第 5 期。在此作了必要补充、修订和完善。

③ 习近平：《思政课是落实立德树人根本任务的关键课程》，《求是》2020 年第 17 期。

扎根中国大地办高等教育，最终的目标就是要“努力培养担当民族复兴大任的时代新人，培养德智体美劳全面发展的社会主义建设者和接班人”①。这就是说，作为高校落实“立德树人”的根本任务，最终要体现在把当代大学生培养成德智体美劳全面发展的社会主义建设者和接班人，即能够担当民族复兴大任的时代新人。而作为培养对象的当代大学生，要想成为有知识、有文化、有创新性的时代新人，成为能够担当民族复兴大任的社会主义建设者和接班人，就必须坚持读马克思主义经典，学马克思主义经典原文，悟马克思主义原理。只有这样，才能真正把握好习近平新时代中国特色社会主义思想的世界观和方法论，才能真正“坚持好、运用好贯穿其中的立场、观点、方法”②，才能真正成为服务人民，服务党的治国理政，服务中国特色社会主义制度和服务社会主义现代化建设的时代新人。

尤其值得关注和深刻体会的是，习近平总书记在纪念马克思诞辰200周年大会上的讲话中，深刻地阐述了经典名著《资本论》在“马克思给我们留下的最有价值、最具影响力的精神财富”即马克思主义理论中，是“最厚重、最丰富的著作”，是马克思主义理论最具代表性的、被誉为“工人阶级圣经”③ 的科学经典巨著。在课程思政和思政课程相统一的维度上，习近平总书记这一重要思想的深刻意蕴所昭示的是，在马克思主义经典作家留给我们浩瀚的经典著作的状况下，当代大学生，如果是马克思主义理论及关系密切专业的，还有可能通读这些浩瀚经典；而对于其他专业的学生，即非马克思主义理论及关系相对不那么密切专业的学生，在时间有限的四年大学本科阶段要通读这些浩瀚经典，在现实性上是有难度的，甚至可以说是不可能的，在此情况下完全可以选取马克思主义理论最具代表性的，“被誉为工人阶级圣经”的科学经典巨著《资本论》加以普及，在现实性上还是具有可行性的，并且是具有重大而深远意义的。因此，习近平总书记的重要思想为新时代高校贯彻党的教育方针和落实立德树人根本任务指明了方向，为新时代让经典名著《资本论》科学普及当代大学生提供了理论依据和基本遵循。通过以下系统考证和分析解读，我们能够深切地体会到习近平总书记的重要思想的深刻意蕴及其所昭示的重大方法论意义。

在纪念马克思诞辰200周年大会上，习近平总书记反复强调指出：“马克思给我们留下的最有价值、最具影响力的精神财富，就是以他名字命名的科学

① 习近平：《思政课是落实立德树人根本任务的关键课程》，《求是》2020年第17期。

② 习近平：《高举中国特色社会主义伟大旗帜 为全面建设社会主义现代化国家而团结奋斗——在中国共产党第二十次全国代表大会上的报告》，《人民日报》2022年10月26日。

③ 习近平：《在纪念马克思诞辰200周年大会上的讲话》，《人民日报》2018年5月5日。

理论——马克思主义。这一理论犹如壮丽的日出，照亮了人类探索历史规律和寻求自身解放的道路”①；时至今日，“两个世纪过去了，人类社会发生了巨大而深刻的变化，但马克思的名字依然在世界各地受到人们的尊敬，马克思的学说依然闪烁着耀眼的真理光芒”；从人类思想发展史维度看，“马克思的思想理论源于那个时代又超越了那个时代，既是那个时代精神的精华又是整个人类精神的精华”。因此，时至“今天，马克思主义极大推进了人类文明进程，至今依然是具有重大国际影响的思想体系和话语体系，马克思至今依然被公认为‘千年第一思想家’”；因此，“马克思主义始终是我们党和国家的指导思想，是我们认识世界、把握规律、追求真理、改造世界的强大思想武器”；在“我们怀着十分崇敬的心情，在这里隆重集会，纪念马克思诞辰 200 周年，缅怀马克思的伟大人格和历史功绩，重温马克思的崇高精神和光辉思想”的今天，我们可以告慰马克思的是，中国共产党人是“马克思主义的忠诚信奉者、坚定实践者”②，因为用马克思主义理论武装起来的中国共产党人，不仅领导中国人民成功走上了全面建设社会主义现代化强国的康庄大道，而且正在为坚持和发展马克思主义而执着努力。进而言之，中国共产党人作为马克思主义的忠诚信奉者、坚定实践者，之所以能够且已经领导中国人民成功走上了全面建设社会主义现代化强国的康庄大道，之所以正在为坚持和发展马克思主义而执着努力，皆因“马克思主义是我们立党立国的根本指导思想，是我们党的灵魂和旗帜”③，正如习近平总书记在庆祝中国共产党成立 100 周年大会上和在党的二十大报告中指出的，“中国共产党为什么能，中国特色社会主义为什么好，归根到底是因为马克思主义行”④，归根到底是因为我们党始终把马克思主义作为“立党立国、兴党兴国的根本指导思想”，并且不断推进马克思主义中国化时代化发展，不断推进马克思主义中国化时代化发展新境界，因此“实践告诉我们，中国共产党为什么能，中国特色社会主义为什么好，归根到底是马克思主义行，是中国化时代化的马克思主义行。拥有马克思主义科学理论指导是我们党坚定信仰信念、把握历史主动的根本所在”⑤。

因此，作为马克思主义的忠诚信奉者和坚定实践者，中国共产党人对马克思最好的纪念就是“要把读马克思主义经典、悟马克思主义原理当作一

---

① 习近平：《在纪念马克思诞辰 200 周年大会上的讲话》，《人民日报》2018 年 5 月 5 日。

② 习近平：《在纪念马克思诞辰 200 周年大会上的讲话》，《人民日报》2018 年 5 月 5 日。

③ 习近平：《在庆祝中国共产党成立 100 周年大会上的讲话》，《人民日报》2021 年 7 月 2 日。

④ 习近平：《在庆祝中国共产党成立 100 周年大会上的讲话》，《人民日报》2021 年 7 月 2 日。

⑤ 习近平：《高举中国特色社会主义伟大旗帜 为全面建设社会主义现代化国家而团结奋斗——在中国共产党第二十次全国代表大会上的报告》，《人民日报》2022 年 10 月 26 日。

种生活习惯、当作一种精神追求”，用马克思主义的“经典涵养正气、淬炼思想、升华境界、指导实践”“真正把马克思主义这个看家本领学精悟透用好”①。同时应当看到，在马克思给我们留下的颇为浩瀚的经典著作中，最具代表性的“科学”经典著作，当属“被誉为工人阶级圣经”的《资本论》。在纪念马克思诞辰200周年大会上，习近平总书记三次论及马克思的经典名著《资本论》。在第一次论及《资本论》时，习近平总书记明确地指出：“1867年问世的《资本论》是马克思主义最厚重、最丰富的著作，被誉为‘工人阶级的圣经’。”② 这也就是说，在“马克思给我们留下的最有价值、最具影响力的精神财富”中，在“以他名字命名的科学理论——马克思主义”理论中，马克思的经典名著、被誉为“工人阶级的圣经”的“《资本论》是马克思主义最厚重、最丰富的著作”。

在第二次论及《资本论》时，习近平总书记指出：“马克思为创立科学理论体系，付出了常人难以想象的艰辛，最终达到了光辉的顶点。他博览群书、广泛涉猎，不仅深入了解和研究哲学社会科学各个学科知识，而且深入了解和研究各种自然科学知识，努力从人类创造的一切文明成果中汲取养料。马克思毕生忘我工作，经常每天工作16个小时。马克思在给友人的信中谈到，为了《资本论》的写作，‘我一直在坟墓的边缘徘徊。因此，我不得不利用我还能工作的每时每刻来完成我的著作’。即使在多病的晚年，马克思仍然不断迈向新的科学领域和目标，写下了数量庞大的历史学、人类学、数学等学科笔记。”③ 在这一论断中，习近平总书记告诉我们，《资本论》是马克思花费最多时间、精力和心血完成的科学经典巨著，是“马克思毕生忘我工作，经常每天工作16个小时”完成的经典巨著，并引用“马克思在给友人的信中谈到”的，“为了《资本论》的写作”，马克思“一直在坟墓的边缘徘徊”，马克思不得不利用他还能工作的每时每刻来完成他的著作。由此可见，习近平总书记通过这一论证再次告诉我们，并且是意味深长地告诉我们，《资本论》在“马克思给我们留下的最有价值、最具影响力的精神财富”即马克思主义理论中，不仅是“最厚重、最丰富的著作”，而且是马克思主义理论的最具代表性的科学经典巨著。

不仅如此，习近平总书记在第二次论及《资本论》时一开始所引证的马克思的经典名言，即“在科学上没有平坦的大道，只有不畏劳苦沿着陡峭

① 习近平：《在纪念马克思诞辰200周年大会上的讲话》，《人民日报》2018年5月5日。
② 习近平：《在纪念马克思诞辰200周年大会上的讲话》，《人民日报》2018年5月5日。
③ 习近平：《在纪念马克思诞辰200周年大会上的讲话》，《人民日报》2018年5月5日。

山路攀登的人，才有希望达到光辉的顶点”①，出自马克思《资本论》第一卷的《法文版序言和跋》。这一经典名言，是马克思为提醒那些“追求真理的读者”而讲的。而我们中国共产党人始终把推进马克思主义中国化时代化，视为“一个追求真理、揭示真理、笃行真理的过程”②，不仅是马克思主义真理的忠诚信奉者和不懈追求者，而且是马克思主义真理的坚定实践者和坚毅笃行者。因此，习近平总书记在阐述学习马克思“就要学习和实践马克思主义”，特别是学习和实践马克思主义关于社会建设的思想时，第三次论及《资本论》。他指出：“马克思、恩格斯设想，在未来社会中，‘生产将以所有的人富裕为目的’，‘所有人共同享受大家创造出来的福利’。恩格斯结合马克思在《共产党宣言》《哥达纲领批判》《资本论》等著作中提出的一系列主张，阐明在社会主义条件下，社会应该‘给所有的人提供健康而有益的工作，给所有的人提供充裕的物质生活和闲暇时间，给所有的人提供真正的充分的自由’。”③

在第三次论及《资本论》的论断中，习近平总书记直接引证了马克思主义经典著作中的三个代表性观点，其中的第一个代表性观点即“生产将以所有的人富裕为目的”④，正是出自马克思《资本论》的手稿，即《政治经济学批判（1857—1858年手稿）》，并且引证的这句话正是“共同富裕”思想的经典表述；另外两个代表性观点，尽管在马克思《资本论》及其手稿中“直接”出现，但在马克思《资本论》及其手稿中也都间接地做了“科学”论证，并且作为思想要旨贯穿在《资本论》及其手稿中。因为《资本论》不仅是“马克思毕生研究政治经济学的伟大成果”，不仅“在政治经济学领域实现了革命变革，创立了马克思主义政治经济学”，而且是马克思“运用辩证唯物主义和历史唯物主义的世界观和方法论揭示了资本主义社会的经济运动规律和资本主义产生、发展和灭亡的历史规律；根据对资本主义基本矛盾的分析，论证了资本主义被共产主义取代的历史必然性，为科学社会主义奠定了理论基础”的一部具有划时代意义的巨著。除马克思主义政治经济学内容外，“《资本论》内容极其丰富……还包含马克思主义哲学和科学社会主义的内容，以及有关政治、法律、历史、教育、道德、宗教、科学技术、文学艺术的精辟论述，是马克思主义的理论宝库”⑤。也正因如此，习近平总书记进一步指

① 马克思：《资本论》第1卷，人民出版社2004年版，第24页。

② 习近平：《高举中国特色社会主义伟大旗帜 为全面建设社会主义现代化国家而团结奋斗——在中国共产党第二十次全国代表大会上的报告》，《人民日报》2022年10月26日。

③ 习近平：《在庆祝中国共产党成立100周年大会上的讲话》，《人民日报》2021年7月2日。

④ 马克思、恩格斯：《马克思恩格斯文集》第8卷，人民出版社2009年版，第200页。

⑤ 马克思、恩格斯：《马克思恩格斯文集》第5卷，人民出版社2009年版，“第五卷说明”第1页。

出："人民对美好生活的向往就是我们的奋斗目标。我们要坚持以人民为中心的发展思想，抓住人民最关心最直接最现实的利益问题，不断保障和改善民生，促进社会公平正义，在更高水平上实现幼有所育、学有所教、劳有所得、病有所医、老有所养、住有所居、弱有所扶，让发展成果更多更公平惠及全体人民，不断促进人的全面发展，朝着实现全体人民共同富裕不断迈进。"①

综上所述，新时代让马克思的经典名著《资本论》科学普及当代大学生，不仅有其立德树人的根本原因，即新时代高校必须贯彻党的教育方针所决定的；而且还有其立德树人的理论根据，即习近平总书记在纪念马克思诞辰200周年大会上的讲话中，对马克思经典名著《资本论》在马克思主义理论中是"最厚重、最丰富"和"被誉为'工人阶级的圣经'"的科学经典巨著的精准的科学定位。也正是基于这个根本原因和理论根据，笔者在此强烈呼吁：为推动高校实现立德树人的人才培养目标和高校思想政治教育由"思政课程"向"课程思政"的拓展，应让马克思的经典名著《资本论》科学普及当代大学生，尤其是让其科学普及财经类院校的当代大学生。

二、《资本论》科学普及当代大学生有立德树人现实需要的必要性和迫切性

习近平总书记在党的十九大报告中指出："经过长期努力，中国特色社会主义进入了新时代，这是我国发展新的历史方位。"② 站在新时代的历史方位，结合高校立德树人的立身之本，以及"课程思政"与"思政课程"相统一的"大思政"格局，让马克思的经典名著《资本论》科学普及当代大学生，对高校落实立德树人的根本任务，有其现实需要的必要性、重要性和迫切性。概括地讲，主要是由三方面的原因决定的。

第一，中国特色社会主义新时代依然处在马克思《资本论》指明的历史时代，当代大学生理应把马克思经典名著《资本论》作为培育"看家本领"的必修内容系统掌握。习近平总书记指出，"尽管我们所处的时代同马克思所处的时代相比发生了巨大而深刻的变化，但从世界社会主义500年的大视野来看，我们依然处在马克思主义所指明的历史时代"③，依然处在马克思《资本论》所指明的历史时代。因此，我们"必须把马克思主义作为看家本领……原原本本学习和研读马克思主义经典著作"④。只有原原本本地学习和

① 习近平：《在纪念马克思诞辰200周年大会上的讲话》，《人民日报》2018年5月5日。

② 习近平：《决胜全面建成小康社会 夺取新时代中国特色社会主义伟大胜利——在中国共产党第十九次全国代表大会上的报告》，《人民日报》2017年10月28日。

③ 习近平：《习近平谈治国理政》第2卷，外文出版社2017年版，第66页。

④ 习近平：《习近平谈治国理政》第2卷，外文出版社2017年版，第68页。

研读作为《资本论》第一稿的《1857—1858 年经济学手稿》基础上完成的《资本论》等经典著作，才能掌握马克思主义的“看家本领”。事实上，马克思在《1857—1858 年经济学手稿》《资本论》等著作中，已详细论述了世界贸易、世界市场、世界历史等问题，对现代经济社会中深层次的矛盾规律的科学真理进行了科学的洞见和论述，“这些洞见和论述，深刻揭示了经济全球化的本质、逻辑、过程，奠定了我们今天认识经济全球化的理论基础”①，奠定了中国特色社会主义政治经济学的理论基础，奠定了中国特色社会主义哲学社会科学的理论根基。因此，作为中国特色社会主义政治经济学和哲学社会科学学习者、研究者和应用者的当代大学生，必须掌握马克思主义这一“看家本领”，尤其重要的是要“系统地而不是零碎地、实际地而不是空洞地”② 学习和研读马克思的《资本论》等经典名著。

第二，高校的思想政治教育正在从“思政课程”作为关键课程的主渠道，拓展为“课程思政”与“思政课程”同向同行且集二者于一体的“大思政”格局。“大思政”新格局在客观上要求各高校要从战略高度构建“课程思政”与“思政课程”相统一的课程新体系，而《资本论》作为马克思代表性的经典著作理应成为普及性的课程之一。习近平总书记在全国高校思想政治工作会议上强调指出：“我国高等教育肩负着培养德智体美全面发展的社会主义事业建设者和接班人的重大任务，必须坚持正确政治方向。高校立身之本在于立德树人”③，而“高校思想政治工作……要坚持把立德树人作为中心环节，把思想政治工作贯穿教育教学全过程，实现全程育人、全方位育人，努力开创我国高等教育事业发展新局面”④，为此“要用好课堂教学这个主渠道，思想政治理论课要坚持在改进中加强，提升思想政治教育亲和力和针对性，满足学生成长发展需求和期待，其他各门课都要守好一段渠、种好责任田，使各类课程与思想政治理论课同向同行，形成协同效应”⑤。协同效应形成的关键在于各高校要把体现“思政课程”和“课程思政”的新课程，作为构建新课程体系的重点来设计，其中最核心的基础课程就是以《资本论》为代表的马克思主义经典著作课程的开设。这是新课程体系能够产生协同效应的标识。

第三，当代大学生迫切需要掌握《资本论》等马克思主义经典著作所阐发的基本原理和基本方法。目前，我国高等院校在人才培养方案和课程体系的设置上，基本上没有开设《资本论》等相关课程，甚至开设的马克思主义

① 习近平：《习近平谈治国理政》第 2 卷，外文出版社 2017 年版，第 210-211 页。
② 毛泽东：《毛泽东选集》第 2 卷，人民出版社 1991 年版，第 533 页。
③ 习近平：《习近平谈治国理政》第 2 卷，外文出版社 2017 年版，第 377 页。
④ 习近平：《习近平谈治国理政》第 2 卷，外文出版社 2017 年版，第 376 页。
⑤ 习近平：《习近平谈治国理政》第 2 卷，外文出版社 2017 年版，第 378 页。

政治经济学课程也不多，其结果是导致在校的大学生、硕士研究生、博士研究生或毕业后参加工作的大学生，不能或不会运用《资本论》所阐发的政治经济学基本原理，所揭示的经济科学规律和创立的经济学研究方法来解决具体的经济学问题，甚至在试图运用这些原理、规律和方法解决经济学问题时，由于对这些原理、规律和方法理解不到位、把握不准确，往往达不到预期的目标而对这些原理、规律和方法产生怀疑。近期，笔者的一名博士生的邮件带给笔者很大的触动，这也是笔者在此强烈呼吁让马克思的经典名著《资本论》科学普及当代大学生的直接动因。从这名博士生发来的邮件内容看，该学生是想用《资本论》所阐发的劳动价值论理论，以及在此基础上发展而来的科学价值库理论来研究经济学的问题，这是值得肯定的。但是由于他没有全面系统地把握《资本论》中的劳动价值论，和在此基础上发展而来的科学价值库理论，致使对研究的问题没有达到理想的结果，进而提出了“是否理论本身就有问题”的怀疑。

三、《资本论》作为科学向当代大学生普及有立德树人理论逻辑的必然性

向当代大学生“普及”马克思经典名著《资本论》的什么？或者说，把它作为什么来“普及”？在笔者看来，在“课程思政”与“思政课程”相统一的语境中，向当代大学生“普及”马克思的经典名著《资本论》，首要的是把《资本论》作为“科学著作”来普及，让当代大学生把《资本论》作为“科学”来认知和作为“科学理论”来学习。一般的，在马克思主义经典理论和思想政治理论课教学过程中，人们习惯于把它作为理想、信念和信仰来理解。毋庸置疑的是，理想、信念和信仰很重要，马克思主义的理想、信念和信仰更重要。但应当注意的是，马克思主义的理想、信念和信仰不是一般意义上的理想、信念和信仰，而是奠定在坚实的科学基础上的理想、信念和信仰，因此对当代大学生来说，首要的是要把《资本论》作为“科学”来普及，要普及的是《资本论》的科学知识、科学知识体系、科学内在逻辑。这是马克思的经典名著《资本论》向当代大学生科学“普及”的根基，而理想、信念和信仰是在此根基基础上内化的必然结果。在此意义上，把经典名著《资本论》作为“科学”向当代大学生“普及”，对于高校落实立德树人根本任务在理论逻辑上有其必然性。

第一，马克思《资本论》研究的是“科学”，即真正意义上的科学经济学或经济科学。从马克思留给我们的三卷本鸿篇巨制《资本论》以及它的三大手稿看，马克思把《资本论》当作真正意义上的“科学”来研究，创立的就是政治经济学的科学理论，因此，我们理应把它当作真正意义上的科学理

解，把它作为科学理论研究和传播。从整个自然科学和社会科学的发展进程看，如果把斯密的《国富论》在经济学中的地位比作或理解为近代自然科学中的牛顿的《自然哲学的数学原理》，那么，马克思的《资本论》在现代经济学中的地位，就完全可以被比作或理解为现代自然科学中的爱因斯坦的《相对论》。

第二，马克思对《资本论》的研究，首先运用的是“科学方法”，这是理解《资本论》是科学的一个重要方面。只要认真研读《资本论》就会发现，马克思像物理学家、化学家、生物学家等自然科学家那样研究经济学，研究《资本论》。马克思在《资本论》第一卷第一版序言中反复强调：“分析经济形式，既不能用显微镜，也不能用化学试剂。二者都必须用抽象力代替。而对资产阶级社会来说，劳动产品的商品形式，或者商品的价值形式，就是经济的细胞形式。在浅薄的人看来，分析这种形式好像是斤斤于一些琐事。这的确是琐事，但这是显微解剖学所要做的那种琐事。”同时，马克思还讲道：“物理学家是在自然过程表现得最确实、最少受干扰的地方观察自然过程的，或者，如有可能，是在保证过程以其纯粹形态进行的条件下从事实验的。我要在本书研究的，是资本主义生产方式以及和它相适应的生产关系和交换关系。到现在为止，这种生产方式的典型地点是英国。因此，我在理论阐述上主要用英国作为例证。”[①] 由此可见，马克思对《资本论》的研究，就像生物学家在“显微镜”下研究“显微解剖学所要做的那种琐事”一样，像物理学家“在自然过程表现得最确实、最少受干扰的地方观察自然过程”观察经济社会，像物理学家在“如有可能”的情况下，“在保证过程以其纯粹形态进行的条件下从事实验的”研究经济学。这是真正意义上的科学研究。

第三，马克思对《资本论》的研究，不仅运用“科学方法”，还运用“辩证思维方法”，这是《资本论》比西方经济学高明的地方。因此，马克思比西方经济学家总是看得深一层，能够洞察到西方经济学家所发现不了的本质和规律。西方经济学家研究现象层面的价格，而马克思则透过价格现象研究价格背后的价值；西方经济学家研究现象层面的利润，而马克思则透过利润现象研究利润背后的剩余价值；西方经济学家研究现象层面作为劳动价格的工资，而马克思则透过这一现象研究劳动价格背后的作为工资实质的劳动力价值；等等。唯物辩证的思维方法，在《资本论》中多有体现。如《资本论》的整体理论框架是“资本—劳动”的二元对立；《资本论》的主要范畴——商品的价值、使用价值，生产商品的具体劳动、抽象劳动，商品的价值、价格，商品经济的私人劳动、社会劳动，劳动的协作、分工，资本对劳

① 马克思、恩格斯：《马克思恩格斯文集》第 5 卷，人民出版社 2009 年版，第 8 页。

动的形式隶属、实际隶属，两大部类生产的价值运动、物质运动，等等，处处体现着辩证统一的思维。正是得益于辩证思维方法的运用，马克思发现了西方经济学家发现不了的科学规律，如恩格斯指出的："正像达尔文发现有机界的发展规律一样，马克思发现了人类历史的发展规律……发现了现代资本主义生产方式和它所产生的资产阶级社会的特殊的运动规律。由于剩余价值的发现，这里就豁然开朗了，而先前无论资产阶级经济学家或者社会主义批评家所做的一切研究都只是在黑暗中摸索。"①

第四，马克思对《资本论》的研究，不仅运用"科学方法"和"辩证思维方法"，还运用"唯物史观方法"。这是比西方经济学更加高明的地方，也是西方经济学所不能企及和超越的。这主要体现在，马克思站在生产力的高度深入资本主义社会的内在矛盾层面研究经济学，建构《资本论》。他在《政治经济学批判》序言中总结道："我所得到的，并且一经得到就用于指导我的研究工作的总的结果，可以简要地表述如下：人们在自己生活的社会生产中发生一定的、必然的、不以他们的意志为转移的关系，即同他们的物质生产力的一定发展阶段相适合的生产关系""不是人们的意识决定人们的存在，相反，是人们的社会存在决定人们的意识。社会的物质生产力发展到一定阶段，便同它们一直在其中运动的现存生产关系或财产关系……发生矛盾。于是这些关系便由生产力的发展形式变成生产力的桎梏"；"我们判断这样一个变革时代也不能以它的意识为根据，相反，这个意识必须从物质生活的矛盾中，从社会生产力和生产关系之间的现存冲突中去解释。无论哪一个社会形态，在它所能容纳的全部生产力发挥出来以前，是决不会灭亡的；而新的更高的生产关系，在它的物质存在条件在旧社会的胎胞里成熟以前，是决不会出现的。"②

四、《资本论》的科学普及必将助力当代大学生掌握"把脉时代"的看家本领

把马克思的经典名著《资本论》作为"科学"向当代大学生"普及"，其目标追求是让当代大学生领会和掌握如何把准经济社会之"时代的脉搏"，领会和体悟如何透过经济社会之现象的"大海浪花"进而深潜到经济社会之"海洋洋底"去认识"深海洋流"。这应是高校将立德树人根本任务落到实处的固有之义，也是高校培养的作为中国特色社会主义事业建设者和接班人的当代大学生所应该学会的看家本领。在笔者看来，只有马克思的科学经典名

① 马克思、恩格斯：《马克思恩格斯文集》第3卷，人民出版社2009年版，第601页。

② 马克思、恩格斯：《马克思恩格斯文集》第2卷，人民出版社2009年版，第591-592页。

著《资本论》才全面而系统地具备这样的科学功能，因为马克思对《资本论》的研究，正是综合运用了自然科学方法、辩证思维方法和唯物史观方法，所以把握住了“时代的脉搏”。这就是工业革命、技术革命、科学革命“三轮驱动”的脉搏，也是马克思的《资本论》的永恒魅力之所在。我在给大学生上课时或跟大学生交流时，经常打这样的两个比方：一是“静脉通过皮肤能看到，但动脉只能摸到，甚至说很难摸准，只有高明的大夫才能摸准”。二是“大海的浪花，谁都能看到；而深海的洋流，不是谁都能感受到的，只有深潜的勇士才能感受到”。马克思就是一位摸准了经济社会的“时代动脉脉搏”的高超大夫，就是一位深潜到经济社会“海洋洋底”并认识到“深海洋流”的勇士，他的科学经典名著《资本论》就是在综合运用自然科学方法、辩证思维方法和唯物史观方法，摸准了经济社会“时代脉搏”和探寻到了经济社会“深海洋流”的基础上完成的。

只有认识到这一点，才能真正理解马克思在《资本论》中为什么分析“工具”的变迁、“机器”的演进等问题，才能真正体会到马克思在《资本论》中为什么分析“手推磨→畜力磨→水利磨→蒸汽磨→电力磨→……”的变迁，“工具机、传输机、动力机→工具机+传输机+动力机机器体系→半自动化、自动化的机器体系→……”的演进。也只有认识到这一点，我们才能真正领会到为什么马克思在逝世前躺在病榻上，还密切关注“德普勒的发现”，即德普勒的远距离输电实验，等等。这是因为，马克思知道这一科学实验的成功意味着什么。恩格斯《在马克思墓前的讲话》道出了根本原因，因为“在马克思看来，科学是一直在历史上起推动作用的、革命的力量”①。科学的这种革命力量处处体现在马克思的《资本论》及其手稿中，正如马克思所说的那样，“资本的趋势是赋予生产以科学的性质……一方面，资本是以生产力的一定的现有的历史发展为前提的（在这些生产力中也包括科学），另一方面，资本又推动和促进生产力向前发展”②。所有这些，都是因为马克思洞察到了机器大工业背后的“工业革命、技术革命、科学革命”的三轮驱动的“时代动脉之脉搏”的缘故。

习近平总书记指出：“可以告慰马克思的是，马克思主义指引中国成功走上了全面建设社会主义现代化强国的康庄大道，中国共产党人作为马克思主义的忠诚信奉者、坚定实践者，正在为坚持和发展马克思主义而执着努力”，在“前进道路上，我们要继续高扬马克思主义伟大旗帜，让马克思、恩格斯

① 马克思、恩格斯：《马克思恩格斯文集》第3卷，人民出版社2009年版，第602页。

② 马克思、恩格斯：《马克思恩格斯文集》第8卷，人民出版社2009年版，第601-602页。

设想的人类社会美好前景不断在中国大地上生动展现出来”①。因此，我们“要把读马克思主义经典，悟马克思主义原理当作一种生活习惯，当作一种精神追求，用经典涵养正气、淬炼思想、升华境界、指导实践”，而在“马克思给我们留下的最有价值、最具影响力的精神财富”中，“1867 年问世的《资本论》是马克思主义最厚重、最丰富的著作，被誉为‘工人阶级的圣经’”②。因此，把这部被誉为“工人阶级的圣经”的经典名著《资本论》科学普及当代大学生，对于“我们办中国特色社会主义教育”的高校，特别是在课程思政和思政课程相统一维度“最终都要落到引导学生树立正确的理想信念、学会正确的思维方法上来”③讲，都是顺理成章、自然而言的事情。概而言之，在马克思的事业在中国高歌猛进——中国特色社会主义进入新时代，并已踏上中国式现代化建设新征程的今天，在社会主义市场经济已成为我国基本经济制度的现实中，大学生作为高校正在培养的中国特色社会主义事业的接班人，理应把《资本论》作为培育“看家本领”的必修课来系统掌握；高校应从战略高度构建“课程思政”与“思政课程”相统一的课程新体系，《资本论》理应成为普及课程。之所以把《资本论》作为“科学”来普及和认知，是因为《资本论》研究的是真正意义上的经济科学，马克思对它的研究首先运用的是科学方法，这是《资本论》为科学的最主要原因；马克思还运用了辩证思维方法，这是《资本论》比西方经济学高明之处；马克思还运用了唯物史观方法，这是西方经济学所不能企及和超越的。在高校，特别是在财经类院校，《资本论》的科学普及，就是让当代大学生掌握把准经济社会的“时代脉搏”以体察“时代动脉脉动”，和深潜到经济社会的“海洋洋底”以感受“深海洋流”的看家本领。

---

① 习近平：《在纪念马克思诞辰 200 周年大会上的讲话》，《人民日报》2018 年 5 月 5 日。
② 习近平：《在纪念马克思诞辰 200 周年大会上的讲话》，《人民日报》2018 年 5 月 5 日。
③ 习近平：《思政课是落实立德树人根本任务的关键课程》，《求是》2020 年第 17 期。

主要参考文献

［1］马克思、恩格斯：《马克思恩格斯全集》第 1 卷，人民出版社 1956 年版。

［2］马克思、恩格斯：《马克思恩格斯全集》第 2 卷，人民出版社 1957 年版。

［3］马克思、恩格斯：《马克思恩格斯全集》第 3 卷，人民出版社 1960 年版、2002 年版。

［4］马克思、恩格斯：《马克思恩格斯全集》第 18 卷，人民出版社 1964 年版。

［5］马克思、恩格斯：《马克思恩格斯全集》第 23 卷，人民出版社 1972 年版、2006 年版。

［6］马克思、恩格斯：《马克思恩格斯全集》第 25 卷，人民出版社 1974 年版。

［7］马克思、恩格斯：《马克思恩格斯全集》第 26 卷第 3 册，人民出版社 1974 年版。

［8］马克思、恩格斯：《马克思恩格斯全集》第 38 卷，人民出版社 1972 年版。

［9］马克思、恩格斯：《马克思恩格斯全集》第 42 卷，人民出版社 1979 年版。

［10］马克思、恩格斯：《马克思恩格斯全集》第 46 卷上册，人民出版社 1979 年版。

［11］马克思、恩格斯：《马克思恩格斯全集》第 46 卷下册，人民出版社 1980 年版。

［12］马克思、恩格斯：《马克思恩格斯文集》第 1—10 卷，人民出版社 2009 年版。

［13］马克思、恩格斯：《马克思恩格斯选集》第 1—4 卷，人民出版社 1972 年版、1995 年版。

［14］马克思：《资本论》第 1—3 卷，人民出版社 1975 年版、2004 年版。

［15］马克思：《1844 年经济学哲学手稿》，人民出版社 1985 年版。

［16］恩格斯：《自然辩证法》，人民出版社 1971 年版。

［17］列宁：《列宁全集》第 23 卷，人民出版社 1990 年版。

［18］列宁：《列宁全集》第 26 卷，人民出版社 1988 年版。

［19］列宁：《列宁全集》第 31 卷，人民出版社 1990 年版。

［20］列宁：《列宁全集》第 38 卷，人民出版社 1986 年版。

［21］列宁：《列宁选集》第 2 卷，人民出版社 1995 年版。

［22］列宁：《列宁选集》第 4 卷，人民出版社 1960 年版。

［23］列宁：《哲学笔记》，人民出版社 1974 年版。

［24］毛泽东：《毛泽东选集》第 1—4 卷，人民出版社 1991 年版。

［25］邓小平：《邓小平文选》第 3 卷，人民出版社 1993 年版。

［26］江泽民：《论社会主义市场经济》，中央文献出版社 2006 年版。

［27］江泽民：《加强农业基础，深化农村改革，推进农村经济和社会全面发展》，人民出版社 1996 年版。

［28］胡锦涛：《胡锦涛文选》第 1 卷，人民出版社 2016 年版。

［29］习近平：《习近平谈治国理政》第 1 卷，外文出版社 2014 年版。

［30］习近平：《习近平谈治国理政》第 2 卷，外文出版社 2017 年版。

［31］习近平：《习近平谈治国理政》第 3 卷，外文出版社 2020 年版。

［32］习近平：《习近平谈治国理政》第 4 卷，外文出版社 2022 年版。

［33］习近平：《摆脱贫困》，福建人民出版社 1992 年版。

［34］习近平：《决胜全面建成小康社会 夺取新时代中国特色社会主义伟大胜利——在中国共产党第十九次全国代表大会上的报告》，《人民日报》2017 年 10 月 28 日。

［35］习近平：《高举中国特色社会主义伟大旗帜 为全面建设社会主义现代化国家而团结奋斗——在中国共产党第二十次全国代表大会上的报告》，《人民日报》2022 年 10 月 26 日。

［36］习近平：《在庆祝“五一”国际劳动节暨表彰全国劳动模范和先进工作者大会上的讲话》，《人民日报》2015 年 4 月 29 日。

［37］习近平：《在哲学社会科学工作座谈会上的讲话》，《光明日报》2016 年 5 月 19 日。

［38］习近平：《在庆祝中国共产党成立 95 周年大会上的讲话》，《人民日报》2016 年 7 月 2 日。

［39］习近平：《在纪念马克思诞辰 200 周年大会上的讲话》，《人民日报》2018 年 5 月 5 日。

［40］习近平：《在庆祝中国共产党成立 100 周年大会上的讲话》，《人民日报》2021 年 7 月 2 日。

［41］习近平：《辩证唯物主义是中国共产党人的世界观和方法论》，《求是》2019 年第 1 期。

［42］习近平：《坚持历史唯物主义 不断开辟当代中国马克思主义发展新境界》，《求是》2020 年第 2 期。

［43］习近平：《把乡村振兴战略作为新时代“三农”工作总抓手》，《社会主义论坛》2019 年第 7 期。

［44］习近平：《用新时代中国特色社会主义思想铸魂育人 贯彻党的教育方针落实立德树人根本任务》，《人民日报》2019 年 3 月 19 日。

［45］习近平：《思政课是落实立德树人根本任务的关键课程》，《求是》2020 年第 17 期。

［46］习近平：《依法规范和引导我国资本健康发展 发挥资本作为重要生产要素的积极作用》，《人民日报》2022 年 5 月 1 日。

［47］习近平：《共享数字经济发展机遇，共同推动人工智能造福人类》，人民网：http://cpc.people.com.cn/n1/2018/0918/c64094-30299114.html。

［48］《习近平在学习贯彻党的二十大精神研讨班开班式上发表重要讲话强调 正确理解和大力推进中国式现代化》，《人民日报》2023 年 2 月 8 日。

［49］《习近平在农村改革座谈会上强调 加大推进新形势下农村改革力度促进农业基础稳固农民安居乐业》，《经济日报》2016 年 4 月 29 日。

［50］《习近平在北京大学考察时强调 抓住培养社会主义建设者和接班人根本任务 努力建设中国特色世界一流大学》，《人民日报》2018 年 5 月 3 日。

［51］《习近平在中国人民大学考察时强调 坚持党的领导传承红色基因扎根中国大地 走出一条建设中国特色世界一流大学新路》，《人民日报》2022 年 4 月 26 日。

［52］《微镜头·习近平总书记两会“下团组”：“‘大思政课’我们要善用之”》，《人民日报》2021 年 3 月 7 日。

［53］《习近平主持召开中央财经委员会第十次会议强调 在高质量发展中促进共同富裕 统筹做好重大金融风险防范化解工作》，《人民日报》2021 年 8 月 18 日。

［54］《习近平在文化传承发展座谈会上强调 担负起新的文化使命 努力建设中华民族现代文明》，《人民日报》2023 年 6 月 3 日。

［55］《习近平对学校思政课建设作出重要指示强调 不断开创新时代思政教育新局面 努力培养更多让党放心爱国奉献担当民族复兴重任的时代新人》，

《人民日报》2024 年 5 月 12 日。

[56]《中共中央关于坚持和完善中国特色社会主义制度 推进国家治理体系和治理能力现代化若干重大问题的决定》,《人民日报》2019 年 11 月 6 日。

[57]《中共中央关于党的百年奋斗重大成就和历史经验的决议》,《人民日报》2021 年 11 月 17 日。

[58]《在科学发展的道路上继续向前创造出无愧于时代和人民的新业绩——习近平总书记参加江苏代表团审议侧记》,《新华日报》2013 年 3 月 9 日。

[59] 中国共产党第十八次全国代表大会:《中国共产党党章》,人民出版社 2012 年版。

[60]《中共中央关于坚持和完善中国特色社会主义制度 推进国家治理体系和治理能力现代化若干重大问题的决定》,人民出版社 2019 年版。

[61]《中华人民共和国国民经济和社会发展第十四个五年规划和 2035 年远景目标纲要》,人民出版社 2021 年版。

[62] 本书编写组:《中国共产党简史》,人民出版社、中共党史出版社 2021 年版。

[63] 艾思奇:《辩证唯物主义纲要》,人民出版社 1959 年版。

[64] 黑格尔:《逻辑学》下卷,杨一之译,商务印书馆 1974 年版。

[65] 爱因斯坦:《爱因斯坦文集》第 1 卷,许良英、范岱年编译,商务印书馆 1976 年版。

[66] 黑格尔:《小逻辑》,贺麟译,商务印书馆 1980 年版。

[67] 许涤新:《政治经济学辞典》,人民出版社 1980 年版。

[68] 北京大学哲学系外国哲学史教研室:《西方哲学原著选读》上卷,商务印书馆 1982 年版。

[69]《简明不列颠百科全书》编辑部译编:《简明不列颠百科全书》第 5 卷,中国大百科全书出版社 1986 年版。

[70] 许征帆:《马克思主义辞典》,吉林大学出版社 1987 年版。

[71] 高清海:《文史哲百科辞典》,吉林大学出版社 1988 年版。

[72]《辞海》,上海辞书出版社 1989 年版、2010 年版。

[73]《现代汉语词典》第 6 版,商务印书馆 2012 年版。

[74] 冯契:《哲学大辞典·马克思主义哲学卷》,上海辞书出版社 1990 年版。

[75] 李秀林等:《辩证唯物主义和历史唯物主义原理》,中国人民大学出版社 1990 年版。

[76]《亚里士多德全集》第 1 卷,中国人民大学出版社 1990 年版。

［77］王永昌：《实践活动论》，中国人民大学出版社 1992 年版。

［78］《现代汉语词典》，商务印书馆 1993 年版。

［79］当代中国经济大辞库编著委员会：《当代中国经济大辞库：经济史卷》，中国经济出版社 1993 年版。

［80］肖前：《马克思主义哲学原理》，中国人民大学出版社 1994 年版。

［81］李秀林等：《辩证唯物主义和历史唯物主义原理》，中国人民大学出版社 1995 年版。

［82］李淮春：《马克思主义哲学全书》，中国人民大学出版社 1996 年版。

［83］胡塞尔：《纯粹现象学通论》，李幼蒸译，商务印书馆 1996 年版。

［84］巩庆海等：《马克思主义哲学原理》，山东大学出版社 1997 年版。

［85］陈秉公：《思想政治教育学》，吉林大学出版社 1999 年版。

［86］陈先达：《马克思主义哲学原理》，中国人民大学出版社 1999 年版。

［87］张耀灿、陈万柏：《思想政治教育学原理》，高等教育出版社 2001 年版。

［88］张耀灿、郑永廷、刘书林等：《现代思想政治教育学》，人民出版社 2001 年版。

［89］阿玛蒂亚·森：《贫困与饥荒》，王宇、王文玉译，商务印书馆 2001 年版

［90］仓道来：《思想政治教育学》，北京大学出版社 2004 年版。

［91］张明仓：《虚拟实践论》，云南人民出版社 2005 年版。

［92］刘大椿、何立松、刘永谋：《现代科技导论》，中国人民大学出版社 2009 年版。

［93］王立胜：《中国农村现代化社会基础研究》，济南出版社 2018 年版。

［94］张车伟：《中国人口与劳动问题报告 No. 19——中国人口与劳动经济 40 年：回顾与展望》，社会科学文献出版社 2018 年版。

［95］本书编写组：《马克思主义基本原理》，高等教育出版社 2023 年版。

［96］刘冠军、王维先：《科学思维方法论》，山东人民出版社 2000 年版。

［97］刘冠军、任洲鸿：《现代科技劳动价值论与社会主义市场经济条件下的劳动力资本化研究》，中国经济出版社 2010 年版。

［98］刘冠军、任洲鸿：《劳动力资本论（第二版）》，中国经济出版社 2018 年版。

［99］刘冠军：《现代科技劳动价值论研究——马克思劳动价值论在现代经济社会语境中的发展》，中国社会科学出版社 2009 年版。

［100］刘冠军：《新编政治经济学教程》，中国人民大学出版社 2011 年版。

［101］刘冠军：《学科视域中的思想政治理论课教学研究——教学内容创新设计与实践教学模式建构》，首都经济贸易大学出版社 2015 年版。

［102］刘冠军：《大教学观下的思想政治理论研究——基于马克思主义时代化和中国化的视角》，首都经济贸易大学出版社 2015 年版。

［103］刘冠军：《马克思“科技—经济”思想及其发展研究》上下卷，人民出版社 2021 年版。

［104］刘冠军：《马克思“科技—社会”思想及其发展研究》，人民出版社 2021 年版。

［105］刘冠军：《“科学价值库”理论——基于马克思劳动价值论的研究》，人民出版社 2024 年版。

［106］佚名：《1979 年全国社队企业发展情况》，《农业经济丛刊》1980 年第 5 期。

［107］吕庄、冯世新：《资本有机构成提高的规律在战后发生了“曲折”吗？——〈对资本主义积累的一般规律在当代〉的质疑》，《中国社会科学》1980 年第 5 期。

［108］仇启华、解德沅、黄苏：《资本主义积累的一般规律在当代》，《中国社会科学》1980 年第 2 期。

［109］仇启华、解德沅、黄苏：《关于“资本有机构成”的若干问题——答吕庄、冯世新同志》，《中国社会科学》1980 年第 6 期。

［110］高峰：《马克思的资本有机构成理论与现实》，《中国社会科学》1983 年第 2 期。

［111］张践明：《质和本质的区别》，《求索》1983 年第 3 期。

［112］葛亮：《当代资本有机构成的实际计算及其提高趋势的分析》，《世界经济》1985 年第 10 期。

［113］赵常林：《简论马克思“人化自然”思想》，《北京大学学报》1986 年第 1 期。

［114］周穗明：《智力圈时代人与自然关系的特征》，《江汉学刊》1987 年第 3 期。

［115］陈少岚：《提高科学文化素质是思想政治教育的重要内容》，《社会科学家》1988 年第 1 期。

［116］李扬：《收入功能分配的调整：对国民收入分配向个人倾斜现象的思考》，《经济研究》1992 年第 7 期。

［117］李伯聪：《我造物故我在》，《自然辩证法研究》1993 年第 12 期。

［118］刘端直：《论思维实验》，《科学技术与辩证法》1995 年第 2 期。

［119］余秀兰：《谈高校德育的功能》，《上海高教研究》1996年第2期。
［120］李太平：《德育功能·德育价值·德育目的》，《湖北大学学报（哲社版）》，1996年第6期。
［121］曹书庆：《关于德育功能的辩证探讨》，《河北师范大学学报（社科版）》1996年第1期。
［122］高新民：《他心知问题：一个不应被冷落的认识论领域》，《哲学研究》1996年第11期。
［123］杨世宏：《邓小平认识社会主义的方法论》，《齐齐哈尔大学学报》1999年第5期。
［124］檀传宝：《德育功能简论》，《中国教育学刊》1999年第5期。
［125］谭变娥：《试论德育的经济功能》，《前进》2001年第5期。
［126］孙伯鍨、张一兵等：《马克思主义哲学的体系与方法（笔谈）》，《江海学刊》2001年第2期。
［127］李超元：《论虚拟性实践》，《光明日报》2001年9月25日。
［128］李超元：《虚拟哲学研究综述》，《天津社会科学》2002年第5期。
［129］郑永廷：《思想政治教育学科发展的历史与现状——兼论思想政治教育学科基础理论的发展》，《思想教育研究》2002年第6期。
［130］王振中：《劳动和资本要素在美英国民收入分配中的地位》，《工会理论研究（上海工会管理干部学院学报）》2003年第2期。
［131］张军、吴桂英、张吉鹏：《中国省际物质资本存量估算：1952—2000》，《经济研究》2004年第10期。
［132］段进朋、李刚：《对美国资本有机构成变动趋势的实证分析》，《西安电子科技大学学报（社会科学版）》2005年第2期。
［133］周甄武：《虚拟实践：人类新的实践形式》，《中国人民大学学报》2006年第2期。
［134］邱柏生：《关于思想政治教育学科发展的阶段特征》，《福建师范大学学报（哲学社会科学版）》2006年第3期。
［135］沈壮海：《思想政治教育学科的依托发展》，《中国高等教育》2006年第18期。
［136］李辽宁：《思想政治教育学科定位的社会学视角》，《学校党建与思想教育》2006年第8期。
［137］张耀灿：《试论思想政治教育学科的定位与建设》，《思想理论教育导刊》2006年第7期。
［138］刘建军：《思想政治教育学科建设》，《思想理论教育》2007年第

Z1 期。

[139] 白显良：《论思想政治教育学科的科学定位——兼论思想政治教育的学科建设》，《思想理论教育》2007 年第 3 期。

[140] 雷辉：《我国资本存量测算及投资效率的研究》，《经济学家》2009 年第 6 期。

[141] 罗长远、张军：《劳动收入占比下降的经济学解释——基于中国省级面板数据的分析》，《管理世界》2009 年第 5 期。

[142] 马艳：《马克思主义资本有机构成理论创新与实证分析》，《学术月刊》2009 年第 5 期。

[143] 李稻葵、刘霖林、王红领：《GDP 中劳动份额演变的 U 型规律》，《经济研究》2009 年第 1 期。

[144] 骆郁廷：《思想政治教育学科发展的新趋势》，《思想理论教育导刊》2009 年第 3 期。

[145] 翁杰、周礼：《中国工业部门劳动收入份额的变动研究：1997—2008 年》，《中国人口科学》2010 年第 4 期。

[146] 张车伟、张士斌：《中国初次收入分配格局的变动与问题——以劳动报酬占 GDP 份额为视角》，《中国人口科学》2010 年第 5 期。

[147] 周申、杨红彦：《国际贸易、技术变动对我国工业部门劳动收入份额的影响》，《国际经贸探索》2011 年第 4 期。

[148] 冉光和、郑久平：《资本有机构成与城乡收入差距》，《中央财经大学学报》2011 年第 9 期。

[149] 梁东黎：《初次分配的要素投入结构视角研究》，《东南大学学报(哲学社会科学版)》2011 年第 5 期。

[150] 刘会强：《虚拟实践教学：高校思想政治理论课与网络的深度融合》，《思想教育研究》2011 年第 5 期。

[151] 李琦：《中国劳动份额再估计》，《统计研究》2012 年第 10 期。

[152] 张车伟、张士斌：《中国劳动报酬份额变动的"非典型"特征及其解释》，《人口与发展》2012 年第 4 期。

[153] 陈占安：《高扬马克思主义伟大旗帜不动摇——庆祝北京大学马克思主义学院成立 20 周年》，《思想理论教育导刊》2012 年第 7 期。

[154] 李向军、王斯敏：《凝聚在马克思主义旗帜下———级学科设立助推马克思主义理论"三进"纪实》，《光明日报》2012 年 10 月 9 日。

[155] 张帆：《列宁的马克思主义观的三个层次》，《求实》2012 年第 1 期。

[156] 宋成鑫：《高校思想政治理论课实践教学模式创新研究》，东北林

业大学博士论文 2012 年 10 月。

[157] 罗润东、崔如慧：《当代资本有机构成变动及其收入效应》，《学习与探索》2013 年第 10 期。

[158] 王桂菊：《改革开放以来思想政治教育学科发展研究》，南开大学博士学位论文 2013 年 12 月。

[159] 叶红云：《马克思主义理论的学科自信与马克思主义话语权》，《思想教育研究》2013 年第 3 期。

[160] 吴朝国、孙群：《论思想政治教育的泛化》，《思想教育研究》2013 年第 9 期。

[161] 柯文进：《牢牢把握立德树人根本任务不断提高人才培养质量》，《北京教育 · 德育》2013 年第 1 期。

[162] 金伟、韩美群：《"红色"虚拟实践教学在思想政治理论课中的运用》，《思想理论教育导刊》2013 年第 6 期。

[163] 刘燕斌：《推动实现更高质量就业的思考》，《中国劳动》2013 年第 1 期。

[164] 荀关玉：《资本有机构成对劳动者报酬比重的影响》，《理论与改革》2014 年第 2 期。

[165] 吴潜涛、张新桥：《思想政治教育学科内涵与定位研究综述》，《思想教育研究》2014 年第 5 期。

[166]《加强和改进新形势下高校宣传思想工作》，《人民日报》2015 年 1 月 20 日。

[167] 丁明磊、陈宝明：《科技创新促进高质量就业的思路与对策研究》，《科学管理研究》2015 年第 3 期。

[168] 刘昌平、汪连杰：《供给侧结构性改革背景下我国就业形势的新变化与政策选择》，《上海经济研究》2016 年第 9 期。

[169] 胡鞍钢、周绍杰、任皓：《供给侧结构性改革——适应和引领中国经济新常态》，《社会科学文摘》2016 年第 8 期。

[170] 曾湘泉：《优化就业结构提高就业质量》，《中国就业》2017 年第 9 期。

[171] 郑汉根、闫亮：《这是一次"站在世界地图前"召开的大会》，《解放日报》2017 年 10 月 24 日。

[172] 周輖、宦翔：《从中国经验中获得启发——记中国—阿拉伯国家改革发展论坛研讨会》，《人民日报》2018 年 4 月 24 日。

[173] 侯启缘、张弥：《农业劳动力转移与高质量就业的问题和出路》，

《现代经济探讨》2018 年第 12 期。

［174］徐艳：《高质量发展呼唤高质量就业》，《人民论坛》2018 年第 3 期。

［175］苏丽锋、赖德胜：《高质量就业的现实逻辑与政策选择》，《中国特色社会主义研究》2018 年第 2 期。

［176］彭海红：《中国农村改革 40 年是基本经验》，《中国农村经济》2018 年第 10 期。

［177］胡湛、彭希哲：《应对中国人口老龄化的治理选择》，《中国社会科学》2018 年第 12 期。

［178］杨伟国、邱子童、吴清军：《人工智能应用的就业效应研究综述》，《中国人口科学》2018 年第 5 期。

［179］许明月：《改革开放 40 年我国农地制度的变迁与展望》，《东方法学》2018 年第 5 期。

［180］孔祥智、张琛、张效榕：《要素禀赋变化与农业资本有机构成提高——对 1978 年以来中国农业发展路径的解释》，《管理世界》2018 年第 10 期。

［181］人民日报评论员：《新时代“三农”工作总抓手——论学习习近平总书记关于实施乡村振兴战略重要讲话精神》，《人民日报》2018 年 9 月 29 日。

［182］舒展、罗晓燕：《新中国 70 年农村集体经济回顾与展望》，《当代经济研究》2019 年第 11 期。

［183］高鸣、芦千文：《中国农村集体经济：70 年发展历程与启示》，《中国农村经济》2019 年第 10 期。

［184］林光彬：《农村集体经济：发展历程与未来思路》，《国家治理》2019 年第 31 期。

［185］王立胜：《改革开放 40 年的农村基本经营制度》，《当代经济研究》2019 年第 1 期。

［186］张筱璐：《资本积累、工业化与劳动报酬占比演变——政治经济学分析和中国经验考察》，《西部论坛》2019 年第 6 期。

［187］莫荣、陈云：《高质量发展阶段就业形势、挑战与展望》，《中国劳动》2019 年第 1 期。

［188］郭春丽、易信、何明洋：《推动高质量发展面临的难题及破解之策》，《宏观经济管理》2019 年第 1 期。

［189］杨虎涛、冯鹏程：《技术—经济范式演进与资本有机构成变动——基于美国 1944—2016 年历史数据的分析》，《马克思主义研究》2019 年第 6 期。

［190］方达、郭研：《农村土地流转、资本有机构成与城乡收入差距——

基于马克思政治经济学的经验与实证证据》，《经济学家》2020 年第 11 期。

［191］沈赏：《基于系统 GMM 的我国人工智能对产业转型升级影响效应分析》，《工业技术济》2020 年第 4 期。

［192］史孝林：《未来人工智能视域下的资本有机构成——马克思劳动价值理论面临的挑战与思考》，《重庆社会科学》2020 年第 3 期。

［193］李翀：《在新的历史条件下对资本有机构成趋向提 高规律的再认识》，《当代经济研究》2020 年第 1 期。

［194］张车伟、赵文：《国民收入分配形势分析及建议》，《经济学动态》2020 年第 6 期。

［195］张广科等：《初次分配中的劳动报酬占比：演变，困境与突破》，《中州学刊》2021 年第 3 期。

［196］《凝心聚力，奋进强国建设、民族复兴新征程》，《人民日报》2023 年 5 月 1 日。

［197］杜希双：《服务业稳定运行新动能发展壮大》，国家统计局网站：http://www. stats. gov. cn/tjsj/sjjd/201901/t20190122_1646243. html。

［198］李希如：《就业形势总体稳定 服务业就业进一步扩大》，国家统计局网站：http://www. stats. gov. cn/tjsj/sjjd/201901/t20190122_1646255. html。

［199］蔡昉：《中国经济增长如何转向全要素生产率驱动型》，《中国社会科学》2013 年第 1 期。

［200］《2018 年国民经济和社会发展统计公报》，国家统计局网站：http://www. stats. gov. cn/tjsj/zxfb/201902/t20190228_1651265. html。

［201］《2018 年经济运行保持在合理区间发展的主要预期目标较好完成》，国家统计局网站：http://www. stats. gov. cn/tjsj/zxfb/201901/t20190121_1645752. html。

［202］《2017 年我国“三新”经济增加值相当于 GDP 的比重为 15. 7%》，国家统计局网站：http://www. stats. gov. cn/tjsj/zxfb/201811/t20181122_1635086. html.

［203］郑汉根：《中国道路的世界启示》，网址：http://www. xinhuanet. com/politics/19cpcnc/2017-10/20/c_1121833224. htm。

［204］人民网记者：《十九大：贡献中国智慧》，网址：http://world people com cn/n1/2017/1023/c1002-29603783 html。

［205］李秉新、殷淼：《联合国决议首次写入“构建人类命运共同体”理念》，网址：http://world people com cn/n1/2017/0211/c1002-29074217 html。

［206］首都经济贸易大学马克思主义学院课题组：《“大思想政治理论课

教学观”工作体系与社会主义核心价值观的培育和践行》，《马克思主义学刊》2015 年第 1 辑。

［207］费洪喜、刘冠军：《理性：人的本质研究所不可忽视的一个重要方面》，《齐鲁学刊》1998 年第 1 期。

［208］杨世宏、刘冠军：《本质层次性研究的哲学方法论意义》，《江阴师范学院学报（哲学社会科学版）》2002 年第 3 期。

［209］杨世宏、刘冠军：《从属种关系透视本质及其基本层次》，《社会科学研究》2002 年第 5 期。

［210］任洲鸿、刘冠军：《从“雇佣劳动”到“劳动力资本”——西方人力资本理论的一种马克思主义经济学解读》，《马克思主义研究》2008 年第 8 期。

［211］任洲鸿、刘冠军：《国内近年来关于劳动力资本化问题的研究述评》，《经济评论》2010 年第 6 期。

［212］朱永其、刘冠军：《劳动之本质特征的认识论新探》，《聊城大学学报（社会科学版）》2006 年第 3 期。

［213］朱永其、刘冠军：《劳动之内涵的认识论新探》，《山东农业大学学报（社会科学版）》2006 年第 2 期。

［214］陈晨、刘冠军：《实现高质量就业与提升人力资本水平研究》，《中国特色社会主义研究》2019 年第 3 期。

［215］刘冠军、邢润川：《运用马克思劳动价值论解读科学价值》，《哲学研究》2005 年第 4 期。

［216］刘冠军、杨世宏：《论质的基本层次》，《商丘师范学院学报》2001 年第 1 期。

［217］刘冠军、惠建国：《中国农村集体经济的实现形式与创新发展》，《甘肃社会科学》2021 年第 3 期。

［218］刘冠军、李鑫：《数字经济时代资本三大构成变化对劳动报酬占比影响研究》，《人口与经济》2022 年第 1 期。

［219］刘冠军、李鑫：《资本有机构成变化趋势及其对就业的影响研究》，《中国特色社会主义》2020 年第 5/6 期。

［220］刘冠军：《认识论透视下的人工自然》，《科学技术与辩证法》1994 年第 2 期。

［221］刘冠军：《从人和自然的关系视角看人的本质》，《齐鲁学刊》1995 年第 6 期。

［222］刘冠军：《论内在实践和外在实践——从实践视角看两种文明的协

调发展》,《天津师大学报》1997 年第 3 期。

[223] 刘冠军:《实践范畴的历史考察》,《天府新论》1997 年第 2 期。

[224] 刘冠军:《论恩格斯“两种生产”的理论》,《大庆高等专科学校学报》1998 年第 2 期。

[225] 刘冠军:《两维视角的统一——关于马克思主义人的本质的思考》,《自然辩证法研究》2000 年第 4 期。

[226] 刘冠军:《两维视角统一的意义——关于马克思主义人的本质的再思考》,《现代哲学》2000 年第 2 期。

[227] 刘冠军:《马克思主义哲学体系研究》,《学术论坛》2003 年第 1 期。

[228] 刘冠军:《现代科技企业价值生产和运行的网络模式》,《科学学研究》2008 年第 1 期。

[229] 刘冠军:《现代科技劳动价值论的“对象域”与劳动力资本化研究》,《东岳论丛》2011 年第 1 期。

[230] 刘冠军:《现代科技劳动价值论基础上的劳动力资本化研究——一种马克思主义经济哲学的考察》,《洛阳师范学院学报》2012 年第 9 期。

[231] 刘冠军:《马克思主义:党和人民自信的科学理论——兼论“三个自信”与马克思主义理论自信的关系》,《福建论坛(人文社会科学版)》2014 年第 5 期。

[232] 刘冠军:《马克思主义理论学科视域中的思想政治教育——兼论思想政治教育的实效性问题》,《马克思主义学刊》2014 年第 3 辑。

[233] 刘冠军:《加强教材重点难点研究 增强教学针对性和实效性——写在〈思想政治理论课重点难点〉出版之前》,《思想政治理论课重点难点》,首都经济贸易大学出版社 2014 年版,第 1-8 页。

[234] 刘冠军:《时代课题与使命担当——〈马克思主义理论教学与研究文库〉总序》,《马克思主义理论教学与研究文库》第一卷,首都经济贸易大学出版社 2014 年版,第 1-11 页。

[235] 刘冠军:《对象性存在视域的“科学、技术、工业”分析范式及其意义——马克思〈1844 年经济学哲学手稿〉研究》,《马克思主义学刊》2015 年第 4 辑。

[236] 刘冠军:《“大思政教学观”刍议》,《思想政治工作研究》2015 年第 12 期。

[237] 刘冠军:《“大思政教学观”工作体系的研究背景、问题成因与应对策略》,《马克思主义学刊》2015 年第 2 辑。

[238] 刘冠军:《“大思政教学观”工作体系的系统构建、目标追求与探

索创新》，《马克思主义学刊》2015 年第 3 辑。

[239] 刘冠军：《大力构建和践行“大思政教学观”工作体系 努力开创学院健康向上发展新局面》，《马克思主义学刊》2016 年第 1 辑。

[240] 刘冠军：《对象性存在视域“科学、技术、工业”分析范式的内在构成——马克思〈1844 年经济学哲学手稿〉研究》，《马克思主义学刊》2016 年第 4 辑。

[241] 刘冠军：《论坚定“四个自信”与践行“四个意识”——学习习近平总书记系列重要讲话的体会》，《马克思主义学刊》2016 年第 3 辑。

[242] 刘冠军：《站在新时代的历史方位 深刻理解中国模式的辉煌成就和基本经验》，《首经贸校报》2017 年 11 月 15 日。

[243] 刘冠军：《中国特色社会主义进入了新时代，为什么还要学习马克思？——学习习近平总书记在纪念马克思诞辰 200 周年大会上讲话有感》，《首经贸校报》2018 年第 5 月 15 日。

[244] 刘冠军：《中国宣言 · 中国经验 · 中国智慧 · 中国方案——深刻体会党的十九大报告重大而深远的历史意义》，《马克思主义学刊》2018 年第 1 辑。

[245] 刘冠军：《让经典名著〈资本论〉科学普及当代大学生——纪念马克思诞辰 200 周年》，《北京教育（德育）》2018 年第 5 期。

[246] 刘冠军：《理直气壮开好思政课的根据、定位、要求和原则》，人民网-公开课频道，2019 年 4 月 2 日发布，网址：http://mooc.people.cn/n1/637。

[247] 刘冠军：《三大制高点上向史而新的绚丽华章——深入学习党的十九届六中全会精神》，《思想政治工作研究》2021 年第 11 期。

[248] 刘冠军：《论“马克思主义行”的内在根据》，《思想政治工作研究》2021 年第 9 期。

[249] 刘冠军：《解读中国式现代化的科学内涵和重大意义》，《首经贸校报》2022 年 10 月 30 日。

[250] 刘冠军：《两个“行”的辩证统一和重大意义》，《前线》2023 年第 2 期。

[251] Acemoglu D. Labor-And Capital-Augmenting Technical Change [J]. Journal of the European Economic Association, 2000, 1 (1): 1-37.

[252] Jones P. Turnover time and the organic composition of capital [J]. Cambridge Journal of Economics, 2017. 41 (41): 81-103.

[253] Edward Nathan Wolff. The rate of surplus value the organic composition of capital and the general the rate profit in the US economy 1947-1967 [J]. Ameri-

can Economic Review, 1979 (6): 329-341.

[254] Luo R, Cui R, Wang T. An Expanded Analysis of the Organic Composition of Capital [C]. International Conserence on Applied Social Sciønce, 2013 (3): 16-21.

[255] Cockshott P, Cottrell A, Michaelson G. Testing Marx: Some new results from UK data [J]. Capital & Class, 1995, 19 (1): 103-130.

[256] Feldstein M S. Did wages reflect growth in productivity? [J]. Journal of Policy Modeling, 2008, 30 (4): 591-594.

[257] Harrison A. Has Globalization Eroded Labor's Share? Some Cross-Country Evidence [J]. MPRA Paper, 2005: 1-48.

[258] Edward Nathan Wolff. The rate of surplus value the organic composition of capital and the general the rate profit in the US economy 1947-1967 [J]. American Economic Review, 1979. 69 (3): 329-341.

[259] Healy T, Cote S. The Well-being of Nations: The Role of Human and Social Capital, Education and Skills [M]. Organisation for Econmic Co-operation and Development, 2001.

[260] Gollin, Douglas. Getting Income Shares Right [R]. Working Papers-University of Michigan Department of Economics, 2002: 1-29.

[261] Kaldor N. A Model of Economic Growth [J]. The Economic Journal. 1957. 67 (12): 591-624.

[262] Kongsamut, Piyabha, Rebelo, et al. Beyond Balanced Growth [J]. Review of Economic Studies, 2001, 68 (4): 869-882.

[263] Acemoglu D, Guerrieri V. Capital Deepening and Non-Balanced Economic Growth [J]. NBER Working Papers, 2006: 1-45.

[264] Autor D H, Dorn D. The Growth of Low-Skill Service Jobs and the Polarization of the US Labor Market [J]. American Economic Review, 2013, 103 (5): 1553-1597.

后　　记

书香相伴，岁月留痕。本书是笔者将高校思政课程的内容，即思想政治理论，置于马克思主义理论学科视域中，进行长达十余年的深入思考、潜心研究和不断探索的结果。笔者自2012年12月应聘到首都经济贸易大学马克思主义学院工作以后，为了提升马克思主义理论学科的研究水平和提高思想政治理论课的教学质量，便开始着力从两个维度将二者深度融合加以系统研究和探索。一方面，在推进马克思主义理论学科研究水平提升方面，深度融入了高校思想政治理论课教学研究方面的内容。2013年创办和主编的学术辑刊，即《马克思主义学刊》，着重从提高思想政治理论课教学质量入手，切实推进马克思主义理论学科内容的研究①，这从中国知网对该刊进行统计与评价所显示的近十年文献所属栏目的分布（见图1）和近十年文献的关键词分布（见图2）足以说明之②。另一方面，在推进高校思想政治理论课教学质量的提高方面，深度融入了马克思主义理论学科研究方面的内容，这在2013年开始创办和主编的《马克思主义理论教学和研究文库》中得到了很好的体现，纳入该文库资助出版的著作既有思想政治理论课教学研究成果，也有马克思主义理论学科研究成果，还有将二者深度融合研究的成果③。

在学院层面推进马克思主义理论学科研究和思想政治理论课教学研究深度融合的同时，笔者也致力于将二者深度融合在一起进行尝试性的系统研究。一方面，笔者着力将马克思主义理论学科研究深入融合于思想政治理论课教

① 《马克思主义学刊》作为马克思主义理论学科研究和教育教学研究的学术辑刊，2013年由首都经济贸易大学出版社出版了两辑，从2014年开始正式成为学术季刊即每年由该出版社出版四辑，直到2022年。在采编的稿件中，既有马克思主义理论学科研究的论文，也有思想政治理论课教学研究的文章。据此可说，该学刊自始至终一直将两个方面的内容有机地融合起来。这是该学刊的办刊特色和优势。

② 《马克思主义学刊》近十年文献所属栏目的分布示意图（即图1）和关键词分布示意图（即图2）来源于中国知网，网址：https://navi.cnki.net/knavi/jjournals/MKSK/detail? uniplatform=NZKPT&index=1，2024年6月4日。

③ 《马克思主义理论教学和研究文库》是首都经济贸易大学马克思主义学院联合首都经济贸易大学出版社联合创办的，由前者组稿后者出版，旨在为学院教师搭建一个学术出版平台，在推进思想政治理论课教学研究和马克思主义理论学科研究的同时，着力推进二者的深度融合研究。

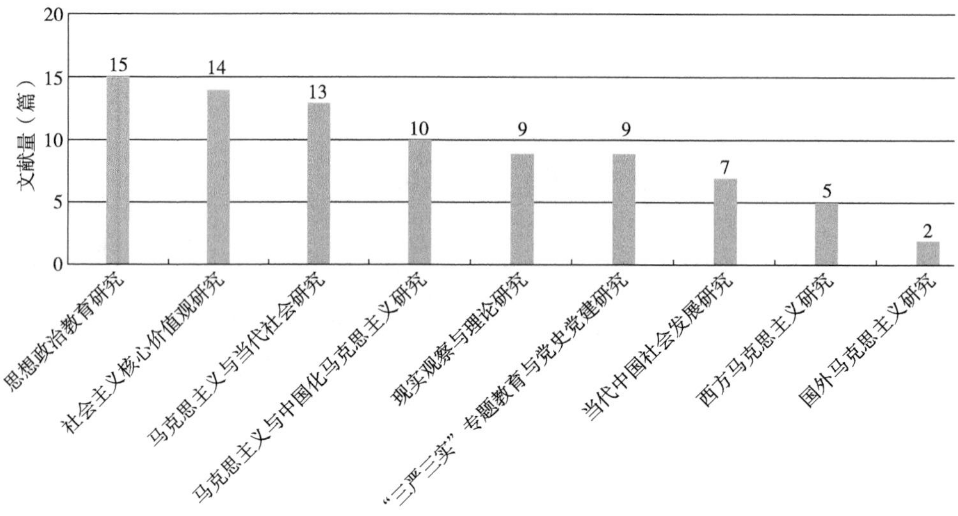

图1　《马克思主义学刊》近十年文献所属栏目的分布

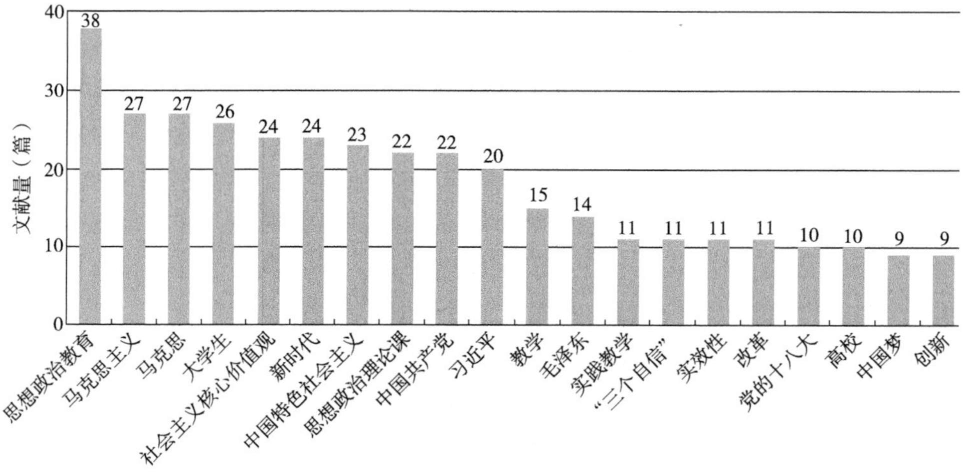

图2　《马克思主义学刊》近十年文献的关键词分布

学研究中，提高思想政治理论课教学研究质量。在研究2013年3月获批立项的首都经济贸易大学教育教学改革项目——“思想政治理论课教学内容创新设计与实践教学模式建构”的进程中，笔者将正在主持研究的国家社科基金项目“马克思‘科技—经济’思想及其发展研究”，以及与此相关的马克思主义理论学科研究所取得的阶段性成果深度融入其中，历时一年半多的时间完成了该项目的研究报告，并于2014年9月申请结题。2014年11月，首都经济贸易大学教务处组织专家对其进行了鉴定，鉴定等次为优秀。2016年11月，该项目成果荣获首都经济贸易大学教育教学成果奖特等奖。另一方面，笔者着力将思想政治理论课教学研究深入融合于马克思主义理论学科研究中，推进马克思主义理论研究成果在思想政治理论课教学研究成果中的转化，进而丰富马克思主义理论的研究内容。在研究 2013 年 9 月获批立项的首都经济贸易大学高层次人员科研启动暨科研水平提高经费资助项目“习近平‘中国梦’思想系统研究”的进程中，不仅撰写了《同心共读“中国梦”》《“中国梦”的主体问题——一论“中国梦”是谁的梦》《“中国梦”的出发点和目的归宿——二论“中国梦”是为了谁》《“中国梦”实现的主体力量——三论“中国梦”由谁来圆》《中国梦”实现的路径选择及其关键所在——四论“中国梦”怎么圆》等当代中国马克思主义的理论研究成果，而且撰写了《“中国梦”融入高校思政课的必要性和重要性——五论“中国梦”为何融入高校思政课》《“中国梦”融入高校思政课的教学内容设计与路径方向——六论“中国梦”如何融入高校思政课》[①] 等当代中国马克思主义理论融入高校思政课的教研成果。

伴随着马克思主义理论学科和思想政治理论课教学的深度融合研究的持续推进，二者深度融合的双向互动机制越来越清晰，因而笔者愈加感到有必要在“马克思主义理论学科—思想政治理论课教学”的辩证统一框架下，对二者做进一步的深度融合研究。2015 年，笔者基于二者的双向互动，在前期研究取得成果的基础上先后完成了两部著作：一部是《大教学观下的思想政治理论研究——基于马克思主义时代化和中国化视角》，这部著作着力于“在大思想政治理论课教学观视域中”对作为“思想政治理论”核心内容的马克思主义时代化和中国化进行研究；另一部是《学科视域中的思想政治理论课教学研究——教学内容创新设计与实践教学模式建构》，这部著作着力于“在马克思主义理论学科视域中”对以课堂教学内容创新设计与实践教学模式建构为核心内容的思想政治理论课教学进行研究[②]。自此之后，基于二者双向互动的深度融合研究便接续进行，并且笔者愈来愈感到马克思主义理论学科与高校思想政治理论课具有内在的辩证统一性，愈来愈感到有必要将高校思政课程的课程内容，即思想政治理论，置于马克思主义学科视域中进行深度融合研究。这既是新时代新征程上思想政治理论课建设在“与党的创新理论武

---

① 在此所列举的成果载于《马克思主义学刊》2013 年第 1 辑。

② 《大教学观下的思想政治理论研究——基于马克思主义时代化和中国化视角》和《学科视域中的思想政治理论课教学研究——教学内容创新设计与实践教学模式建构》这两部著作，分别于 2015 年 10 月和同年 12 月由首都经济贸易大学出版社出版。

装同步推进”[①] 过程中，构建以习近平新时代中国特色社会主义思想为核心内容的“课程教材体系”，在理论结合现实维度上进行学理性系统研究和阐释的现实要求；更是新时代新征程上思想政治理论课建设必须“始终坚持马克思主义指导地位……把道理讲深讲透讲活，守正创新推动思政课建设内涵式发展，不断提高思政课的针对性和吸引力”[②]，在逻辑结合历史维度上进行哲理性深度研究和阐释的现实要求。

由此可见，把高校思政课程的对象内容即思想政治理论，置于马克思主义理论学科视域中进行系统性研究的主题，是笔者近十多年来一直在研究和探索的课题。在此呈现给读者的这部著作《学科视域中的思想政治理论研究》，正是笔者对这个课题从分门别类的专题性研究到系统性整合研究转变的集中呈现和系统集成。这个研究的转变，即对书稿的系统建构和正式写作，是从中共北京市委宣传部于 2021 年 10 月下发《关于 2021 年北京市宣传文化高层次人才培养资助项目立项的通知》，即笔者申报的名家工作室项目“‘科技—经济—社会’研究（刘冠军工作室）”获批立项开始的。自此之后直到书稿完成的两年多的时间里，笔者系统梳理了这些年来对这个主题研究的心得体会和所取得的成果，重读了马克思主义和中国化时代化马克思主义的相关文献，特别是对习近平新时代中国特色社会主义思想的相关重要文献做了认真研读，并在此基础上着重对前期取得的相关专题研究成果，特别是前期研究中没有注意到甚至有所疏忽的相关内容进行了深入的再研究，最后构建和完成了包含总论、三篇十八章和附论的书稿。

需要说明的是，本书主体内容涉及进一步再研究的前期专题性研究成果，都或多或少地反映了当时理论界的一些热点问题和学术前沿问题，汲取了许多先哲、前贤和学界同仁的智慧、真知和灼见，这是笔者在学、思、践、悟中努力前行和略有建树的思想阶梯。尤其需要指出的是，在本书进一步再研究的这些专题研究成果中，绝大部分是笔者个人独立完成的，也有少量是笔者和有关专家学者以及笔者指导的研究生合作完成的，其具体情况是：第二章第一节使用的专题性研究成果，是与费洪喜合撰的；第三章第一节至第三节使用的专题性研究成果，是与杨世宏合撰的；第四章第一节使用的专题性研究成果，是与朱其永合撰的；第九章第一节至第五节使用的专题性研究成果，是与惠建国合撰的；第十章第一节至第四节使用的专题性研究成果，是

---

① 《习近平对学校思政课建设作出重要指示强调 不断开创新时代思政教育新局面 努力培养更多让党放心爱国奉献担当民族复兴重任的时代新人》，《人民日报》2024 年 5 月 12 日。

② 《习近平对学校思政课建设作出重要指示强调 不断开创新时代思政教育新局面 努力培养更多让党放心爱国奉献担当民族复兴重任的时代新人》，《人民日报》2024 年 5 月 12 日。

与陈晨合撰的；第十一章第一节至第七节使用的专题性研究成果，是与李鑫合撰的。在此，笔者特向这些志同道合的专题研究合作者们以及他（她）们做出的学术贡献表示衷心感谢。

由于笔者个人水平和能力所限，书中肯定有诸多的不足和缺陷，因此任何的科学批评的意见我都是欢迎的，诚挚地欢迎学界同仁或科学批评指正，或学术商榷探讨，以期推进研究的深入和体系的完善。最后需要指出的是，在对本书及相关前期成果的长期研究过程中，笔者还得到了许多师长、同事、学生、朋友和家人的关爱、支持和帮助，特别是许多报纸杂志编辑的大力支持和无私帮助。同时，本书作为“已获得北京市宣传文化高层次人才培养资助”立项，即“‘科技—经济—社会’研究（刘冠军工作室）”的项目成果，得到了北京市委宣传部和首都经济贸易大学党委及其宣传部有关专家领导的大力支持；首都经济贸易大学出版社的专家领导，特别是杨玲社长和薛捷编辑给予了大力支持和帮助，他（她）们专业精湛、认真负责，为本书的出版付出了大量辛勤的劳动，在此一并谨致谢忱！